세계 최고의 여자

힐러리論

저자 길 트로이는 뉴욕주 퀸즈 지역 출신으로 현재 맥길대학교 역사학 교수이다. 저서로는『대통령과 영부인』Mr. and Mrs. President: From the Trumans to the Clintons,『미국의 여명』Morning in America: How Ronald Reagan Invented the 1980s,『그들은 어떻게 해 왔는가: 대선후보의 역할 변화』See How They Ran: The Changing Role of the Presidential Candidates 등이 있으며, 뉴욕 타임스, 월스트리트 저널, 워싱턴 포스트를 포함한 유력 간행물에 대통령 정치에 대한 논평을 기고하고 있다.

역자 정성희는 서울대 국사학과와 한양대 언론정보대학원을 졸업하고, 서울대 환경대학원을 수료했다. 동아일보 사회부 국제부 기자와 교육생활부장을 거쳐 논설위원으로 재직하고 있다.

세계 최고의 여자 힐러리論

지은이 / 길 토로이
옮긴이 / 정성희
기 획 / 김현섭
편 집 / 유수아
마케팅 / 이부섭
디자인 / 박준철

펴낸인 / 조유현
펴낸곳 / 늘봄
등록번호 / 제1-2070 1996년 8월8일
주 소 / 서울시 종로구 충신동 189-11 동국빌딩 3층
전 화 / (02)743-7784
팩 스 / (02)743-7078
초판 1쇄 펴냄 2008년 3월10일
ISBN 978-89-88151-85-3 03190

POLARIZING FIRST LADY / GIL TROY

세계 최고의 여자

힐러리論

Polarizing First Lady

길 트로이 지음 / 정성희 옮김

늘봄

목차

편집자 서문

20세기의 마지막 퍼스트레이디인 힐러리 로댐 클린턴은 역사상 가장 양극화Polarizing된 평가를 받은 퍼스트레이디였다. 힐러리를 반대하는 사람들은 그녀의 남편이 대통령 선거에 출마하기도 전부터 그녀를 공격해댔다. 반면, 힐러리를 옹호하는 사람들은 그녀를 충실한 아내이자 최고의 페미니스트로 격찬했다. 그들은 페미니즘으로 공적인 생활을 알리고 개선하는 방법을 보여주는 모범적 사례라며 힐러리를 추앙했던 것이다. 힐러리는 백악관에서 수년을 보낸 후 미국의 상원의원이 되었고 이제는 차기 대선 주자로 점쳐지고 있다. 그녀의 공적인 삶이 계속되는 동안 그녀에 대한 찬반 논쟁도 끊이지 않고 그녀를 따라다녔다. 이미 힐러리에 대한 책은 수십 권에 이르고 이제 그녀가 대선에 출마하게 되기라도 하면 더 많은 책이 쏟아질 것이다.

퍼스트레이디 시절의 힐러리를 평가하는 일은 균형과 시각이라는 점에서 역사가에게 어려운 도전과제로 다가온다. 힐러리 클린턴에 대한 저서들은 대부분 이데올로기와 당파에 치우친 것들이 많다. 길 트로이의 이 책은 힐러리의 열렬한 비판자나 맹목적인 옹호자나 모두의 입맛에 맞지 않을 것이 분명하다. 트로이는 퍼스트레이디에 대한 풍부한 역사적 식견을 바탕으로 퍼스트레이디 힐러리의 자취를 추적한다. 힐러리가 전국적으로 유명세를 떨치게 된 떠들썩한 10년간을 말이다. 트로이의 결론은 찬사와 비판이 혼합된 것이다. 이러한 견해는 힐러리의 공적 역할에 대한 논쟁을 좀 더 정교하고 분석적인 방향으로 이끄는 데에 이바지할 것이다.

이 책에서 독자들은 힐러리와 그녀의 동조자들에 대한 날카로운 평가와 화이트워터 사건과 같은 논쟁적인 이슈에 대한 새로운 통찰력, 힐러리의 세계관과 이데올로기에 대한 독창적인 분석, 힐러리를 둘러싼 다양한 논란에 대한 새로운 해석 등을 만날 수 있다. 트로이는 힐러리가 백악관의 이스트윙에서 지냈던 몇 년에 대한 대중의 반응을 분석하는 데 탁월한 능력을 보인다.

힐러리는 이전 40년 동안 퍼스트레이디 자리를 거쳐 간 그 누구와도 다른 대우를 받은 공인이자 문화적 아이콘이 되었다. 결과적으로 이 책은 대중들에게 현대 퍼스트레이디 중에서 힐러리 로댐 클린턴이 차지하는 위치가 어디인지를 새롭게 알려주는 계기가 될 것이다.

— 루이스 L. 굴드

프롤로그

2005년 1월, 민주당이 조지 부시 대통령의 재선 승리로 인한 충격에 여전히 휘청거리고 있을 때, 힐러리 상원의원은 낙태 합법화의 손을 들어준 연방대법원의 '로 대 웨이드' Roe v. Wade 판결 32주년을 기념하는 연설을 했다. 힐러리는 뉴욕주 패밀리프로바이더즈 New York State Family Providers 라는 단체를 언급하면서 진보 민주당원의 한 사람으로서 이 판결이 다시 위험에 처할 것을 걱정했다. 하지만 뉴욕주 상원의원으로서 그녀는 낙태가 '슬프고 비극적이기까지한 선택' 이며 미국의 낙태 열풍은 '우리 교육과 의료, 예방 시스템의 실패' 라고 조심스럽게 말했다. 힐러리는 찬반이 극렬히 갈린 이 문제를 놓고 '낙태율을 줄이는 최선의 방법은 애초에 원치 않는 임신을 줄이는 일입니다' 라며 중도적인 말로 무마했다.[1]

'낙태에 대한 공감대를 추구하는 클린턴' 이라고 뉴욕타임스는 보도했다.[2] 이 헤드라인은 이중적인 의미를 담고 있어 흥미로웠다. 왜냐하면 2005년 뉴욕에서 '클린턴' 은 분명히 상원의원인 힐러리 클린턴을 지칭하는 이름이지 전 대통령인 남편 빌 클린턴이 아니기 때문이다. 게다가 이 헤드라인은 힐러리를 2008년 대선에서 민주당의 희망으로 보는 사람들에게 만족을 주었다. 이런 관점에서 더 비판적인 워싱턴타임스는 '힐러리 로댐 클린턴 상원의원은 지난해 대선에서 결정적인 역할을 했던 가치적 이슈에 대해 중도적 입장을 취하기 시작했다. 낙태, 이민, 가치에 기반을 둔 제안들에 대해 우파 쪽으로 무게중심을 옮겨가고 있다' 고 논평했다. 이 보수적 신문은 힐러리의 이러한 행보를 회의적으로 보면서 미국가치협회의 회장이자 전 공화당 대선 후보였던 게리 바우어의 성차별적인 암시가 섞인 말을 인용했다. "나는 지금 우리가 보고 있는 것이 궁극적인 화장술이라고 생각합니다."

내가 이 책을 쓰기 위해 조사하고 직접 써내려갈 때 많은 친구들과 동료, 지인들은 이구동성으로 네 가지 질문을 던졌다. 물론 나는 수업 중 학생들에게 세상에 어리석은 질문이란 없다고 말하곤 하지만 애석하게도 이 네 가지 질문은 모두 현대 미국의 정치적 담화가 얼마나 유감스러운 상태인지, 특히 힐러리에 대한 논의가 얼마나 한심한 상태에 머물러있는지를 보여준다. 사람들은 알고 싶어 한다. '당신은 어느 쪽이에요? 그녀를 좋아해요, 싫어해요?' 이 질문은 역사와 정치에 대한 사람들의 유감스럽고 극단적이며 과도하게 감정적인 평가 방법을 대변하고 있다. 이는 '에버트와 로에퍼(미국의 유명한 영화비평 프로그램 : 역자 주)' 에서와 같이 두 엄지손가락을 올리고 내리는 것으로만 정치적 인물을 평가하려고 하는 것이다. 역사가들은 힐러리의 강점과 약점, 성공과 실패를 알고 싶어 한다. 그런데 친구들은 '그녀를 인터뷰해봤어?' 라고 묻는다. 이는 우리 '미디어 중심' 시대에 저널리즘적 테크닉에 대한 맹신적 믿음을 드러내면서 능수능란한 유명인을 상대하는 인터뷰의 한계를 간과하는 모습을 보여주는 질문이다. 또한 이들은 역사가가 가져야할 일정한 거리감도 이해하지 못한다. 좀 더 개방적이고 역사적인 질문이라면 '무슨 자료를 보면 그녀의 본질과 행동을 잘 이해할 수 있을까?' 정도쯤은 되어야 한다. 하지만 많은 사람들은 '그녀가 정말 레즈비언이에요?' 라는 점에만 관심을 가진다. 이는 선정적인 가십에만 침몰되어 정치적 가치에 대한 진지한 토론을 벌이지 못하는 현대인의 모습을 드러낸다. 게다가 대부분의 사람들은 '힐러리 클린턴이 2008년에 대통령이 될까요?' 라고 묻는다. 이는 역사적 통찰력은 뒤로 한 채 수정 구슬을 들여다보며 강박적으로 정치적 경주의 승자를 끊임없이 추측하는 우리 정치문화의 단면을 반영하고 있다.

이 책은 힐러리 클린턴의 완전한 전기가 아니다. 그녀가 백악관에서 퍼스트레이디로서 행하거나 행하지 않은 일에 대한 책이다. 이 책은 현대의 대통령과 퍼스트레이디의 역할을 이해하기 위해 시도되는 더 넓은 지적 연구의 일환인 것이다. 나는 힐러리의 마음을 읽고 싶은 것이 아니라 그녀의 역사적 자취를 평가하고 싶었다. 역사적인 힐러리 클린턴을 찾아서 그리고 퍼스트레이디로서의 힐러리를 이해하기 위해서 이 책은 그녀 이전의 퍼스트레이디들의 경험도 고려하는 한편, 힐러리의 삶을 형성하는 데 영향을 준 역사적 요소도 함께 담았다.

이렇게 퍼스트레이디 힐러리 클린턴의 좌절과 기쁨을 연구하는 일은 수많은 사람들의 도움 없이는 완성될 수 없었을 것이다. 이 책은 내가 1997년에 발간한 책인 『미국 정치역사: 제 2차 세계대전 이후 대통령 부부의 흥망성쇠』Affairs of State: The Rise and Rejection of the Presidential Couple since World War II와 2000년에 증보된 『대통령 부부: 트루먼에서 클린턴까지』Mr. and Mrs. President: From the Trumans to the Clintons에서 클린턴에 대한 내용을 토대로 작성되었다. 나는 퍼스트레이디에 대한 의견도 여러 가지 형태로 발표해왔다. 그 중에서도 「사회과학저널」 37호(2000)에 게재된 '부부 대통령? 공동통치의 흥망' Mr. and Mrs. President? The Rise and Fall of the Co-Presidency 은 1999년 4월 토론토에서 열린 미국역사학자협회 연례모임에서 발표된 논문에 기초하고 있다. 이밖에도 2003년에 로버트 P. 왓슨과 앤서니 J. 엑스테로위츠가 편집한 『대통령의 동반자: 퍼스트레이디에 대하여』The Presidential Companion: Readings on the First Ladies 와 2001년과 2005년에 나온 『로라 부시: 퍼스트레이디에게 바치는 보고서』에서 '회고: 퍼스트레이디와 그 남편을 위한 역사적 교훈' Looking Back: Lessons for the First Lady-And Her Husband-From History 등이 있다.

『미국 정치역사』에서 거론한 모든 분들과 가족에게 깊은 감사를 드리지만 여기에서는 특히 캔자스대학 출판부의 인내심 강하고 영감을 주는 편집자인 프레드 M. 우드워드와 그의 뛰어난 팀원인 카렌 헬렉슨과 라리사 마틴, 수잔 스코트에게 감사를 표하고 싶다. 또한 퍼스트레이디 시리즈의 편집자인 루이스 굴드 교수에게는 그의 인상적인 전공 업적과 통찰력 있는 편집에 경의를 표한다. 내 생각을 정리하는데 훌륭한 비평으로 도움을 준 알리다 블랙 교수와 알론코 햄비 교수, 로버트 P. 왓슨 교수에게도 감사를 드린다. 헤더 먼로블럼 맥길대학 총장에게도 그녀의 탁월한 통찰력에 존경을 보낸다. 윌리엄 J. 클린턴 도서관의 데보라 부시는 항상 풍부한 자료를 신속하게 제공해주었기에 고마움을 표한다.

그리고 두 명의 특별한 제자에게도 감사를 전하고 싶다. 자크 밀러는 여름 방학을 반납하고 힐러리 클린턴에 대한 조사를 자발적으로

해주었고, 보니 굿맨은 그녀의 열정과 통찰력, 창의성과 기술로 이 책에 많은 기여를 했다. 그들이 없었다면 이 책을 완성할 수 없었을 것이다.

언제나처럼 이 논란 많은 분야에서도 책 내용 중 실수한 부분이나 잘못된 견해라고 생각되는 부분은 모두 내 책임임을 분명히 밝힌다.

– 길 트로이

역자 서문

거칠 것 없어보이던 힐러리 로댐 클린턴 상원의원의 대선가도에 빨간 불이 켜졌다. '흑인 케네디'의 이미지를 가진 버락 오바마 상원의원에게 1월 3일 아이오와주에서 열린 첫 코커스(전당대회)에서 에드워즈 상원의원에도 못 미친 3위로 패배했기 때문이다. 막대한 선거자금을 모으던 힐러리 측으로선 예상외의 패배였다. 미국 대선캠페인이란 기본적으로 '미디어선거'다. 어느 쪽이 유권자의 마음을 사로잡는 광고를 얼마나 자주 할 수 있느냐에 따라 표심이 좌우된다는 얘기다. 엄청나게 비싼 TV광고를 하자면 많은 돈이 필요하고, 그 돈은 정치후원금으로 충당된다. 정치전문가들은 후보자 지지도가 박빙일 때는 돈이 어느 후보자에게 몰리는가를 따져서 승패를 점치기도 한다. 힐러리 진영이 아이오와주 코커스 패배에서 충격을 받은 것은 정치후원금이 오바마 측에 상대가 안 될 정도로 풍부했기 때문이다. 그러나 2008년 벽두에 전세는 역전됐다. 1월 힐러리의 정치자금은 오바마의 절반에도 미치지 못했다.

하지만 태풍을 만나봐야 선장의 진짜 실력을 알 수 있듯 힐러리의 진가는 어려움 속에서 빛을 발한다. 아이오와주 코커스에 이어 바로 열린 첫 번째 뉴햄프셔주 프라이머리를 앞두고 힐러리는 예기치 못한 눈물을 흘렸다. 힐러리는 선거 전날인 7일 뉴햄프셔주 포츠머스의 한 카페에서 부동층 유권자들과 대화하던 중 프리랜서 사진기자인 매리언 퍼놀드 영으로부터 "어떻게 그렇게 항상 씩씩하고 멋지게 보이느냐"는 질문을 받자 "쉽지 않다"는 말을 반복하며 이내 눈가에 눈물을 비쳤다. 결국 이튿날 열린 프라이머리에서 힐러리는 39%의 득표로 선두를 차지했고, 오바마 후보는 37%로 석패했다. 기운을 차린 힐러리는 지지층 앞에서 두 손을 벌리며 환호했다.

'힐러리의 눈물이 상황을 반전시켰다.' 이튿날 언론은 이런 제목의 분석 기사를 쏟아냈다. 목적을 위해서는 수단과 방법을 가리지 않는 냉혹한 마케아벨리스트 이미지를 가진 힐러리에게 '눈물' 이란 애당초 어울리지 않는 것이었다. 그렇기 때문에 힐러리의 눈물은 다분히 계산된 것이요, 어쩌면 '악어의 눈물' 일수도 있단 얘기였다. 역자 역시 이 책을 접하기 전엔 그렇게 생각했었다. 힐러리는 자신보다 겨우 몇 살 더 많은 이 '할머니' 사진기자에게 이렇게 답변했다. "쉽지 않죠. 그리고 옳다고 믿는 열정이 있지 않으면 할 수 없죠. 이 나라에서 내가 뒤로 밀려나는, 보기 원치 않는 순간들이 많이 있었죠"라고.

힐러리 로댐 클린턴은 그런 사람이다. 자신이 옳다고 믿는 것을 향해 쉼 없이 전진하면서도 자신이 원하는 바를 얻기 위해서는 그 믿음조차 버릴 수 있는 인간형이다. 하지만 그녀는 진정으로 믿음을 버리지는 않는다. 어느 순간이 다가오면 그녀는 다시 자신의 믿음을 말하고, 다시금 전진한다. 힐러리의 인생은 이런 패턴의 반복이다. 10대의 그녀는 골수 공화당원인 배리 골드워터 상원의원을 지지했으나 대학시절엔 그와 반대인 히피문화와 페미니즘에 빠졌고 마틴 루터 킹 목사를 따라다녔다. 골드워터 의원이 어느 정도 보수적인가 하면 흑인과 여성에 대한 모든 차별을 철폐한 1964년 민권법을 '헌법에 위배되고 헌법적 근거가 없고, 정부가 이 법안을 시행하기 위해서는 거대한 규모의 경찰국가를 건설해야 한다'고 말했던 인물이다. 그런 골드워터 의원의 추종자가 그 반대의 정치행로를 걸었다는 것은 참 아이러니한 일이다.

고교시절 '프리지데어 수녀'라고 불릴 정도로 고지식했고, 웰슬리대에선 사상 처음으로 졸업식에서 연설한 학생회장이 됐을 정도로 똑똑한 그녀는 예일대에서 바람둥이 빌 클린턴에 빠지고 '가슴이 이끄는 대로' 아칸소 촌구석으로 떠나간다. '로댐'이라는 자신의 성을 버리지 않아서 주지사 남편의 재선에 패인이 되지만 금세 미국남부의 정서를 깨닫고 금발여인으로 돌아와 '미세스 클린턴'으로 남편 옆에 선다. 빌 클린턴의 여성편력의 절정인 르윈스키 스캔들로 비련의 여인이 되지만 그 분노를 정적을 향해 쏘아댄다.

이렇게 반복되는 패턴은 일종의 도돌이표를 연상시킨다. 하지만 제자리로 돌아오는 도돌이표는 결코 아니다. 힐러리는 한발 진전했다가 반보 후퇴하고, 다시 한발을 내딛고 다시 물러섰지만 큰 그림에서는 조금씩 조금씩 앞으로 나아가고 있다. 어쩌면 남편인 빌 클린턴보다도 더 야심만만하고 자기 확신과 믿음이 강한 힐러리가 대통령 후보에 오르는 데까지 미국이 그만한 세월을 필요로 했는지도 모르겠다. 하지만 그 가운데서도 분명한 것은 힐러리가 자신이 겪었던 수많은 시련과 실수 가운데 단 하나에서만이라도 좌절하거나 주저앉았더라면 지금의 그녀는 없었을 것이라는 점이다.

힐러리의 이런 특질이 열렬한 지지자만큼이나 극렬한 반대자를 낳는다는 것은 당연한 귀결이다. 혹자는 미국인을 두 부류로 분류할 수 있다고 말한다. '힐러리를 좋아하느냐, 싫어하느냐'에 따라서 말이다. 마치 당신이 진보주의자냐, 보수주의자냐 아니면 신을 믿느냐,

아니냐에 따라 사람들이 당신의 가치관과 세계관을 가늠할 수 있는 것처럼 미국인에겐 힐러리라는 존재가 그런 잣대가 되는 것이다. 힐러리란 잣대는 민주당 지지냐, 공화당 지지냐 하는 것과는 다른 차원이다. 힐러리 자신이 뼛속부터 기독교적 세계관과 함께 '어떤 일이 있어도 이혼은 할 수 없다' 는 보수주의적 가치관을 갖고 있기 때문이다. 가끔씩 드러나는 이런 생뚱한 힐러리의 '영성적' 측면은 종종 언론의 웃음거리가 되곤 한다. 오히려 힐러리란 잣대는 현대인의 삶에서 여성을 어떤 존재로 바라볼 것인가에 대한 문제와 깊은 관련이 있다.

자신의 신념과 사회적 필요 사이에서 시계추처럼 왔다 갔다 했던 힐러리의 삶이지만 삶 전체를 관통하는 하나의 주제가 있다. 힐러리는 '아내' '엄마' '딸' 등 전통적 여성의 역할에 안주하기를 온몸으로 거부해왔다는 것이다. 물론 힐러리는 선거 전략상 필요하다고 할 경우에는 기꺼이 앞치마를 두른 주부와 엄마의 역할을 꾸며댔지만 결코 진심이 아니었다. 그녀는 로스쿨 교수였고, 미국의 100대 변호사에 두 번이나 이름이 올라갈 정도로 유망한 변호사이고, 퍼스트레이디이고, 사회활동가였지만 단순히 전문직을 가졌다는 점에서 전통적 여성상을 거부했다는 것은 아니다. 요즘은 대다수 여성들이 결혼보다는 직업을 중요시하고 결혼했다고 해도 직장에 다니는 경우가 많다. 오히려 결혼시장에서 인기 있는 신부감이라면 번듯한 직장이 있어야 하고, 직장 있는 엄마가 능력 있는 엄마로 인정받는 세상이다. 직업은 현대여성에겐 충분조건은 아니지만 필수조건인 셈이다. 요컨대 직업이 있다고 해서 이들이 아내와 엄마라는 전통적 역할을 거부하는 것은 아니라는 얘기다.

힐러리는 달랐다. 힐러리는 1969년 학부를 졸업한 미국의 첫 번째 여성 전문직 세대다. 하지만 그녀가 거부한 것은 가정주부의 삶이라기보다는 여성에 대한 고정관념이었고, 미국인은 물론이고 남편과 딸에게도 타협하지 않았던 것은 자신의 정체성이었다. '나는 다른 누구도 아닌 바로 나, 힐러리' 라는 것이다. 이는 미국인은 물론이고 여성을 포함한 동시대의 모든 사람에게는 하나의 도전이다. 누구의 아내이고, 엄마이고 딸이기 전에 '나는 나 일 뿐' 이라는 메시지는 분명히 당혹스러운 사건이다. 사실 '아내이기 전에 나 자신을 찾고 싶다' 는 말은 아내가 남편에게 이혼을 선언하면서 하는 말처럼 들린다. 힐러리 이전에도 많은 여성들이 성적 정체성과 자아실현을 주장했지만 이는 독신주의 페미니스트에게나 어울릴 법한 일이었다. 그렇기에 독신도 아닌 누구의 아내이며 엄마이며 딸인 사람의 이런 선언은 참으로 독특한 사회적 심리적 맥락을 갖는 것이다. 전통적 여성 역할에 대한 새로운 정의와 자리매김을 요구하는 것이다. 바로 이런 점을 받아들일 수 있느냐, 아니냐에 따라 힐러리에 대한 선호는 이렇듯 극명하게 갈리는 것이다.

힐러리의 전통적 지지층은 여성이다. 워싱턴포스트와 ABC방송이 2008년 1월 16~19일 여론조사를 실시한 결과 전국 여성 유권자의 59%가 힐러리를 지지했으며 특히 18~34세의 젊은 여성들에선 지지도가 66%에 달해 가장 높게 나타났다. 이는 젊은 여성들이 힐러리 의원을 자신들의 역할모델로 생각하고 있고, 퍼스트레이디 시절의 부정적 여론을 기억하지 못하기 때문인 것으로 분석된다. 55세 이상의 여성층에서 힐러리 의원에 대한 지지율이 59%나 됐다. 1년 전 48%에 비해 11% 포인트 이상 상승한 것이다. 신문은 이런 조사결과에 대해 이제 힐러리가 여성인 점은 대선가도의 장애가 아니라 핵심 키가 되고 있다고 전망했다. 최소한 이번 미국대선에서는 '여자의 적은 여자' 니 '여자는 여자 후보를 찍지 않는다' 는 식의 구식 논리는 더는 통하지 않게 된 셈이다.

원래 힐러리의 핵심 지지층, 이 책의 저자가 '힐러리의 치어리더' 라고 표현한 사람들은 전문직 여성이었다. 이들은 아내와 엄마의 역할, 직장에서의 피나는 경쟁 그리고 사회 속에서 자기 몫의 목소리를 내고 싶다는 소망을 가진 이들이다. 직장에서는 남성 동료와의 경쟁에 지기 싫어 두 배, 세 배 일하면서도 아이가 아프다는 전화 한 통화에 '당장 직장을 때려치우고 싶은' 평범한 여성들이다. 그네들에게 삶이란 매일 무엇인가를 선택하고 무엇인가를 버려야 하는 선택의 제로섬 게임이며, 보이지 않는 적과 싸워야하는 전장이다. 힐러리가 그랬듯 말이다. 힐러리는 고등교육과 페미니즘의 세례를 받았던 전후 첫 여성세대의 고뇌와 시련을 정확히 반영한다는 점에서 현대 여성의 아이콘이 될 수 있었다.

힐러리는 왜 좋은 엄마는 좋은 변호사가 될 수 없고, 일과 가정은 왜 양립할 수 없는 지 의문을 가졌다. '사람들은 나를 이것 아니면 저것(열심히 일하는 전문직 여성이나 세심하고 자상한 안주인) 어느 한 쪽으로만 생각하는 것 같았다. 성에 대한 고정관념은 여성의 삶이 지니고 있는 복잡성을 반영하지 못하는 방식으로 여성을 분류하여 좁은 테두리 속에 가두어버린다. 나를 전통주의자나 페미니스트라는 테두리 속에 집어넣고 싶어 하는 이들은 내 참 모습(수없이 다양하고, 때로는 서로 모순되는 역할을 가진 나)에 절대로 만족하지 못하리라는 것을 나는 차츰 깨닫기 시작했다.' 힐러리가 자신의 회고록 『살아 있는 역사』Living History에서 한 말이다.

행동주의자 힐러리는 이런 의문에 그치지 않고 자신이 꿈꾸는 여성의 삶을 백악관 내에 구현하고자 했다. '힐러리랜드' 가 그것이다. 힐러리는 대부분 여성으로 구성된 자신의 참모진들과 더불어 백악관 웨스트윙 뿐 아니라 이스트윙에도 사무실을 꾸몄고, 힐러리 보좌진을 이를 힐러리랜드라고 불렀다. 힐러리랜드에선 여성이 일과 가정을 함께 꾸려가는 데 아무런 어려움이 없었다. 힐러리는 이곳을 찾아온 아이들은 누구나 우리가 자신들을 위해 쿠키를 감추어두는 곳을 정확하게 알고 있었다고 자랑했다. 여자는 직장에서 바쁘게 일하면서도 가족을 위한 저녁식사 메뉴를 짜고, 아이 기저귀를 갈면서도 연설문을 작성할 수 있다는 사실을 사람들이 왜 이해하지 못하는지 힐러리는 답답해했다. 실제로 힐러리랜드는 여성참모진에겐 꿈의 직장이었다. 하지만 그것이 문제였다. 공통된 이념과 힐러리에 대한 충성심으로 똘똘 뭉친 힐러리랜드는 개밥의 도토리처럼 백악관에서 따로 노는 '여성 해방구' 였으며, 질시와 두려움의 대상이 되었다. 힐러리가 해야 했던 것은 자신들만의 '성역' 을 백악관 내에 따로 만드는 것이 아니라 자신과 같은 생각을 가진 사람들을 백악관 모든 조직에 고루 배치하고 백악관의 남자들도 살림과 육아를 돌보도록 하는 것이었을지도 모른다. 어쩌면 힐러리는 모든 여성들이 자신처럼 똑똑하고 남편의 확고한 지지와 후원을 얻고 있는 것으로 착각했을 수도 있다.

힐러리랜드 실험이 실패한 때문인지, 미국사회가 변화했기 때문인지는 모르겠지만 지금은 이 핵심지지층에도 변화가 감지되고 있다. 이제 고위급 전문직 여성은 힐러리를 지지하지 않는다. 월스트리트저널이 2007년 11월 전문직과 비전문직 여성을 대상으로 힐러리 지지도를 조사한 결과 자신을 전문직으로 여기는 여성들 가운데 42%만이 그를 지지했고, 44%는 부정적이었다. 멕 휘트먼 이베이 CEO나 칼리 피오리나 전 휴렛패커드 CEO 등 저명한 여성 CEO들은 모두 공화당 편이다. 반면 비전문직 가운데 힐러리 지지도는 52%였다. 전문직 여성이 세금을 늘리고 복지를 강화하는 민주당 정책에 부정적인 반면 단순 반복적인 일에 종사하는 비전문직 여성이 힐러리의 삶과 정책에 더욱 공감하기 때문일 것이다. 재미있는 사실은 빌 클린턴과 12년간이나 연인관계였던 카바레 가수 제니퍼 플라워스의 최근 반응이다. 그녀는 얼마 전 AP통신과의 인터뷰에서 이번 대선에서 힐러리에 대한 투표를 고려중이라고 말했다. 자신도 힐러리처럼 낙태의 권리를 지지하며 무엇보다 그녀가 경륜을 갖추었다는 것이 이유였다. 바로 플라워스와 같은 여성에게 힐러리는 인기가 있는 것이다. 반면 힐러리가 눈물을 보이도록 만들었던 사진기자 퍼놀드 영은 이튿날 프라이머리에서 버락 오바마에게 표를 던졌다고 한다. 알 수 없는 게 여자의 마음이다.

이는 힐러리가 당면한 또 하나의 딜레마다. 여성이 가정과 일을 조화롭게 영위하면서 살 수 있도록 하자면 기업경쟁력은 떨어질 수밖에 없다. 출산휴가나 육아휴직을 하고도 여성이 당당하게 다시 일터로 돌아올 수 있다면 얼마나 좋으련만, 실제로 그런 여성들이 우글거리는 기업의 주가는 떨어질 수밖에 없는 것이다. 기업의 최고위직에 오른 전문직 여성들은 이런 모순을 잘 알고 있기에 힐러리에 반대하는 것이다.

힐러리의 진정한 저력은 '페미니스트' 힐러리를 거부한데서 나왔다는 것은 틀림없는 사실이다. 르윈스키 스캔들로 온 세상에 남편의 허물이 알려진 시점에서 페미니스트 힐러리는 단호히 남편을 걷어찼어야 했다. 하지만 그녀는 굴욕을 참으며 그녀가 한때 비판했던 태미 와이네트의 노래 '스탠 바이 유어 맨' 처럼 남편 곁을 다시 한 번 지켜야 했다. 많은 이들이 이를 자신의 정치적 야심 때문에 아내로서의 자존심을 버린 행위로 비난했지만 이 책의 저자 길 트로이는 그런 분석을 거부한다. 독실한 감리교도로서 가족의 가치를 중시하는 힐러리의 보수적 가치관이 이혼을 거부하게끔 이끌었다는 것이다. 그리고 힐러리의 그런 선택은 결국 보상을 가져다주었다. 힐러리라면 이를 갈던 보수적 '아줌마' 들을 자기편으로 끌어들인 것이다. '그 잘난 대통령 영부인도 우리와 같은 여성의 굴레를 지고 있구나' 라는 생각이 전통적 여성상에 매몰된 여성들마저도 힐러리에게 기울도록 한 동력이 되었던 것이다. 이 대목에서 페미니스트 힐러리와 이혼을 거부하는 보수적인 힐러리의 변증법적 통일이 달성되는 것이다.

물론 힐러리의 지지자들이 여성만은 아니다. 현대사회에서 여성의 '멀티태스킹적' 역할을 이해하는 많은 남성들이 힐러리를 떠받치고 있다. 하지만 결코 힐러리를 용납할 수 없다는 반응도 많다. CBS방송과 뉴욕타임스가 지난해 7월 조사한 결과 '힐러리는 무조건 싫다' 는 응답이 40%를 넘었다. 남성 가운데 힐러리에게 호감을 가진 비율이 34%인 반면 거부감을 가진 경우는 47%나 됐다. 남성이건 여성이건 간에 힐러리를 싫어하는 이유 중에는 충분히 납득할만한 것이 많다. 선출된 권력도 아닌 힐러리가 남편의 권력을 등에 업고 국정을 농단했으며, 화이트워터 사건과 빈스 포스터의 자살 등에서 보여준 의문의 행적과 거짓말 행진은 미국인의 도덕성을 추락시켰다는 것이다. 세계에서 가장 취약한 미국의 의료체계를 개혁하려는 시도까지는 좋았으나 그 무모함과 나약함 또한 미국인을 실망시켰으며, 무엇보다 목적 달성을 위해서는 수단 방법은 아무래도 좋다는 태도도 반대파를 질색하게 만든다.

역자에게 '힐러리에게 가장 나쁜 점이 무엇이냐' 고 묻는다면 주저않고 그녀의 독선과 편 가르기 의식을 고르겠다. 힐러리의 삶은, 모든 사람의 삶이 그렇듯 모순과 줄타기의 연속이다. 이는 비난받을 일이 아니다. 인간이란 여러 가지 모습을 함께 갖고 있으며 사안에 따라 그중의 한 가지 측면만 부상돼 드러날 뿐이다. 오히려 사람들이 견디지 못하는 것은 인간이 가진 이런 모호함이다. 자신의 모호함에는 한없이 관대하되 타인의 모호함은 참을 수 없는 법이다. 쉽게 말해 '내가 하면 로맨스, 남이 하면 불륜' 이라는 것이다. 아무리 '세상의 중심은 나' 라고들 하지만 힐러리는 이런 증세가 너무 심하다. 힐러리의 삶 도처에서 이런 독선과 아집을 볼 수 있다. 화이트워터 사건이나 르윈스키 스캔들에서 보여준 힐러리의 억지논리와 궤변, 요설은 상상을 초월한다. 대통령 남편이 순진하면서도 철딱서니 없는 백악관 인턴과 놀아난 사건에 대해 힐러리는 TV에 출연해 '이는 우파의 거대한 음모' 라고 주장한다. 어지간히 뻔뻔한 사람이 아니면 이런 말은 할 수 없을 것이다. 아무튼 힐러리는 남편이나 자신의 실수에 봉착할 때마다 예의 '음모론' 으로 상대방을 공격하고 지지자를 결집시킴으로써 상황을 정면 돌파해 왔다. 자신들이 도입에 합의한 특별검사제를 수시로 공격하고, 법에 따라 임무를 수행하는 케네스 스타 검사를 악마로 몰아간 것은 대표적 사례다. 한국에서도 심심찮게 특검이 시행되지만 아무리 대통령이라도 해도 이렇게 노골적으로 특검을 비난할 수는 없다. 단언컨대 만일 힐러리가 민주당 의원이었고 공화당 출신 대통령이 섹스 스캔들에 연루되었다면 힐러리는 그 대통령을 결국 사임시키고 말았을 것이다.

힐러리와 언론과의 관계도 흥미로운 주제다. 힐러리는 언론이 좋아하는 요소를 고루 갖추고 있다. 오늘날 힐러리를 만들어낸 절반이 언론이라고 해도 과언이 아닐 터이다. 저자를 이를 두고 힐러리가 스토리라인을 지배했다고 평가했다. 힐러리는 곤란한 상황이나 막다른 국면에 처할 때마다 언론, 메이저언론 뿐 아니라 여성잡지 등을 시시때때로 활용해 왔다. 그녀는 특종을 위해서라면 '영혼도 팔 수 있는' 언론의 본질을 잘 알고 있었다. 또 남편과 마찬가지로 자신의 유명세를 팔 줄 알았다. 하지만 증언에 의하면 힐러리처럼 언론을 우습게 알고 적대시한 사람은 없었다고 한다. 빌 클린턴의 여성추문, 화이트워터 사건, 르윈스키 스캔들 등이 터질 때마다 힐러리는 맹렬히 언론을 비난해 왔다. 아름답지도 못한 사생활이 폭로되는 것이 즐거울 사람은 없을 것이리라. 하지만 공인이라면 감수해야할 이런 자기희생은 힐러리와 어울리는 것이 아니었다. 언론이란 본질적으로 '비판'을 생명으로 하는 것인데 자신들이 잘 하는 것만 보도하고 그렇지 않은 것은 사생활이라고 뭉개버리길 요구하는 것은 시대착오적 언론관이다. 그래도 힐러리는 언론을 활용해 자신의 장기인 '편 가르기'를 충분히 활용해 왔다. 힐러리 자신도 인정했지만 언론은 그녀를 단련시켰다. 언론은 힐러리에게 상처와 영광을 함께 제공했다. 그런 의미에서 언론과 힐러리의 게임은 무승부라고 할 수 있겠다.

힐러리에 대한 공격 중에는 그녀의 어설픈 중도주의에서 비롯된 것도 있다. 조지 W. 부시 대통령의 이라크전 지지가 대표적이다. 9·11 테러의 직격탄을 맞은 뉴욕주의 상원의원으로서의 테러에 대한 단호한 모습을 보여주어야 했던 힐러리는 이라크 전쟁을 지지함으로써 전쟁문제에 관한 한 부시 대통령과 공범인 위치에 서게 됐다. 기본적으로 민주당 지지자를 대상으로 한 예비경선에서 오바마 상원의원에게 몰리는 이유의 하나도 그것이다.

하지만 그것만으로 힐러리에 대한 비호감을 설명하지 못한다. 최근 각종 여론조사와 언론보도에 따르면 반대파들이 힐러리를 싫어하는 가장 큰 이유는 '여성답지 않은' 그녀의 야심과 권력집착 때문이라고 한다. 사실 이는 이번에 처음 등장한 주제도 아니다. 반대파들은 아칸소 시절부터 그녀가 남편인 주지사의 위임을 받아 교육개혁에 뛰어들고, 백악관시절 의료개혁이란 중책을 맡는 것부터 못마땅해 했다. 아칸소의 교육개혁은 성공적이었고, 백악관의 의료개혁은 참담한 실패였지만 사업의 성패는 문제가 아니었다. 능력이 있다고는 하지만 권력자의 아내이기 때문에 그런 역할과 지위를 부여받았다고 사람들은 생각했던 것이다. 그리고 그 문제점은 힐러리 자신이 누구보다 가장 잘 알고 있었다. 그래서 '남편 덕에 설치는' 모양새에서 벗어나고자 힐러리는 자신만의 권력기반을 찾아 나섰다. 그것이 바로 상원의원이었다. 상원의원으로서, 물론 그전에 퍼스트레이디로서 전국적, 세계적 명성을 쌓은 덕분이기도 하지만 힐러리는 성공적으로 자신의 권력을 구축해 나간다.

하지만 이번엔 그것이 문제였다. 상원의원 힐러리는 충분히 봐줄 수 있지만 대통령 힐러리만큼은 곤란하다는 인식이 퍼져있는 것이다. '너희 알파우먼들이 이만큼 차지했으면 되지 않았느냐. 그런데 대통령까지 넘보는 것은 너무 나간 것이다.' 이를테면 이런 생각인 것이다. 글로리아 스타이넘은 "남성은 조직 속에서 파워 있는 여성을 대할 때 무의식적으로 어머니를 연상하기 때문에 야단맞고 가르침 받던 어린이 시절로 퇴행한 것처럼 느낀다"고 말했다. 그 말이 꼭 맞는다고 할 수 없을지 몰라도 힐러리를 싫어하는 이유가 권력 있는 여성에 대한 남성의 본능적 거부감과 관련 있는 것은 틀림없는 사실이다. 힐러리 자신이 누구보다도 이 점을 잘 알고 있고, 평생 의식하며 살아왔다. 자신의 회고록 곳곳에서 힐러리는 '권력 있는 여성' 에 대한 일반남성의 두려움에 맞부딪힌 사례를 고백하고 있다. 실제로 힐러리는 정적에 대한 무자비한 공격을 서슴지 않았기에 일반 남성들의 이런 두려움은 상당히 이해할만한 측면이 있다.

그럼에도 불구하고 힐러리는 이를 뛰어넘으려 하고 있다. 한 나라의 대통령뿐 아니라 세계의 대통령이라는 미국 대통령에 도전함으로써 '젠더' 라는 역사의 마지막 빗장 하나를 풀어내려는 것이다. 그런 의미에서 힐러리의 대선 도전은 그녀 자신에게뿐 아니라 전 세계 여성에게도 똑같은 도전이다. 힐러리가 르윈스키 스캔들을 통해 페미니스트라는 '의식의 껍질' 을 깨고 나왔다면 이제는 여성이라는 '실체적 껍질' 을 깨야할 시점인 것이다. 힐러리가 여성이라는 껍질을 깬다는 것은 여성임을 부인한다는 의미가 아니다. 실제 힐러리가 많은 남자에게 주고 있는 이미지는 '너무 강하고 위협적이며 설친다' 는 것이다. 강하고 위협적인 이미지는 남성에게나 맞는 것이었다. 남성이 대통령이 되려는 것은 당연한 권력의지이고 여성이 그렇게 하려는 것은 '끝없는 탐욕' 으로 비쳐지는 게 현실이다. 따라서 힐러리가 깨야하는 것은 여성은 '어찌어찌 해야 한다' 는 고정관념의 껍질을 부수는 것이다.

이것은 힐러리가 일부러 선택한 일도 아니지만 대통령에 도전하려면 감내해야 하는 숙명이다. 자신이 자신의 '젠더' 를 선택할 수 없듯이 그걸 이제와 부인할 수도 없는 것이다. '여성' 이란 숙명을 안고 가되 그것이 가진 한계와 약점을 극복해 나갈 수밖에 없다. 힐러리는 지금까지 '강한 여성' 이라는 이미지를 안고 왔다. 강하지 않으면 어떻게 미국을 끌고 나갈 수 있겠는가. 조금만 약한 모습을 보여도 '여자니까 어쩔 수 없다' 는 말을 듣기 십상이다. 다행히도 지금까지는 '인간적인' 면모를 보이는 힐러리의 눈물이 긍정적 효과를 발휘한 것 같지만 앞으로도 그럴지는 누구도 알 수 없다. 아직까지는 눈물이 여자의 전매특허니깐 말이다.

이 책을 번역하면서도 개인적으로 힐러리에게 풀리지 않는 의문이 있다. 어쩌면 그렇게 권력에 대한 강한 집착을 가질 수 있느냐는 점이다. 한 가지 추측이 가능하다. 힐러리가 일찍부터 '권력의 맛' 을 들였기 때문이다. 사회개혁과 아동권리에 대한 끝없는 이상을 품고 있는 아동방어기금 같은 사회단체에서 NGO로 일할 수도 있었다. 하지만 그녀는 권력의 핵심으로 뛰어들었다. 워터게이트 사건에 대한 탄핵 추진팀에서 일하면서 닉슨 대통령을 무너뜨리는데 일조한 경험도 있긴 하겠지만 그보다는 권력을 가진 남자와 결혼했기 때문일 것이다. 담배나 마약도 권력처럼 중독성이 강하지는 않다고 한다. 갑자기 장관직이나 국회의원에서 물러난 사람이 보이는 '권력 금단현상' 은 정말 가관이라고 한다. 하물며 서른한 살에 미국 최연소 주지사의 아내였고, 마흔 다섯에 퍼스트레이디가 된 사람에 대해서는 말할 필요가 없을 것이다.

그런 의미에서 같은 여성이라도 해도 힐러리는 참으로 예외적 인물이다. 오늘날 많은 여성들이 정치에 관심을 보이고 있고, 실제로 많은 훌륭한 여성 정치가가 존재한다. 2007년 현재 여성이 정부 수반인 국가는 모두 11개국이다. 예전에 비해 엄청나게 늘어난 것이다. 하지만 인도, 필리핀처럼 부친의 후광을 입은 대통령이나 수상이 아닌 자기 힘으로 집권한 여성 정치가들은 대체로 페미니즘에 적대적이었다. '철의 여인' 마거릿 대처 영국 수상은 '보수당의 유일한 남자' 라고 불릴 정도로 드셌고, 자신의 집권기엔 여성각료를 거의 등용하지 않았다. '여자는 나 혼자로도 충분하다' 는 이유를 대면서. 이스라엘 초대 수상인 골다 메이어 여사는 가장 남성적인 세계에서 성공한 여성이다. 갤럽 조사는 그녀를 세상에서 가장 감탄스러운 여성이라고 말한다. 그런데도 골다 메이어는 '페미니스트들은 브래지어를 불에 태우거나 하는 얼간이들' 이라고 비난했다. 한 마디로 이런 여성 정치가들은 자신의 여성적 정체성을 부인한 '치마 입은 남자' 일 뿐이었다. 그런 인물들이었기에 이들이 남성 정치인과 경쟁하며 권력욕을 불태운다 한들 하나도 이상할 것이 없었다.

하지만 힐러리는 한 번도 자신의 '젠더' 를 잊은 적이 없다. 그녀가 남편에게 성적 매력이 있었는지는 요점이 아니다. 그녀는 '여성도 남성과 똑같은 권리' 를 가질 것을 요구하고, 남편의 행정부에 여성각료를 기용할 것을 요구하며 남편에게 압력을 넣으면서도 자신을 예쁘게 보이도록 치장할 줄 알았다. 뉴욕타임스 칼럼니스트인 모린 다우드는 최근 '힐러리에게 붉은 기운을 느끼다' 는 칼럼에서 힐러리의 권력욕에 오바마도 못 당할 것이라는 전망을 내놓기도 했다. 이처럼 힐러리의 권력욕이 특이하게 보이는 것은 아마도 힐러리가 자신의 성적 정체성을 잊지 않고 권력에 덤벼들기 때문일 것이다. 오스트리아 주재 미국 대사를 지낸 스와니 헌트 하버드대 여성정책연구소장은 지난해 「포린어페어」 5월호에 기고한 글에서 '여성 스스로가 정치라는 더티 게임에 열성적이지 않다' 는 것을 여성 정치인이 드문 이유라고 주장했다. 음모와 협잡이 난무하는 정치현장은 능력 있는 여성들로 하여금 발을 들여놓을 의욕조차 상실하게 만든다는 것이다. 요컨대 여성이 정치인으로서 자신에 대한 믿음이 부족한 것이 문제라는 인식이다. 힐러리는 다르다. 그녀는 지나칠 정도로 자기 확신이 강하고, 어떤 더티 룰이 지배하는 현장이라도 기꺼이 뛰어들 채비가 되어 있다. 그것도 치마를 입은 채로 말이다.

힐러리의 삶을 이해하자면 남편이 빌 클린턴에 대한 얘기를 빼놓을 수 없다. 이 책을 접하기 전까지만 해도 빌과 힐러리의 결혼은 '파우스트의 거래' 에 가까울 것이라고 생각했다. 평범한 부부관계라기보다는 일편단심 권력을 향한 일종의 정치공동체라고 생각했던 것이다. 하지만 진정으로 감탄한 것은 아내의 능력과 아이디어를 믿어주고 실수마저 포용할 수 있었던 빌 클린턴의 비범함이었다. 유복자로 태어나 남편을 여러 번 바꾸며 살았던 어머니와 살았던 빌 클린턴은 어렸을 때부터 정치적 감각을 연마할 수밖에 없었다. 계부에 의한 어머니의 구타를 목도하면서도 무력감을 느꼈던 소년은 밖에서는 행복한 가정생활을 위장했다. 이런 그의 가정환경은 진실과의 대면을 회피하면서 거짓말에 능숙한 성격을 만들어냈다. 타고난 매력과 권력목표에 대한 강한 집중성은 정치인의 기본자질이다. 타고난 기질이든 어릴 적 트라우마의 발현이건 간에 그의 호색기질은 아내 힐러리를 힘들게 했지만 그 점을 빼면 그는 힐러리의 더할 나위없는 친구이자 원군이었다. 빌 클린턴은 아내 때문에 대선캠페인이 위기에 빠지거나 대통령의 권위에 구멍이 생겨도 한 번도 아내를 책망하지 않았다.

빌 클린턴의 행동을 바람둥이 남편이 아내에게 오히려 잘 대해주는 그런 사례로 생각할 수도 있겠지만 실제 그는 '미안해서 아니라' 진정으로 아내의 능력을 평가해준 사람으로 보인다. 어떤 땐 과대평가해서 자신의 정치적 입지마저 위기에 빠뜨릴 정도다. 빌 클린턴이야말로 1960년대 대학을 휩쓸었던 페미니즘의 진정한 수혜자다. 역설적이지만 오늘날의 힐러리를 만든 남자인 빌 클린턴의 역량을 평가하게 된다. 아무리 힐러리가 뛰어난 여성이라도 한들 '당신은 첼시나 잘 키우고, 영부인 역할이나 잘하라' 고 했다면 힐러리가 자신 앞에 주어진 엄청난 과제와 도전을 하나씩 둘씩 부수고 나갈 수는 없었을 것이다. 그래서 나는 이들의 결혼을 동지적 파트너십이나 정치공동체가 아니라 애정에 기초한 공고한 결합으로 보기로 했다.

지금 이 순간 힐러리는 최고 권력고지를 향한 숨 가쁜 여정을 계속해 나가고 있다. '품성은 여정이다' 라고 말한 것은 빌 클린턴이었지만 그 말이 옳다고 한다면 힐러리의 품성은 아직도 미완성이며, 온전한 모습을 드러내지 않았다. 힐러리의 여정에 쉬운 길은 없나 보다. 공화당 후보가 윤곽을 드러낸 반면 힐러리는 버락 오바마와 함께 마지막 순간까지 결과를 예측할 수 없는 아슬아슬한 게임을 벌이고 있다. 이제 힐러리의 얼굴은 주름투성이다. 세월이 안겨준 경륜과 지혜로 무장했지만 젊은 시절 자신만큼이나 신선하고 도덕적으로 우위에 있는 후보와 경쟁하고 있는 것이다. 하지만 이번 예비경선에서도 힐러리의 공격본능은 결코 시들지 않았다. 상대가 민주당 후보이건 공화당 후보이건 자신의 앞날을 가로막는 장애물이라면 결코 좌시하지 않는 것이 바로 힐러리의 품성이 아니겠는가. 따라서 상대가 오바마이건, 존 맥케인이건 간에 이들이 힐러리를 이기는 길은 그녀가 여자임을 잊어버리는 수밖에 없다고 본다. 힐러리가 자신이 여자임을 잊지 않는 것과는 반대로 가야하는 것이다. 힐러리가 여자라고 생각하는 한 그들은 자신들이 가진 고정관념에 이미 굴복할 수밖에 없는 것이다. 힐러리가 결국 미국 대통령이 되건 아니건 힐러리의 도전이 의미 있는 것은 바로 이런 까닭이다. 힐러리는 져도 미국 역사를 만들어갈 것이며, 이기면 더욱 그럴 것이다. 힐러리 로댐 클린턴의 여정을 끝나지 않았다.

길 트로이의 『세계 최고의 여자 힐러리論』Polarizing First Lady 은 참으로 독특한 책이다. 지금까지 빌 클린턴과 힐러리 클린턴 부부에 관한 수없이 많은 책이 출간되었지만 한 번도 학문적으로 분석된 적이 없었기 때문이다. 데이비드 브록이 쓴 『우파에 눈에 멀어』Blinded by the Right 나 딕 모리스의 『대통령 집무실 뒤에서』Behind the Oval Office 나 『역사를 다시 쓰며』Rewriting History 가 대표적이다. 브록은 빌 클린턴이 아칸소 주지사 시절 주 경찰관(트루퍼)들이 빌에게 여자들을 조달해 주는 뚜쟁이 노릇을 했다는 이른바 트루퍼게이트를 1993년 우파 월간지 「아메리칸 스펙테이터」에 폭로한 기자다. 이러던 브록이 1998년에는 자신이 우파에게 눈이 멀어 신빙성이 의심스러운 기사를 쓰고 말았다는 것을 고백한 책이 『우파에 눈이 멀어』다. 수시로 우파 음모론을 제기하는 힐러리에게 도움이 되는 책이다.

반대로 딕 모리스는 빌 클린턴이 자신의 정책에 균형을 잡고자 특별히 '모신' 정치 컨설턴트이다. 공화당 지향적인 모리스는 실제 클린턴에게 상당한 정치적 도움을 주었고, 힐러리도 회고록 곳곳에서 이런 모리스에게 고마움을 표하고 있다. 하지만 모리스는 백악관을 그만둔 뒤 클린턴 부부의 위선을 폭로하는 책을 집필했다. 『역사를 다시 쓰며』라는 책 제목 자체가 『살아있는 역사』를 비꼬기 위한 것이었다. 이 책에서 모리스는 힐러리는 목적 달성을 위해 수단 방법을 가리지 않을 뿐 아니라 이념적으로 위험하다고 주장한다. 힐러리는 끊임없이 거짓말을 만들어서 자기를 창조해내는 근본적으로 믿을 수 없는 사람이라는 것이다. 한 예로 힐러리는 부모가 에베레스트를 등정한 힐러리 경을 본 떠 자기 이름을 지었다고 자랑했지만 실제 힐러리 경이 에베레스트에 발을 들여놓은 것은 힐러리가 태어나고도 5년이 지난 1953년이었다는 식이다. 모리스의 주장 또한 모두 믿을 수 없는 것이지만 2004년에 출간한 책에서 2008년 대선에서 힐러리가 민주당 후보로 출마할 것임을 정확히 예측했다는 것은 대단한 통찰이다.

아무튼 지금까지 힐러리에 관한 많은 저술이 이런 당파적 이념과 목적을 가진 것이었기 때문에 힐러리의 본모습을 찾기 어려웠던 것이 사실이다. 이는 힐러리가 지닌 고도의 복잡함의 산물이기도 하다. 그러나 길 트로이는 오로지 사료에만 의존해 미국 퍼스트레이디의 역할 속에서 힐러리의 행로를 분석하고 그 시대상, 사회상을 복기해 낸다. 때로 그는 힐러리의 억울함을 호소하며 우파의 비열함을 비난하지만 그에 못지않게 힐러리의 이중성에 대한 돋보기를 들이댄다. 이 책이 힐러리에 대한 숱한 저작물과 차별화되는 것은 그런 점이다. 역사학자의 시선을 따라가다 보면 복잡하게 얽힌 미국 정치의 실타래 속에서 윤곽을 드러내는 힐러리의 정체에 좀 더 다가갈 수 있는 것이다.

팔자에 없는 번역을 하면서 여러분들에게 신세를 졌다. 느닷없는 과제를 안긴 탓에 함께 힘들었던 늘봄의 조유현 사장과 편집진 여러분에게 많은 폐를 끼쳤다. 역자는 지금까지 일감은 집으로 가져오지 않는다는 원칙을 지켜왔지만, 힐러리처럼 동시다발적으로 일을 하는 능력이 없다보니 이번엔 어쩔 수 없이 번역거리를 들고 밤에 식탁에서 작업을 해야 했다. 엄마의 '일감'에 대단한 호기심을 보여준 딸 윤선을 비롯한 가족에게 감사한다. 윤선이 같은 10대 여자아이들이 이 책을 많이 읽었으면 하는 바람이다.

2008. 2

정성희

글을 시작하며

거미줄 족쇄 : 페미니스트 퍼스트레이디 딜레마

그녀는 미국의 톱 패션잡지 크리스마스 판에 커버걸로 눈부시게 등장했다. 레드 룸에서 왕후에 딱 맞는 장미 꽃다발 옆에 새침하게 앉아 사진을 찍은 그녀는 자신을 위해 특별히 디자인된 오스카 드 라 렌타의 자주색 벨벳 드레스 속에서 찬란하게 빛났다. 그녀의 머리는 크리스토퍼 살롱에서 스타일링한 화려한 금발이 눈부셨고, 귀에는 진주로 디자인된 카르티에 다이아몬드 귀걸이가 빛났다. '눈부신 평화'란 제목의 찬사로 일관된 기사는 그녀를 가장 미국적이며, 너무 여성스럽다고 묘사했고 '추락하는 역사적 보물을 복원하는' 퍼스트레이디다운 캠페인이라고 추켜세웠다.[3]

이때가 1998년 12월 클린턴 대통령이 탄핵에 직면했을 때며, 그녀는 퍼스트레이디로서 인기 정점의 순간이었다. 그로부터 1년 후인 2000년 2월 그녀는 상원의원 출마를 결심한다. 그녀의 캠페인 포스터 사진은 '이젠 힐러리' 라는 카피에 맞게 극히 사무적인 모습이었으며, 목소리 또한 당당했다. 이제는 힐러리의 남편으로 역할을 바꾼 클린턴은 뒤에서 조용히 그녀를 바라보며 앉아있었다.

이 공동통치 대통령 부부에게 무슨 일이 벌어진 건가. '하나 사면 두 개' 라는 1992년 클린턴 대통령 선거캠페인이 어긋난 건가? 선거 당시 클린턴은 말했다. "만일 내가 대통령이 되면 프랭클린 루스벨트와 엘리노어 부부 이상의 파트너십이 있을 것이다. 그분들은 위대한 인물로 결국 노선이 서로 달랐지만 우리는 항상 함께 한길을 갈 것이다." 그러나 레이건 퍼스트레이디 낸시처럼 조용하게 변신하여야만 대중의 인기를 얻을 수 있을 것이고 대통령 부인으로서 어떤 직위도 가지지 않을 것이라는 말은 거짓말이었나?

「보그」 잡지 특집에서 '비범한 힐러리와 클린턴' 이라는 제목의 스토리는 분명 둘의 무용담을 보여준다. 강력한 경쟁세력 사이에서 올바른 균형을 취하고 올바른 이미지도 보여주기 위해 끊임없이 투쟁해야 하는 평범한 미국여성의 여정을 그대로 반영한 것이다. 그러나 그녀의 정책결정자로서 활동했던 프로필이 쇠퇴하는 것과는 달리 과거 수십 년 동안 미국인들에게 퍼스트레이디로서의 각인된 온화한 모습이 있어 힐러리가 대통령 부인으로서 인기를 얻기는 쉽지 않았다. 여기에 퍼스트레이디 힐러리의 묘한 위치와 아이러니를 잘 설명해 볼 수 있다.

이것은 퍼스트레이디로서 살아온 사람들 사이에서의 신뢰에 관한 이야기다. 아칸소주 주지사 부인이었던 힐러리 로댐을 포함한 많은 여성들이 정책결정은 퍼스트레이디의 주된 역할이며 정책결정을 함으로써 퍼스트레이디는 미국 여성상의 요체를 구현하고 진전시킬 수 있다는 신화를 믿어왔다. 이 인식은 유명인에게 집착해 명성과 권력, 이미지와 충격을 혼동하고 한탄스러울 정도로 고위직 여성이 적어 롤모델에 대한 갈증을 채워 주어야 하는 미국 정치문화에서 퍼스트레이디의 주된 역할에서 비롯된다. 정책결정을 하는 퍼스트레이디에 대한 대부분의 묘사는 역사적 추론이 아니라 희망사항을 반영한다.

백악관 여주인들이 폭넓은 행동자유를 누리고 누구도 그 일의 성격을 강제하지 않았을 지라도 퍼스트레이디 직분이란 강한 규제를 받는 한정된 역할을 가진 자리다. 워싱턴에서 퍼스트레이디의 강력한 목소리가 나오기를 요구하는 많은 여성의 정당한 희망, 그리고 퍼스트레이디에 대한 지속적인 대중의 관심, 보다 적극적인 국가 정책결정에 개입하도록 요구하는 기자들의 지속적 압력 등에도 불구하고, 대다수 미국인은 대통령 부부가 백악관에서 권력을 공유하는 것을 원치 않는다. 더욱이 퍼스트레이디가 지난 몇 십년간 진화해온 역할 방식은 실제로 정책결정에 있어 그 영향을 감춰왔다. 대통령 부부는 공동 이미지메이킹을 위해 함께 일해야 하며, 권력을 분점해서는 안 된다. 인기 있는 퍼스트레이디는 가볍고 쉬운 정치적 쟁점을 제공하고 대통령 이미지를 결정하는 데 필수적인 버팀목이 되는 반면, 논란을 제공하는 퍼스트레이디는 훨씬 크고 지속적 손해를 입힐 수 있다고 대통령들은 배워왔다.

1996년 선거캠페인에서 힐러리는 자신에 대한 반발을 여성이 권력을 갖는다는 것에 대한 여성혐오주의자의 혐오감 탓으로 돌렸다.[4] 사실 퍼스트레이디들은 여성성과 여성의 운명에 대한 전통적 가치혼란뿐 아니라 여성과 권력에 대한 여성혐오주의자들의 억측이라는 전통적 이중잣대와도 싸워야 했다.

사람들은 여전히 이 특별한 직위의 특이성을 쉽게 이해할 수 없었다. 백악관의 전통적 아이콘에 대한 수백만 미국인의 문화적 요청도 그런 것이지만, 대통령을 가까이 모시는 사람들이 적극적 행동주의자 퍼스트레이디에 대한 지속적인 피해의식이 항상 논쟁거리가 되었던 것이다. 또한 대통령 부부라면 국민들에게 전통적 가족과 부부의 모범상을 보여야 한다는 요구 또한 충만하다. 일례로 섹스와 마약에 대한 베티 포드(포드 대통령 부인)의 솔직한 고백이 오히려 사회적 비난에 휩싸였던 것과 온화하고 교양있는 바바라 부시와 로라 부시에게 찬양이 쏟아진 것을 볼 수 있다.

1930년대 이전 퍼스트레이디들은 직위를 정의하기엔 너무 많은 자유를 가지고 있었다. 어떤 퍼스트레이디는 덜리 매디슨, 엘리자베스 먼로처럼 유명했거나 좀 덜 유명했거나, 혹은 매리 토드 링컨과 엘리자 존슨처럼 논란거리가 많았거나 혹은 적었거나, 에디스 볼링 윌슨이나 에디스 커미 루스벨트처럼 영향력이 좀 있었거나 적었거나의 정도였다. 그러나 확실한 것은 그들은 정책결정 역할이 전혀 없었다는 것이다. 프랭클린 루스벨트 때 정부나 대통령의 인식혁명 덕분에, 그리고 뉴딜정책에 있어 퍼스트레이디 엘리노어 루스벨트의 개척자 역할 덕분에 정책결정을 하는 퍼스트레이디 신화가 탄생하게 된 것이다. 그로부터 60년이 지난 후 미국은 미국의 첫 번째 진짜 페미니스트 퍼스트레이디인 힐러리 로댐 클린턴과 함께 퍼스트레이디의 역할에 대한 매우 격렬한 논쟁에 빠져들었다.

힐러리의 재임은 사무실 자체에 여러 가지 충격을 가져왔다. 창공을 날아오르는 유성처럼 그녀의 야망과 그녀가 감흥을 주었던 수백만 여성들의 영감이 퍼스트레이디 역할의 위대한 잠재력과 화려한 경력, 비전, 야망을 가진 정치 지향적 퍼스트레이디가 만들어 낼 수 있는 위대한 희망을 보여주었다. 그러나 이런 위대한 꿈은 유성처럼 화려하되 잠깐뿐이었다. 혹시 있다 해도 첫 번째 페미니스트 퍼스트레이디는 자신의 선임자 바바라 부시와 후임자 로라 부시의 평범하고 비정치적 전통주의를 정당화할 뿐이었다. 그 직위가 가진 제약을 강조함으로써 그리고 너무 많은 논란을 일으킴으로써 심신이 지친 퍼스트레이디로 돌아온 힐러리는 자신의 뒤를 이은, 더 조용하고 더 침착한 로라 부시의 궤적을 강조해 버리고 말았다. 부시 여사는 백악관 이스트윙을 덜 자발적 방식으로, 덜 극단적 입주자들이 더 안전하게 사용하게 된 것에 대해 힐러리에게 감사해야 한다.

그렇다면 힐러리 로댐 클린턴은 누구인가? 1992년 '난 남자 옆에서 있는 그저 그런 여자가 아니에요' 라고 주장하며 남편 옆에 서 있는 모습으로 갑자기 유명해진 이래 힐러리는 미국인을 매혹시키고 홀리거나 혹은 오싹하게 만들었다.[5] 그녀는 자신을 하나의 스테레오타입 혹은 또 다른 스테레오타입으로 축소하려고 하는 사람들을 끊임없이 좌절시켰다. 그녀는 자신을 그들의 옹호자, 사절, 기준점으로 삼으려는 수백 만 여성을 매혹시켰다. 그녀는 자신을 권력에 굶주리고, 가혹하며, 수단 방법을 가리지 않고 이기려는 몽상가로 저주해온 수많은 사람들을 분노케 했다. 힐러리는 변호사, 공부벌레, 파트너, 페미니스트, 엄마, 아내, 안주인, 유행을 선도하는 사람, 아동권익의 옹호자, 보건개혁 운동가, 커버걸, 아이콘, 미디어 센세이션, 미 중서부 출신에서 아칸소 주를 거쳐 뉴요커가 된 사람, 상원의원, 민주당원 그리고 대통령을 꿈꾸는 사람이었다. 1992년 이래 힐러리는 친구들의 뒷받침을 받았고, 남편의 배신을 받았고, 의회의 환호를 받았으며, 검사의 심문의 받았고, 기자들의 추격을 받았으며, 라디오 토크쇼 호스트로부터 모욕을 받았고, 상원의원 동료들에게 받아들여졌으며, 그리고 전 세계 여성들의 우상이 되었다.

많은 비난이 힐러리를 어쩔 줄 모르게 만들었다. 그녀에게 열광적 환호를 보내는 여성단체 한곳에서 퍼스트레이디 신분으로 연설하면서 그녀는 그런 비판은 권력 있는 여성에 대한 미국사회의 계속되는 불편함 때문이라고 주장했다. 상원의원인 그녀가 자신의 힘으로 권력을 행사할 때는 훨씬 논쟁이 덜했다는 사실에 비추어 볼 때 이런 주장은 오직 부분적으로만 진실이다. 퍼스트레이디란 단순히 권력 있는 여성은 아니다. 퍼스트레이디의 독특한 직위는 그녀의 행동에 특별한 제약을 부과하며 이것은 그녀에게 퍼부어지는 악의나 애정을 설명해 준다. 더욱이 힐러리 로댐 클린턴은 단순히 권력 있는 여성이 아니다. 1992년 전국적 레이더망에 잡힌 이래 그녀는 독특한 논란거리였고 모순되는 존재였다. 세 가지 점에서 힐러리는 매혹적이었다. 오늘날 미국에서 가장 권력 있는 여성의 하나이고, 여성에게 주어진 많은 현대적 도전에 직면한 대표적 인물이고, 퍼스트레이디라는 직분 덕분에 전 세계의 가장 배타적이고도 복잡다단한 여성사회의 일원이라는 점이 그렇다.

1947년 휴와 도로시 로댐이 자신들의 첫 아이에게 남녀구분이 잘 안 되는 이름을 붙여줄 때부터 그녀는 여성에게 속박을 요구하는 사회에 의해 제약되지 않았던 것인지도 모른다. 힐러리 로댐 클린턴은 현대 여성들의 딜레마와 싸워왔다. 어떻게 그녀가 여러 면에서 남성의 세계에서 평등을 추구하며 여성으로서 임무를 수행할 수 있었을까? 모든 부부가 혼인의 수수께끼와 싸운다. 어떻게 각 배우자의 필요에 균형을 맞추고, 한 사람이 올라가면 다른 사람은 떨어진다는 의미의 중력법칙을 대부분의 관습적 결혼에서 피할까하는 의문들 말이다. 부부 중 한 명이 미국 대통령이 되면, 전 세계가 다른 한 명의 모든 움직임을 샅샅이 조사하게 된다. 그녀는 이상하게 경계선이 쳐지고 막연하며 임시로 만들어진, 우리가 '퍼스트레이디'라고 부르는 자리에 앉혀져 있다. 그것은 강력하고, 혼란스럽고, 상징적이며 때로는 영혼을 쥐어짜는 딜레마를 초래하게 된다.

최초의 페미니스트 퍼스트레이디로, 페미니스트 시대를 살았고 그 운동을 명백하게 포용했던 첫 번째 영부인으로 힐러리는 이런 모든 어려운 질문을 해결하기 위해 갈지자 행보를 계속해 왔다. 그녀의 많은 여성동료들처럼 그녀도 전통과 변화, 가족과 직업, 머리와 가슴, 성(性)구분이 없는 평등한 시민이고자 하는 열망과 자신의 여성적 정체성 사이의 균형을 잡기 위해 싸워왔다. 1992년 대통령 예선 캠페인에서는 파워슈트 차림이었던 기업 변호사는 본선 캠페인에서는 초콜릿칩 쿠키를 굽는 엄마가 되었다. 민주당의 의회 장악과 1994년 의료보건 개혁의 끔찍한 실패를 맛본 이후 1993년 출현했던 개혁운동가적 공동대통령은 분별 있고 여성다운 하급 파트너가 되었다. 1998년 힐러리는 모니카 르윈스키 때문에 케네스 스타 특별검사에 의해 만신창이가 된 남편의 공적 경력을 구원했고, 사적으로는 빌 클린턴도 구원했다. 1999년까지 많은 후퇴와 패배에 의해 좌절하기도 하고, 공개적으로 동정을 사지도 못했지만 충실하게 남편 곁을 지킨 아내는 역사상 처음으로 미국 상원의원에 출마하는 퍼스트레이디가 되었다.

오늘날 클린턴 상원의원은 워싱턴의 가장 강력한 민주당원의 하나이며 미국의 가장 영향력 있는 지도자 중 하나이며, 세계에서 가장 유명한 여성의 하나다. 힐러리의 온전함, 성공, 그리고 일하는 여성들 사이에서의 믿을 수 없는 인기를 설명하는 열쇠는 그녀의 신축성이다. 자신의 아이디어를 배반하거나 실행하는 것을 양자택일적 문제로 인식하기보다는 그녀와 지지자들은 훨씬 더 폭넓은 의견을 채택했다. 인생을 일련의 양자택일의 과정으로 하나의 제로섬 게임으로 취급하는 대신에 다른 많은 일하는 여성들이 그렇듯 힐러리도 그것에서 비껴남으로써 딜레마를 해결하려고 시도했다. 일하는 여성과 엄마로, 개척자와 전통주의자로, 정책 통달자와 안주인으로, 페미니스트 퍼스트레이디와 여성적인 퍼스트레이디로 말이다.

힐러리 로댐 클린턴의 미스터리를 설명하기 위한 시도로 너무 많은 저자들이 그녀를 권력에 굶주린 마키아벨리스트, 분노한 페미니스트, 히피 맥거번 같은 사람(조지 맥거번은 1972년 대통령 선거에서 닉슨에 패배한 민주당 정치인 : 역주), 베이비붐 여피, 숭고한 개혁가, 위대한 진보의 희망 등 일차원적 캐리커처로 축소시키려는 경향이 있었다. 그녀를 미국의 공적 생활에 있어 두 개의 중심적 모형과 이데올로기, 즉 청교도와 진보주의자의 결합으로 생각하는 것이 훨씬 설득력 있을 것 같다. 여러 면에서 빌 클린턴은 땀투성이고, 이상적이고, 큰 정부 지향적이며, 윌리엄 제닝스 브라이언(대통령에 세 번 출마한 민주당 정치인 : 역주)과 린든 B. 존슨의 허풍 떠는 전통을 가진 진보적 자유주의 개혁가 겸 인기 영합적 물품을 운반하는 선동가의 종합이다. 남편이 처음부터 거의 완벽한 대중적 절대음감을 타고난 반면 힐러리는 대중적 호소력에 관한한 음치였다. 퍼스트레이디와 상원의원으로서 군중을 즐겁게 하는 그녀의 많은 행동은 타고난 것이라기보다는 배운 것이다. 그러나 기껏해야 감리교도 페미니스트이고 개인의 책무성과 정부의 사회적 책임에 대한 복음을 전도하는 이 도덕주의자 히피는 진지함, 절제 그리고 관대함, 이상주의를 가진 청교도식 사회적 훈련, 그리고 진보에 대한 사회공학을 결합한다.

1920년대와 30년대를 풍미했던 냉소적 저널리스트 H. L. 맥켄이 청교도 신조를 '누군가는, 어디에선가 행복할 수 있다는 불안한 두려움' 이라고 정의한 것은 과장이었을 것이다. 혁명 이전 시대로 돌아가면 청교도, 칼뱅주의, 감리교를 구분하는 것은 중요했다. 우리 세속주의 시대에도 세계에서 가장 유명한 이 감리교도는 자신의 열의, 도덕적 순수성에 대한 탐색, 엄격함, 까다로움, 사명감에 자극받으며, 훨씬 폭넓은 미국의 청교도적 전통에 뿌리내리고 있다. 마찬가지로 미국에서 가장 앞서가는 자유주의자를 규정하는 가치는 19세기와 20

세기 초반의 문제에 초점을 맞추기 위해 무엇이 좋은 자유주의자를 만드는가와 같은 21세기의 당연한 논쟁을 얼버무린다. 제인 아담스(미국의 사회복지사업가 : 역주)의 까다로운 사회공학, 링컨 스테판스(폭로저널리즘을 개척한 미국 언론인 : 역주)의 열정적 폭로, 그리고 로버트 라폴레테(진보당 소속으로 미국 대통령 선거에 출마한 정치인 : 역주)의 확장된 정부개입주의를 결합한 그 운동은 이성의 힘과 정부 위원회의 능력, 그리고 사회를 좀 더 합리적, 이성적, 효과적, 그리고 공평하게 만드는 프로그램에 대한 중산층의 믿음을 반영한다.

페미니즘은 미국 역사의 진보적 추진동력과 분명히 연결돼 있으면서도 청교도적 차원도 갖고 있다. 페미니즘의 부상과 성 혁명의 융합은 정반대의 추진동력, 누구도 제어할 수 없는 방종을 낳았다. 1980년대 몇 명의 페미니스트들이 포르노그래피에 반대해 기독교 원리주의자들과 어색하게 동맹을 맺었을 때 잠깐이었지만 그 운동은 깔끔하고 도덕적인 평을 받았다. 감리교적 그리고 전통적인 양육에 충실했던 힐러리는 남편과는 달리 1960년대의 과도함에 저항했다. 1990년대까지도 페미니스트 운동의 보수적 입장에 서있었던 힐러리는 도덕성에 관한 모든 논의를 정당하게 양도하기를 거부했다. 민주당 방식으로 '가족 가치' 를 최우선으로 언급하면서 그녀는 산아제한 방식으로서의 낙태에 대한 젊은 미국인의 편의적인 믿음을 한탄했다. 사회정의 세력으로서 도덕적 개혁에 대한 요구, 물질주의로부터의 전환, 커뮤니티와 가족으로의 회귀 그리고 정부와 커뮤니티에 있어서 신념 사이에서 그녀는 어떤 모순도 느끼지 않았다. 자유주의가 방종으로 타락하는 것 같을 때도 청교도와 진보주의의 합성은 '제3의 길'에 대한 그녀 남편의 비전을 뒷받침했고 미국인을 주류에 좀 더 많이 남아두도록 만들었다.

진보주의와 청교도 신조의 이런 조합은 힐러리 로댐 클린턴에게 매우 부족한 특질, 그녀와 남편이 권력을 유지하기 위해 했던 모든 것에서 자기 정당성, 비판에 대한 저항, 수단을 정당화시키는 목적과 같은 특질을 이중으로 강화시켜 주었다. 동시에 이 이중적 전통은 그녀에게 가장 많이 보이는 특질을 이중으로 강화시켜 주기도 했다. 집단적 사회 정의와 개인적 책임을 결합시킨 미국 사회의 이상적 도덕적 비전, 독립성을 가진 이타주의, 전통을 가진 근대성 등이 그런 것이다.

사실 그들의 이데올로기적 의제를 진전시키려는 힐러리와 클린턴 둘 다의 열망은 그들을 또 다른 고전적 미국적 긴장, 즉 정치가와 정치 개혁가 사이의 긴장, 콧대 높고 권력에 굶주린 정치가와 몽상가 겸 '그림의 떡'을 꿈꾸는 개혁가 사이의 긴장이 그것이다. 뉴욕주 태머니홀(민주당 태머니파의 본거지 : 역주)의 냉소적이지만 효력 있는 보스들과 멋지긴 하지만 실효성 없는 독자 노선 정치인들 사이의 19세기 권력투쟁으로 잘 요약된다. 이런 패러독스는 미국 독립이래로 실용주의와 이상주의 사이의 계속되는 논쟁거리다. 1960년대 나팔바지와 청바지 혁명주의자들은 많은 밤을 자신들이 말하는 '불 세션' bull session(주로 남성들이 밤을 새우며 했던 자유토론 : 역주)' 으로 지새웠다. 그들은 권력과 정의를 어떻게 조화시킬 것인가, 버리지 않고 어떻게 계승할 것인가, 1970년대에 자신들이 '겁쟁이' 라고 불렀던 사람이 되지 않고도 어떻게 몽상가가 될 것인가에 대해 교감을 나눴다.

페미니즘 운동은 권력과 두려움에 관해 권력과 두려움에 사로잡힌 채 반복되는 대화를 가졌다. 여기서 두려움이란 '착한 소녀 아이들' 이 되면 자신들의 꿈을 이루지 못하게 된다는 두려움이었다. 1980년대 레이건 혁명기를 겪으며 1988년 마이클 듀카키스의 실패가 상징하듯 민주당과 진보주의자들의 무력감을 보는데서 오는 좌절감은 무슨 수를 써서라도 이겨야 한다는 이상주의를 고무시켰다. 클린턴 부부의 보좌관인 조지 스테파노폴로스는 이런 동력을 '역사를 만드는 것' 이고 그 방식은 '노골적 야망' 이며 나라를 위해 그들이 '성취' 할 수 있었던 것을 포기하지 않은 것이 클린턴 부부가 대통령으로서의 자신들의 약점을 너그럽게 넘기고 이기기 위해선 무엇이건 하게끔 이끌었다고 신랄하게 묘사했다.[6] 그런 의미에서 힐러리가 1992년 선거캠페인 본부를 '워 룸' The War Room 으로 이름 붙인 건 딱 들어맞는 말이다.

반대자들이 클린턴 부부, 특히 힐러리를 싫어하는 이유를 찾는데 어렵지 않았던 것은 빌과 힐러리 둘 다 자기 정당성에 열을 올리는 일반적 스테레오타입과 일치되기 때문이었다. 미국 대중문화에서 이것은 '빅 칠' the Big Chill(미시간 대학을 다녔던 친구들의 얘기를 그린 1983년 영화제목 : 역주) 세대다. 이 세대는 기존의 가치관을 여전히 조롱하면서도 무력하게도 항의집회에서 투자은행으로, 나팔바지에서 정장차림으로, 기득권 공격에서 기득권 추구로 옮겨갔다. 모든 정치는 높은 이상주의와 낮은 냉소주의의 변화무쌍한 혼합을 수반한다. 두 개의 적대적 추진동력이 서로를 너무 강력하게 얽어맴으로써 함께 추락하는 때는 정말 난처한 일이 되고 만다. 클린턴 부부의 권력에 대한 강한 의지는 그들의 선의에 대한 열망만큼 이 부부의 중심적 테마다. 이런 긴장 가운데 그들의 매력의 원인과 생존의 비법이 있지만 동시에 그리스 비극속의 인물처럼 슬픔의 씨앗도 함께 있다.

이 책엔 힐러리 로댐 클린턴의 스토리에 대해 많은 장이 할애돼 있다. 이 책은 그녀가 미국인에게 알려진 중요한 아홉 해에 초점을 맞춘다. 1992년 1월 클린턴의 대선캠페인 초기에 슈퍼볼 게임 직후 '60 미니츠'(미국 CBS 탐사보도 프로그램 : 역주)와의 인터뷰에서 보여준 그녀의 비범함으로부터 2001년 1월 조지 부시로의 권력이양에 이르는 기간이다. 2001년에는 이 뛰어난 퍼스트레이디는 미래 뉴욕의 상원의원이었다. 그 기간 힐러리 로댐 클린턴은 몇 번인가 공개적으로 자신의 정체성과 타협해야 하는 고통을 맛본다. 여성으로서의 정체성과 양성평등에 대한 그녀의 욕구 사이에서 균형을 잡으려는 투쟁은 그녀를 아이콘적 인물로 만들었다. 그녀의 청교도적 기질은 중도주의를 통해 남편을 정치적으로 속죄시키도록 만들었으나 궁극적으로 클린턴의 단청치 못한 행위는 그녀로 하여금 청교도적 이상을 희생시키는 결과를 초래하며 그녀의 진보적 경향을 누그러뜨렸다. 또 그녀의 청교도적 기질은 자신과 권력을 가진 동료 진보주의자들을 지키기 위한 그들의 사명을 개혁하도록 만들었다.

클린턴 부부는 그렇게 멀리까지 나가지 않을 수도 있었다. 그리고 힐러리는 미국 인구 중 중요하고 영향력 있는 계층의 꿈을 깨지 않고도 자신의 믿음을 위험에 빠지게 하지 않을 수도 있었다. 자신들의 꿈을 실현시키기 위해 필요로 했던 권력의지와 현실정책 감각은 그들을 잘못된 방향으로 이끌었고, 약화시켰으며 끊임없이 자신을 소멸시켰다.

그녀의 투쟁을 되돌아보는 일은 힐러리 로댐 클린턴의 일대기, 퍼스트레이디로서의 특수함, 현대를 살아가는 미국 여성으로서의 도전, 오늘날 미국을 정의하는 중심적인 몇몇 불안감을 조명하게 한다. 그 이듬해 무슨 일이 있어났을 지라도 퍼스트레이디로서 힐러리 로댐 클린턴의 스토리는 밀레니엄 전환기에 워싱턴, 미국, 미국 여성계의 가장 중요한 이야기로 남아있을 것이다.

2001년 9월 알 카에다 테러리스트들이 뉴욕과 워싱턴, 펜실베이니아의 들판에 공격을 퍼부었다. 그날 어떤 이는 유명해졌고 어떤 이는 비난을 받았다.

빌 클린턴 전 대통령이 왜 오사마 빈 라덴을 막지 못했는가 비난을 하는 사람들이 있는 반면 그날을 계시로 상원의원으로서 힐러리의 입지는 확고해졌다. 그 날이 대통령과 아내의 위치가 바뀌는 역사적 전환점이었던 것이다.

그녀는 루디 줄리아니는 아니었지만 조지 파타키 주지사와 찰스 슈머 상원의원과 함께 가슴 아픈 세계무역센터의 비극에서 중요한 지원역할을 했다. 그녀는 빌 클린턴의 아내, 전 퍼스트레이디, 여성의 상징, 심지어 힐러리로서가 아니라 뉴욕의 상원의원으로서 그 현장에 있었다.

그런 변신은 명백한 것이긴 해도 쉽게 측정할 수 있는 것은 아니다. 그날 힐러리 로댐 클린턴은 남편의 정권 마지막 순간의 뉴욕 이주, 그리고 힘겨웠던 선거캠페인에서 남아있던 암운을 일소하며 독립적으로 대중적 인물로 부상했던 것 같다. '이제 사람들이 그녀를 상원의원으로 본다' 라고 힐러리처럼 최근 뉴욕에 정착한 네브라스카 출신 전 민주당 상원의원인 밥 커리는 말했다. 뉴욕시 뉴스쿨대학의 총장으로 뉴욕에 이주한 커리는 9·11 사건의 결과로서 빌 클린턴과 힐러리를 비교하지 않을 수 없었다. '그는 그녀의 성과에 종속돼 있다. 그녀는 권력을 가지고 있다. 그는 없다.'[7] '우리는 지금 모두 뉴요커다'[8] 라고 설파한 페미니스트 퍼스트레이디는 이젠 뉴욕의 상원의원이었다. 그녀는 딜레마로 가득 찬 속박에서 벗어났고 유명 정치인으로 힘을 부여받았으며 퍼스트레이디로서의 거미줄 족쇄에서 해방되었다. 지난 10년간 미국의 가장 큰 상처에 답하며, 그녀가 새로 선택했고 이제 타격까지 입은 주정부에 별도의 기금을 요구하면서 힐러리 로댐 클린턴은 운명의 기초가 되었던 지난 10년보다 훨씬 자유로워졌고 아마 21세기 미국의 운명도 그럴 것이다.

파크리지에서 리틀록으로, 골드워터걸에서 빌러리로

1945년, 엘리노어 루스벨트는 자신이 불우했던 유년시절을 이겨내고 퍼스트레이디가 된 것을 전설적 일화로 만들고자 했다. 실제로 그것은 20세기 중반 미국의 고전적 전설의 하나가 되었다. 귀족가문에서 태어났지만 할머니에게마저 못생겼다고 조롱당하고 무시당했던 한 소녀가 결국 성공했다는 이야기는 그녀의 바람대로 널리 퍼져나갔다. 가난뱅이가 부자가 되었다는 이야기는 아니지만, 미운오리새끼가 세계적으로 유명한 백조로 자라났다는 이야기는 확실하다. 이는 불굴의 정신만 있다면 미국

이란 좋은 토양에서 역경을 극복한 벤자민 프랭클린과 호라시오 알저(135권의 소설을 쓴 19세기 미국 작가. 작품의 대부분이 가난뱅이가 성공하는 과정을 다뤘다 : 역주)와 같은 의미를 내포하고 있다.

엘리노어가 퍼스트레이디로 임기를 마친 지 반세기 후에 힐러리 로댐 클린턴은 자신의 유년시절을 비슷한 아이콘으로 만들었다. 베이비붐 세대에서 성장한 어린 딸은 페미니스트가 되었고 '골드워터걸'(힐러리는 고교시절 공화당 정치인 골드워터를 신봉했다 : 역주)은 웰슬리대의 히피가 돼버렸고, 중서부 촌뜨기는 이상적 아동권익의 옹호자가 되었다는 이야기다.

이런 플롯은 촌뜨기 소녀가 성공한다는 식의 고전적 서사구조에다 트렌디하면서도 1960년대 지향적인 가치를 부여했다. 모든 베이비붐 세대는 히피가 되었다거나 좌파로 전환했다는 일반적인 인식에 부응하여 힐러리 로댐 클린턴은 회고록에서 자신의 성장시절에 관한 챕터에 '한 미국인의 이야기' 라는 제목을 붙이게 된 것이다.

그러나 힐러리 로댐 클린턴의 이야기는 그 세대의 전형이 암시하는 것보다는 훨씬 더 복잡하다. 힐러리 스토리를 단순히 의식 있고, 타고난 진보주의자인 한 페미니스트의 이야기로 본다면 그것은 너무 이념적으로만 보는 것이다. 자신들의 기사를 정당화하기 위하여 기자들은 '힐러리 로댐의 급진성은 그 세대의 궤적을 따른 것이다'[9]라거나, 웰슬리대 1969년도 졸업생인 누나는 '세상에 대해 굉장히 진보적으로' 변했다는 그녀의 남자형제들의 말을 인용하는 걸 즐겨했다. 그러나 다시 말하지만 힐러리 로댐 클린턴은 꾸준히 균형을 추구했다고 할 수 있다. 이데올로기와 실용주의, 진보주의와 출세주의, 여성성과 개성, 페미니즘과 전통주의 사이에서 말이다.

대학시절 남자친구에 따르면 그녀는 '승리하지 못한다면 어떤 것도 이루어낼 수 없다'[10]고 말하곤 했다한다. 야망, 권력의지, 그리고 타협을 이끌어 내는 그녀의 본질을 모르고 말하는 것은 삼차원적 전기를 이차원적 포스터로 축소하는 것이다. 그렇게 단순화하는 것은 정치인 힐러리 로댐 클린턴의 진짜 삶 보다는 성인 성녀들의 연대기에나 어울릴 것이다.

힐러리 로댐은 1947년 10월 26일 전후 미국의 풍요로움 속에서 태어났다. 로버트 태프트 상원의원과 토머스 드웨이 주지사가 자신 있게 공화당으로의 정권교체를 기대하고 있었고, 민주당 출신 대통령 해리 트루먼은 전후 군대해산이 촉발한 인플레이션을 어떻게 잡을 것인가를 놓고 공화당과 입씨름을 하고 있었다. 유럽에선 프랑스 레지스탕스의 영웅 샤를 드골이 권력을 잡기 위해 고군분투하고 있었다. 중동에선 아랍과 유대인들이 팔레스타인의 경계를 설정하기 위한 유엔 투표를 놓고 다투고 있었고, 아시아에서는 이슬람교도와 힌두교도들이 카슈미르에서 전후 식민지 배열 문제를 놓고 충돌하고 있었다.

전후 여기저기 노동분쟁이 미국을 괴롭히고 있을 때, 힐러리가 태어난 시카고에서는 신문들이 그날 태업을 하고 있었고 대학들은 퇴역군인으로 가득 찼다. 그러나 유럽은 마셜플랜 덕분에 재건되고 있었다. 재키 로빈슨이 춘계 야구대회에서 인종장벽을 깬 그해 가을, 척 예거(1947년 세계 최초로 음속을 돌파한 조종사 : 역주)는 소리의 장벽을 깼다. 기념할 만한 것은 해리 트루먼, 뉴욕 양키스, 브루클린 다저스가 또한 획기적으로 관념적, 기술적 장벽을 뚫고 나왔다는 것이다. 그것은 바로 10월 5일 트루먼은 텔레비전으로 통해 연설한 최초의 대통령이 되었다는 역사적 사실이고, 이튿날 두 야구팀의 월드시리즈가 최초로 텔레비전으로 방송되었기 때문이다.

미국의 자유, 번영, 자신감으로 축복받으며 힐러리 로댐이 훗날 '아버지가 가장 잘 안다' 라고 말했던 그때였다. 남의 도움 받기를 싫어하고 강한 자부심을 가진 자영업자 아버지, 평범한 가정주부 어머니, 두 명의 말썽꾸러기 남동생, 두 개의 발이 쳐진 현관, 그리고 뒷마당에 울타리가 있는 이층집[11] 등, 중서부 교외지역의 전형적인 가정이었다.

일요일이면 가족들이 모두 교회에 나가고, 어른 공경하기, 학교에선 공부를 열심히 하고, 운동도 적극적으로 참여하면서 자란 힐러리는 당연히 가족을 중시하게 되었으며 성인이 되어서도 가족주의에 대한 '안티 이미지' 와는 어울리지 않았다.

힐러리의 어린 시절에 아버지 휴 E. 로댐은 다른 아버지들처럼 전원지역인 파크리지에서 18마일 떨어진 시카고 시내까지 통근했다. 어머니 도로시 로댐도 다른 어머니들처럼 이부자리를 매만지고, 설거지를 하고, 정각 6시에 저녁식사를 차리는 일을 끊임없이 하며 하루를 보냈다고 힐러리는 회고했다. 로댐 부부는 '미국의 무한한 가능성을 믿는 전형적 세대였으며, 가치관은 대공황의 경험에 뿌리내리고 있었다. 그들은 근면하고 남의 도움을 받기를 꺼려하며 자신을 신뢰하고 자만하지 않았다'[12]고 힐러리는 말했다.

물론 조금 더 깊숙이 따져들면, 모든 것이 '리브 잇 투 비버' Leave it to Beaver(1950년대 중반과 60년대 초반 미국의 이상적 가족에 관한 시트콤 : 역주)처럼 평온하지만은 않았음을 알 수 있다. 도로시 로댐은 디킨스 소설에서처럼 혹독한 어린 시절을 견뎌야 했다. 그녀의 부모는 그녀가 여덟 살, 여동생이 세 살일 때 나흘이나 걸리는 미국 횡단열차에다 그녀를 실어 보냈다. 그리고 10년 동안 할아버지와 괴팍한 할머니와 함께 살면서 호되고 학대받는 가정생활을 했다.[13] 그것도 또 한편 그 세대로선 전형적인 일이겠지만 놀랍게도 도로시 로댐은 상처 가득한 어린 시절을 딛고 일어섰다. 그러기 위해서는 타고난 긍정적 성격과 가족에 대한 지극한 사랑, 전통적인 중산층의 삶을 이어가는 강렬한 사명감이 있었을 것이다.

남편, 휴 로댐은 1950년대의 비트족이나 딸의 친구며 기숙사 동료인 히피에 대해선 조금의 관용도 없는 맹렬한 반공주의자였다. 아버지는 거칠고 엄한 감독이었지만 우리를 걱정한다는 것을 알고 있었다고 힐러리는 회상했다. 아버지는 자식들이 학교에서 뛰어난 성적을 거뒀을 때 아이들을 칭찬하기보다는 학교 수준이 저질이라고 조롱하는 인물이었다.[14]

아버지의 까다롭고 높은 기준은 첫 아이를 금욕적 완벽주의자로 만들었다. 욕심 많은 어머니는 힐러리가 여자임에도 불구하고 높은 목표를 갖도록 하는 자신감, 대중 앞에서 수평계를 놓은 것처럼 균형을 잡고 자신을 드러내는 능력, 결코 이혼은 안 된다는 가정교육관을 심어주었다. 힐러리의 부모는 이례적으로 그녀에게 남성적 이름을 지어주었고, 그래서 그런지 그녀의 젠더는 그녀를 제약하지 않았다. '나는 명백히 일하는 삶을 기대했고 어떤 선택도 제한을 받지 않았다' 며 힐러리는 나중에 부모에게 감사하는 마음을 그렇게 표했다. 나의 부모는 '내가 뛰어나게 되고 행복해지도록' 나를 만들었다.[15]

힐러리가 자주 인용하는 얘기 중, 네 살 때 못된 이웃과 마주쳐야만 했던 일화는 그녀를 둘러싼 세계의 감정적 복합성을 엿볼 수 있다.

"다시 가서 너도 때려라." 친구에게 맞고 돌아온 그녀에게 어머니 도로시 로댐은 단호하게 말했다. "만일 수지가 널 때리면 너도 때려라. 너는 스스로 설 줄 알아야 한다. 이 집엔 겁쟁이를 위한 방은 없다." 힐러리는 친구를 흠씬 패주었고 이웃에 깊은 인상을 남겼다. '나도 이제 남자애들이랑 놀 수 있어!'[16] 힐러리는 환호했다.

이 이야기에서 폭력 건은 탈색됐지만 1996년 아이 양육에 관한 저서인 『마을 하나가 필요하다』It Takes a Village에서 힐러리는 '그들이 내게 다시 도전했을 때 나는 혼자 섰고 마침내 그 친구들을 이겼다'[17]고 썼다. 7년 후에 펴낸 회고록에서 그녀는 '몇 분 후, 승리에 대한 기쁨으로 넘쳤다'[18]고 썼다.

기대가 많은 부모를 만족시키기 위해 소녀 힐러리 로댐은 똑똑해야 했고 순종적이면서도 호전적인 왈가닥 기질을 가지게 되었다. 1950년대 그녀처럼 야심 많은 부모를 가진 다른 소녀들은 세상으로 나가기 위해 여성성을 극복하고 여성적 매력을 억눌러야 성공할 수 있다고 배웠다. 여성성과 권력에 대한 이런 접근법은 열 살짜리 왈가닥 소녀들을 만들었고, 또한 스무 살, 서른 살이 되면서도 자신들을 의식적으로 남성적 풍모로 포장하게끔 유도했다. 그것은 한편 성적 불균형 감을 키웠을 것인데 훗날 그런 강화된 감각이 가슴 큰 금발머리를 쫓아다니는, 카리스마 있는 악동 남편을 바라볼 때 냉정하게 발현될 수 있지 않았을까.

도로시 로댐은 그 블록에 47명의 아이들이 살고 있었다고 말했다. 주위 많은 동료들에게서 느끼는 것처럼 힐러리는 이웃을 자신의 영지로 보고, 또 어른들이 항상 그들을 지켜보고 있다는 데서 안전감을 얻었다. 전후에 번성한 마을에선 독립기념일 퍼레이드가 열리고, 걸스카우트 쿠키세일, 가슴 벅찬 '시카고 커브스', 페이비언 팬클럽 회장으로서의 일 등으로 이어져 갔다. 착한 소녀로서 힐러리 로댐은 복종과 충절, 앨런 에런홀트가 1950년대 시카고에 대한 연구에서 '이곳 사람들은 자신들의 배우자, 자신들의 정치적 틀, 자신들의 야구팀과 결혼해 머물러 있었다'[19]고 한 그런 안정된 미국문화에 딱 맞아 보였다.

힐러리 로댐의 9학년 역사 교사였던 폴 칼슨은 아버지의 단호한 공화당 신봉과 더불어 힐러리 자신의 골드워터걸 경향을 강화시켰다. 열렬한 반공주의자겸 열정적 자유론자인 칼슨은 힐러리가 배리 골드워터 상원의원의 정책집인 「한 보수주의자의 양심」을 읽도록 영감을 불어넣었다. 그 결과 힐러리는 미국 보수주의에 관해 쓴 기말과제를 '항상 내게 개인이 되라고 가르치신 부모님께' 라고 바쳤다. 골드워터가 대통령에 출마한 1964년 힐러리는 고등학교 고학년에 진입하고 있었다. 그녀가 어떤 사람이 되었는지 알자면 그녀의 '카우걸' 차림과 'AuH₂O' 슬로건(Au는 금의 원소기호, H₂O는 물의 원소기로로 합치면 골드워터가 된다 : 역주)으로 장식된 카우보이 밀짚모자를 결정타로 보는 것은 그럴 듯하다.[20] 1964년 선거에 대한 명민한 연대기 저자인 릭 펄스타인은 골드워터 상원의원이 특별히 미국 젊은이 사이에서 인기가 높았고 열광의 도가니를 만들었다고 기록했다. 골드워터의 선거 캠페인은 '진정한 신봉자들의 군대army of true believers라는 390만 명의 활동적인 미국인' 을 선발했다. 현직 대통령이자 결과적으로 선거에서 승리한 린든 B. 존슨은 '많아야 절반의 유권자로부터 나온 절반의 자원봉사자밖엔' 없었다.[21] 나중에 힐러리는 정치적으로 반대파에 섰지만 그때의 흥분을 잊지 못한다.

사실 골드워터 공화파에게서 힐러리가 받은 영향력은 겨우 한 개 특징 정도이다. 전통적 보수적 '파크리지 베니어판' 아래였지만 어머니에게는 열렬한 민주당 성향이 있었음을 힐러리는 알고 있었다. 파크리지 제일연합감리교회의 젊은 목사 도널드 존스는 힐러리에게 좀 더 진보적 영향을 주려고 애썼고 이것은 나중에 힐러리의 충실성과 정체성을 놓고 부모와의 알력에 씨앗이 되었다.

젊은 존스 목사는 열정적 사회운동과 진보주의 목사 라인홀드 니버 Reinhold Niebuhr(기독교 신앙과 근대철학과의 관계를 정립한 미국 신학자 : 역주)의 회의론을 부모와 이웃의 보살핌을 받고 있는 파크리지 아이들에게 전파했다. 그는 아이들에게 교외에서의 안정된 인생을 넘어서 소위 '인생대학' 에 참여할 것을 독려하며 '행동하는 신념' 에 관해 역설했다. 한편 감리교도로서 도덕성, 이데올로기, 지역사회에 대한 체계적인 접근과 결합한 청교도적 사명감도 불어넣어 주었다. 한 학생의 잠재력을 넓히고, 세계를 혁명적으로 변화시키도록 깨우치게 하는 한 교사의 힘과 종교가 있었다는 아름다운 증언으로 힐러리는 회고했다.

"나는 그때 도널드의 '인생대학' 때문에 에드워드 에슬린 커밍스와 T. S. 엘리엇을 처음 읽었다. 피카소의 그림, 특히 '게르니카' 를 경험했고, 도스토예프스키의 『카라마조프의 형제』들에 나오는 '대심문관' 의 의미에 대해 토론했다. 나는 흥분으로 가득 차서 집으로 돌아와 내가 배운 것을 어머니께 설명했다. 그러나 인생대학은 단순히 예술과 문학에 대한 것만은 아니었다. 우리는 젊은이들의 교류를 위해 시카고 시내에 있는 흑인과 히스패닉 교회를 방문했다."

힐러리에 대한 영향력을 놓고 '공산주의자가 되느니 차라리 죽음을 택하겠다' 고 했던 역사교사와 경쟁한다는 사실을 잘 알고 있었던 존스는 다른 학생들에게 '나와 칼슨은 힐러리의 마음과 영혼을 위한 전장 속에 있다'[22]고 말하기도 했다.

어른이 되어 부시 대통령 시절의 '붉고 푸른 미국' (2000년 미국 대선에서 나온 용어. 민주당 지지성향의 주는 푸른 색, 공화당 지지성향의 주는 붉은 색으로 표시한 데서 비롯됐다 : 역주)을 돌아보면서 힐러리는 그런 마찰을 1960년대 초반 '미국 전역에서 도발되었던 문화적, 정치적, 종교적 금지선의 지표' 로 보았다. 그러나 힐러리는 두 스승을 좋아했다고 회고하고 '그때나 지금이나 그들의 신념을 정반대로 생각하지 않았다'[23] 고 말했다. 이런 접근은 그녀의 중도주의적 성향에 영향을 끼쳤으나 그것이 항상 성공적인 것은 아니었다.

1965년 대담하게도 북동부의 여자대학인 웰슬리에 가기 위해 중서부를 떠났을 때만 해도 그녀는 중서부 지방 보수적 가문의 딸이었다. 학교 친구인 캐서린 케넷은 처음부터 힐러리는 '반장' 이 되고 언젠간 '노란색 재규어 XKE 컨버터블' 을 몰기를 꿈꾸었다고 회고했다.[24]

그곳에서 그녀는 '성차별' 이라는 상황과 여러 번 부딪치게 된다. 여자들은 받아들이지 않는다는 미항공우주국의 완벽한 성차별 공식 편지을 받고 우주비행사가 되려는 꿈을 접는다.

고등학교 때는 어떤 수업에 남자친구들이 별로 없기 때문에 빼먹는다는 친구들의 얘기를 듣고 "맙소사. 걔네들은 왜 그렇게 어리석지?" 라고 말했던 것을 기억한다고 회고했다.[25] 이런 독립심은 시골 고등학교 환경에서는 따돌림 당할 수 있는 일이었다. 학교에서 힐러리는 '프리지데어(전기냉장고의 상표이름 : 역주) 수녀' 라는 별명으로 불렸다.

전체적으로 힐러리는 급진적이지 않았고, 미리엄 혼의 말마따나 '흰 장갑의 반역자' (미리엄 혼의 저서 제목. 1969년 웰슬리대 졸업생들이 미국 최초의 여성 전문직 집단으로 성장했다는 내용을 다뤘다 : 역주) 조차도 아니었다. 그러나 1969년 웰슬리대 졸업반은 정치적, 문화적, 이념적 폭풍 속으로 빠져 들었다. 혼의 훨씬 투박한 표현대로 그들은 '페미니즘의 두 번째 물결에 휩쓸렸고, 마치 어둠속으로 쏘아 올려진 실험용 우주선 속의 원숭이들'[26] 처럼 쓰나미처럼 밀려드는 거대한 사회적 변혁 앞에 자신의 인생을 내맡기고 있었다. '우리는 누구도 알 수 없는 미지의 세계를 개척하고 그런 불확실성 안에서 창조하기를 시도하고 있다'고 1969년 봄 웰슬리대 졸업식에서 학생연사는 말했다. '우리가 그것을 위해 유일하게 이용할 수 있는 수단은 안타깝게도 우리의 삶뿐이다'[17] 라고 역설했던 그 연사는 바로 힐러리 로댐이었다.

베이비붐 세대들은 사회적으로 정치적으로 미국을 변화시키는 과정에서 자신들의 여정과 역할에 대해 과도하게 책임감을 느끼고 있었다. '세계가 우리를 지켜보고 있다'는 슬로건은 1968년 시카고의 민주당 전당대회 밖에서 진압경찰에게 외쳤던 슬로건이다. 이 슬로건은 한 세대의 찬가이며 영감이 되었다. 힐러리는 '시작할 때는 소녀들의 학교였지만 떠날 때는 여성의 대학'[28]이었던 웰슬리의 정신을 높이 샀다. 매력적인 로즈장학금(영국 로즈재단이 영미권의 뛰어난 인재들이 옥스퍼드대학에 유학하도록 준 장학금 : 역주)을 받은 빌 클린턴이 졸업한 조지타운대학을 포함해 모든 캠퍼스와 모든 개인들이 1960년대의 변화를 경험했다. 특히 여자들에게는 그런 변화가 훨씬 급격했고, 하룻밤 사이에 1950년대에서 갑자기 1970년대의 감성으로 세상이 변한 것 같은 느낌을 당시 여자대학생은 받았을 것이다.

힐러리 로댐은 대학에 낸 돈만큼의 가치를 얻었다고 믿었다. 아버지 휴 로댐은 아마도 그렇지 않다고 생각했을 것이다. 여러 해 동안 그는 물론 농담이지만 힐러리를 웰슬리대에 보낸 것은 '큰 계산 실수'[29] 라고 말하곤 했다. 사랑하는 첫 딸이 자신이 혐오하는 히피처럼 보고, 듣고, 입게 되었다는 점, 그가 증오하는 뉴욕타임스를 읽고 믿게 되었다는 점에서 뿐만 아니라 교수와 수업하는 데 보다는 친구, 유행, 시대에 관해 얘기를 나누는데 시간을 쓰고 있었기 때문이었다.

서방세계에서 가장 우수하고 값비싼 교육을 받았던 힐러리는 나중에 '웰슬리에서 가장 가치 있는 것은 내 평생 친구를 만났다는 것과 그 후 계속되는 여정에서 자기 결정과 정체성을 찾는 날개와 마음을 펴도록 도와준 기회였다' 고 회고했다.[30]

힐러리 로댐의 대학에 대한 기억은 불가피하게 그 시대의 역사적 사건들과 서로 얽혀 있다. 그녀가 1969년도 졸업생을 묘사한 그 획기적 사건은 가을의 홈커밍 행사와 봄철의 시험도 중지시켰다. 그녀는 1968년을 '나라와 내 자신의 개인적 정치적 진화에 분수령이 된 해'[31] 라고 묘사했다. 북베트남 테트 총공세(북부를 근거지로 한 베트콩이 남부 베트남에 대해 벌인 군사작전 : 역주), 마틴 루터 킹 목사와 로버트 F. 케네디의 암살, 롤러코스터 같은 1968년 대선 캠페인에 영향을 받은 힐러리와 친구들은 '혁명의 의미와 우리나라가 혁명에 직면했는가 아닌가를 논쟁' 하며 점점 많은 시간을 보냈다. 몇 십 년이 지나 훨씬 차분한 시대에 힐러리는 그때 자신과 동지들은 '혁명은 없을 것이며, 있다 해도 우리는 참여할 수 없다'[32] 는 결론을 내렸다고 부랴부랴 덧붙였다.

1968년 캠페인 기간에 힐러리 로댐은 골드워터걸로서 중서부에 기반을 둔 공화당과, 선도적 민주당원으로서, 즉 과거와 미래 사이에 끼인 채 두 중요 정당들 사이를 왔다 갔다 했다. 그녀는 넬슨 록펠러의 공화당 캠페인에서 자원봉사를 했고, 1968년 마이애미의 공화당 전국 전당대회에 참여했으며 여름엔 공화당 하원 회의에서 인턴을 했다. 일생에 걸친 아버지와의 마찰의 안쓰러운 한 장면이지만, 당시 하원 소수파 지도자였던 제럴드 포드와 함께 찍은 힐러리 사진은 죽을 때까지 아버지 침실에 자랑스럽게 걸려 있었다. 그러나 그해에 힐러리는 뉴레프트에도 집적거리게 된다. 그녀는 유진 매커시Eugene McCarthy

상원의원의 반전 대선캠페인을 위해 전단을 뿌리고 다녔다. 마틴 루터 킹 목사의 죽음을 공공연히 슬퍼하며 검은색 완장을 차고 보스턴에서 행진하기도 했다. 시카고 민주당 전당대회의 폭동을 목격했으며 허버트 험프리 부통령의 선거캠페인을 하며 1968년 가을을 보냈다. 1968년 리처드 닉슨이 승리했지만 힐러리는 돌아오지 않았다. 힐러리 로댐은 반전운동가, 민권운동가 그리고 닉슨에 반대하는 민주당원으로 나타났다.

당시에 힐러리 로댐은 웰슬리 캠퍼스에서 정치적 운동가로 등장했다. 친구인 마사 셰릴은 '힐러리는 어떤 모임도 마다하지 않았다. 절차규정 따윈 걷어차 버리고 문제의 핵심으로 뛰어들었다'[33]고 말했다. 기쁘게도 힐러리는 머뭇거리며 두려워하던 신입생 시절에서 극적으로 전환해 학생회장으로 선출되었다. 학생들이 커리큘럼, 기숙사의 이성방문자 규칙, 대학생활의 기본적 문제를 놓고 학생대표 힐러리는 학교당국과 마주앉게 되었다. 셰릴은 힐러리는 '개성적이고 반항아였지만 감리교도였고, 합리적이며 공정했다' 고 기록했다.[34]

학업에 있어서도 힐러리 로댐은 정치학에 집중하고 있었고 외부로부터 혹은 내부로부터, 극적으로나 점차적으로 사회를 변화시킬 수 있을 것인가에 관한 문제들이 그녀의 주된 연구대상이고 관심사항이었다. 린든 존슨의 빈곤과의 전쟁에 관한 커뮤니티 액션 프로그램을 다룬 그녀의 졸업논문에는 커뮤니티 조직의 지도자 솔 앨린스키와의 만남도 포함돼 있었다. 이 시카고 활동가는 민중의 총궐기, 혁명을 요구했는데 이런 급진적 원칙은 힐러리를 매혹시켰다. 그러나 결국 미래의 남편과 마찬가지로 힐러리 로댐은 냉정을 유지했고 체제 내에서의 실행 가능성에 무게를 두었다. 졸업논문의 조언자 앨런 쉐처는 그녀의 이데올로기를 '충족되지 않는 사회의 요구를 충족시키기 위해 정부를 활용하는 도구적 자유주의'[35]라고 정의했다. 로댐은 자신과 알린스키가 '근본적으로 일치되지 않는다'는 것을 알았다. '그는 오로지 외부에서 체제를 변화시킬 수 있다고 믿었다. 하지만 나는 안 그랬다.'[36] 그 유명한 앨린스키는 로댐에게 졸업 후 직장을 제공했다. 하지만 그녀는 예일대 로스쿨에 진학함으로써 그를 실망시켰다. 변화를 희망하면서도 결국 그녀도 관습과 출세주의에 매여 있다고 생각했기 때문이다.

웰슬리대에서의 유명한 피날레는 졸업연설이다. 그 후 좀 더 넓은 무대에서 되풀이해 보여주게 되는 첫 시작이기도 했다. 그녀의 졸업연설은 그녀의 리더십도 보여주지만 사실 웰슬리대의 오래된 관습마저 바꾸었다는데 있다. 웰슬리대 역사상 처음으로 졸업식에서 학생이 연사를 하게 된 것이다. 동료 학생들에게 보낸 연설 내용은 크나큰 희망을 보여주었고, 많은 사람들이 그 순간과 그 운동의 야심적 목표에 몰입했다. 그녀가 사용한 단어들은 그녀보다 앞서 축사를 했던 공화당 흑인 상원의원인 에드워드 브룩을 기득권 수호자로 꾸짖을 만큼 날카로웠다. 이는 미디어의 관심을 끌었다. 다음날 보스턴글로브는 '브룩 상원의원이 웰슬리대 연설에서 망신당했다'고 썼다. "정말 버릇없는 아가씨로군." 몇몇 학부모들이 불평을 해댄 반면 소녀들은 '그녀가 언젠가 미국 대통령이 될 것'[37]이라고 예상했다. 그러나 '분명치 않은, 느끼긴 하지만 분명치 않은 어떤 것을 잡으려고 했던' 힐러리의 시도는 그 자체가 다소 모호한 것이었고, 혁명을 위한 청사진은 더욱 아니었다. 그녀의 목소리와 기개가 말이나 비전보다 더 대담했다. 1960년대의 열기 속에서도 힐러리의 실용주의는 그녀로 하여금 '도전이란 불가능한 것을 가능하게 하는 정치적 기술을 실행하는 것'[38]임을 믿게 했다.

그해 봄 도로시 로댐은 웰슬리까지 여행하기에는 몸이 좋지 않았다. 회고록에 따르면 마지막 순간에 그의 아버지가 '전형적인 휴 로댐 차림새로' 히피 대학으로 달려 들어왔다고 한다. 그의 행동은 너무 조용하고 눈길을 끌지 않아 몇 년이 지난 뒤 많은 학생과 교수들은 로댐 가족 중 아무도 딸의, 형제의 영광스러운 졸업순간을 보기 위해 오지 않았다고 확신하고 있었다.[39]

모든 유행과 기존 문화에 대항하는 반문화적 압력을 위해서 개개인은 특별한 길을 선도해 나가야 했다. 화장도 안했고, 청바지를 선호했고, 미용실을 기피했고, 머리카락이 '여성답지 않은' 형태로 자라나도록 놓아두었고, 마리화나를 피우려고 했을지도 모르고, 결혼 전에 미래의 남편과 몇 년간 동거했는지도 모르지만, 감리교도 힐러리는 방종보다는 1960년대 이상주의에 동화된 착한 소녀였다. 자신을 '진보주의자, 윤리적 크리스천, 정치적 활동가'라고 부르면서도 단지 '도덕적 감리교도가 할 수 있는 만큼만 분노' 했던 것임을 잘 알고 있었다. 대학에서 존스 목사와 서신을 주고받으며 그녀는 사람은 '마음은 보수적이며 가슴은 진보적' 일 수 있음을 믿었다. 그녀는 항상 '가족, 일과 사회적 봉사'에서 균형을 원했다.[40] 이상주의가 아무리 커져도 야망을 향한 기득권을 포기하지 못한 것처럼, 진보주의자이면서도 청교도적 충동을 포기하지 않았다. 남자에 대한 취향조차도 정치적이면서도 관습적인 것이었다. 학급친구인 크리스 로저스는 힐러리의 경향은 '정치적이며 과학적이고, 야심 있으면서도 이상주의적이고, 정책 활동가이면서도 착한 공무원 타입이고, 전혀 야생적이지 않은 급진주의자'[41]라고 그녀를 평가했다.

힐러리 로댐의 대학시절 남자친구인 제프리 쉴즈는 힐러리는 모든 이데올로기적 편력을 통해 '어떤 곳에서도 두각을 나타낼 수 없는 철학적 입장을 취하기보다는 승리를 달성하는 과정에 훨씬 더 흥미를 갖고 있었다'[42]고 빌 클린턴의 전기 작가인 데이비드 마라니스에게 말했다. 많은 동기생들처럼 힐러리 로댐은 그들이 새로 발견한 개혁 정신을 직업적 성공과 입신출세를 위한 전통적인 추진방식과 어떻게 결합할지를 이해하고 있었다.

예일대 로스쿨은 출세와 사회운동가를 동시에 추구하는 사람들의 온실이었다. 거기에서 힐러리 로댐은 적성을 발견했고, 이데올로기적 변형을 한층 더 진전시켰다. 일류변호사로서 성공하기 위한 기술, 명성, 네트워크와 함께 필수적인 지식, 열정, 인물들, 비전, 한계를 넘어서려는 추진력, 자신의 반항적 스타일이 야기할 공격에도 굴하지 않는 감각을 확보했다.

가장 중요했던 것은 그녀의 초기 경력에 있어 결정적 질문의 하나 즉, '법이 아이들에게 어떤 영향을 미칠까'에 초점을 맞추기 시작한 일이다. 아동권리에 대한 집착과 함께 그녀는 가장 중요한 영향을 미쳤던 스승의 한 사람인 아동권익의 옹호자 마리아 라이트 에델만과 일하기 시작했다.

1973년 「하버드 교육 평론」에 실린 첫 번째 중요한 학술논문 '법의 보호를 받는 아동들'에서 힐러리 로댐은 1960년대 스타일인 개인적 가족적 범주에서 정치적 범주로 아동에 대한 논의 전환을 추구했다. 이 분석에서, 그리고 후속논문과 다음 20년 동안의 연설에서 로댐은 '어린이 시민'은 기본권을 필요로 하는 '무력한 개인'이라며 어린이들도 권리를 가진 사람으로 취급되어야 한다고 주장했다. 1992년 US 뉴스 앤 월드리포트의 존 레오는 그녀의 입장은 '아동권익 운동이 당시에 필요했던 비교적 온건한 버전'[43]이었다고 평가했지만 통합적이고, 정부 지향적이고, 권리 지향적인 접근은 충분히 급진적이었다.

다른 동료들처럼 그것을 이론화하는데 그치지 않고 힐러리는 자신의 생각을 아칸소와 미국 전역의 아이들의 삶에 적용시키기 위해 20년간 상당한 에너지를 쏟았다. 그 논문으로 돌아가자면 역사학자인 크리스토퍼 라쉬는 부모의 역할을 과소평가하고 정부에 대한 맹목적 믿음을 가지고 있다고 로댐을 꾸짖었다. '무자격 부모를 비판하는 것은 항상 아동보호자들의 상투적 수단이었다' 고 라쉬는 경고했다.[44]

1973년 오리지널 논문에서 아이들의 무력함을 지적하면서 힐러리는 권리를 빼앗긴 사람 범주에 속한 존재로 아이들을 묘사하고 '사회는 개인을 위해 가장 좋은 것을 해야 한다' 고 썼다. 그녀는 논문에서 '과거와 현재에 있어 그런 권리는 가족과 함께 결혼, 노예제도 그리고 인디언 보호지 시스템이 포함 된다' 고 주장했다. 로스쿨 학생들은 어떤 상황이나 상태를 정의내리기 위해 과거의 같은 판례를 찾아내면서 항상 그런 비교를 한다. 20년 후 클린턴 부부에 대한 약점을 찾기 위해 출판기록을 찾아 헤매던 반대자에게 이 언급은 하나의 선물이 되었다. 그것은 한가한 정당원들에겐 즐거운 놀이이겠지만 자신이 그 일에 연루되면 분개할 수밖에 없는 것이었다. 힐러리는 '가족을 노예제도와 같은 것으로 본다' 면서 보수주의자들은 부당하게 그녀를 공격했다.[45]

1950년대의 아이가 1960년대의 페미니스트를 거쳐 아동권익 활동가로 전환하여 이민 아동의 건강과 교육을 연구하게 된 것은 아주 흥미로운 사례다. 로스쿨 235명의 학생 중 27명에 불과했던 여성의 한 명으로 힐러리 로댐은 매우 남성 중심적 직업세계로 들어갔다. 그리고 로스쿨과 나중에 근무했던 로펌 둘 다에서 동등하게 남성과 겨루어야 했다. 게다가 제인 애덤스 스타일 같은 노처녀적 진보주의는 그녀와 맞지 않았다. 사실 힐러리 로댐은 처음엔 여성 직업세계를 개척하고, 결혼과 출산을 미루며, 워킹맘과 커리어맘을 위한 새로운 기업 관행을 창조하는 라이프스타일 개척자가 되기를 원했다. 그런데 웬일인지 법률 세계에 들어서면서 힐러리 로댐은 남성이 아닌 여성의 영역을 개척했다. 아동권익 문제는 여성문제이자 여성권리 문제였다. 이는 그녀와 에델만, 다른 사람들이 심사숙고해온 급진적 아이디어인 동시에 전통적이고 안전하며 모성적 이슈였다. 이처럼 초기의 정형화되지 않는 상태에서도 힐러리 로댐은 당시에 인식했던 것보다 좀 더 미묘하고 훨씬 전통적인 방식으로 여성의 딜레마에 접근했다. 남자들의 배타적인 영역에 깊이 개입하는 동시에 힐러리 로댐과 동료들은 전통적으로 여성의 영역으로 남아있는 이슈에 깊이 개입하고 있었다.

힐러리 로댐이 예일대 로스쿨에 들어간 것 자체가 급진적 동료들 사이에선 유명한 사건이었다. 세대간 '신뢰의 가슴' trust bust과 '비판과 건설적 항의라는 필수불가결한 과업' 을 들고 나온 그녀의 졸업연설은 브라운 대학의 또 다른 활동가였던 이라 매거지너와 함께 그녀를 라이프지에 등장하게 만들었다. 처음 그녀가 웰슬리대에 입학 했을 때 '압도당했고' '외부로 튕겨져 있는 것 같았으며' '사립학교 출신에, 외국에 살았거나 외국어를 유창하게 하는 소녀들'[46]에게 위축됐다고 느꼈다면, 이제 힐러리는 예일 로스쿨의 매혹적 그룹에 속하게 되었다. 그녀는 곧 유명해질 사람들인 에델만과 그녀의 남편 피터, 버논 조단과 로버트 라이히를 만났다.

예일대에서 힐러리 로댐은 빌 클린턴을 만남으로써 미국 역사상 가장 특별한 파트너십을 이뤘다. 그녀는 이 '아칸소주에서 온 바이킹'을 '넘치는 활력이 온몸에서 분출하는 것 같은'[47] 사람으로 기억했다. 그들의 이야기는 연애에 관한 것이 아니다. 첫 만남부터 미스터

리로 가득하고 꼬여져 있다. 클린턴 부부는 반복해서 어떻게 그녀가 전형적인 페미니스트 스타일로 그에게 먼저 접근했는지를 묘사했다. 이젠 전설이 된 만남은 1971년 예일대 로스쿨 도서관에서 있었던 것으로 알려졌다. 힐러리가 먼저 빌에게 "이봐요, 네가 나를 쳐다보고 나도 너를 쳐다볼 거라면 최소한 통성명은 해야하지 않겠어요?"라고 했다는 것이다. 그보다 좀 재미없는 버전은 둘의 친구인 로버트 라이히로부터 나왔다. 그는 로스쿨 입학 첫 주 카페테리아에서 둘을 소개했다고 한다. "빌, 이쪽은 힐러리야. 힐러리. 이쪽은 빌이야."[48] 라이히는 첫 번째 미팅은 없었다고 인정했다. 나중에는 있었다. 도서관 만남 이후 그들은 사귀게 되었지만 종종 사이가 틀어졌다. 그는 바람둥이였고 그녀는 억압되어 있었다. 그는 여자를 찾아 이리저리 눈동자를 굴렸고, 그녀는 도덕주의자였다. 다른 삶에서 그가 술집에 죽치고 앉아있는 술꾼이었다면 그녀는 수녀가 되어 있었을 것이다. 둘 다 야심 있고, 의지가 강하고, 가끔씩 황소고집이었다. '우리가 늘 하는 것은 논쟁이었다.' 그녀가 파예테빌에 있는 아칸소대학의 교수로 간 직후 오랜 친구에게 고백한 말이다.[49]

사람들은 그들의 결합 강도를 과소평가했다. 그는 힐러리가 자신이 만났던 가장 똑똑한 여성이라고 생각했다. 힐러리는 "그는 거대한 가슴과 비범한 마음을 가지고 있었고, 우리는 한 번 이야기를 시작하면 끝내질 못했다"[50] 고 할 정도로 그를 사랑했다. 그들은 예일대 모의재판과 1972년 텍사스에서의 조지 맥거번의 비현실적 캠페인(1972년 조지 맥거번 상원의원은 리처드 닉슨에게 패배했다 : 역주)에서 팀을 이뤘다. 몇 년 후 이 열렬한 페미니스트 겸 유능한 변호사는 단순하고 확신에 찬 선언을 한다. '나는 나의 가슴을 따르는 것 외에는 선택의 여지가 없었다.'[51]

물론 힐러리 로댐과 빌 클린턴 같은 학생스타는 진로 선택의 여지가 많았다. 로스쿨을 졸업하자마자 힐러리는 아동방어기금에서 마리안 라이트 에델만과 일하기 위해 매사추세츠주 캠브리지로 이사했고, 이후 리처드 닉슨 대통령의 탄핵 가능성을 조사하는 하원 사법위원회에서 일하기 위해 워싱턴 D.C로 다시 옮겨갔다. 1973년에 급진주의자들이 워싱턴 스캔들을 '암' 이라고 한 것은 미국에선 최악의 표현이었다. 미국 대통령은 거짓말쟁이이자 음모기획자였고, 자신과 부하들의 잘못된 행동을 은폐함으로써 정의구현을 방해하는데 깊이 관련된 것처럼 보였다. '변호사이고 미국인이라는 것이 이보다 더 자랑스러운 적은 없었다' 고 힐러리는 리처드 닉슨의 하야를 가져온 데 대한 자신의 역할에 대해 말하곤 했다.[52]

거의 매일 밤샘을 하던 9개월간의 작업은 1974년 8월 닉슨의 사임으로 갑자기 끝났다. 닉슨이 직업을 잃은 유일한 사람은 아니었다. 아칸소주의 변호사 시험에 통과하고(그녀는 워싱턴 D.C 시험엔 실패했다), 파예테빌에 있는 아칸소대 로스쿨의 교수로 초청받으며 힐러리 로댐은 고민했다. 최고의 자격을 갖춘 26세의 아이비리그 출신 활동가는 분명히 기업이 탐낼 인재였다. 뉴욕, 워싱턴, 보스턴이 그녀에게 손짓했고 심지어 그녀가 집으로 돌아가길 원하기만 한다면 시카고도 가능했다.

그러는 동안 남자친구인 빌 클린턴은 고향인 아칸소에 정착하는 선택을 했다. 그는 파테테빌 로스쿨의 교수직을 얻었고, 1974년 봄 27세의 젊은 나이로 의원직에 도전하고 있었다.

1946년 8월 19일 힐러리 로댐보다 몇 달 먼저 태어난 그는 훨씬 요란한 어린 시절을 보냈다. 그의 생활은 힐러리의 멋진 1950년대 전통적인 생활방식이라기 보다는 1970년대에 확산된 가정해체 스토리의 전조처럼 보였다. 아내처럼 빌 클린턴은 적대적인 문화적 유산에서 튀어 나왔다. 조지타운－예일－옥스퍼드에서 보낸 시간은 그의 남부 기질을 누그러뜨리긴 했으나 완전히 씻어내진 못했다. 그의 가정생활은 윌리엄 포크너 시대의 고통을 압축한 것이었다. 1960년대식 가정해체가 유복자로의 탄생, 친부의 죽음, 계부의 음주와 아내구타, 어머니의 이혼과 세 번의 과부신세, 성적 강박으로 가득한 이야기에 담겨 있다. 화장에만 매일 90분을 썼던 어머니는 아들이 외모를 가꾸도록 키웠다. '머리 안에 비밀상자를 만들고, 안에는 사랑과 친구와 낙관주의를 담았다. 밖에는 부정적 인식, 패배주의 그리고 나와 내 것에 대한 비판이 있었다' 고 그녀는 말했다.[53] 빌은 교훈을 잘 얻었다. 카우보이모자를 쓴 빌리 블리드(빌 클린턴의 친부 : 역주)의 사진이나 계부가 들어온 이후 밴드 복장을 입은 빌 클린턴에게선 어떤 혼란스러움도 밖으로 드러나지 않았다. 고교시절 그의 가장 친한 친구는 클린턴 집안이 그렇게 엉망인줄 몰랐다고 말했다.

자연스럽게 빌 클린턴은 진실을 회피하는 성격을 가지게 되었다. 그는 자신을 어떤 모습, 어떤 순간에도 꾸며낼 수 있었다. 1992년 캠페인과 최근의 회고록에서도 빌 클린턴은 자신이 충분히 크고 힘이 세졌을 때 술에 취해 어머니를 때리는 계부를 막았다는 영웅적 모습을 묘사하고 있다. '어머니와 계부가 만나고 있을 때 나는 방문을 박차고 들어가서 이젠 당신보다 내가 힘이 더 세다고 말했고, 내가 거기 있는 동안 더 이상 구타는 일어나지 않았다' 고 그는 1992년 1월 조 클라인 기자에게 말했다. 그리고 그 이야기는 민주당 전당대회의 전기 비디오에서도 반복됐다.[54] '열네 살, 9학년이 되었을 때 나는 골프백에서 골프채를 들고 방문을 박차고 들어갔다. 나는 그에게 구타를 멈추라고 말한 뒤 그렇게 안한다면 골프채로 때릴 것이다라고 말했다. 그는 잠잠해 졌다' 라고 클린턴은 회고록에 썼다.[55] 정신분석에서 말하는 이 원망충족(소원이 실제로 이루어 졌다고 믿는 현상 : 역주)은 어머니의 이혼소송 기간에 '어머니를 도우러 간다면 내 얼굴을 뭉개어 버리겠다'[56]고 로저 클린턴(클린턴의 계부 : 역주)이 위협했다는 열다섯 살의 어린 빌의 증언과 모순된다.

성공을 향한 빌 클린턴의 욕망은 술에 취해 학대하는 계부와 매 맞는 천박한 어머니로부터 받은 모욕에서 벗어나고자하는 욕구에서 유래했다. 그는 대학시절의 열정 속에서도 이성을 잃은 적은 없었다. 1969년 채용되기를 기다리면서 ROTC 대령에게 보낸 악명 높은 편지에서 그의 명료한 목표를 알아챌 수 있다. '체제 내에서 나의 정치적 생존능력을 유지하고 실전에서의 정치적 능력과 사회의 빠른 진보에 적응하기 위해, 이런 정치적 삶을 위해 여러 해 동안 나 자신을 준비시키며 일해 왔다.'[57] 이런 냉정한 언급이 나중에 "내가 마흔 살이 되면 열여섯 살로 돌아가고 싶을까 항상 궁금했다. 왜냐하면 나는 어린 시절을 다 마치지 못한 것처럼 느껴지기 때문이다"라고 말했던 사람의 전형적 모습이었다.[58] 기능장애를 가진 조숙한 어린이와 영원한 사춘기적 심리를 가진 클린턴에게 때로는 건전하고, 때로는 과민하며, 강력하고 '프리지데어 수녀' 라는 별명이 붙었던 훌륭하게 자란 여성에 대한 그의 끌림을 설명해준다. 둘 다 정치운동의 광범위한 목표를 믿었지만 개혁하는 동안 기득권 내에 머무르기를 원하는 야심도 갖고 있었다. 둘 다 기꺼이 타협했지만 자신들이 옳다는 의식, 그들 계급의 뚜렷한 선민의식도 확신하고 있었다.

첫 만남부터 빌 클린턴과 힐러리 로댐은 극적인 관계였다. 서로를 묶어준 강력한 정치적, 지적 결합은 오랜 시간의 대화 속에서 서로를 매혹시켰다. 그러나 힐러리에게 충실하지 못한 빌 때문에 한바탕 연애는 예일대 로스쿨의 얘깃거리가 되었다. 여성을 강박적으로 유혹하는 태도에도 불구하고 빌 클린턴은 로스쿨을 졸업한 직후인 1973년 함께 영국을 방문했을 때 힐러리 로댐에게 청혼했다. '정신없이 사랑에 빠졌지만 내 인생과 미래에 대해 완전히 혼란스러웠다' 고 힐러리는 회고했다. "나는 '아니, 지금은 아냐' 라고 말했다. 그 말은 '좀 더 시간을 달라' 는 뜻이었다." 나중에 힐러리는 '결혼에 선뜻 동의할까봐 그리고 빌의 강렬함에 말려들까봐 얼마나 두려웠는지 깨닫고 있었다. 나는 그를 일종의 자연의 힘으로 생각했고 자연의 사계절을 통과해 살아나갈 수 있을까가 궁금했다' 고 말했다.[59]

1년 후 빌 클린턴이 의회에 출마할 즈음에 무척 괴로워하던 힐러리 로댐은 운명적인 결정을 했다. "머리보다는 가슴을 따르기로 했어. 아칸소로 가는 중이야."[60] "너 제 정신이야?" 워싱턴 룸메이트였던 새러 에어만이 끼어들었다. "왜 네 미래를 던져버리려고 하니?" 에어만은 '20분마다' 그만두라고 그녀를 설득했다고 기억한다. "미쳤어. 정신 나갔어. 시골 변호사하고 결혼하려고 그런 시골구석으로 간다는 거니?" "그녀는 모든 일의 한 가운데에 있었고, 모든 일의 가장자리에 있었다." 에어만은 20대 힐러리를 회상하며 "그녀는 위대한 법률가가 되기 위한 가장 빠른 트랙에 있었다"고 말했다.[61]

힐러리 로댐의 인생에 영향을 미친 거의 모든 이들이 그녀가 아칸소로 가지 못하도록 했다. 힐러리 자신은 아칸소로의 이주가 일시적일 것이라고 생각했다. 정치 컨설턴트인 딕 모리스는 두 명의 클린턴 모두 '분명히 빌 클린턴의 야심에 초점을 맞추고 있었으나 힐러리는 아칸소를 언젠간 떠날 장소로 여겼다' 고 회고했다. 몇 년이 지난 후에도 휴와 도로시 로댐의 결혼반대는 상처였다. 빌 클린턴이 주지사가 된 후 수잔 맥두걸이 주지사 부인에게 말했다. "이봐요, 당신 부모님은 틀림없이 주지사와 결혼한 당신을 자랑스러워할 거예요." 그러자 "우리 부모님은 아칸소가 어디에 있는지도 모를 걸요!" 힐러리가 웃으며 말했다. "부모님들은 내가 워싱턴에서 나만의 굉장한 무언가를 하기를 기대했어요."[62] 사실 1981년 로널드 레이건이 산드라 데이 오코너를 연방대법원 판사로 임명했을 때 도로시 로댐은 힐러리가 첫 번째 여성 연방대법원 판사가 되지 못한 것에 실망했다고 한다.[63]

그럼에도 불구하고 힐러리는 아칸소로 옮겨왔고 빌은 선거에서 졌다. 1년 후 1975년 10월 11일 둘은 결혼했다. 그것은 새로운 계층인 베이비붐 세대의 전형적 결혼이었다. 평균 연애기간과 동거커플의 숫자가 늘어나면서 사회적으로 초혼연령이 가파르게 상승하고 있었지만 그들은 5년간이나 사귀었고, 로스쿨에서 함께 지냈으며, 2년 이상 결혼에 대해 진지하게 생각해왔었다. 그녀는 상점 선반에서 급히 구입한 웨딩가운을 입었다. 드레스는 그를 기쁘게 하기엔 너무 구식이었다고 그녀는 말했다. 그럼에도 불구하고 콜라병 같은 안경과 곱슬머리, 그의 넓은 타이와 덤불 같은 머리모양은 그들을 1960년대의 아이들로 낙인찍었다. 결혼식 전에 클린턴은 어머니에게 신부가 자신의 성을 지킬 것이라고 말했다. 남편을 따라 세 번이나 성을 바꾸고 또다시 그렇게 할 예정이었던 그의 어머니는 눈물을 흘렸다.

관습을 경멸하던 이 행복한 커플은 허니문을 계획하지 않았다. 이것은 힐러리의 어머니를 참을 수 없게 만들었다. 결국 신혼부부는 아카풀코에서 로댐 가족과 함께 밀월여행을 했다. 그는 어니스트 베커가 쓴 『죽음의 부정』이란 책을 가져왔다. 그 책은 죽음의 공포에 맞선 인간의 자연스러운 '영웅주의로의 경도'를 주장했다.[64] 오토 랭크, 쉐런 키에르케고르, 지그문트 프로이드에 대한 언급으로 가득 찬 퓰리처상을 받은 이 대작은 추상적 개념보다 많은 예시를 베이비붐 세대들에게 감동을 주었고 더욱이 태어나기 3개월 전에 교통사고로 아버지를 잃은 젊은 지성인에게도 거부할 수 없는 인상을 남기게 되었다.

클린턴 부부는 자신들의 경력을 이룰 때까지 아이 갖기를 미루었다. 1960년대 여성 한 명이 평균 4명의 아이를 낳던 시대에서 출산율이 2명 이하로 뚝 떨어지던 1970년대였다. 파예테빌 생활에서 힐러리 로댐은 몇 가지에 새로 적응해야 했다. '그녀가 익숙해진 작은 도시와 큰 도시 간에는 차이가 있었다. 모두가 그녀가 누구인지를 알았다. 거기에도 많은 전문직 여성들이 있었지만 그녀는 주지사 부인 변호사였다' 고 힐러리의 친구가 된 정치학 교수 다이앤 블레어는 말했다.[65] 몇 년 후 주지사 부인으로서 힐러리는 그 작은 도시에 얼마나 처박혀 있었나와 반면 그 생활이 얼마나 친밀했던가, 둘 다를 기억했다. 한 번은 그녀가 한동안 수업에 나타나지 않은 한 학생을 찾으려고 안내부서에 전화를 했다. 그러자 그 전화교환원은 그 학생의 전화번호뿐만 아니라 그가 지금 없다는 사실까지도 말해주었다. 이 순박한 삶은 한편 매력이 있었지만 다른 한편 숨 막히는 한계도 갖고 있었다.

빌 클린턴이 아칸소 법무장관이 되었을 때 클린턴 부부는 리틀록으로 이사했다. 1979년 32세의 빌 클린턴은 미국 내 최연소 주지사였다. 힐러리 로댐은 리틀록의 유명한 로펌인 로즈로펌의 첫 번째 여성 파트너가 되었고, 아동방어기금과 법률구조공단과 같은 전형적인 진보 조직과 함께 일하면서 전국적 명성을 얻게 되었다. 사실 대륙적 개혁성향, 웰슬리-예일대 학벌, 엄청난 교우관계, 막강한 남편은 법조계 슈퍼스타인 힐러리 신화를 만들어 갔다. 힐러리의 변호사로서의 능력은 과장됐다는 수군거림이 있긴 했지만 실제 그것을 평가할 수 있는 사람은 거의 없었다. '나는 항상 그녀가 좀 더 많은 법률 관련 업무를 하지 않는다고 화가 나 있었다' 고 1970년대와 1980년대 로즈로

펌의 최고임원이었던 조 지오느와는 회고했다.[66]

워싱턴 재임기간 쏟아진 당황스러운 폭로 가운데 클린턴은 아내가 귀중한 시간을 아끼고 집에서 일하며 돈을 받을 수 있도록 몇 개의 법률 사건을 주선해 줄 것을 빌 클런턴 주지사가 청탁했었다고 부패한 은행장 짐 맥두걸의 폭로가 있었었다. 맥두걸은 그 일화를 확인하기 위한 구체적 이야기를 덧붙였다. 조깅을 하던 중 잠깐 집을 방문한 주지사가 값비싼 맥두걸의 새 가죽의자에 땀방울 흔적을 남겼다는 것이다. 화이트워터 사건 동안 힐러리 로댐 클린턴이 방어하고 담당해야 할 법률, 고객, 소송사건들을 그녀가 태만하게 처리했다는 주장이 있었다. 그것이 사실이라면 그녀는 자주 직무상 배임행위를 했음을 암시한다.

서른 살 즈음에 힐러리와 빌 클린턴은 자신들의 경력을 쌓는 것이라면 어떤 것도 포기하지 않고 또한 가정도 부족함 없이 지키려는 그들 세대들의 공통된 욕망을 똑같이 갖고 있었다. 그들과 그들 세대는 일에서 가정으로, 똑딱이는 생물학 시계 같은 육체적 한계, 스트레스, 과도한 스케줄이라는 현대 업무의 본질에 대한 혼합적 메시지와 싸우고 있었다. 이들은 곧 '여피' 라고 불리게 되었다. 1980년 2월, 몇 년간의 임신 노력 끝에 서른 둘의 힐러리는 아이를 낳았다. 힐러리의 어머니는 힐러리에게 작고한 부친 이름을 붙여주었다. 힐러리의 부모는 그녀에게 중성적 이름을 주었지만 그녀의 젠더는 그녀를 제한하지 않았다. 클린턴 부부는 딸에게 포크-록 발라드 '첼시 모닝' 을 따라서 첼시라고 이름 붙였다.

힐러리 로댐은 보수주의 비판자들이 규정한대로 확실히 좌파적 이론가였다. 웰슬리에서, 예일에서, 아동권리 운동가인 매리언 라이트 에델만의 추종자로, 민권운동가와 팔레스타인을 포함한 다른 뉴레프트 단체에게 기금을 대는 신세계재단의 의장으로서 그녀는 계속적으로 국가주의적이고 기득권에 저항하는 뉴레프트의 개혁 아이디어를 받아들이고 기여했다. 그러나 그녀는 휴 로댐의 딸로도 남아 있었다. 다른 동료들과는 달리 그녀는 계속 교회에 다녔다. 감리교도로서의 양육배경은 책임과 절제의 전통적 가치에 뿌리내려 있었으며 한편 봉사를 위한 부름에도 열려있었다. 힐러리는 전통적인 독재와 현대적 방임을 모두 거부하며 딸에겐 위엄 있는 부모가 되고자 노력했다. 하지만 그녀는 고도의 지성, 자의식과 함께 동료 워킹맘들처럼 미숙함도 드러냈다. "첼시, 이건 우리 둘에게 생소한 경험이란다. 나도 엄마가 되어본 적이 없고, 너도 이제 아기가 되어본 적이 없잖니? 우리는 할 수 있는 한 최선을 다해 서로 도와야해."[67]

그녀의 많은 친구들도 성숙해지면 그렇게 되듯 힐러리 로댐의 상반되는 삶은 점점 타협을 시작하였다. 그녀는 가족의 부양자, 정치적 아내, 남부 배경에서 성공을 추구하는 북동부 출신의 본능적인 진보주의 기득권자, 청교도 색깔을 가진 진보주의자의 이상한 합금이었다. 낮에는 일류변호사로 복잡한 소송사건을 다루고, 아동권리에 관한 민감한 국가적 이슈에 빠져들고 밤에도 법률 보좌관이었지만 그녀는 '남부에서는 삶에 대한 기대도 있었고 몰랐던 많은 것에 대해 배웠지만, 선출직 공무원의 아내들은 끊임없는 탐색의 대상이 되었다' 고 슬프게 회고했다. 1979년 빌 클린턴이 주지사가 됐을 때 '나에 대한 압력은 드라마틱하게 늘어났다. 그건 법무장관의 아내로서 뿐 아니라 아칸소 주지사 부인으로서 비전통적인 어떤 것이었다. 나는 강렬한 스포트라이트 안으로 내던져졌다. 처음으로 내 개인적 선택이 남편의 정치적 미래에 어떤 영향을 줄 수 있는지 깨닫게 되었다.'[68] 힐러리는 오래된 남부의 심장부에서 북동부 스타일다운 반항을 계속하려하면서 저항했다. 그 결과는 정치적으로, 개인적으로 재앙이었다.

1980년 11월 빌 클린턴과 '주지사 공관의 그 페미니스트'는 프랭크 화이트 옆에는 '미세스 프랭크 화이트'가 조용히 지키고 있다는 캠페인을 벌인 프랭크 화이트에게 패배했다.[69] 첼시가 태어난 이후 클린턴 부부는 정치적 목적을 위해 자신들의 새로운 가족 상태를 선전하기보다는 조용히 지냄으로써 비판자들을 놀라게 했다. 빌은 정치적으로 자신감을 느끼면서 새로 태어난 딸에게 정신이 팔려 있는 동안 힐러리는 명백히 법을 놓아버렸다. 공화당은 노려보고, 독선적이고, 너무 북부스타일이고, 지나치게 페미니스트인 주지자의 아내에 대해 아칸소 주민들의 불편한 감정을 선전함에 따라 클린턴 부부 사이의 긴장도 악화되었다. '그녀가 우리를 좋아하는 척 하는 데는 시간이 걸린다'고 한 아칸소 주민은 주지사 부인을 평했다.[70] 자신의 성을 그대로 쓰는 것은 자신을 '진정한 인간'으로 느끼게 한다는 힐러리의 인터뷰 발언은 나쁜 상황을 더욱 악화시키며 논쟁의 전조가 되었다.[71] 남편 성을 따르는 90%이상의 기혼여성에 대한 암시적 경멸은 그녀에 대한 비판을 한껏 뒷받침해주었다.

1980년 선거에서의 패배는 클린턴을 황폐하게 만들었다. 패배 후 몇 달 간 직업적으로 표류했고, 의기소침해 빈둥거렸으며, 보통보다 더욱 심하게 여자들을 쫓아다녔다. 이 시기가 힐러리가 듣는 줄 알면서도 빌 클린턴이 첼시와 놀면서 '나는 이-혼을 원해. 나는 이-혼을 원해'라고 노래했다고 친구가 말한 바로 그 암흑기였다.[72] 힐러리 로댐은 다음 번 선거에서 다시 '미세스 클린턴'이 되었고 힐러리 로댐 클린턴은 뒷전으로 물러났다. 그들은 오랜 동지로서 결속을 유지하는 대신 오랜 이상을 포기했고 '그건 나보다는 그들(아칸소 주민)에게 훨씬 중요했다'는 힐러리의 추론은 타협으로 가는 이 부부의 다목

적 처방이었다.[73]

여전히 완전한 변신은 어려웠음에 틀림없다. 힐러리는 결혼이후 9년 동안 자신의 성을 유지했다.[74] 그녀의 친구 엘리노어 아체슨은 '그녀에게 있어 자신의 성을 지키는 것은 자신의 가치에 관한 방어였다'고 기억한다.[75] 이제 아칸소의 네안데르탈인을 달래기 위해 힐러리는 갈색 머리를 금발로 물들이고, 눈에 콘택트렌즈를 끼고, 일찍이 자신과 여성동료들이 싫어했던 방식으로 옷을 입기 시작했다. 급진적 페미니스트들은 특히 그 금발에 대해 '숙녀다움은 젠더파워의 반작용이며 결혼이 여자에게 가져다준 눈에 띄지 않는 굴레' 라고 분개했다.[76] 결국 힐러리의 페미니즘은 남편의 진보주의만큼이나 거추장스러움으로 드러났다. 편리한 대로, 필요할 것 같으면 핵심적인 이상도 희생할 수 있다는 첫 번째 원칙으로 되돌아왔다.

미디어의 단순한 세계에서는 빌 클린턴의 강박적인 여성편력은 그들의 결혼생활이 원만하지 않기 때문이라는 것을 의미했다. 더 정확하게 클린턴 부부의 결혼은 선구자적 결혼과 동지적 결혼의 일면을 결합한 것이다. 힐러리 로댐은 사실 남편의 가슴보다는 머리에 호소력이 있었고 그런 선택은 한계와 좌절을 불러왔다. 빌의 어머니는 처음 힐러리를 만났을 때 '노 메이크업, 콜라병 같은 안경, 어떤 스타일도 없는 갈색 머리' 에 움찔했다. 버지니아 캐시디 블리드 클린턴 드와이어 켈리(클린턴의 어머니가 여러 번 재혼했음을 비유한 이름 : 역주)는 빌이 '핫스프링스 미인대회 출신의 여왕' (핫스프링스는 빌 클린턴의 고향이다 : 역주)을 데려 올 것이라 생각했다. 빌은 어머니에게 잔소리를 했다. "엄마. 나는 이제 여왕들에게 질렸어요. 이제 나는 얘기가 통하는 사람이 필요해요."[77] 여자들이 그래야만 하듯 '프리지데어 수녀' 는 '엘비스' 클린턴을 문명화시켰다. 다른 사람들처럼 이 결혼도 가장에 대한 서로의 헌신에 기초했다. '힐러리는 빌을 사랑하고, 빌은 빌은 사랑한다. 그건 그들에게 공통적으로 어떤 것을 준다.'[78] 고 클린턴의 정치적 스승인 딕 모리스는 설명했다.[79]

동시에 클린턴 부부는 '제공자 역할' 이 소멸되는 곳에 '동지적 결혼' 을 건설했고, '깊은 우정' 을 나눌 수 있었다.[80] "내가 결혼한 여자는 매우 독립적일 것이야. 자신만의 이익과 자신만의 삶을 필요로 하거든"이라고 빌은 친구인 캐롤라인 엘델 스탤리에게 말했다.[81] 다른 여성들이 빌을 숭배하고 그를 혼자 두게 하지 않는 반면 빌과 힐러리는 '같은 방에 들어갔지만 각자의 길을 갔다. 그녀는 그로부터 자신의 정체성을 한 번도 뺏기지 않았다' 고 스탤리는 기록했다.[82]

배우자 사이에 그런 평등과 친숙함은 종종 열정을 무디게 만들었다. 대중적 심리학자들은 '멋진 것은 낭만적인 것이 아니다' 라고 말한다.[83] 분위기가 좋을 때 빌 클린턴은 자주 힐러리 로댐을 두고 말했다. '나는 그녀와 늙어가는 게 좋다.' 성적 매력이 없는 여자친구에게 보내는 찬사다.[84] 페미니스트 마돈나와 결혼했지만 빌 클린턴은 여전히 섹스의 여신들을 쫓아다녔다. 이런 패턴은 빌 클린턴과 힐러리 로댐이 데이트를 시작했을 때부터 시작되었다. 그가 젊은 나이에 주지사가 되면서 더욱 심해졌다. "재미있어요. 여자들이 내게 돌진한다니까요. 자랄 때는 빅사이즈 청바지를 입은 뚱뚱한 애였을 뿐인데요"라고 빌 클린턴이 말했다고 화이트워터의 파트너인 수잔 맥두걸은 회고했다.[85] 슬프게도 힐러리 로댐 클린턴은 1995년 베스트셀러의 말대로 '바보 같은 선택을 하는 똑똑한 여자들' 가운데 한 사람으로 끝났다.[86] 이런 악동 타입은 남자친구로서는 근사하지만 남편으로는 곤란하다. 점진적으로, 고통스럽게 그녀와 같은 집단은 간통과 이혼에 적대적인 부르주아적 특징을 자신에게서 재발견하게 된다.

클린턴 부부의 한바탕 사건은 산적해 있고, 널리 알려졌다. '그런 수준의 분노를 견딜 수는 없을 것이다' 라고 한 친구는 말했다.[87] 클린턴 부부의 결혼은 최소한 두 개의 위기를 견뎌냈다. 히피 아내와 그의 여성편력에 대한 공격으로 빌이 1980년 주지사 선거에서 졌을 때와 '게리 하트 문제' 때문에 1987년 클린턴의 대통령 출마가 좌절됐을 때이다.

1988년의 민주당 후보지명을 위해 앞서 나가던 민주당 경쟁자인 게리 하트 상원의원은 1987년 아내가 아닌 금발 모델과의 관계 때문에 경선에서 탈락하며 기자들로부터 끈덕진 괴롭힘을 당하고 있었다. 경선이 확대되면서 클린턴 부부는 인물들의 네트워크를 확장하면서 1990년대에는 '빌의 친구들' 이란 의미인 'FOB' Friends of Bill 로 불렸던 인물들을 찾아내고 있었고, 이들은 미국 전역으로부터 리틀록으로 날아왔다. 기자들과 사진기자들은 클린턴 주지사가 대선캠페인을 시작하길 기대하며 모여들었다. 그러나 빌 클린턴의 신뢰받는 보좌관인 벳시 라이트는 빌 클린턴과 관계가 있었던 여성들의 긴 목록을 뽑아왔다. 그녀는 보스에게 창피를 당하지 말고 아칸소 주지사로 남아 있으라고 압박했다. 빌 클린턴은 벳시 라이트로부터 들었던 사항에 대해 힐러리가 대비하도록 했다. 기대를 배반하며 그가 갑자기 선언했다. "나는 가족과의 시간이 필요하다. 나는 개인적 시간이 필요하다." 만만찮은 힐러리도 울고 말았다.[88]

4년 후 '60미니츠' 에서 빌 클린턴은 '우리가 3년 또는 4년 전 결혼을 포기했더라면 난 오늘날의 절반도 안 되는 인물이 되었을 것이다' 라고 말했다.[89] 일주일 후 힐러리는 뉴스위크지에 '만일 빌 클린턴과 내가 3, 4년 전에 이혼했더라면 그는 대통령에 출마했을 것이고, 누구도 그에게 뭔가를 묻지 않았을 것이다' 고 말했다.[90] 이런 일치된 가정법은 그 위기의 깊이를 보여준다. 결손가정에서 이성을 가진 행복한 가정주부가 된 도로시 로댐의 궤적은 딸에게 영향을 주었다. '이혼에 대한 감정과 아이들에게 미치는 영향은 결혼생활 동안 몇 번 씩이나 나로 하여금 이를 악물게 만들었고, 더 좋은 아내와 파트너가 되기 위해 할 수 있는 것이 무언인가를 생각하게 만들었다.'[91]

자신의 성을 유지한 문제에 대해 후퇴하긴 했지만 힐러리는 불분명한 상태로 후퇴하진 않았다. 그녀는 대중의 시선을 피하고 남편의 경력에서 떨어져 있기 위한 핑계로 첼시의 엄마역할을 하거나 로즈로펌에서 풀타임근무를 할 수도 있었다. 하지만 그러지 않았다.

아칸소 주지사 부인으로서 두 번째 출현하면서 그녀는 더욱 금발로 염색했고, 더 기운이 넘치고, 더 전통적인 모습이 되었지만 결코 조용한 파트너는 아니었다. 빌의 경력을 내세우면서 그녀는 1982년 빌의 컴백 캠페인을 돕기 위해 로펌을 휴직했다. 자주 그녀는 공개석상에서 남편을 공격적으로 감쌌다. 그녀는 15명으로 구성된 교육기준위원회와 같은 중대한 기구의 의장이 되었고, 그 위원회는 판매세에 대한 인상을 제안하고 학생뿐 아니라 교사에게도 능력시험을 치르도록 함으로써 불안정한 바다에 뛰어들었다. 그녀는 아칸소에 취학 전 아동을 위한 가정교육프로그램HIPPY-The Home Instruction Program for Preschool Youngsters을 도입한 것에 대단한 자부심을 갖고 있었다. HIPPY는 이스라엘에서 개발된 빈곤아동 프로그램인데 힐러리는 마이애미를 방문했을 때 신문에서 읽은 후 아칸소에 이를 도입했다. 그리고 빈번하게 그리고 공개적으로 '그'가 아니라 '우리'라고 연설했다. 1985년 2월 힐러리는 유아사망률의 개혁성과를 기념했다. 또 다른 클린턴 프로그램 덕택에 50개 주 가운데 유아사망률이 가장 높았던 주의 하나였던 아칸소주가 가장 낮은 주가 되었다. 전혀 부끄럽지 않은 태도로 남편의 행정부에 대해 언급하면서 그녀는 기뻐했다. '우리는 그것을 우리의 가장 우선순위 중 하나로 삼았다. 그것은 해결할 수 있는 문제이고, 5년간 우리는 우리의 서비스를 극적으로 개선시켜왔다.'[92]

'빌러리(빌과 힐러리의 합성어 : 역주)'. 이 현란할 정도로 공개적이고 독립적 파트너십은 자신만의 신화를 만들었다. 힐러리가 아칸소주 상원과 하원 합동회기에서 교육개혁에 대해 열정적인 연설을 한 후 시골인 옐 카운티의 로이드 조지 하원의원은 말했다. "저런, 우리는 잘못된 클린턴을 뽑은 것 같아."[93] 클린턴 부부는 그런 찬사가 잠재적으로 주지사를 깎아 내리는 것임을 잘 알고 있었다. 힐러리는 보건의료, 교육, 유아사망률과 같은 전통적으로 여성적 의제에 대해 주의 깊게 초점을 맞추고 있었다. 그래도 두 사람은 그런 말에 들떴고, '하나 값에 두 개' 혹은 '하나를 사면, 다른 하나는 공짜'라는 그들의 정치적 '블루라이트 스페셜'에 자부심을 가지며 1992년 캠페인을 시작했다.[94]

빌 클린턴은 아내가 자신의 경력을 위해 얼마나 희생했는가를 알았고, 혹시 그가 잊어버린다 해도 힐러리는 항상 그에게 그걸 잊지 않도록 해주었다. 1991년 여름 자신의 정치적 야망 때문에 그녀의 경력을 '다시 한 번 희생하도록' 힐러리에게 요청하는 문제에 대해 빌 클린턴이 괴로워하고 있으며 클린턴은 4년을 기다리면서 '그녀가 빛나도록 놔두는 것'이 더 좋다고 생각하고 있다고 뉴스위크는 보도했다. 아내도 자신만의 의제를 진전시킬 수 있다는 논란은 그를 흔들리게 했다. 예상된 일이지만 힐러리는 '그것이 오로지 연습출마라고 생각했기 때문에' 자신이 남편의 출마에 동의했다는 사실에 회의적이었다고 몇몇 언론이 보도했다.[95]

뉴헤이븐에서와 마찬가지로 아칸소에서도 힐러리는 훨씬 더 거친 모습으로 나타났다. 예일대 모의재판경연대회의 대타였던 로버트 앨스도프는 '힐러리가 거리낌 없이 남의 기분을 상하게 해도 빌은 그를 달래줄 것이다' 고 데이비드 마라니스에게 말했다.[96] 마찬가지로 아칸소에서도 때때로 클린턴 주지사는 아내를 피뢰침으로 이용하는 것을 꺼리지 않았고, 많은 이들이 둘 중에 그녀가 더 진보적이며, 덜 타협적이고, 더 모질다고 인식했다.

두 사람이 개인적 이슈든 정책적 이슈든 공개적으로 사적으로 계속 싸우는 동안에도 클린턴 부부는 철학적으로 전략적으로 많은 것을 공유했다. 둘 다 실용주의적 진보주의자였다. 힐러리가 대학에서 말했듯이 그들은 이기기 위해서는 거의 뭐든 하는 '마음의 진보주의자' 였다. 아칸소에서 그들은 열심히 싸우고, 법령을 확대하고, 그들 목표의 숭고함과 반대자의 악덕을 지적함으로써 가장 공격적인 전술을 기꺼이 합리화했다. 미국에서 증대하는 진보적 파워엘리트의 일원으로 그들은 자본주의와 기득권층에게 경멸에 가득 찬 개혁의 언어를 말했다. 그러나 아칸소의 파워엘리트로 그들은 연고주의, 아첨, 애정거래, 빠른 돈벌이 문화를 번창시켰다. 아칸소 치킨사업 억만장자이며 아칸소 비밀그룹의 대장인 돈 타이슨은 아칸소의 정치를 '표를 필요로 하는 사람과 돈을 가진 사람들 사이의 냉정한 거래' 라고 정의했다.[97]

타이슨과 다른 사람들 덕분에 두 명의 클린턴은 놀랄 만큼 쉽게 아칸소의 불결함 속으로 빠져 들었다. 빌 클린턴의 권력이 커짐에 따라 클린턴 가족의 재정적 확대의 기회가 나타났다. 빌 클린턴의 첫 번째 주지사 선거 전날 타이슨푸드의 변호사이자 클린턴 부부의 가까운 친구인 짐 블레어는 힐러리 로댐을 복잡하고 배신이 난무하는 가축 선물시장으로 이끌었다. 1년 내에 힐러리는 1,000달러를 10만 달러로 불리는 성공을 거뒀다. 1만%의 이익률이었다. '누구도 내게 어떤 것을 요구하거나 묻지 않았다' 고 그녀는 훗날 이 거래에 대해 결백을 주장하며 설명했다.[98] 기껏해야 그 움직임은 블레어에 대한 순진한 믿음, 시장에 대한 무시, 번영에 대한 아마추어적 무감각을 반영했다. 가장 의심해 봐야 타이슨 사람들이 시장을 조정했을 뿐이다.

동시에 열린 또 다른 투자기회는 모든 면에서 덜 성공적인 것으로 판명됐다. 클린턴 부부의 또 다른 친구이자 블레어보다 훨씬 더 미심쩍은 짐 맥두걸은 클린턴 부부로 하여금 화이트 리버에 얼마간의 땅을 사도록 주선했다. 맥두걸은 그 지역 개발계획을 수립하고 여러 구획으로 분할해 휴가용 저택을 짓고 판매함으로써 떼돈을 벌수 있다고 했다. 그들은 동등한 파트너였지만 어쨌든 클린턴 부부는 똑같은 지분을 대지 않았다. 이 화이트워터 프로젝트는 돈을 잃게 했을 뿐 아니라 미래 클린턴 정부를 계속해서 긴장시키게 된다. 이 잘못 운영된 프로젝트는 탈루, 불법대출, 위증에 대한 의문이 꼬리를 물고 이어졌다. 짐 맥두걸의 뒤이은 행동은 저축대부기관을 휘청거리게 했고 힐러리 로댐의 고객인 맥두걸은 이 부부를 욕되게 했다. 계속해서 엉뚱한 고발이 이어지고 결국 클린턴에 대한 여러 죄상을 부각시켰으며 그 후로 계속 훨씬 더 추정적인, 근거도 없는 주장이 화이트워터란 골치 아픈 타이틀 아래 함께 엉겨 붙었다.

1992년 힐러리가 마흔 살이 되고, 있는 힘을 다한 남편의 대선캠페인이 임박하면서 힐러리 로댐 클린턴은 용케도 끊어지지 않고 달려온 성공의 사슬을 되돌아볼 수 있었다. 국가의 지적 엘리트에 합류했고, 미디어의 전면에 등장했으며, 지미 카터 아래 전국법률보좌 소사이어티 의장직을 맡았으며 국립법률저널로부터 '미국에서 가장 영향력 있는 변호사 100인' 에 두 번이나 이름을 올린 것까지 5쪽짜리 이력서는 일련의 인상적인 성취를 보여주었다. 워싱턴에서는 확실한 서클 내에서 중심적 역할을 했고, 자신이 선택한 아칸소의 강력한 세력이었다. 또 유명한 남편과 사랑스러운 딸이 있었다. 마침내 그녀는 새로운 삶을 함께 하도록 하기 위해 부모를 리틀록으로 이사하도록 했다.

반대로 성공은 대가를 치르게 되었다. 계속해서 힐러리 로댐은 어려운 선택을 해야 했다. 그렇게 적대적이진 않았다 해도 힐러리는 영역권에서 따돌림을 당하는 상황이었다. 남편의 경력을 지원하기 위해 철학적 입장과 직업적 영감 뿐 아니라 많은 개인적 감각을 희생했다. 그녀는 웰슬리에 처음 들어갔을 때처럼 두려움을 느끼던 매력 없고, 겁먹은 신입생이 아니었다. 또한 예일대를 졸업할 때 꿈꾸었던 힘 있고, 독립적이고, 비타협적 개혁가도 아니었다. 힐러리 로댐 클린턴은 이런 좌절에 뿌리 내린 거친 기질과 분노를 갖고 있었다. 많은 여성들처럼, 많은 동기들처럼, 그러나 훨씬 극적이고 공개적이며 고통스러운 방식으로 힐러리 로댐 클린턴은 중년의 나이와 1980년대와 1990년대 초반에서 삶을 발견했다. 그것은 1960년대 후반과 1970년대 초반의 격렬했던 젊은 시절에 나타났던 것보다는 훨씬 복잡하고 훨씬 더 냉정했다. 하지만 그때까지도 앞에 곧 일어날 일은 얼마나 더 복잡할 것인지 거의 깨닫지 못하고 있었다.

2 나는 그저 그런 여자가 아니예요

1992년, 캠페인은 의혹을 벗는 달콤한 설욕이 되어야 했다. 리틀록에서 『남부 미인 원칙』Southern belle rules(로레인 데스프레가 쓴 핸드북. 남부에서 여자들이 어떻게 행동해야 살아남을 수 있는가를 제안했다 : 역주)에 따랐던 행동이 안티 세력을 만든 다음이었다. 외모와 이름과 정체성마저도 바꾸라는 압력이 있었다. 결혼생활 몇 번의 위기, 속임수와 배신으로 정신적 상처를 많이 겪은 다음이었다. 1987년 빌의 캠페인을 준비하면서 아칸소주에 모였던 가까운 친구와 가족들이 얻은 것이라고는

'클린턴의 여자들' 이라는 긴 리스트와 뒷전에 가린 대통령의 사명이라는 수모뿐이었다. 이제 1992년 선거 바로전해, 캠페인에서는 모든 것을 바로잡고, 힐러리 로댐 클린턴이 그렇게 원하던 전국 무대에 등장하며 미국을 환호하게 할 대단한 기회였다. 백악관 바로 문 앞에서 힐러리와 남편은 그들의 가장 큰 실수, 가장 끔찍한 순간들, 끔찍했던 결혼생활의 상처들이 다시 헤집어지는 고통에 직면해야 했다. 1992년 여러 낙인을 찍히며 롤러코스터 타기, 한 시대를 여는 정치적 성공을 위해 이를 악물고 변절해야 했던 개인적 소신들, 이런 어울리지 않는 혼합은 대통령으로서 각광받은 클린턴 집권기에도 계속되었다. 엄청난 정치적 권력과 그 뒤에 도사린 끔찍한 개인적 고뇌의 결합은 클린턴 정권의 특징이면서 결국 대통령직과 퍼스트레이디직은 그 결합에 내내 발목이 잡혀 있었다. 그나마 힐러리와 그녀가 수행한 상식을 벗어난 역할과 심사숙고한 계획이 가혹한 현실보다는 훨씬 더 만족스러웠다.

빌 클린턴은 어머니가 매일 아침 출근을 위해 립스틱, 아이섀도 바르기 등 '공적 얼굴' 에 들이는 엄청난 화장 시간에 깜짝 놀랐다고 말했다. 그러나 부끄럽게도 힐러리 또한 '공적 얼굴' 을 위해 화장을 해야 했다. 힐러리는 주지사 부인으로서 그 동안 살아남기 위해 써왔던 모든 전략과 이론을 1992년 캠페인에 총동원했다. 때론 못처럼 뾰족하고 거칠게, 때론 어떤 결심이나 원칙도 타협할 것처럼 유연했고, 때론 공격을 가차 없이 쳐내는 급진적인 페미니스트였고, 때론 페미니즘에 대한 대중의 인식을 오해하게 만드는 눈물을 흘렸다. 이런 양극적인 힐러리의 방어체계는 그녀를 돕기도 했으나 신랄한 반대와 비평을 만들어 내었다.

힐러리의 비평가들은 다소 역설적이고 양극적인 두 가지로 그녀를 공격했다. 하나는 그녀를 급진적 좌파 이론가로 보는 것이고, 다른 하나는 권력을 쥐기 위해 어떤 말이든 하고 무엇이든 기꺼이 하는 교활한 정치가로 보는 것이다. 때로 힐러리는 너무 고집이 세다는 비난을 들어가며 원칙을 지켰다. 이런 이념적 완고성은 의료개혁 논쟁의 대단원에서 가장 잘 나타났다. 이런 타협을 거부하는 힐러리의 태도가 결국 자신의 시대에 미국 의료제도 개혁을 위한 그 동안의 가장 실용적이고 초당파적인 노력을 모두 물거품으로 만들어 버렸다.

그러나 때로 그녀는 정치적 생존과 대중의 승인을 얻기 위해 자신의 핵심적 이상을 버릴 줄 알았다. 이는 모니카 르윈스키 스캔들에서 남편을 방어하고 케네스 스타 특별검사를 당황하도록 만들기 위해 결혼, 페미니즘, 전통주의에 관한 레토릭의 홍수를 쏟아낸 데서 분명히 나타났다.

빌 클린턴이 1991년 10월 대통령 출마에 뛰어들었을 그는 '새로운 형태의 리더십'을 약속했다. 그는 힐러리를 '아내이자 친구 그리고 아칸소와 미국의 어린이와 가족의 보다 나은 미래를 건설하기 위한 노력의 동반자'[99]라고 소개했다.

더 나아가 클린턴 주지사는 베이비붐 세대답게 독특한 파트너십을 내세웠다. '하나를 사면, 하나는 덤'[100]이라며 그는 의기양양했다. 힐러리도 말했다. '당신이 그를 뽑으면 나도 얻는 것.'[101] 이런 동반자적 결혼의 의미는 공동리더십과 개혁의 시대를 선도했다.

클린턴 부부의 현대적이고 베이비붐 세대적 파트너십은 이젠 변화의 시간임을 강조하면서 동시에 시대에 동떨어진 조지 H. 부시에 대한 강력한 비판의 메시지였다. 1991년 1월 걸프전 직후 여론조사에서 부시 대통령의 인기는 너무 높아서 민주당 지도자들은 그가 대선 캠페인에 오르는 것을 감히 방해할 생각조차 하지 않았다. 그러나 결과적으로 국내정책이 흔들렸고 부시의 인기는 고꾸라졌다. 10년 내 가장 낮은 경기로 450만 명이 직장을 잃어 실업률은 7.9%까지 솟구쳤다.[102] 이 손실을 메우기 위해 1990년 증세 결정은 '내 입을 봐라. 새로운 세금 없다'[103]는 부시 스스로의 약속을 깨뜨리는 것이 되어 민주당의 집중공격과 공화당의 분열을 가져왔다. 한편 로스앤젤레스에서 경찰이 술 취한 흑인 로드니 킹을 구타하는 모습이 뉴스를 통해 전국으로 방영되면서 1992년 4월 나흘간 일어난 폭동은 인종 간 긴장을 격화시켰다. 미국이 이렇게 갈팡질팡하는 동안 조지 부시는 열렬히 백악관에 들어가 근위병 교대식을 받고 싶어 하는 젊고 패기 있는 지도자에게 이상하게도 무기력하게 표류하는 모습을 보였다.

1992년 3월 클린턴의 세대 개혁은 궁지에 빠졌고, 그들의 결혼생활은 조롱과 동정의 대상이 되었다. 여론조사에서 28%만이 힐러리를 호의적으로 보았다. 절반 이상이 클린턴 부부를 사랑하는 결혼이라기보다는 '직업적 동반'으로 생각했다. 대다수 미국인은 슈퍼볼 게임이 끝난 직후 '60미니츠'에서 클린턴 부부를 처음 보았다. 그날 빌 클린턴은 결혼에 고통을 가져온 것을 시인했고, 힐러리는 거만하게 말했다. "나는 태미 와이네트Tammy Wynette(Stand by your man을 부른 가수 : 역주)처럼 남편 옆에 서 있는 그저 그런 여자가 아니에요."[104] 이후 클린턴 세대의 죄라고 할 만한 난잡한 사생활, 징병기피, 마리화나 흡연에 대한 폭로가 빌 클린턴의 발목을 계속 끌어당겼다.

그것은 20세기의 가장 이상한 국가적 데뷔로 기록될 지도 모른다. 미국의 국민적 종교행사나 다름없는 슈퍼볼 선데이가 열리는 날 클린턴은 영향력 있는 인물을 동원해 자신의 여성추문에 대한 모든 스캔들을 일소에 날려버릴 계획을 잡았다. 수백만 시청자들이 보는 가운데 빌 클린턴은 결혼을 둘러싼 자신의 소문을 드러내면서 동시에 이를 진압하기 위해 노력했다. 그리고 옆에는 뛰어난 변호사이고 어린이의 보호자이며, 필수불가결한 정치적 파트너인 힐러리가 있었다. 힐러리는 부부공동의 정치적 포부를 한때 위협했던 당황스러운 개인적 상처를 봉합하며 전국 무대에서 데뷔해야만 했다. 그렇지만 참모들은 이 공개적 시련이 대선 캠페인을 구하는 유일한 한 방이 될 것이라고 등을 떠밀었고 클린턴 부부는 간통이나 또는 빌 클린턴의 말대로 그들의 결혼에 '고통을 주었다' 수준의 일반적 언급 이외에 더 구체적인 어떤 단어도 말하지 않는다는 조건으로 주저하면서 동의했다.

그러나 인터뷰를 한 스티브 크로프트Steve Kroft는 날카롭고 집요하게 질문했다. 크로프트는 금발의 파트타임 가수인 제니퍼 플라워스Gennifer Flowers와의 관계를 말해줄 것과 플라워스의 주장대로 그가 혼인서약을 위반했는지 여부에 답할 것을 요구했다. 그 질문에 클린턴은 치고받기, 회피, 재빠른 역공, 변호사적 태도로 일관했다. 1998년까지도 클린턴은 기자들로부터 그에 대한 끊임없는 질문에 시달려야 했다. 플라워스에 관해 크로포트는 '타블로이드 신문에서 그녀가 12년 동안 당신과 관계를 가져왔다고 구체적으로 묘사하고 있다' 고 말했다. 클린턴은 '그것, 그 주장은 잘못된 것이다.' 세월이 흘러 클린턴이 그녀와 잤다는 사실을 인정했을 때도 그때는 타블로이드에서 부정확한 사실이 하나 있었기 때문에 '잘못' 이었다고 말했다라고 그는 여전히 주장했다. 사실을 명확하게 하기 위해 크로프트는 '제니퍼 플라워스와 관계가 있다는 것을 딱 잘라 부인한 것입니까?' 라고 다시 물었다. 클린턴은 '나는 전에 말했고, 그녀는 지금 그렇다' 고 대답했다. 그건 거짓말의 리사이클이었다.[105]

간통을 했는가에 대한 좀 더 폭넓은 질문에 관해 클린턴은 회피를 확실한 원칙으로 내세웠고 기자들의 괴롭힘에도 불구하고 자신을 선례를 만들어가는 순교자, 고결한 길을 걷는 이상주의자로 자리 잡게 했다. "이봐요, 스티브. 돌아가서 내가 말한 것을 잘 들어봐요. 당신도 아다시피 잘못된 행동을 했다는 걸 나는 압니다. 결혼에 고통을 주었다는 것도 압니다. 오늘밤 당신과 모든 미국인에게 처음부터 말하고 싶었던 것은 어떤 미국 정치인도 그렇게 한 적은 없다는 것 입니다. 오늘밤 이걸 지켜보는 대부분의 미국인, 그들은 우리가 말하는 것을 알 것이고, 그걸 얻을 것이며, 우리가 솔직했다고 느낄 거라고 생각합니다. 난 언론이 결정해야하는 것은 '한건주의 게임을 할 것인가' 라고 생각합니다." 크로프트는 '미국에서 14%의 유권자가 여자 문제가 있는 후보를 지지하지 않겠다' 는 여론조사 결과를 제시했다. 클린턴은 바로 응수했다. '그것은 86%는 그 일이 대통령직 수행과 무관하다고 생각하거나 모든 사실들을 보는 사람이 대통령에 적합한 사람인지 아닌지 판단한다는 의미입니다.' [106]

잘 닦여진 정치적 안테나로 빌 클린턴은 미국인들이 기자들의 공격성에 질렸다는 것을 감각적으로 알고 있었다. 많은 여성들이 후보자를 유혹하고 싶어 한다. 또 얼마나 재능 많고, 능력 있는 게리 하트(여자 문제로 대선캠페인에서 낙마한 민주당 의원 : 역주)들과 빌 클린턴들이 저널리즘의 공격에 제단에서 희생하는지를 클린턴은 암시한 것이다. 클린턴은 아내를 이용하여 자신의 성실성과 훌륭함을 뒷받침하고 유권자들의 믿음과 신뢰를 만들어 갔다.

1952년 체커스 연설(리처드 닉슨이 부통령에 출마할 때 한 연설 : 역주)에서 리처드 닉슨이 연설을 하는 동안 30분 넘게 조용히 그를 응시하고 있던 팻 닉슨처럼 힐러리는 남편의 말을 막지 않았다. 처음부터 하이에나 같은 기자들의 속성을 잘 알던 힐러리는 남편 문제로 엉뚱하게 피해를 보는 여성들에 대해 언급했다. '나는 모든 여성들이 자신들의 일을 똑똑하게 해왔다고 생각합니다. 그런데 난데없는 벼락을 맞았어요. 그들에게는 정말 아무 잘못도 없어요.' 널리 회자되는 백악관의 일화를 소개하며 힐러리는 '자신의 지나온 삶과 특히 결혼생활의 세세한 부분을 소파에 앉아 편안히 들을 수 있는 사람은 아마 없습니다. 이 나라 모든 이에게 프라이버시 영역이 없다면 진짜 위험한 것이라고 생각합니다' [107] 라고 말하며 미국인의 동정심을 얻으려고 했다.

힐러리는 강도 높은 인터뷰 과정에서 사랑받는 컨트리뮤직의 우상을 모욕하는 악명 높은 발언을 했다. 이혼한 사람은 조사대상이 안 되면서 결혼생활의 불화를 이겨내며 함께 살고 있는 부부만이 괴롭힘을 당하고 있다는 빌 클린턴의 불평에 크로프트는 말했다. "두 분이 줄곧 함께 지냈고, 문제를 해결하기 위해 노력했고, 서로 이해와 타협에 이른 것처럼 보인다는 사실은 높이 평가할만한 하다는데 다수 미국인들이 동의할 겁니다만[108], 결혼은 사랑하는 두 사람이 서로 함께하는 것입니다. 이건 타협이나 이해가 아니죠." 그러자 힐러리가 끼어들었다. "나는 태미 와이네트의 '남자 옆에 서 있는 여자' 처럼 여기에 있는 것이 아닙니다." 힐러리는 덧붙였다. "그를 사랑하기 때문에 여기 있는 겁니다. 그를 존경하고 그가 헤쳐 나온 것과 우리가 함께 헤쳐 나온 것을 존중합니다. 그것이 사람들에게 충분하지 않다면 그에게 표를 주지 마세요."[109] 나중에 클린턴은 당시 크로프트를 '후려패고' [110] 싶었다고 회상했다.

빌 클린턴의 꿀처럼 부드럽고, 착한 올드보이적 페르소나(가면적 속성)는 일단 저지르고 보자는 식의 야망과 아이비리그 학벌을 오히려 순화시켜 주었다. 불행하게도 그의 아내는 조금도 흐트러지지 않는 능력을 보여줌으로써 계급과 젠더가 만나는 교차점에서 잘못을 저지르게 되었다. 건방진 북동부 7자매Seven Sisters(미국 북동부에 소재한 7개 명문여자대학 : 역주) 출신이 아니랄까봐 힐러리는 출신배경이 약한 대부분의 일반 여성들의 '여성으로서의 삶' 의 어려움을 묘사한 와이네트의 1969년 히트곡을 좋아하고 있다는 점을 간과했다. '오, 당신은 힘든 시간을 가졌어요. 그는 당신이 이해 못하는 것을 하며 즐거운 시간을 가질 거예요. 그러나 그를 사랑한다면 그를 용서하세요. 그를 이해하기 어렵더라도 말이죠.'[111] 와이네트는 애처롭지만 현명하게 노래했다. 그 노래는 수백만 명에게 영감을 주었을 뿐 아니라 사랑으로 감싸야했던 약점 많은 남자에 대한 접근방식을 묘사하는 힐러리 자신의 노래이기도 했다.

'60미니츠' 는 빌 클린턴의 캠페인을 부활시켰지만 힐러리를 미디어의 소란 속에 휩쓸리게 했다. 분노한 태미 와이네트가 편지를 보냈다. '클린턴 부인. 당신은 그 노래를 사랑하는 수백만 명의 여성과 남성을 분노하게 했습니다. 당신은 모든 진정한 뮤직팬과 성실하게 자신들의 삶만을 개척해온 대부분의 선량한 이들을 화나게 했습니다.'[112] 힐러리는 즉각 사죄했으나 모든 미국 여성들을 속물처럼 보이게 한 그 언급은 그 후에도 여러 해에 걸쳐 그녀를 따라다녔다.

1992년 캠페인은 그저 그런 여자들이 아닌 '여성의 해' 였다. 1991년 10월 캠페인이 시작되면서 애니타 힐Anita Hill 교수는 조지 H. W. 부시 대통령이 클라린스 토머스Clarence Thomas를 연방대법원 판사로 지명한 것을 비난하고 한때 그녀의 상관이었던 토머스가 자신을 성희롱을 했다고 비난했다. 남성 일색인 상원 사법위원회가 오히려 고발자인 힐 교수를 범죄자로 취급하며 다그칠 때 많은 페미니스트들은 결정적이고 고무적인 순간을 맞았다. 많은 여성단체들은 의회의 남자들이 그 문제를 심각하게 인식하지 않는다고 주장했고 기자들은 신나서 그 주장을 기사화했다. 그 결과 의회와 공직에 여성을 추천하는 일을 하는 '에밀리 리스트'와 같은 단체들은 회원 수가 600% 이상 늘어났다.

1992년, 페미니스트 운동 자체가 그런 속성을 가지고 있지만 페미니즘은 여성을 위한 잡동사니 같은 취급받았다. 1992년 페미니즘은 미국 생활에 일대 변혁을 가져오는데 성공했지만 수백만 명의 여성을 소외시키기도 했다. 페미니즘 지도자들은 운동의 성공이라는 한 가지 목표를 갖고 싸웠다. 페미니즘의 핵심 아이디어와 가치는 미국인의 일반적 가치와도 매우 비슷하여 그 운동에 전적으로 신뢰를 보내는 사람은 거의 없었다. 많은 여성들이 직업을 가졌고, 대학에 입학했으며 가정과 사무실에서 평등을 요구했기 때문에 페미니즘의 성취는 진부해졌다. 그 결과 대중이 페미니즘에 대해 말할 때는 그 운동의 약점만을 물고 늘어졌다.

1991년 페미니스트 저널리스트 수잔 팔루디Susan Faludi는 미국 여성에게 적대적인 『반동』Backlash(수잔 팔루디의 저서 명 : 역주)을 비판했지만 그것은 오직 부분적으로만 진실이었다. 페미니즘 운동은 기세와 힘을 잃어버렸다. 크리스티나 호프 소머스Christina Hof Sommers 교수와 몇몇 여성주의자들은 페미니즘이 도둑질 당했다고 주장했다. 분노하고, 급진적이며, 내편이 아니면 적이라는 식의 자신의 '젠더' 개혁을 밀어붙이기 위해 여성해방이라는 여성공동의 목표를 넘어섬으로써 '여성은 여성을 배신했다'[113] 고 소머스 교수는 일갈했다. 사실 1963년 베티 프리단Betty Friedan의 소박한 감성에서 출발했던 페미니즘이 너무 상류 지향적이라는 불만이 하류층 여성들에게 있었다. 엘리자베스 폭스-제노비즈Elizabeth Fox-Genovese 교수가 썼듯 많은 여성들이 '페미니즘은 내 삶의 이야기와 거리가 멀다'[114]라고 주장했다. 여성운동의 상당한 성취에도 불구하고 의식 없는 시골여성에 대한 힐러리의 경멸적 태도는 여성에 대한 국민적 대화를 유발해 이미 민감해진 신경을 건드렸고, 그것은 운동의 명성을 훼손시켰다.

게다가 힐러리가 전문직 여성, 정치 활동가, 남편에게 배신당하면서도 남편의 경력을 위해 희생하고, 이젠 남편을 통해 권력을 추구하는 페미니스트 선동가로서 이해관계가 복잡한 측면을 가지고 등장함에 따라 국민과 운동가들을 혼란스럽게 했다. 에밀리 리스트의 회원들과 페미니스트들은 620만 명의 여성과 2만 3천 명 이상의 회원 가운데 '4명의 새로운 민주당 여성 상원의원과 20명의 새로운 하원의원'[115]을 선출하는 명예를 가지게 되었지만 클린턴 부부에 대한 언론의 더 큰 관심, 결국 자신들의 명성을 훼손시키는 일과도 맞서야만 했다.

빌 클린턴은 명사문화의 관습에 미래를 거는 도박을 했다. 엔터테인먼트투나잇에 매일같이 등장하고 내셔널인콰이러에서 매주 스캔들이 보도되는 것은 오히려 부자와 유명인의 죄에 국민이 둔감해지도록 만들었다. '사람들은 누구나 어떤 죄든 저지른다'는 말은 고백하면 '모든 것을 용서 받는다'와 같은 의미로 묵인 되었다. 불륜의 정치인 게리 하트와 야구경기에 상습적으로 돈을 걸었던 피트 로즈Pete Rose(미국의 유명 야구선수 : 역주)는 자신이 저지른 죄에 대해 사과하지 않아서 큰 고생을 했다. 기자들을 피하고자 하는 사람은 무엇이 중요한지를 배웠다. 여피족 출신의 어둠의 왕자, '써스티 썸씽'(미국 텔레비전 쇼 : 역주)의 보스인 마일스 드렌텔Miles Dretell에 따르면 정치 세계에서는 지난주 피플 커버스토리는 이미 역사고, 죄는 빨리 잊혀 진다. 뻔뻔한 빌 클린턴은 제니퍼 플라워스가 그와의 통화내용을 녹음

했다는 사실도 모르면서 '사진도 없다' 며 허풍을 쳤다.[116] 1992년 1월 그는 '후보지명을 받은 후에는 이런 골치 아픈 문제가 앞에서 싹 사라져 버릴 수 있는 방법이 있었으면 좋겠다' 고 타임에 말했다.[117] 며칠 후 플라워스는 '12년 동안의 일' 을 자세히 실토함으로써 클린턴을 얽어매었다.

클린턴의 가공할 '야전상황실' 에서 전투의 상처로 가득한 가신들은 행동으로 들어갔다. 몇 년간의 야당생활에 좌절하고, 레이건주의과 뒤이은 부시정권이 나라를 위협하고 있다며 확신하며, 민주당의 노련한 당원들은 무슨 수를 써서라도 백악관을 되찾아 오겠다고 맹세했다. 광인 기질이 있는 프랑스계 컨설턴트 제임스 카빌James Carville, 궤변가인 폴 베갈라Paul Begala, 불경스러운 뉴욕 개혁가 해럴드 아익스Harold Ickes II, 클린턴의 오른팔 역할을 하는 비서인 조지 스테파노폴로스George Stephanopolous, 광고전문가 맨디 그룬월드Mandy Grunwald가 막강한 팀을 이끌었다. 이들은 제니퍼 플라워스를 무너뜨려야 한다는 사실을 잘 알고 있었다. 그곳을 들락날락거린 것이 힐러리의 친구인 경솔한 뉴욕변호사 수잔 토머시즈Susan Thomases였다. 그녀는 클린턴 정치라인의 많은 보좌관 중 첫째였으며 후보보다는 그 부인에게 더 충성스러웠다.

다음 9년 동안 클린턴의 보좌관들은 클린턴의 나쁜 측면을 없애기 위해 싸워나갔다. 그들은 언제든지 쓸 수 있는 훌륭한 기술을 마스터했고, 이런 기술은 미국 정치에 대한 클린턴의 끝없는 전설의 하나가 된다. 탈무드 학자들의 사소한 내용을 놓치지 않고 꼬치꼬치 따지는 궤변, 훈족의 잔인함을 가진 클린턴의 사무라이 전사들은 뛰어난 유도무술을 마스터했다. 어떤 공격에도 대꾸하지 않았고, 죄는 적에게 덮어 씌웠으며, 쏟아지는 십자포화는 미국인을 둔감하게 했다. 클린턴에게 진실이란, 이야기 속에서 가장 약한 고리를 끊으며 마음대로 두들겨서 조작할 수 있는 것이었다. 클린턴은 애정행각에 대한 제니퍼 플라워스의 설명을 읽을 때 '매번 그는 자신이 알고 있는 세부사항과 다르다고 지적했고, 알고 있지만 인정할 수 없는 혐의를 발견할 때는 웃음소리를 내기도 했다.' 스테파노폴로스는 나중에 회고했다. '나는 잘못된 세부사실에 대한 목록을 만드는 것을 좋아했지만 클린턴에게 어떤 것이 진실인지 물어보진 않았다.' 수십 개의 스캔들과 수백 개의 거짓말을 한 이후에야 미몽에서 깨어난 스테파노폴로스는 자신의 행동을 후회했다. '정책에 반대하기 때문에 개인적으로 클린턴을 파괴하고 싶어 공격하는 것은 염치없고 악의적 픽션이라고 믿고 싶었다.' 스테파노폴로스는 훗날 '클린턴이 오로지 나를 그의 질문자가 아니라 옹호자로 보기를 원했다. 이런 행동은 그를 돕는 듯하지만 실제로 부추기는 사람으로 나를 만들었다'[108]고 말했다.

측근들이 언제 또 터질지 모를 잠재적 '창녀들의 고백'을 미리 막기 위해 캠페인 기부금 수만 달러를 써가며 조사관을 고용하는 등 진흙탕에 빠져 허우적대는 동안 클린턴은 탄탄대로를 걸었다. '이런 닭싸움에서 빠져나가려면 닭으로 치킨샐러드를 만들어라.' 보좌진들은 2월 12일 ABC 나이트라인에 출현하기 직전 스캔들로 오염된 후보를 부추겼다. '경제 메시지를 내걸고 재빨리 올라타라.'[119] 클린턴은 자신의 비열한 행동에 질문을 하는 질문자가 오히려 부끄러워하게끔 하는 현란한 수사법을 구사했다. '테드, 당신 쇼에 나를 초대한 귀중한 시간에 한 번 자지도 않았던 여자나 있지도 않은 징병기피에 대해 얘기하자는 겁니까' 라며 클린턴은 맨디 그룬월드의 제안대로 나이트라인 진행자 테드 코펠Ted Koppel에게 잔소리를 해댔다.[120] 클린턴이 여자와 잤다는 사실과 징병기피 문제를 들쑤시는 것은 아무 관련이 없었다는데도 말이다. 그 무렵 클린턴과 측근들은 분석하고, 야단치고, 공갈 치고, 모욕하고, 꾸짖고, 호소하고, 거만하게 구는 것을 끝냈다. 그러자 기자들은 혼쭐이 났고, 클린턴의 지지도는 올라갔고, 제니퍼 플라워스의 명성은 진흙투성이가 되었다.

현명한 힐러리는 남편에 쏟아야 할 분노를 기자들에게 돌렸다. 그 이후 그녀는 앞의 적들을 비난함으로써 공개적으로 빌 클린턴의 행동을 방어할 수 있었다. 그러나 연이은 그런 폭로들은 남편이 아닌 미세스 클린턴에게 타격을 주었다. 플라워스 의혹에 대해 힐러리가 피해대책 전략회담을 주선하는 것을 보면서, 조지 스테파노폴로스(정치컨설턴트로 빌 클린턴 캠프에서 언론담당자였다. 현재는 ABC 뉴스의 워싱턴 특파원 겸 뉴스쇼 진행자이다 : 역주)는 두 사람이 서로 나누었던 사적인 대화가 무엇인지 궁금하게 여겼다. '그들이 맞바꾼 게 뭐지? 그들 사이에 거래가 있었나?' 젊은 보좌관은 좋은 기회를 잡기 위해 사생활과 자존심을 희생한 그들의 능력을 찬양했다. '이건 권력의 잠재력인가 아니면 그냥 권력인가? 그 대가가 너무 비싸질 때는 언제일까?' 하지만 스테파노폴로스는 대부분 '그들에게 미안함을 느꼈다' 고 회고했다.[121]

1992년 3월 8일 뉴욕타임스 기자인 제프 거스는 파산은행과 관련된 화이트워터 부동산거래에 있어 클린턴이 돈을 잃은 사건을 폭로했다. '클린턴 부부, 부동산 벤처에서 S & L 조정자로 참여' 가 헤드라인의 제목이었다. 클린턴 집권기에 결정적 스캔들로 번지며 여러 사건의 홀로그램이 된 시작은 이랬다. 클린턴 진영 측에서 보자면 그 헤드라인은 잘못된 것이었다. 짐 맥두걸 만이 매디슨 신용금고를 운영하는 'S & L 조정자' 였고, 이는 클린턴과 맥두걸이 결과적으로 돈을 잃은 투자를 한 지 5년이나 지난 후였다. 그 외에는 어떤 불법도 있지 않았다. 그 일로 클린턴 부부는 한 번도 기소된 적이 없었다. 그러나 반대파에게는 클린턴 부부의 뒷거래 범죄를 까발릴 수 있는 첫 실마리였다. 게다가 거래가 합법적이었다 해도 캐어보면 세금탈루와 다른 범죄의 원인이 되었을 것이라고 비난했다. 특히 맥두걸의 불안정한 재정이 붕괴되기 전에 힐러리는 한때 짐 맥두걸과 다른 해괴한 인물들을 변호했었다.

진실은 그 한 가운데 어디쯤 있었다. 분명 잘 나가던 그 해에 아칸소 주지사는 맥두걸이라는 부패한 사업가와 함께 사업을 했다는 것은 확실했다. 그 사업은 아칸소 주정부가 관할하던 사업이었고, 그 사람은 주지사 사무실에 대한 접근을 통해 더 큰 이익을 취할 수 있는 사람이었다. 클린턴 주지사는 자신의 이름으로 화이트워터사에게 대출을 해주도록 힘을 써주었다. 당시 클린턴 부부는 대출에 대한 무죄를 주장했다. 로즈로펌에서 힐러리는 결국 사기극으로 판명된 매디슨 신용금고에 관련된 업무를 맡고 있었다. 그것은 기껏해야 그녀가 무능하게도 자신도 모르게 범죄를 덮어주게 되었다는 의미일 뿐이다. 더욱이 S & L은 공화당의 잘못에 대한 민주당의 비판을 보여주는 값비싼 상징일 수 있었다. 약 천 개의 신용금고 중 40%가 파산했고, 그건 대부분 규제완화에서 촉발된 광적인 소비 이후에 발생했다. 당시의 손실비용은 천억 달러를 족히 넘었고 5천억 달러에 이를 수 있다는 우려가 있었다. 맥두걸의 은행에 대한 구제금융만도 7,300만 달러에 이르렀다.

악취가 나는 얄팍하고 도리에 맞지 않는 탐욕적 관계, 잘난 척 하는 태도, 좋게 말해야 형식주의적인 클린턴 부부의 방어는 이상주의적이고, 케네디적이고, 공공서비스에 천착하고 레이건적 탐닉을 비난한 훌륭한 개혁가로서 기대했던 클린턴 부부의 형세를 무색하게 만들었다. 결국 빌 클린턴은 레이건-부시 시대를 비난하며 대선 캠페인을 출범시켰다. '레이건-부시 정권은 공공의 의무보다 개인적 이익을, 공동선보다는 특별한 이익을, 일과 가족보다는 부와 명성만을 높여왔다. 1980년대는 탐욕, 이기심, 무책임, 과도함, 부주의로 금칠해진 시대였다.'[122] 그리고 그날이 끝날 무렵 특별검사는 화이트워터와 관련된 12개의 다른 법률위반을 제시하고 예일대 로스쿨에서 가장 멋있었던 두 클린턴이 알았건 몰랐건 법을 표류시켰음을 암시하는 많은 상황적 증거를 찾아냈다. 그러나 클린턴 반대자들은 오랫동안 대중의 관심을 독점하면서 작은 실수와 자잘한 범죄를 큰 범죄 또는 흉악범죄가 되는 것처럼 과장된 소문을 퍼뜨리고, 과장된 언어로 편향되게 비난함으로써 한도를 넘어섰다.

1992년 봄은 클린턴에게는 특히 나쁜 시점이었다. 보좌관들은 또 다른 스캔들이 언제 터져 나와 클린턴의 정치적 아이덴티티의 핵심을 강타하며 그들의 '컴백 보이' Comeback Boy 를 무너뜨릴까봐 노심초사했다. 힐러리와 로즈로펌 동료들은 클린턴 부부와 제임스 맥두걸, 매디슨 개런티 신용금고와 관련된 서류를 덮어버리고, 만일 드러난다 해도 1990년대 '한건' 문화에서 클린턴을 유죄로 보이게끔 만드는 연결고리를 최소화하기 위해 노력하기 시작했다.[123]

다음 번 민주당 후보자 토론에서 제리 브라운 Jerry Brown 전 캘리포니아 주지사는 '아내의 로펌에 돈을 보내는 것'[124]을 꼬집고 빌 클린턴의 '선출 가능성 문제'와 그의 '이해상충'을 공격했다. 빌 클린턴과 보좌진들은 그 순간을 준비해 왔다. '힐러리란 단어를 듣는 순간 머리를 쪼개버리세요. 말하던 문장도 끝내지 못하게 만드세요.'[125] 조지 스테파노폴로스가 클린턴에게 충고했다. 항상 화를 잘 내던 클린턴이 한 큐에 응답했다. "당신이 나를 욕하는 것에는 신경 쓰지 않겠어.

하지만 내 아내를 욕하는 것은 참을 수 없어!" 남부 악센트까지 섞어 말하며 빌 클린턴은 폭발하고 말았다. 다음날 힐러리는 재빨리 나섰다. "나도 집안에 남아서 쿠키나 굽고 차를 마실 수도 있으면 좋겠지만 나는 내 직업에 충실하기로 결정했답니다. 그리고 난 남편이 공직 생활에 들어가기도 전부터 변호사 생활을 해왔어요."[126]

부적절한 용어를 사용하긴 했지만 아내에 대한 빌 클린턴의 정력적인 방어는 뉴에이지 인물인 정책광이 겁쟁이가 아니었음을 보여주었다. 다음 10년 동안 주기적으로 그는 아내를 과도할 정도로 방어함으로써 이미지를 닦았다. '빌, 양다리 걸치기는 그만두라.' 뉴욕타임스의 윌리엄 사파이어William Safire는 '당신은 페미니스트에 대해 친절한 남자로 어울리지 않는다'[127]고 비웃었다. 시대가 변하고 새로운 도덕 규범을 받아들이는 동안에도 대다수 미국인은 남편의 기사도를 좋아했다.

힐러리의 자체 방어는 성공적이지 못했다. 재키 케네디가 백악관에서 '차 중독'의 위험에 대해 버드 존슨 여사에게 경고한 이래로 모든 퍼스트레이디들은 일명 '거미줄 족쇄'로 상징되는 차 내오기의 관습에 얽매이지 않겠다고 맹세했다. 힐러리부터는 그 맹세가 전체 미국 가정에 대한 선전포고처럼 들렸다. 자신의 재정기록이 폭로되는 것을 두려워한 빈틈없는 정치가 힐러리는 커리어우먼을 주류사회의 가장 나쁜 전형으로 확신시키고 말았다. 1987년 영화 '치명적 유혹'의 글렌 클로스처럼 힐러리도 자기만 옳고 남을 업신여기는 것처럼 보였다. 섹스, 마약, 로큰롤의 후보인 빌과 함께 뉴욕타임스가 지적했듯 힐러리는 '지옥에서 온 거만한 여피 아내'[128]가 되어 있었다.

빌 클린턴의 정치 컨설턴트의 한명인 폴 벨라가는 '사람들은 전후 맥락을 따지지 않고 문제를 바라볼 것입니다. 그들은 힐러리는 전업주부를 좋아하지 않을 것이라고 생각할 겁니다' 라고 말하며 힐러리에게 경고했다. '쉽게 말해야겠군요. 사람들은 그런 걸 전업주부에 대한 업신여김이라고 여길 겁니다.' 항상 그렇듯 자기가 옳다고 생각했던 힐러리는 충격을 받았다. 그녀는 큰 상처를 받았고, 경솔했다는 표정을 지으며 "아무도 그렇게 생각하진 않을 거예요"라고 대답했다고 벨라가는 말했다. 엉큼하게도 자신의 야망과 악마성은 간과하면서 힐러리는 "전업주부가 되기 위해 어떤 것도 포기했을 겁니다. 우리 어머니도 주부였어요. 그러나 나에겐 선택의 여지가 없었어요. 빌은 1년에 3만 5천 달러 밖에 못 벌었고, 가족을 먹여 살려야 했어요"라고 말했다. 벨라가가 상황을 잘못 유도하고 있다고 확신하면서 그녀는 "오, 당신은 너무 걱정이 많군요"[129] 라고 말했다.

힐러리는 자신만의 딜레마를 조명하기 위해 노력했다. 그녀는 문제가 아무리 개인적인 것이라고 해도 그것을 보다 넓은 맥락에서 바라봄으로써 자신에 대한 많은 공격들을 비껴나갔다. "빌이 사회변화에 대해 말하는 동안 난 그걸 구체화시켰어요." 그녀는 나중에 회고했다. "여자들이 지금까지 사회에서 기능했던 그 방식에서 나는 근본적 변화를 의미합니다. 내 지위와 실수 때문에, 그리고 내가 우리 세대 여성의 상징이 되었기 때문에 나는 딱지가 붙여지고 분류되었습니다."[130]

그러나 클린턴 부부는 계급투쟁만큼 세대 간의 긴장에 심하게 직면하지는 않았다. 빌과 힐러리는 자신들의 경험이 보편화됐던 세대의 엘리트집합에 속했다. 1970년대 신보수주의자들이 이 새로운 계급을 공격했다. 20년 후 역사학자인 크리스토퍼 라쉬Christopher Lasch는 '새로운 엘리트들, 좋은 머리를 가진 새로운 귀족은 가까이 모이는 경향이 있고, 등은 나라의 핵심부에 대고, 빠르게 움직이는 돈, 매력,

패션, 대중문화로 세계시장과의 결속을 가꿔나간다'[131]고 비판했다. 항상 그렇듯이 미디어가 가장 잘 설명해준다. 1960년대 히피는 면도를 했고, 다시키(아프리카 의상 : 역주)는 디자이너 슈트로 바뀌었으며 그들은 여피가 되었다.

'도시에 사는 젊은 전문직'에서 유래된 여피[132]는 1984년부터 퍼지기 시작한 말이다. 이 말은 대학생들이 리처드 닉슨이 말한 '침묵하는 다수'의 블루칼라와 충돌했을 때 불꽃 튀기는 계급긴장을 끌어냈다. 여피는 라이프스타일에 의해 규정되지만 그 트랜디한 용어 자체는 경멸을 내포하는 말이다. 많은 이들이 자기에게 관대하고 때로는 자기혐오적이기까지 한 이 세대가 이제는 자신들이 한때 혁명을 지지했던 만큼이나 열렬하게 돈만 추구한다는 것에 경멸감을 느끼고 있었다. 1969년엔 백인의 4분의 1만이 대학에 갔고, 그 엘리트의 28%만이 어떤 종류의 시위에라도 참여했음을 인정했지만, 수백만의 방관자들은 자신들도[133] 그 운동세대에 속한다고 말하고 진짜 여피 라이프스타일의 어떤 점에든 탐닉했던 수백만은 그런 사실을 부인한다. 힐러리는 '나는 여피이기에 너무 늙었다'[134]고 말했다.

힐러리는 페미니스트가 되기에, 혹은 그 운동에서 느꼈던 수백만 명의 좌절감을 짊어지기에 너무 늙은 것이 아니었다. '차와 쿠키'라는 힐러리의 재치 있는 용어는 가정주부에 대한 엘리트의 경멸을 나타내는 증거가 되었다. 많은 이들이 페미니스트로부터 그런 느낌을 받았다. 한 여성은 '여성운동은 잘못 출발했다. 왜냐하면 그것은 유급노동을 무급노동의 상위에 두었기 때문이다'[135]라고 썼다. 그 용어는 유급노동은 5,600만 명의 일하는 미국 여성에게 경제적 필요성이라기보다는 선택의 문제이고, 자아실현을 위한 한 걸음이라는 힐러리의 믿음을 반영한 것이었다. 공화당은 힐러리의 본색이 드러났다며 반색했다.

힐러리 로댐 클린턴 죽이기가 시작됐다. 클린턴 부부의 계급적 성격은 그들, 특히 그녀가 악화시킨 걱정거리를 더욱 심하게 만들었다. '그녀는 가사도우미가 있다. 그녀는 이해 못한다' 고 펜실베이니아의 69세 여성은 선언했다. 그녀는 만일 빌 클린턴이 선거에서 진다면, '힐러리는 그를 차버릴 것이다'[136]라고 말했다. 클린턴 부부는 지미 카터 이래로 대중에게 가장 많이 알려진 인물이 되었다. 빌은 폭력적 계부 밑에서 자란 14년 세월을 공개당하는 고통을 아내와 공유했다. 백악관에서 빌이 박스형 팬티보다 삼각팬티를 더 좋아한다고 말하고 있을 때 힐러리는 첼시가 자신의 서투른 양육기술 때문에 모유를 너무 싫어했다는 생생한 얘기를 하곤 했다. TV를 통한 그릇된 친밀감을 만들어내느라 명예를 훼손하는 동안 이들은 무언가를 숨기고 있으며, 부정직하다는 느낌을 사람들에게 심어주었다.

이 맥거번(조지 스탠리 맥거번. 1972년 민주당 후보로 출마해 닉슨에게 졌다 : 역주) 추종자가 새로운 민주당원으로 변신한데 대한 의문이 확산되었다. 자신이 속한 세대의 이상주의에 대해 자부심을 가졌고, 미국에서 가장 미개한 2개 주의 하나인 아칸소 출신으로 로즈장학금을 받은 예일대 출신 변호사인 남부출신 주지사는 징병을 기피하고 마리화나를 피웠다는 사실도 인정하기를 거부했다. 아칸소가 얼마나 덜 문명화된 곳인지는 아칸소 주민들이 '미시시피에 감사한다' 고 말하는 것을 보면 짐작할 수 있다. 이런 많은 질문이 힐러리에게 떨어졌다. 페미니스트가 어떻게 남편을 위해 거대도시에서 자신의 경력과 자신의 성을 단념할 수 있을까? '지배적이고, 욕심 많고, 경쟁적인 기업생활' 을 거부한다는 내용의 학생연설을 라이프지가 인용함으로써 명성을 얻은 1960년대의 진보주의자가 어떻게 기업에

갔을까?[137] 어떤 여자가 다른 여자의 꽁무니만 쫓아다니는 남편을 견딜 수 있나? 복잡한 이 두 사람을 통일시키는 결합성을 이해하기 보다는 권력을 가진 여성에 대한 두려움에 집중하고, 결혼을 부끄럽게 여기며, 힐러리를 복수의 칼날을 가는 페미니스트로 풍자화하는 것이 더 쉬웠다.

약삭빠르게도 클린턴 부부는 1988년 조지 부시의 대통령직 무능에 대한 국민투표를 요구하는 캠페인을 시작했다. 본인 스스로 도덕적 자질을 의심받았으므로 클린턴은 '문제는 경제야, 바보야'에 초점을 맞추어야 했다. 힐러리는 민주당 후보인 마이클 듀카키스Michale Dukakis를 흑인 살인자가 자유롭게 돌아다니도록 놓아주었다고 비난한 1988년 공화당 정치광고를 상기하면서 남편에 대한 공격을 '윌리 호턴(매사추세츠 주지사인 마이클 듀카키스의 죄수 가석방 프로그램에 따라 석방된 흑인 죄수의 이름 : 역주)의 딸들'이라고 불렀다. '우리는 유권자들이 우리 결혼이 아니라 일자리, 경제, 이 나라에서 무슨 일이 일어나고 있는가에 대해 관심을 가질 것이라고 믿습니다'[138]라고 힐러리는 말했다. 빌 클린턴은 전력을 쏟는 이슈들을 인물을 나타내는 특징으로 규정했다. 오로지 정책에 대한 충실함만이 중요했다.

1988년 마이클 듀카키스의 실패를 거울삼아 클린턴 부부는 카운터펀치를 날리기로 했다. 힐러리는 남편의 분노를 공화당원과 언론군단에 돌렸다. 그녀는 변호사로서 남편이나 남편의 행동을 방어하기보다는 적들을 공격하는 것을 더 좋아했다. 캠페인 초기에 선배 정치인으로서 리처드 닉슨은 아내를 무시하는 발언을 했었다. '아내가 너무 강하고 너무 똑똑하면 남편을 겁쟁이처럼 보이게 만든다.'[139] 수개월이 흐른 후 힐러리는 말했다. '옛 정적인 닉슨이 먼저 시작했다. 닉슨이야말로 목적 없이는 어떤 일도 하지 않는다. 내가 그에 대한 탄핵스태프였기 때문에 나를 주목했거나 혹은 나에 대한 공격의 기초를 닦고 있었거나 간에 모든 것은 닉슨의 발언으로 돌아간다.'[140]

힐러리는 조지 부시의 연애 의혹은 은폐하면서도 남편의 사생활을 확산시킨 언론의 이중 잣대를 비판했다. 1960년대식 표현방식으로 그녀는 언론인인 게일 쉬이에게 '정당을 불문하고 '기득권' 이 함께 공격하고 있다. (부시의 애인으로 추정되는) 제니퍼 피체랄드와 그것에 관련된 모든 사람들은 단단히 방어태세를 굳혀야 할 것이다' 라고 말했다. 배니티페어가 5월에 그 인터뷰를 내보냈을 때 그 단어는 '제니퍼 -' 라고 이상하게 처리되었다.[141] 후보 부인이 남편의 정적을 이렇게 직접적이며 악의적으로 공격한 적은 없었다.

제니퍼 피체랄드는 부시가 신뢰하는 보좌관이었지만 부통령과 가깝다는 소문이 돌고 있었다. 만약 피체랄드가 민주당원이거나 클린턴의 보좌관이었다면 힐러리는 매력적이고 지적인 후배 여성과 일하는 남성은 필연적으로 연인관계로 발전할 수밖에 없다는 가설은 여성차별이라고 외치면서 페미니스트의 비난을 유도했을 것이다. 사실 간통과의 전쟁을 9년간 치르면서 힐러리와 클린턴 측근들은 빌 클린턴의 부적절한 행동을 폭로한 여성들을 협박하고 비방하면서도 공화당원의 불륜에 대한 소문을 퍼뜨리고 다녔다.

캠페인 관행에 대한 힐러리의 '핵공격' 은 클린턴 측과 부시 측 양측에게 상처를 입혔다. 잘 아는 기자에게 '비보도' 를 전제로 얘기했다는 주장은 그녀의 명성을 독사, 그리고 유도되지 않는 미사일로 만들고 말았다. 이 추한 공격에서 힐러리는 자신이 주인이 되고, 빌 클린턴이 손님이 되어, 결국 그런 수모에도 불구하고 남편 곁을 지켰던 이유가 권력에의 의지였음을 노출시켰다. 자신은 '가족적' 이라는 부시의 주장을 뿌리부터 흔들고, 다들 가지고 있는 정도의 윤리를 가진 그에게 악담을 퍼부으며 힐러리는 기자들이 원하는 바를 제공했다. '힐러리의 복수' '타블로이드로 간 힐러리' 빌의 아내가 오물을 접시에 담았다' 는 헤드라인은 부시의 '애인' 을 미디어의 손아귀에 놓았다.[142] 기사는 부시의 잘못된 행동에 대한 증거서류도 없이 클린턴의 비난에 대해서만 초점을 맞췄다. 개인의 성품에 집착하는 저널리스트 게일 쉬히가 그것들은 '증명되지 않은 소문들'[143]일뿐이라고 주장했지만 소문은 기자들이 기사를 쓰기에 충분할 만큼 돌고 돌았다.

클린턴 사람들은 처음으로 힐러리를 빌 클린턴의 가장 큰 정치적 자산으로 인정하기 시작했다. '내가 대통령이 된다면 프랭클린 루스벨트와 엘리노어 부부보다 훨씬 큰 파트너십이 될 것이다. 그들은 두 명의 위대한 사람이지만 다른 길을 걸었다. 내가 당선되면 우리가 항상 그래왔듯이 함께 해나갈 것이다'[144]라고 주지사는 단언했다. 힐러리도 말했다. '우리는 하나의 파트너십이다.' 그녀는 퍼스트레이디가 '일자리' 라고 믿지 않았고 '각각 자신이 원하는 일과 권리를 갖도록 해야 한다'[145]고 주장했다.

클린턴측이 공동통치권이란 말을 직접 언급하지 않았지만 공화당은 그 용어가 여성 통치에 대한 국민들의 두려움을 촉발시킬 것임을 알고 그 용어를 사용했다. 그들은 기뻐 어쩔 줄을 모르며 '리틀록의 레이디 맥베스' '미국 정치의 위니 만델라' 라며 사실을 왜곡했다. 결과적으로 유권자의 40%가 빌을 '구변으로 교묘하게 설득하는 흐리멍덩한' 정치인이고, 아내는 '자신을 위한 경주' 를 하면서 '권력을 향해 나가는 사람' 으로 보았다. 포커스그룹에 대한 유권자의 반응을 면밀히 모니터해온 클린턴의 여론조사 담당자는 '힐러리가 스크린에 나타날 때 대체로 지지 평균치가 떨어진다' 고 보고했다.[146] 스탠 그린버그와 셀린다 레이크는 '힐러리가 나서면 여성유권자들은 섹스스캔들을 덮기 위해 아내를 내세운다고 여기고 표에서 떨어져 나가게 한다' 고 보고했다. 여론조사 담당자들은 명백히 가혹하지만 대표적인 대안을 제시했다. '힐러리를 부엌이나 PTA(학부모회 : 역주)에 세우고, 나라 운영은 대통령에게 맡기라'[147]는 것이었다. 텍사스주 민주당원이 '우리는 힐러리 같은 타입의 여성을 좋아하지 않는다'[148]라고 말했듯 다른 정치가들도 힐러리에 대해 보편화된 경멸감을 드러냈다. 공화당원인 마리 마탈린의 사무실에는 '우리는 이 악녀를 없애야 한다'[149]는 글귀와 함께 힐러리 포스터가 걸려 있다는 소문까지 나돌았다.

동시에 힐러리는 민주당 지역에서는 엄청난 인기를 누리는 것으로 판명됐다. 지지자들은 대부분 그녀처럼 직업적 영감, 가족문제, 개인적 욕망, 남편의 요구, 전통적인 기대, 페미니즘의 야망을 저글링하며 삶을 영위하는 커리어우먼들이었다. 1992년 힐러리는 자신을 민주당의 가장 뛰어난 기부금 모집자로 만들어준 여정을 시작했다. 보스턴에서 열린 점심모임은 힐러리를 위한 격려모임이었는데 파크플라자볼룸에는 1,300명이 모여들었고, 50만 달러의 기부금이 걷혔다. 매사추세츠와 같은 주에서는 힐러리는 로큰롤 스타 같은 지위를 누렸다. 보스턴글로브와 WBZ TV 여론조사는 62%의 지지도를 보인 힐러리가 대통령 후보와 그 아내들 중에서 가장 인기가 있다고 발표했다. 그러나 미국 전역에서 그녀에 대한 호감도는 38%뿐이었다. 민주당 정치 컨설턴트인 마리 앤 마시는 다른 이들을 따돌리는 솔직함이 매사추세츠의 많은 여성을 매혹시키고 있다고 분석하면서 '매사추세츠 여성들은 독립적 여성을 존경한다' 고 설명했다.[150]

힐러리 문제를 다루게 되면서 클린턴 후보는 거짓말에 대한 초인적 능력과 아내의 약점에 꿈쩍도 하지 않는 인간성, 둘 다를 보여주었다. 힐러리가 인기 없음을 보여주는 여론조사 데이터를 보았을 때도 클린턴은 '오, 저런, 사람들이 그녀의 머리 모양을 싫어하나봐' 라고 한숨을 쉬기만 했다. 조지 스테파노폴로스와 제임스 카빌은 빌 클린턴이 그런 말을 한 회의에서 뛰어나가 허탈감에 빠졌다. 그 순간을 회상하면서 스테파노폴로스는 그건 '달콤한 순간'[151] 이었고 클린턴 부부를 묶는 결합력을 엿볼 수 있었다고 훗날 말했다.

캠페인은 옛날로 돌아가는 것이 필요했다. 그렇게 하기 위해선 힐러리의 도움을 받아야 했다. 1992년 봄 정치 전략가들의 일급비밀인 '맨해튼 프로젝트' 는 힐러리 측 사람과 빌 측의 사람들이 더 큰 협조를 해야 한다고 조언했다. '캠페인은 빌 클린턴이 유망한 지도자라고 사람들을 믿게 하기위해 힐러리의 행동반경이 얼마나 중요한지를 인정해야만 했다' 고 그린버그, 카빌, 광고 전략가 프랭크 그리어는 4월에 보고했다.[152] '후보자 클린턴의 내세울 핵심적 강점은 그의 필수적인 정치적 자질이다.' 미국인은 빌 클린턴을 믿지 않는다. 불행하게도 힐러리가 나서면 문제는 악화될 뿐이었다. 클린턴의 자문역들은 '빌과 힐러리가 미국인과 만날 수 있는 이벤트' 를 벌이고, 빌 클린턴 혼자만을 소개하는 동안 다른 쪽에선 미세스 클린턴의 정치성향을 낮추는 커뮤니케이션 행사를 할 것' 을 제안했다. 힐러리는 다시 정장을 앞치마로 갈아입고 초콜릿칩 쿠키 요리경연대회에서 부시 여사에 도전해야만 했다.[153]

놀랍지만 고통스러운 대전환이었다. 공화당 전당대회에서는 부통령의 아내인 마릴린 퀘일과 퍼스트레이디 바버라 부시가 군중에게 연설했다. 힐러리 때리기는 그날의 명령이었다. 부시 여사는 클린턴 여사를 '공동후보' 라고 불렀고, 보수주의 칼럼니스트이고 공화당 변절자인 팻 부케넌(패트릭 부케넌. 부케넌은 1992년과 1996년 공화당 후보지명을 받지 못하자 2000년 개혁당 후보로 대통령에 출마했다 : 역주)은 빌 클린턴의 아내를 '변호사식 아내'[154]라고 부르며 '클린턴과 클린턴' 티켓을 조롱했다. 전당대회 직전에 당대표인 리치 본드는 공화당 기금 모집자 미국에서 '두 번째로 험한 직업'이라며 '제일 험한 직업은 힐러리를 노출시키지 않도록 하는 책임을 맡은 민주당 사람'[155]이라고 말했다. 그러는 동안 민주당 전당대회에서 힐러리는 연단에서 놀랄 만큼 거리를 유지하고 있었는데 그것은 초조한 침묵이었음에 틀림없다.

민주당 전당대회에서 새롭고 훨씬 정당성이 있는 통치파트너를 찾아냈다. 부통령 후보인 앨 고어였다. 또 다른 젊은 베이비붐 세대를 선택하면서 클린턴은 생생하고 힘찬 민주당과 낡고 시대착오적인 공화당 대통령 사이의 세대차를 강조했다. 네 차례 하원의원과 두 차례 상원의원을 지냈으며 워싱턴에 연줄이 있는 44세의 노련한 정치인을 선택하며 클린턴은 강력한 동지적 파트너십을 연출했다. 공동대통령은 아니지만 빌 클린턴의 부통령은 캠페인과 그리고 이어 백악관에서도 무서운 존재가 되었다.

힐러리는 완고한 이론가이기에는 뛰어난 융통성을 보여주었다. '여성의 해'임을 강조하면서 이 여성은 이기기 위해선 무엇이든 했다. 컨설턴트들은 그녀의 정책방향을 다시 썼고, 힐러리의 친구인 린다 블러드워스-토마슨의 시트콤 '디자이닝 위민' 팀의 할리우드 스타일리스트들이 외모를 새로 만들어냈다. 당시 첼시가 엄마에게 매달리는 장면을 그린 만화가 있었다. 그 만화에는 '안녕, 얘야. 나는 힐러리 클린턴, 그러니까 새 힐러리가야. 홈 메이드 쿠키를 줄까? 내 새로운 머리스타일이 어떠니? 우리 가족의 가치에 대해 얘기를 듣고 싶니?'[156]라고 힐러리가 첼시에게 말하는 장면이 풍자적으로 묘사돼 있다.

1960년대의 존 F. 케네디가 풍성하면서도 잘 빗겨진 머리카락으로 기자들을 매혹시키거나 질색하게 만들었던 것처럼 힐러리 로댐 클린턴은 자신의 외모를 꼬치꼬치 따지는 것에 모욕적으로 느끼거나 분노를 일으킨다는 것을 알았다. 그러나 케네디처럼 그녀는 그 분노를 자제하고 고쳐나가야 한다는 것을 알고 있었다. 어떤 이들은 대중의 지지를 얻기 위해 무엇이든 하는 일벌레로 볼 수도 있겠지만 '사라진 머리띠 사건'(머리띠를 좋아하던 힐러리가 언제부터인가 머리띠를 하지 않게 된 것을 말한다 : 역주)이라 불리는 것은 대중 앞에서 힐러리가 어느 정도 성숙했음을 상징적으로 보여준다. 엉큼하게도 자신이 얼마나 비평과 여러 가지 변신을 심각하게 받아들였는지를 숨기면서 퍼스트레이디로서 힐러리는 자주 농담을 하곤 했다. '잔인한 보스니아 사태를 신문 1면에서 없애고 싶으면 내가 해야 할 일은 머리띠를 하거나 머리스타일 바꾸는 것임을 알았다. 우리는 무엇인가에는 몰두해야 하니깐.'[157]

힐러리는 편안한 상대와 대화할 때 자신의 골칫거리를 페미니스트 정치학과 조지 부시의 'GI조' 세대로부터 클린턴의 베이비붐 세대에 이르는 세대격차 사이의 복잡한 연결구조 속에 집어넣기를 좋아했다. '대중과 개별적 섹터의 모든 수준에서 볼 때 작업장에서 여성에 의한 완전한 전환이 일어났지만 대통령직만은 예외다' 라고 힐러리는 캠페인 도중에 주장했다. '그것은 빌과 앨이 대통령 후보에 지명된 최초의 전후세대이기 때문이다. 우리의 삶은 부모의 삶과 다르다. 대통령직이란 무대에서 펼쳐 보일 기회를 아직 잡지 못했다.' 그런 생각에 공감을 표시하며 공화당의 공격에 맞서나간 빌 클린턴은 '모든 워킹우먼에 적대적인 윌리 호턴을 만들고 통탄스러운 방식으로 그것을 운영해 나간다'[158]며 공화당을 맹비난했다.

힐러리가 미국식 페미니스트로 후퇴한 것은 낸시 레이건을 만족시켰다. 부시 대통령이 자신을 페미니스트로 규정할지 아닐지를 기자들이 물었을 때 힐러리는 남부 악센트를 섞어 웃으며 대답했다. "그럴 수 있죠. 그렇지만 사전을 찾아보라고 말하고 싶어요. 왜냐하면 내가 가진 낡고 오래된 사전에 페미니스트는 여성은 남성과 똑같은 사회적, 경제적, 정치적 권리를 가져야 한다고 믿는 사람이라고 돼있거든요. 그런데 그 단어의 의미가 바뀔 것 같네요."[159]

그들은 대소동으로부터 딸을 보호했다. 첼시가 더 어렸을 때 그들은 저녁식사 자리에서 클린턴에 대한 비판자를 흉내 냄으로써 정치판에서 그녀가 살아나갈 수 있도록 예방접종을 했었다. 첼시가 '60미니츠' 인터뷰를 시청한 후에 빌 클린턴은 의도적으로 물었다. "어떻게 생각하니?" "엄마 아빠가 내 부모인 것이 자랑스러워요." 이것이 열두 살짜리 아이의 답이었다. 자신들의 이미지를 더 부드럽게 해야 한다는 강한 압박감을 느끼면서 클린턴은 전당대회 전날 피플 커버스토리에 딸과 함께 등장했고 전당대회가 열리는 동안에는 매디슨스퀘어가든까지 행진대열에 참여하도록 했다. 그들은 첼시를 캠페인 영화에 등장시켜서 '미국이 엄마 아빠에 대해 알아야 한다고 생각하는 것은 그들이 훌륭한 사람들이고, 훌륭한 부모라는 점입니다'라고 말하도록 허용했다.[160] 하지만 클린턴 부부는 첼시를 더 많이 내세워야 한다는 컨설턴트들의 제안은 거부했다. 정부에서도 클린턴 부부는 필요할 때는 첼시를 잘 활용하긴 했지만 틴에이저의 사생활을 유지하는 데 있어 놀랄만한 인내심과 기술을 보여주었다.

힐러리의 후퇴는 빌 클린턴의 논제를 진전시켰다. 6월까지 스탠리 그린버그는 유권자들이 '힐러리에 대해 중립적으로' 되었음을 알아챘고, 그것은 확실히 개선되었다. 더욱 중요한 것은 지지정당을 바꿀 잠재적 유권자가 힐러리가 '성공적 결혼의 파트너십'[161]에 대해 말할 때 이동하기 시작한다는 것이었다. 지지도는 올라가고 있었다. 클린턴 진영은 이제 힐러리 문제에 대해선 중립적이었다.

'하나 값에 두 개'라는 클린턴 진영의 피치와 힐러리의 완전한 변신은 문화적 전선에는 오점을 남겼다. 레티 코틴 포그레빈Letty Cottin Pogrebin 같은 페미니스트들은 '대통령을 뽑을 때는 통치자 커플을 얻는다. 더 정확히 말하면 남자를 뽑을 때는 우리는 그의 아내에게 권력을 준다고 생각한다. 나는 보너스로 똑똑한 퍼스트레이디를 고려하고 있다'[162]고 주장했다. 하원의원을 지낸 페미니스트 선동자인 벨라 앱저그Bella Abzug와 같은 다른 이들은 '여성을 쿠키 찍는 틀에 집어넣지 않기 위해서라도 우리는 여성을 있는 그대로 받아들이는 무대를 기대하고 있다'[163]며 힐러리의 후퇴를 슬퍼했다. 뉴리퍼블릭의 앤드류 설리번Andrew Sullivan은 공격을 해댔다. '힐러리는 미국 대통령으로 선출된 적이 없으며, 결혼 덕에 그걸 얻으려는 시도는 백악관에 가기 위해 출마하는 모든 여성 후보자들에 대한 모욕일 뿐 아니라 동정심을 얻으려는 비굴함의 상징이다'[164]는 말에 대부분의 유권자들이 동의했다. 4분의 1의 유권자만이 빌 클린턴이 한때 심사숙고한대로 내각에서 힐러리를 보기를 원했으며, 58%는 전통적 퍼스트레이디를 원했고, 66%는 변호사로서 자기 일을 계속해나가는 것 정도만을 인정했다.

여론조사는 대부분의 미국인이 전문직 부부를 용납함을 보여주었다. 하지만 대통령이었을 때는 완전히 전통적 부부상을 원했다. '공화당원 어머니'가 '최초의 페미니스트'보다 더 매력적인 상태로 남아있었다. 퍼스트레이디는 프로젝트나 직업도 가질 수 없고, 권력도 가질 수 없었다. 기자들은 '이 사람은 남자에게 달라붙는 낸시 레이건이 아니다. 사회복지정책을 다뤄온 여성이고, 빌 클린턴이 대통령에 당선된다면 만들어야 할 정권인수팀 명단에 넣어도 괜찮은 이력서를 가진 여성이고, 남편의 캠페인에서 중요한 역할을 했다' [165] 고 주장했다. 여전히 '건너지 못할 선은 없다' 며 캠페인 이후 크리스찬사이언스모니터지는 보도했다.[166]

페미니스트 저자인 캐런 레흐먼Karen Lehrman은 힐러리의 몸 낮추기를 '해리엇 넬슨Harriet Nelson(미국의 가수 겸 배우 : 역주) 역' 이라고 슬퍼했다. 페미니즘은 '네포티즘(연고주의)' 이 아니라고 경고하면서 레흐먼은 클린턴의 '페미니즘 배신' 을 비난했고, 만일 힐러리가 덜 진보적이고 덜 똑똑했더라면 페미니스트들이 훨씬 덜 관대했을 것임을 인정했다. 여론조사에 따르면 힐러리가 독립적 커리어우먼으로 남아 법률 일을 했었더라면 3분의 2의 미국인이 칭찬을 했을 것이라고 한다. '하지만 힐러리를 교외생활을 하는 주부로 재포장함으로써 클린턴 캠페인은 겸손의 상징도 보여주지 못했을 뿐 아니라 똑똑하고, 높은 교육을 받았고, 출세 지향적이며, 남편과는 독립적으로 자신만의 열정과 생각과 행동을 가진 퍼스트레이디의 새 장르를 가져올 큰 기회를 잃어버렸다' [167] 고 레흐먼은 불평했다.

힐러리는 균형감으로 사람들에게 깊은 인상을 주었지만 결국 너무 균형적이었다. 어떤 분쟁도, 희생도, 손해도 감당하지 않으려는 태도는 음흉하게 보였고 이미 성실성을 의심받고 있는 남편을 돕지도 못했다. 어떤 변신도 거부하면서도 자신에 대한 공격에 대해 다시 공격을 퍼붓기를 계속하면서 힐러리는 공화당이 자신의 이미지를 이슈로 만들고 있다고 확신한다고 말했다. "그렇게 한다고 확신합니다. 그들은 얘기할 게 그것밖에 없거든요"라고 그녀는 말했다.[168] 자신이 수동적, 감상적 정치적 아내가 아님을 입증하기 위해 안타까워하며 힐러리는 극단으로 흘러버렸다. "나 자신이 이 캠페인에 흥미를 갖고 있는 주요한 이유는 내가 관련된 이슈들 때문이다"고 변명한 것은 진짜 신뢰를 잃게 하는 처사였다.[169]

힐러리의 이미지를 더 부드럽게 만들고 통수권을 쥘 준비를 하고 있는 행복한 베이비붐 세대의 개념을 확실하게 하기 위해 클린턴 부부와 고어 부부는 버스를 타고 함께 유세를 다녔다. 130명의 기자들을 끌고 다닌 구식으로 보일 수도 있었던 이 테크닉은 유명세가 집중된 최신 트렌드가 되었다. 앨 고어와 티퍼 부부, 빌 클린턴과 힐러리 부부가 함께 있는 모습은 영광스러운 옛 시대를 재현한 것 같았다. 많은 미국인이 후보자와 아내들이 내면에 뭔가를 가지고 있다는 느낌을 즐겼고, 쾌활하고 젊고 멋진 시도가 미국을 재생시킬 것임에 기뻐했다. CBS의 밥 쉬이퍼Bob Schieffer는 '캠페인을 하는 그들을 보면 젊고, 원기왕성하고, 에너지로 가득 차 있는 것 같다. 지금 제대로 하고 있는 버스투어는 최근 몇 년간 위대한 정치적 개혁의 하나라고 생각한다. 마침내 후보자가 밖으로 나와서 진짜 사람들하고 얘기하고 있는 것이라는 의미다. 그들을 밖에서 볼 수 있다. 그들은 재미로 가득 차 있다. 그것이 바로 진짜 많은 에너지를 만들어내는 것이라고 나는 본다'[170]고 열정적 찬사를 보냈다.

캠페인 기간에 클린턴 부부는 계획대로 각각의 이미지를 변화시켰으나 완전히 인간적인 모습으로 나타나진 않았었다. 빌 클린턴은 반대되는 이미지도 충분히 계획했으나 상당수 유권자들은 차이점을 느끼지 못했다. 어느 날 착한 올드보이는 자신의 65년 산 무스탕을 뽐내면서 엘비스를 흉내했다. 다음날 밤에 그는 아내에 대한 공격은 '독립적이고 강한 심성을 가졌으며, 생계를 위해 일하는 여성들에게 대한 공격'[171]이라며 뉴 에이지 페미니스트가 되었다. 힐러리 역시 폭넓게 변화했다. 아침에는 ABC 홈쇼에서 주부 역할을 했다. 오후엔 '내가 알고 있는 모든 여성들이 일과 가정 사이에서 저글링 하는' 것에 대해 말하면서 '모든 워킹우먼' 에게 지지를 호소했다. 밤에는 존경하는 전문직 여성들로부터 수백만 달러를 모금하며 강력한 네트워크를 과시했다. 단기적으로 빅쓰리(미국의 ABC, CBS, NBC 방송국 : 역주) 네트워크가 더 이상 독점적이지 않고 미디어세계가 분산되는 상황에서 그런 모양 바꾸기가 통했다.

빌 클린턴의 성공적 선거 캠페인은 낡은 정치를 새로운 정치로 녹여냈다. '국민을 첫째로 하라' 는 요구와 함께 경제에 대한 강조, 수단 방법을 가리지 않고 이겨야 하는 사명감은 프랭클린 루스벨트의 빈틈없고, 청중을 기쁘게 하고, 진보주의와 대중영합주의를 결합한 큰 정부지향성을 흉내 낸 것이었다. 뉴딜처럼 클린턴의 뉴 코브넌트(새로운 계약)는 민주당을 '잊혀진 사람' 을 돕기 위해 설계된 정부 프로그램을 가진 정당으로 만들었다. 프랭클린 루스벨트처럼 빌 클린턴도 반대파를 기꺼이 못살게 구는 헌신적인 보좌관을 애용했다. 클린턴이 군중을 움직이게 하고, 눈맞춤을 하고, 악수를 하고, 칭찬을 하고, 달콤하게 빛나게 하고, 사람들 속에서 영광을 갖게 하는 것은 후에이 롱Huey Long, 윌리엄 제닝스 브라이언William Jennings Bryan과 다른 위대한 미국 대중영합주의자의 이미지를 불러일으켰다.

이 구식 선동술은 텔레비전에 시각적으로 잘 맞는 조심스럽게 포장된 상품이었다.[172] 그는 컨설턴트, 광고기획자, 아이비리그 동문회, 할리우드의 후광을 입은 유명인이었다. 텔레비전 세대의 아들, 소비문화의 생산품, 하우디 도디(1947~1960년에 방영된 미국 어린이 프로그램 : 역주)와 크레스트 치약광고를 보면서 자라난 첫 번째 대통령인 그는 미국인에게 다가가는 방법은 그들을 즐겁게 하는 것임을 알고 있었다. 이 현대의 마법사는 '60미니츠' 에서 고백했고, 아세니오 홀 토크쇼에서 색소폰을 연주했으며, 민주당 전당대회에서 영혼을 드러냈다. 말이 아니라 사려 깊게 보이고 싶을 때는 입술을 깨물어 공감대를 전하는 방식 등 제스처로 더 잘 알려졌다. 아칸소에서 구닥다리 정치인으로서의 정체성은 그에게 '약삭빠른 윌리' 라는 별명을 얻게 했다. 여피왕자로서 정체성은 아내와 얽히고설켜 있는 바람에 '빌러리' 란 별명을 얻게 했다.

힐러리는 낡은 정치와 새로운 정치의 혼합이라는 매력적이고 역설적인 상황을 제공했다. 이 히피는 여피로 드러났고, 빈곤층에 대한 법률적 도움을 요구하는 웰슬리 출신의 페미니스트이자 개혁적 변호사는 1960년대의 아이들이 어떻게 1980년대 기업에서 잘 팔렸는가에 대한 많은 '빅 칠 세대' 의 전형을 구체화시켰다. 우등생 안경을 쓴 갈색머리 히피, 어떤 헤어스타일도 없는 페미니스트, 플라워 파워(꽃의 힘. 사랑과 평화를 내건 히피족의 중심사상 : 역주)를 가진 나팔바지 차림의 힐러리 사진은 머리띠를 했건 안했건 금발의 여피 힐러리 옆에서 삐거덕거리고 있었다. 그러나 그녀의 모든 뉴클래스 화법과 방법이 아니었다면 힐러리는 교회에 가는 감리교도, 헌신적인 딸, 주책 맞은 엄마, 고생과 희생만 하는 아내로 남았을 것이다.

1992년 힐러리는 빌 클린턴의 훌륭한 선거캠페인을 처음엔 구원했고, 다시금 위험에 빠뜨렸다. 바버라 부시와는 달리 그녀는 남편에게 열광적 대중의 지지를 안겨준 적이 없었다. 캠페인 말기에 갤럽조사에선 50%가 미세스 클린턴을 인정했지만 29%는 여전히 거부했다. 그녀는 양극으로 분열시키는 인물이었다. 42%가 그녀가 이전의 퍼스트레이디들보다 자신들의 가치관과 라이프스타일에 더 가깝다고 말했지만 41%는 동의하지 않았다. 4분의 1은 클린턴 백악관에서 그녀가 큰 역할을 하는 것을 두려워했다. 힐러리는 대학교육을 받은 여성, 도시거주자, 소수자, 그리고 18~29세의 여성들에게는 큰 인기를 누렸다. 이들은 클린턴 집권기를 통 털어 핵심 지지자들이었다. 그녀 세대에선 오직 41%만이 힐러리의 가치관과 라이프스타일이 가깝다고 느꼈고, 1943년에서 1962년에 태어난, 베이비붐 세대의 47%는 그렇지 않았다.[173]

캠페인 기간에 클린턴 집권기를 관통해서 작동하는 하나의 패턴이 등장했다. 힐러리 로댐 클린턴이 편안하고 인기가 있을 때 몇몇 기자들이 '힐러리 원' 이라 불렀던 방식, 예컨대 가상의 공동대통령처럼 행동했다. 사방에서 공격을 받고, 자신의 공적 위치를 되살릴 필요가 있을 때는 '힐러리 투', 행복한 주부이자 쿠키를 굽는 사람으로 등장했다.[174] 힐러리의 보좌관들은 자신들의 보스는 변하지 않았다고 주장했다. '미국인이 그녀를 더 잘 알게 되었을 뿐이다' 라는 것이다. 그러나 1992년 가을의 힐러리는 그해 초에 나타났을 때보다 훨씬 더 조심스러웠고 잘 훈련되었다. 이제 정책에 대해 얘기를 할 때는 최소한 대중 앞에서는 어떤 구체적 프로그램을 지지하거나 너무 대담하게 말하지 않고 '백악관에서 아이들을 위한 목소리를 내는 것' 에 대해 이야기하는 것을 선호했다.[175] 뉴욕타임스가 지적했듯 그녀는 '내 남편' 에 대해서만 얘기하고 '나' 라는 발음은 거리에서 아이들을 안전하게 지키는 것 같은 여성관련 이슈를 위해 남겨둘 만큼 조심스러워졌다. '학교에 왔다 갔다 하다가, 운동장에 서 있다가 우연하게라도 총에 맞는 아이들로 인해 너무 힘들다.' 힐러리는 감리교도 장관들이 모인 자리에서 이렇게 말했다. 가끔씩 카메라가 없을 때 힐러리는 자신의 본색으로 돌아가 낙태에 대한 토론에 빠져들거나 국립낙태권리행동연맹 회장인 케이트 미셀만[Kate Michelman]과의 모임에 등장하기도

했다. 클리블랜드 출신의 민주당 하원의원인 마리 로즈 오커Mary Rose Oakar는 '그녀는 행복한 균형을 취했다' 고 말했다. '힐러리는 처음엔 다소 독선적이었다. 그러나 극히 편안하다. 그녀는 자신 그대로이다.' [176]

10월말 힐러리가 클리블랜드를 방문했을 때 클린턴 부부는 백악관으로 향하는 길을 잘 만들어가는 것이 분명해 보였다. 힐러리가 누구인가? 자신이 되고자 했던 사람에 얼마만큼 다가갔는가 하는 문제는 결코 해결되지 않았다. 사실 그것은 빌 클린턴이 괴상하지만 놀라울 정도로 성공적인 대통령직의 출발선에 있었다는 사실보다도 명확하지 않은 문제였다.

3 공동대통령: 엘리노어 루스벨트 시대

백악관에서 힐러리 로댐 클린턴의 처음 몇 달은 성공적이었다. 그녀는 새로운 행정부의 전략과 인물선정을 도왔다. 자신과 자신만의 이슈에 헌신할 유능한 참모진을 구성했다. 언론 장악력도 대단했다. 인사와 정책에 대한 영향력이 끝이 없는 것 같았다. 의료개혁안도 안정되어 갔다. 사실 초기에 흔들린 것은 힐러리가 아니라 클린턴이었다. 대통령 부부 중 한 명이 잘 나가면 다른 한 명은 실패한 것처럼 언론이 인식하는 그런 패턴이 계속되는 것 같았다.

1992년 캠페인이었던 '하나 값에 두 개'를 전략적으로 그만두었음에도 불구하고 빌 클린턴은 아내가 퍼스트레이디로서 전례 없는 적극적 역할을 하도록 했다. 이런 위임은 힐러리가 어떻게 사무실을 구성했는지, 자신의 일을 선임자와 어떻게 연결했는지, 대중에게 어떤 입장을 취했는지를 보면 알 수 있다. 명문 여대와 아이비리그 지성인답게 힐러리는 전임 퍼스트레이디들의 역사를 먼저 공부하기 시작했다. 불행하게도 이 역사연구는 '엘리노어의 정신을 따라했다'고 풍자한 워싱턴포스트의 밥 우드워드 기자 덕분에 심야 개그쇼 소재로 전락해 버렸다. 그래도 처음부터 클린턴 부부는 퍼스트레이디의 이런 선구자적 역할을 백악관과 행정부, 나아가 미합중국에 있어서 더 폭넓은 개혁과 현대화의 한 요소로 바라보면서 역사의 빗장을 풀기 위해 도전했다는 것은 분명했다.

빌 클린턴은 43%의 지지율밖에 얻지 못했지만 대통령 부부는 자신들의 정당성을 확인해준 것처럼 느꼈다. 그들은 인물보다 이슈를 강조하고, 언론에게 뻣뻣하게 굴고, 민주당 리더십을 복원하고, 새로운 세대의 목소리를 만들고, 힐러리가 '60미니츠'에 요구했던 '사적 영역'을 개선하고, 공동대통령직을 구축할 권한을 위임받았다고 믿었다.[177] 1987년 한 기사에서 처음 언급된 공동대통령copresidency라는 용어는 1993년에는 9만 2천 회 이상 등장하였다.

힐러리의 전임자, 바바라 부시는 이 용어로부터 물러섰지만 클린턴 부부는 받아들였다. 바바라 부시는 1989년 백악관으로 입성하면서 미국 정치와 정책에 능동적으로 참여해온 전임자 베티 포드, 로잘린 카터, 낸시 레이건과 달리 자신은 그렇게 하지 않겠다고 선언했다. 바바라 부시는 웃으며 말했다. '나는 선출직이 아니므로 정치이슈에 대해선 언급하지 않을 것입니다. 만약 내가 선출된 대통령이라

면 내가 지금까지 남편을 위해 해준 것을 이번엔 그가 내게 해줄 것을 바랄 것입니다.' [178]

1950년대 마미 아이젠하워Mamie Eisenhower의 '아이크Ike가 국정을 요리할 때 나는 양고기를 요리한다'는 말에 공감을 표시하며 부시 부부는 가정과 일, 여성과 남성의 역할을 전통적으로 구분하는 태도를 지지했다. 바버라 부시는 남편에 대해, '나는 그의 사무실에서 어슬렁거리지 않고 그도 내 영역에서는 어슬렁거리지 않는다' [179] 고 말했다. 그녀의 관심사는 살림하고, 아이들의 문제에 귀를 기울이고, 그 문제가 중요하다면 조지에게 전달하는 것이었다. 그녀는 물의를 일으키는 사람이 아니었다. 나아가 그녀는 조지나 그의 부하들에게 로비하지 않겠다고 약속했다.[180] 그래도 특정이슈에 대한 구체적 입장을 말해달라는 기자들의 극성스러운 요구에 그녀는 PBS의 주디 우드러프Judy Woodruff에게 '나는 공동대통령이 아니에요' [181] 라고 말했다.

부시 부부는 자신들을 자기 세대의 전형적 인물로 생각했다. 조지와 바버라 부시는 제2차 세계대전 와중에 정체성이 굴절된 일곱 번째 대통령 부부였다. 케네디가 1961년 병사들의 '캔 두'can do 정신을 수용할 것을 약속하며 백악관에 입성한 반면 부시 부부는 사람들이 '존재하지도 않았던 이상주의적 과거' [182] 라고 비난받는 세계를 보호하면서 후방의 적들과 맞서 싸웠다.

사실 부시 부부는 공동대통령직, 정확히 말해서 공동이미지 만들기 프로젝트 창출에 저항하지는 않았다. 부시는 바버라가 자신의 가치관을 구현하는 데 도움을 주고, 만족스럽지 못한 자신의 정책이나 국가예산을 보완하기 위한 상징적 피난처를 제공해주는 것이 필요했다. 바버라는 조지 부시의 가장 확실하고 효율적인 응원군이 되었다. 그녀는 1992년 공화당 전당대회 기간에 전국에 방송된 미국 국민과의 '대화' 초반에 자신이 가진 위치의 불합리성에 대해 토로했다. 당시 라이벌인 힐러리는 민주당 전당대회 마이크 근처에 가지도 않았는데도 말이다. 바버라는 로널드 레이건 대통령, 제럴드 포드 대통령, 잭 캠프Jack Kemp 장관, 필 그램Phil Gramm 상원의원 등 엄청난 인물들의 연설에 묻혀버린 자신을 의식하면서 '여긴 뭔가 조용한 것이 없네요' 라고 말했다.[183] 이것이 바로 그녀의 성공에 필수적 요소였던 겸손이었다. 그러면서 바버라 부시는 코카인 중독여성에게서 태어난 아이들과 에이즈에 걸린 아이들에 대한 깊은 동정을 보이며, '가족을 무엇이라 정의하든 가족의 가치' 를 지지하고, '내가 아는 가장 강하고, 멋지고, 현명하고, 자상하고, 건강한 남자'[184]를 칭찬하는데 7분을 썼다.

역설적이게도, 이런 부부 공동통치에 대한 거부감과 바버라 부시의 조신함은 오히려 퍼스트레이디의 인기와 권한을 높였다. 바버라는 정책을 직접 챙기지 않았지만 부시 행정부에 대한 대중의 호감을 갖게 하는 데 도움을 주었다. 제한적이지만 더 상징적이며, 덜 정책지향적인 방법으로 공동대통령으로 출현한 바버라는 현대 퍼스트레이디들을 움직이는, 말로 드러나진 않는 강제적 힘이었다. 그리고 그것은 힐러리의 큰 야망을 키우는 자양분이 되었다.

바버라 부시는 퍼스트레이디로서 자신의 중요한 프로젝트를 유용하고 두드러지게 유지하기 위해 버드 존슨 여사를 모범으로 삼았고, 그래야 '남편에게 잘 반영된다'[185]고 확신했다. 퍼스트레이디의 교양에 대한 가장 성공적인 묘기는 1990년 출판된 베스트셀러 『밀리의 책』(부시 부부가 키우던 개인 밀리의 이름으로 출판된 책 : 역주)이었다.[186] 이 책은 『프레드 이야기』와 유사한데 프레드 이야기는 조지 부시 부통령시절 1만 5,000부가 팔려나갔다. 바버라한테는 자신을 직접 드러내는 것보다 개를 유령필자로 하는 것이 훨씬 쉬웠다. 수십 장의 화려한 사진과 함께 136쪽에 달하는 본문을 가진 이 책은 활발한 손자들, 고위직의 방문객들, 하인들, 관광객들, 그리고 아름다운 장식까지 백악관의 생활을 개의 관점에서 그리고 있다. 『밀리의 책』은 바바라 부시가 부시일가의 생활에서 원했던 바로 그것을 보여주고 있다. 이 책은 미국인을 단합시키는 신선한 묘사로 가득 차 있다. 이것은 가장 유혹적이고, 가장 여왕답고, 가장 자애로운 공동대통령직이었다.

책을 출판하면서 바바라 부시는 낸시 레이건으로부터 공익을 위해 대중문화를 어떻게 이용하는가를 배웠다고 표현했다. 그러나 낸시가 마약금지운동의 일환으로 시트콤 '신나는 개구쟁이' Diff'rent Strockes에 게스트로 출연한 반면 바바라는 노인코미디 '골든 걸스' Golden Girls에 대한 출연요청을 거절했다. 바바라 부시는 남편의 명예를 손상시킬 수 있는 시트콤보다는 공공봉사에 대해 말하는 장면을 필름에 담는 것을 더 편안해했다.

1992년, 이제 전임자들과는 달리 젊은 새로운 베이비붐 세대 대통령은 아내를 위해 거대한 계획을 세웠다. 그는 중대한 결정을 내려야 하는 방에서 원하는 단 한 사람, 그의 바비 케네디 Bobby Kennedy(법무장관을 지낸 로버트 프랜시스 바비 케네디. 존 F. 케네디 대통령의 동생으로 그가 가장 신뢰하는 인물이었다 : 역주)는 '힐러리' 라고 말했다. 가까운 친구들도 동의했다. '그는 신뢰할 수 있는 두뇌와 결혼했다. 사용하지 않는다면 낭비다' 라고 '디자이닝우먼' 프로그램 제작자인 린다 블러드워스-토머슨 Linda Bloodworth-Thomason은 단언했다. 스위크는 8명의 다른 가까운 친구들과 함께 블러드워스-토머슨이 1992년 10월 힐러리 생일에 자신들의 이름 첫 글자와 힐러리의 성공을 기원

하는 내용을 새겨 넣은 '우정의 원' 금팔찌를 선물했다고 뉴스위크는 보도했다.[187]

가장 좋은 상태에서 힐러리와 빌 클린턴은 서로에게서 가장 좋은 것을 끌어냈다. '빌이 훨씬 즉흥적이고 창의적 인물' 이라고 한 측근은 말하면서 '그가 자신과 똑같은 사람과 결혼한 걸 상상할 수 있습니까? 그랬더라면 그의 인생은 재앙일 겁니다. 힐러리가 자신과 똑같은 사람과 결혼한다면 아무도 그 집에서 저녁식사를 안하려고 할 거구요. 사람들은 너무 무서울 겁니다'[188]라고 묘사했다.

클린턴 부부는 힐러리를 수석보좌관 혹은 '국내담당 최고고문' 으로 간주했다. 그녀는 아칸소에서처럼 자신의 독립적 정체성이 남편의 존재에 의해 잠식되는 것을 두려워했다. 몇 해 전 아칸소의 고참 칼럼니스트인 존 로버트 스타John Robert Starr가 '힐러리, 무엇을 하길 원하느냐?' 고 물었을 때 힐러리는 자신만의 영역에 자신의 이정표를 남기기를 원했기에 '나는 무언가를 운영해보기를 원한다'[189]고 대답했다. 선거 후 중요한 일정 속에서 그녀는 역사적이면서도 자기정체성을 확실히 하는 자리인 법무장관, 국무장관, 수석보좌관을 선택하는 문제를 놓고 친구, 조언자들과 함께 심사숙고하였다. 다른 이들은 반대했다. '그건 안 돼. 그건 그녀를 파괴시킬 거야. 우리도 망칠거야. 그건 그녀가 공동대통령이란 것을 의미할 거야.'[190]

부시가의 백악관 크리스마스 파티에서는 '힐러리는 정부 내 여러 보직을 원했는데 바버라 부시는 4년 임기의 전통적 퍼스트레이디를 연임하겠다고 지원했다' 는 농담이 돌아다녔다. 하지만 힐러리가 양쪽 모두를 원했다는 것은 명백하다. '힐러리' 문제에 찬성이건 반대건 공개적으로 얘기하는 것에 부담을 느낀 한 측근은 익명으로 백악관 출입기자인 케네스 월쉬Kenneth Walsh에게 털어놓았다. '그녀는 모든 정책입안에 깊이 개입하길 원한다. 나는 어린이 문제나 여성관련 이슈에만 참여하도록 말릴 수가 없다.' 왜냐하면 남편이 그걸 원했기 때문이다. 클린턴은 '나는 그녀가 퍼스트레이디로서 역할을 쉽게 수행해 낼 것을 믿는다. 그러고도 그녀가 잘하는 특정한 분야에 관여할 시간과 에너지가 있을 것이다'[191] 라고 말했다.

석 달 반의 정권 인수기간에 새로운 힐러리가 등장했다. 좀 더 정확히 말하자면 아칸소와 '블루라이트 스페셜스' 캠페인에서의 왕년의 힐러리 로댐이 돌아온 것이다. 12월 중순 월스트리트저널과의 인터뷰에서 대통령 당선자는 '힐러리는 우리들 대부분보다 더 많은 것을 알고 있다'[192] 며 아내가 국무회의에 참석하기를 희망한다고 밝혔다.

'나는 힐러리가 국무회의에 참석하건 안하건 간에 그녀가 할 말이 있을 거라고 생각한다' 고 민주당 정치컨설턴트인 웬디 셔먼Wendy Sherman 은 CNN에서 밝혔다. 상황을 정상화하려고 노력하면서 셔먼은 '그녀는 친구요, 아내이다. 그녀는 변호사고, 똑똑하고 유능하며 능력 있는 여성이다. 그녀에겐 대통령이 귀 기울여야 하는 목소리가 있는데 그것 때문에 굳이 국무회의에 앉아 있을 필요가 없다고 본다. 그녀가 내각에 앉는 것이 포인트가 아니라고 생각한다'[193] 고 설명했다.

여전히 힐러리는 자신의 확실한 역할을 달라는 선전포고를 철회하지 않았을 뿐더러 남편의 행정부에서 일하기 위한 언론이나 대중의 허가를 바라지도 않았다. ABC의 다이안 소여Diane Sawyer 가 취임식 일주일전 '프라임타임 라이브' 에서 클린턴 부부를 인터뷰했을 때 힐러리는 자신만의 의제를 갖고 있다는 사실을 부인했다. 그녀는 대통령의 팀원을 자처했다. "아니오. 내가 여기 리틀록에서 해왔던 일을 할 겁니다. 그것은 빌이 추진하는, 내가 옳다고 생각하는 의제를 지원하는 일입니다" 라고 그녀는 겸손하면서도 사려 깊게 말했다. 예일대 시절 이래 그래왔듯이 여성의 영역에 뿌리를 내리면서 새롭게 개척해온 것을 부드럽게 조율하려고 노력했다. "이 나라에서 어린이와 가족을 위해 해야 할 일은 대통령의 전체계획에 포함되어있습니다. 내가 하고 싶은 일은 지금까지 내가 해 온 일이고 그 일이 실제로 이행되게끔 내 역할을 하는 것입니다. 그것은 어린이에게 예방접종을 하고, 더 나은 의료를 제공하며, 모든 어린이가 가능한 최상의 교육을 받을 수 있도록 학교를 개선하고, 고아원시스템처럼 정부가 운영하는 시스템을 갖추는 일 등입니다."[194]

직접적으로 내각에 참여할 것인지를 질문받자 힐러리는 먼저 '남편이 내게 요청하는 이슈에 대해 할 것이다' 라며 다시 '그것은 그가 결심하는데 달렸다' 고 대답했다. 소여는 '그것이 그렇게 신중을 요하는 길이냐?' 고 물었고, 힐러리는 "글쎄, 그런 것 같아요. 우리 사회가 남성과 여성의 역할, 남편과 아내사이의 적절한 파트너십에 대해 교묘한 길을 지나고 있는 중이니까요. 미국의 가정과 직장에서 벌어지고 있는 일이 지금 백악관에서 벌어지고 있다고 지난해에 나는 누차 말을 했습니다"고 응답했다. 대통령 당선자는 동의하지 않았다. 오히려 그는 '만약 그 이슈가 미국인에게 최선이라면 내게는 그리 복잡한 일이 아니다. 쉬운 일이다. 힐러리는 나와 함께 교육문제나 아동문제에 관해 함께 일해 오면서도 변호사일로 우리 가족의 생활비 대부분을 책임졌다. 이제 그녀는 더 이상 변호사 일을 하지 않을 것이다. 그래서 그녀는 이제 더 많은 시간을 갖게 되었고 많은 에너지와 능력이 그녀에게 있다. 분명 어떤 것들은 힘들 것이다. 만일 내가 우리 모두가 걱정하는 문제에 대해 그녀의 능력과 성품, 헌신을 이용하지 않는다면 국민을 위해 내 책임을 저버리는 일이다' 고 주장했다.[195]

솔직히 말해서 두 사람 모두 틀렸다. 빌 클린턴은 아내에게 의존하는 것이 정치적으로 위험천만 할 수 있다는 것을 무시했다. 또 미국 여성의 상징뿐 아니라 특별히 정의할 수 없는 여러 복합성이 내재된 역할인 퍼스트레이디는 선출된 것도 아니고 '~의 아내' 라는 것만으로 대통령과 그 권력에 너무 가깝다는 사실에 대한 미국인의 전통적 두려움을 간과했다.

우등생답게 힐러리는 43명의 전임 대통령 부인의 전기를 읽고 특히 엘리노어 루스벨트에게 관심을 기울였다. 예비 퍼스트레이디는 선배 퍼스트레이디들의 수많은 현대적 연대기 속에서 특히 정책 지향적이며 결코 장식품에 머무르지 않고 필수적 동반자 역할을 했던 활동적이며 선구적이었던 대통령 부인들에게 관심을 기울였다. 힐러리는 엘리노어와 상상의 '대화' 를 갖고, '어떻게 이것을 견뎠는지' 를 물었고 엘리노어는 '대답' 했다. '그냥 나가서 직접 해볼 수밖에 없으니 일단 하세요. 그리고 어떤 핑계로 대지 말아요'[196]라고.

힐러리 로댐 클린턴은 정책 입안의 소모품으로 사라지거나 전통적인 귀부인 역할에 머무는 것을 거부했다. 자신의 힘으로 그녀는 부통령 당선자 앨 고어, 임명된 국무장관 워런 크리스토퍼 등과 함께 5인자의 하나가 되었고, 주요 안건들과 새 행정부가 직면한 가장 중요하고도 무서운 업무를 검토해나갔다. '힐러리의 친구들' 은 '빌의 친구들' 만큼이나 행정부의 주요인물이 되었다. 닉슨 탄핵추진 과정의 옛 상사인 버나드 나스바움Bernard Nassbaum이 백악관 법률고문에 부임했다. 나스바움의 수석보좌관이 로즈로펌에서 그녀의 가장 가까운 두 친구 중의 하나인 빈스 포스터Vince Foster였다. 힐러리와 포스터는 아칸소 시절 내연의 관계 소문이 오르내릴 만큼 가까웠었다. 그녀의 다른 동료인 웹스터 허벨Webster Hubbell은 법무부의 2인자가 되었다. 이런 인사는 대통령보다 그녀에게 더 충성스러운 거미줄 인맥을 형성하게 됨으로써 퍼스트레이디의 영향권을 확장시켰고 이들은 계속해서 그녀에게 필요한 정보를 전달했다.

기자들은 최소 11명의 최고위층과 그보다 지위는 낮지만 영향력이 큰 자리에 임명된 수십 명을 '힐러리의 선택'으로 보도했다. 의료, 복지, 법무와 같이 아주 중요한 국내정책 영역에서 임명된 사람들은 힐러리가 가장 잘 알고 있는, 매리언 라이트 에델만의 아동방어기금에 관련된 사회 활동가와 다른 진보적 사회단체의 인재풀에서 온 사람들이었다. 여기에는 도나 샬라라Donna Shalala 보건부장관, 캐롤 라스코Carol Rasco 백악관 국내정책자문관, 리키 시드만Ricki Seidman 언론 부조정관, 에드 애치슨Ed Acheson 법무부 정책개발실장, 매리온 라이트 에델만의 남편으로 샬라라의 특별보좌관인 피터 에델만Peter Edelman 변호사 등이 포함된다.[197] 스스로 '제3의 길'이라며 중도철학을 지향한 빌 클린턴에 비해 그의 아내는 원래부터 적극적 사회옹호론자에 가까웠고 큰 정부에 대한 강한 믿음이 있었다. 사실 1996년 민주당전당대회 전날 대통령이 그의 중요한 복지개혁을 밀어붙이자 피터 에델만은 이 복지대책이 미흡하다며 사임했다. 또한 온건파들은 힐러리를 여성과 유색인종을 많이 임명했다며 '다양성 지하드'라고 비판했다. 힐러리의 가까운 벗인 수잔 토머시스는 이른바 'EGG'ethnicity, gender, and geographical diversity(인종, 성 그리고 지리적 다양성)을 추진하며 퍼스트레디이의 전사로서 봉사했다.

후보자로서 빌 클린턴은 1984년 월터 먼데일Walter Mondale의 캠페인에 해를 끼쳤던 명목상 인종차별폐지정책의 해악성과 거리를 유지하면서 자신을 새로운 민주당원이라고 천명했다. 1960년대 이후 민주당은 (비평가들이 인질이라고 부른) 흑인, 히스패닉, 페미니스트 문제, 노동조합 문제 등을 주장하는 활동가들의 보금자리가 되었다. 클린턴의 가장 극적인 단절은 캠페인 도중 제시 잭슨 목사의 레인보우 연합 사건 때 나타났다. 클린턴은 랩 싱어 시스터 술리야Sister Souljah의 초청을 거부해 주최측을 당혹케 했는데, 그녀는 로스앤젤레스 폭동 후에 '흑인이 매일 흑인을 살해한다면, 일주일쯤 백인을 살해하는 것은 왜 안 되는가?' 하고 주장했기 때문이었다. 클린턴은 다음과 같은 말로 백인을 감동시키고 흑인 청중 앞에서 흑인에 대항하는 용기를 보여주었다. '흑인과 백인이란 단어를 맞바꾸면 악명 높은 데이빗 듀크David Duke(KKK단원)가 연설을 하고 있다는 생각이 든다.'[198] 그러나 백악관에 들어가면서 '미국다운' 내각을 구성하려는 클린턴 부부의 노력은 대통령을 특정 이익집단의 인질, 특히 여성단체의 인질로 보이게 만들었고, 취임식 전 내각을 확정하려던 계획에 차질을 빚게 했다.

힐러리의 주장으로 대통령이 조이 베어드Zoë Baird를 법무장관으로 지명했을 때 이 성급하고 세련되지 못한 막후정치는 결국 첫 번째 주요 인사를 대 실패로 만들었다. 당시 에트나생명보험의 상무로 재직중이었던 바이어드는 전국적 인지도가 약했지만 클린턴 부부와 여피의 싱크탱크인 '르네상스위크엔드'와 사우스캐롤라이나주 힐튼 헤드섬의 신년행사에서 알게 되었고 매년 정기적으로 만났던 인연이 있었다. 클린턴 부부가 국무, 국방, 재무와 함께 내각의 상위 4개 보직 중 적어도 하나에 여성을 임명하려는 시도였지만 베어드는 여성단체들이 선호하는 후보는 아니었다. 여성이긴 하지만 지나치게 급진적 인물이 아니라는 점은 대통령을 기쁘게 했다. 12월말까지 대통령은 여성을 고용하라는 페미니스트들의 압력과 클린턴 주변인 '숫자세기'에 대한 언론의 강박관념에 시달렸기 때문이다.

불행히도 베어드 부부는 운전기사와 유모로 1990년 두 명의 불법 외국인 체류자를 고용했고 이들에 대한 사회보장세도 지불하지 않았다. 베어드는 자신의 변호사들이 이 문제를 해결할 수 있다고 인수팀을 안심시켰다. 그녀의 측근들은 주차위반요금을 잊고 지불하지 않은 것 같은 대수롭지 않은 문제로 이 사건을 처리하려 했다. 신탁기금이 없는 노동계급 출신 상원 사법위원회 의장 조셉 비든Joseph Biden 은 이에 전혀 동의하지 않았다. 매년 수십만 달러를 벌어들이고 일국의 법집행기관의 수장자리를 원하는 여피 여성의 기만을 미국 국민들이 어떻게 받아들일지에 대한 정치적 본능을 발휘하며 비든은 "아니, 이것은 로스앤젤레스 고속도로의 사고차량과 같다"[199] 고 표현했다. 그가 옳았다. 클린턴 행정부는 집무 첫날부터 힐러리가 1년 전 태미 와이네트 사건이나 '집에 처박혀 차나 따르는 사건' 에 휩싸인 것과 같은 계급적, 젠더적 분노를 사고 말았다. 엘리노어 클리프트Eleanor Clift 는 CNN에서 불법고용을 '최상위 엘리트 범죄' 라며 '그녀를 때려죽이라고 할 정도로 분노한 것은 속기사협회 소속 여성들이었다. 그들은 편지를 쓰고 전화를 해댔다' [200] 고 말했다.

설상가상으로 백악관이 다음 후보자를 지명하기 직전에 후보자 명단이 언론에 새어나갔고 다음 후보자인 킴바 우드Kimba Wood 판사와 남편 또한 불법이주자를 유모로 고용하고 있음이 드러났다. 뉴욕타임스와 많은 유력지에서 이를 여성이슈로서 '유모게이트' Nannygate 로 부르기 시작했다. 일을 하기 위해 유모를 두어야만 하는 전문직 여성들이 부당하게 공격대상이 되는 것을 우려해 소설가 에리카 정Erica Jung 은 "우리들은 '나는 불법이주민을 고용했다' 고 쓰인 현수막을 들고 5번가를 행진해야만 한다"[201] 고 타임스에 기고했다. 대부분의 미국인에게 이것은 계급문제이자 법과 질서의 문제였다. 라디오 대담은 자신들이 법 위에 있다고 생각하는 오만한 여피들을 비난하는데 열을 올렸다. 조금 더 서민적이고 공화당 성향인 뉴욕포스트의 애미 파노치Amy

Pagnozzi는 '연간 60만 달러의 가족소득이라면 조이 베어드는 영주권을 갖고 있을 뿐 아니라 자녀에게 불어교육을 시킬 수도 있는 메리 포핀스급 유모를 고용하고도 남는다'[202]고 꼬집었다. 클린턴 측은 결국 자녀가 없는 미혼 여성 자넷 르노Janet Reno를 법무장관직에 임명했다. 그녀는 클린턴 부부와 깊은 인연도 어떤 사적 관계도 전혀 없는 인물이었다.

백악관 내에서도 힐러리와 그 측근들을 공적으로, 사적으로 비난했지만 유모게이트는 대통령 클린턴의 험난한 앞날을 예고하는 정치적 실책의 하나였을 뿐이다. 월스트리트저널의 칼럼니스트 폴 지고트Paul Gigot는 힐러리는 물론 베어드를 공격한 의회 내 민주당 세력 둘 다의 권력을 언급하면서 '빌 클린턴이 대통령이라면 이번 일은 일어나지 않았을 것'[203] 이라고 비꼬았다.

백악관 내에서 힐러리의 권력은 커져만 갔다. 집무실 배치를 둘러싼 치열한 줄다리기에서 힐러리와 그녀의 비서실장 매기 윌리엄스Maggie Williams는 전통적으로 퍼스트레이디 집무실로 할당되던 이스트윙과 함께 웨스트윙에도 명당자리를 차지하게 되었다. 보다 온건한 클린턴 참모들은 건물 양 측에 있는 퍼스트레이디 집무실을 간단히 '레프트윙' (좌익이라는 의미 : 역주)이라고 불만스럽게 말했다.

취임식 날 애틀랜타 컨스티튜션에 실린 칼럼은 '이 모든 공약에 대해 우리가 왜 그렇게 놀라는지 모르겠다. 공약은 선거의 열기 속에 만들어졌으나 이제 지저분한 이혼처럼 조각조각 흩어져버렸다' 고 비웃었다. "빌 클린턴이 '대단한 유혹자' (영화배우 잭 니콜슨의 전기 『대단한 유혹자』를 비유한 말 : 역주)라는 것은 처음부터 명확했다"[204]고 비판했다. 이틀 후 CNN의 '크로스파이어' 프로그램에서 진보진영 인사인 마이클 킨슬리Michael Kinsley조차 힐러리의 튀는 행동은 빌 클린턴 측 '캠페인 테마'를 '뒤집은 것'이라고 불평했다. 킨슬리의 초대 손님인 엘리노어 클리프트는 '글쎄, 그건 미국인에 대한 하나의 적응이겠죠'라고 말을 거들었다. 8년에 걸친 그런 설전을 예고하듯 보수진영의 주장 존 수누누John Sununu는 '깨진 약속에 대한 완곡어법 아닌가요?'[205]하고 끼어들었다.

첫 몇 주가 채 지나지 않아 대통령은 언론의 관심 밖으로 밀려나고 반면 퍼스트레이디는 대중의 초점이 되었다. 밥 우드워드의 내막을 잘 아는 설명에 의하면 1월 30, 31일 주말에 내각전체와 백악관 고위 보좌관들이 캠프데이비드에 모였을 때 정부에 보다 대담하고 비전 있는 접근을 요구하면서 아칸소 경험을 상기시켰다. 그녀는 많은 정책제안을 국민이 이해할 수 있어야 한다고 주장했다. 그러자 워런 크리스토퍼 국무장관이 우선적으로 그것을 몇 개로 사안을 좁힐 것을 제안하자 힐러리는 '그것을 다 못해낸다면 우리가 왜 여기 있는 거죠?'라며 일갈했다.[206]

퍼스트레이디에게 공식적, 부가적 타이틀을 주지 말라는 측근들의 충고를 무시하고 대통령은 아칸소에서 학교시스템을 개혁할 때 했던 것처럼 그녀에게 가장 큰 도전과제를 할당했다. 클린턴 대통령은 힐러리에게 국가의료개혁 태스크포스 위원장직을 부여하고 6명의 각료가 그녀에게 보고하도록 했다. 그러면서 클린턴은 '그녀는 내가 평생 함께 일한 누구보다도 더, 복잡한 시작단계에서부터 확실한 끝맺음까지 사람들을 이끌고 조직하는데 뛰어나기 때문이다'[207]라고 말했다. 힐러리는 후에 남편이 '영역'[208]에 대한 '분쟁을 조정하지 않고 백악관에서 도망가는 작전을 원했다고 말했다. 리처드 닉슨 처럼 빌 클린턴은 내각을 신임하지 않았다. 백악관으로 더 많은 권력이 흘러들수록 대통령의 평생 동반자에게도 나눠지는 것이 당연한 것처럼 보였다.

유력매체들은 오히려 인정했다. 이런 공개적 권력분담은 장막 뒤의 조정자보다 '훨씬 정직한' 것이라고 뉴욕타임스는 논평했다. '그녀는 남편과 함께 설 것이고, 혹은 그 앞에 설 수도 있다.'[209] 많은 여성, 특히 전문직종사자들은 힐러리의 부상을 반겼다. 그녀의 새로운 직책과, 대통령과 가까운 웨스트윙 집무실은 '유리천정을 부수는 정도가 아니라 두꺼운 벽을 내리치는 것이다'[210]고 엘리노어 클리프트는 뉴스위크에 썼다. 레이디스홈저널은 힐러리가 '똑똑한 여성들의 시대'[211]의 도래를 열었다며 칭찬했다. 퍼스트레이디의 역할은 여성의 역할에만 국한되어야 한다는 통념을 다시금 반추하며 샐리 퀸Sally Quinn은 뉴스위크 커버스토리에서 '힐러리는 우리 모두의 모습'이라고 주장했다.[212] '그녀가 할 수 있을까? 우리가 할 수 있을까? 그것이 문제로다'[213]라고 퀸은 썼다. 힐러리가 전통적 대통령 부인의 역할을 벗어나 다른 일도 성공할 수 있다면 다른 모든 여성에게도 그런 가능성이 열려 있다는 의미다.

새로 형성된 이런 자신감의 표시로 이스트윙 공보비서 리사 카푸토Risa Caputo는 자신의 보스가 힐러리 로댐 클린턴으로 알려지길 원한다고 밝혔다. '여성스러운' 단계는 지났다. 마침내 힐러리 로댐 클린턴이 등장한 것이다. '밤에 마지막 말을 나눈 사람이 아침 첫 마디를 나누는 사람과 동일인이라면 둘은 중요한 사이가 될 것이다'라며 클린턴의 캠페인 컨설턴트 제임스 카빌은 뉴욕타임스와의 인터뷰에서 힐러리의 영향력을 굳이 부인하지 않았다. '엄청나게 많은 두뇌 중에서도 가장 뛰어난 아이큐와 강단 있는 성격의 소유자라면 그 인물은 대단한 영향력을 가졌다고 봐야할 것이다.'[214]

이런 오만은 위험했다. 여론조사에서 응답자의 63%가 힐러리를 좋아한다고 했지만 59%가 그녀에게 중요한 정책역할을 맡기는 것에는 반대했다. 70%라는 다수가 '전통적 퍼스트레이디' [215]를 원했다. '다이내믹 듀오' [216]라는 취임찬사는 힐러리의 이미지가 '권력이 부여된 낸시 레이건' (로널드 레이건은 아내에게 꼼짝 못했다 : 역주)' [217] 으로 비쳐질 것이라는 선거과정에서의 경고를 무시했다. '유권자들은 그들이 기대했던 것을 얻지 못할 것이다' 라고 미키 카우스 Micky Kaus 는 뉴리퍼블릭에 논평했다. 카우스는 그녀의 권력 장악에 열광하는 40세 이하 여성의 57%를 포함한 힐러리의 치어리더들에 주목하면서 '네포티즘이 페미니즘은 아니다' [218]라고 경고했다.

힐러리와 13명의 측근들은 이름 하여 '힐러리랜드' 를 구축했다. 20세기의 상당기간동안 퍼스트레이디는 한 명의 비서, 몇 명의 직원과 타이피스트를 두었고, 업무의 대부분은 만찬을 위한 우편작업이나 준비 등이었다. 로잘린 카터가 1977년 백악관에 입성했을 당시 이스트윙은 혼란스러웠고, 사기가 떨어져있었고, 비효율적이었다. 한 주에 평균 1백 건의 초대장과 1~2천 통의 편지가 도착했다. 대략 50~115명의 기자들이 퍼스트레이디를 따라다녔다.

지미 카터 때의 일이다. 지미 카터 당선자 인수팀은 퍼스트레이디 집무실이 로잘린 카터의 '필요' [219]에 맞게 현대화되고 변모되어야한다는 결론을 내렸다. 엘리노어 루스벨트의 변혁 이래 40년이 지나고 리처드 닉슨이 중앙통제를 집중한 이후 10년이 흘렀지만 이스트윙은 그때까지 정식으로 백악관 관료시스템 내로 통합되지 못하고 있었다. 카터 정부는 이스트윙과 웨스트윙의 파견영역이 합쳐지면 협력이 증진될 것으로 믿었다. 영접실은 카터 부부가 도모한 '일하는 백악관' 취지를 살리기 위해 축소시켰다. 웨스트윙에 사무적인 업무를 넘기면 '이스트윙에 귀중한 공간' 이 생기고 그곳에 '실질적 퍼스트레이디 프로젝트'[220]를 진전시킬 부서와 대언론 업무로 늘어난 직원 자리도 마련할 수 있을 것이라 생각하였다.

이런 재배치로 카터 때부터 퍼스트레이디 집무실은 친선과 가족모임이라는 원래의 목적에서 벗어나게 되었다. 메리 호이트(로잘린 카터의 공보비서 : 역주)는 버드 존슨의 공보비서 리즈 카펜터와 베티 포드의 대변인 쉬일라 위든펠드의 전통을 유지하면서 공보비서직들을 퍼스트레이디와 직원들의 조정관으로 통합했다. 호이트와 카터 부부는 '활동적이고 인기 있는 퍼스트레이디'[221]를 위해 더욱 '실질적' 관심을 기울였다. 그러나 이스트윙을 위한 자금은 적은 규모이지만 임의로 처리되었고, 이렇게 임시변통된 자금의 내역은 다른 백악관 운영자금 내역과 함께 국회에서 할당한 보다 큰 규모의 예산액에 묻어버렸다. 이것은 계속해 전례를 벗어나는 일이었고, 변호사들은 로잘린 카터휘하의 17명의 직원과 부통령 부인의 4명의 직원은 '불법고용자'라고 공식 결론을 내렸다. 연방공무원들은 '사적인 업무'[222]에 종사하는 것이 허용되지 않았다. 1978년 11월 2일에 이르러야 '대통령의 의무와 책임을 수행함에 있어서 대통령 배우자에게 필요한 조력과 서비스'[223]를 인가하는 짤막한 수정법안이 만들어졌다. 이러한 변화는 이스트윙을 확대하면서 고무시켰다. 아내의 신뢰도를 확립하려는 지미 카터의 노력은 이스트윙을 왕궁으로 만들고 있다는 비판을 불러왔다. '로잘린 카터가 더 많은 직원을 원한다'는 헤드라인은 카터 부부를 당황시켰다. 이스트윙 직원들은 웨스트윙에 근무하는 동료들에 상응하는 특전과 수당이 권력 장악이 아니라 존중의 문제임을 설명하느라 진땀을 흘려야 했다. 그 이후 관료주의적 무법은 벗어났지만 퍼스트레이디 집무실은 여전히 정당성을 인정받지 못했던 것이다.

그로부터 15년이 지난 후 예산, 특히 이스트윙의 예산과 관련해 클린턴 백악관은 퍼스트레이디에게 할당된 보좌관들의 수를 제한하기 위해 만들어진 여러 자잘한 기능을 합쳐버렸다. 전임행정부들이 백악관 전체에 대통령과 부통령 사진을 배포한데 반해 클린턴 부부는 대통령과 퍼스트레이디의 다양한 포즈의 사진을 배포했다. 동쪽과 서쪽의 '힐러리랜드' 에서는 퍼스트레이디의 단독사진이 붙어있는 경우가 많았다.

백악관 업무에 전례 없는 명예직 세 자리가 만들어졌다. 부통령의 참모가 한자리를 가졌다. 퍼스트레이디는 비서실장인 마거릿 윌리엄스를 대통령 비서실장과 동급으로 생각했다. 윌리엄스는 아동방어기금에서 일했었고, 공보비서 리사 카푸토는 여러 민주당 의원과 대선후보 밑에서 복무했었다. 비서실차장 멜라니 버비어는 두 개의 가장 영향력 있는 진보적 로비단체인 커먼 커즈Common Cause와 피플 포 아메리칸 웨이People for American Way에서 일한 바 있다. 이런 공통의 배경과 이데올로기는 퍼스트레이디와 진보적, 실용적, 큰 정부적 정책과 함께하는 사회운동가들 사이의 동지애를 촉진시켰다.

힐러리는 충성스러운 지지자들 사이에서 안심하면서 훨씬 온화하고 소녀 취향적이고, 중서부적 '좋아좋아' 측면에 빠져들 수 있었다. 그녀는 자신의 후원자들을 돌보고, 차림새를 바로잡아주고, 기념일과 생일을 챙겨주고, 자주 농담을 건넸다. '힐러리랜드' 는 내부경쟁과 직원교체로 악명 높은 백악관에 존재하는 고요한 섬이었다. 3년 후 원래의 직원 중 두 명만이 사임했고, 한 명은 어머니의 병환 때문에 할 수없이 그만두었다.[224]

힐러리와 참모진은 자신들의 '숍' 을 의료와 어린이 문제에 대한 정책결정센터로 규정했다. 그러나 마거릿 윌리엄스가 화이트워터 증언을 하면서 깨달았듯이 '공보'는 정책문제가 아니라 '의료에 관해 말할 때 그녀가 어떤 모자를 쓰고 있었는지에 대한 언론의 관심'[225]을 풀어주는 것이 되고 말았다. 논란이 증대될수록 사무실은 싱크탱크라기보다 '야전상황실'에 가까워졌다.

당초 퍼스트레이디와 참모진은 '100일 내에'[226] 의료관련 법안을 제출하라는 대통령의 약속에 압박을 받았다. 클린턴 부부는 3,600만 명이 의료보험의 사각지대에 있고, 상당수는 적절한 보험혜택을 받지 못하고 있다고 주장했다. 의료보험은 약 8,000억 달러에 이르는 산업캠페인의 연장선상에서 클린턴 부부는 의료개혁을 최우선 과제로 강조했다. 민주당 전당대회 후보 수락연설에서 빌 클린턴은 시적인 표현을 인용해 '일자리, 교육, 의료보험, 이것은 단지 내 입술의 약속이 아니라 내 일생의 과업이다'고 말했다. 많은 곳에서 클린턴은 '의료보험이 특권이 아닌 권리인 미국'에 대한 비전을 제시하면서 '그래서 우리는 국민에게 말한다. 정부는 드디어 의료계의 부당이득을 없애고 모든 가족이 의료보험 혜택을 받게 할 수 있는 용기를 가지고 있다'라고 말했다. 1991년 10월 대통령 캠페인을 시작할 때 클린턴은 '클린턴 행정부 첫 해에 우리는 국회와 국민에게 전 국민이 보험혜택을 받을 수 있는 계획을 내놓겠다'라고 '서약'했었다.[227]

클린턴 측은 미국의 의료체계가 '너무 비싸고, 너무 관료적이고 완전히 실패했다'라고 진단했다. 너무 많은 미국인이 보험에 들지 못하고 있어서 건강이 위협받으면 가족의 재정적 건강도 위협받는 처지였다. 동시에 보험가입자 대부분도 아파서 병원에 가면 어떤 약을 받고, 어떤 절차를 밟고, 병원에 며칠이나 입원해야 하는지를 세부적으로 조절하는 사람이 의사자격증이 아니라 MBA자격증을 갖고 있는 종잡을 수 없는 중간관리자들이었다.

'적절한 의료보험'을 받고 있지 못한 '6,000만 미국인'을 보호하기 위해 '국민을 첫째로 하라'는 클린턴-고어 캠페인 매니페스토는 '미국은 선진국 중에서 유일하게 국가차원의 의료보험계획이 없다. 미국인은 누구도 병원에서 길거리로 내쫓기는 일이 있어서는 안 된다'고 호소했다. 계획을 구체화하면서 민주당은 약속했다. '의료와 보험혜택 제공자를 선택할 권리, 미국의 혁신과 기술, 세계 최고의 전문의사와 병원 등 우리 체제에서 가장 좋은 것은 유지할 것이다. 그러나 우리는 의료보험을 모든 미국인이 이용할 수 있도록 만들기 위해 관료주의와 기업이익과 맞설 것이다.'[228] 이 선언은 처음부터 개혁의 궁극적 실패를 설명해 준다. 현재 수백만 명의 미국인이 미국 의료보험에 감사를 표하고 있고 계속 유지를 원하고 있으며 장점을 가지고 있었다. 예컨대 수백만의 근로자들이 노동조합이나 직장의료보험 덕분에 세계 최고의 의료를 향유하고 있다. '관료주의와 기업이익'에게만 책임을 떠넘기는 것은 정책이 아니라 선동이었다. 단기적 선거전략으로는 먹히겠지만 심각한 의료보험의 장기적 해결책은 되지 못했다. 그래도 의료보험 개혁은 캠페인의 유용한 표어는 되었다. 여름 전당대회 직후 카이저가족재단-해리스 여론조사 결과 만족할만한 의료보험 체제를 갖추는 데 클린턴 주지사가 부시 대통령보다 55% 대 27%로 더 믿음직하다고 발표했다.[229]

막상 취임을 하고 나니 클린턴 부부는 로널드 레이건의 취임에서부터 12년이 지났음에도 불구하고 아직도 그들이 '레이건화'된 미국에서 살고 있다는 사실을 받아들여야 했다. 이제 큰 정부 시대는 끝났고, 크고 복잡한 사회문제는 엄청난 예산이 소요되는 크고 복잡한 정부를 요구한다는 말을 클린턴은 할 수 없었다. 그는 결국 1996년에 이르러서야 이 말을 했다. 유권자의 20%만이 연방정부가 항상, 또는 대부분 '옳은 일'을 할 것이라고 믿었다. 이런 낮은 수치는 인구의 70%가 정부에 대한 큰 믿음을 갖고 있었던 1958년과 크게 비교된다.[230]

로널드 레이건은 정부에 3연속펀치를 날렸다. 레이건의 레토릭은 '위대한 사회' Great Society 프로그램의 실패와 소위 '거브민트' guvmint(government를 비꼰 말 : 역주)는 해결책이 아니라 트러블메이커라는 생각을 미국인에게 주입시키며 세금 인상을 권총강도처럼 보이게 만들었다. 동시에 레이건시대의 예산 적자는 어떤 대규모 정부 프로그램도 정치적으로 경제적으로 위험하게끔 만들었다. 1992년 캠페인에서 텍사스 억만장자 로스 페로Ross Perot는 그 통제 불가능한 적자 지출은 '미래세대의 유산을 강도질하는 것' 이라고 경고하면서 새로운 공포를 의인화시켰다. 그 메시지는 유권자와 공명했다. 페로는 거의 20%의 지지를 얻었다.

이렇게 해서 힐러리 로댐 클린턴은 회의적인 환경에서 해결 불가능한 것처럼 보이는 문제를 해결하려고 노력하고 있었다. 의료개혁에 대한 그녀의 정당성은 의심받았고, 그녀의 정치적 이데올로기는 정부에 대한 의혹을 키우기만 했다. 1993년 봄 클린턴 행정부 내부 여론조사 결과는 미국인이 의료개혁에 큰 희망을 갖고 있을지라도 응답자의 53%는 정부가 '새로운 문제를 만들 것' 을 더욱 걱정하고 있으며 41%만이 더 높은 의료비용을 물도록 만들고, 미국인이 '보험과 관련된 문제' 를 계속 겪게 만드는 정부의 직무태만을 우려하고 있었음을 보여주었다.[231] 워싱턴포스트의 포커스그룹 참가자인 오하이오주 블루 애시 출신의 트레이시 헤들턴은 클린턴 부부가 의료계획을 출범시킨 지 3개월 후에 다음과 같이 질문했다. '정부가 관료주의적이지 않았던 적이 있었나요?'[232]

이런 역공에 민감해진 클린턴 부부는 A팀인 FOB(빌의 친구들) 출신 중에서 그들 부부만큼이나 화려한 경력을 자랑하는 여피왕자 하나를 퍼스트레이디를 위한 협력자로 채용했다. 아이라 매거지너Ira Magaziner는 다른 캠퍼스에서의 주도적인 학생운동으로 힐러리와 함께 1969년 라이프지에 등장했고, 빌처럼 로즈장학금을 받았다. 매거지너는 1991~1992년 르네상스위크엔드에서 히트를 쳤다. 르네상스위크엔드는 힐러리 부부와 다른 여피 엘리트들이 서로 사귀고, 파티를 여는 모임이다. 자신에게 위임된 권한에 대한 열성적 믿음을 가진 진보주의자인 매거지너는 자신이 개선시킬 수 없을 정도로 복잡한 시스템을 만나본 적이 없는 사람이었다. 1992년 대선캠페인 때 매거지너는 클린턴 부부는 도저히 재주가 없는 영역에서 뛰어난 능력을 발휘했다. 비즈니스 컨설턴트 회사를 운영하면서 그는 수백만 달러를 벌어들이고 있었다. 클린턴은 그의 임명을 설명하면서 매거지너는 '의료에 몸담고 있지 않는 사람들과 의료시스템을 이해 못하는 사람들에게 그것을 알기 쉽게 풀어낼 수 있는 아주 드문 사람이다. 둘째 그는 선거에서 나와 함께 일했기 때문에 내가 했으면 하는 것을 이해하고 있다. 셋째 아이라는 거대한 시스템을 이해한다고 본다. 왜냐하면 그는 글로벌경제의 변화에 대해 기업에 자문을 하며 수백만 달러를 벌고 있기 때문이다' 라고 설명했다.[233] 매거지너는 임무가 만만치 않다는 것을 알고 있었다. 그는 그 프로젝트에 관해 퍼스트레이디와 농담을 했던 것을 기억한다. "이런 것을 시도하다니 우리가 얼마나 미친 거냐." 불길한 예감에도 불구하고 매거지너는 "미국 대통령이 '이걸 해주길 바라네' 라고 말할 때는 해야 한다"[234] 고 말했다.

워싱턴 정가의 신출내기 매거지너는 28개의 위원회와 500명의 전문가들과 협력하며 막후에서 일했다. 미로처럼 복잡한 과정은 백만

장자 비즈니스 컨설턴트가 된 사회 개혁가가 원하는 방식으로, 흘러드는 정보를 유지하기 위해 '워킹그룹' '톨게이트' '클러스터' 등을 만들어 나갔다. 그러는 동안 퍼스트레이디는 큰 그림과 정치적 마케팅에 초점을 맞췄다. 그녀가 모임을 들락날락하는 동안 명령과 결정이 신속하게 내려졌다. "모임이 저녁까지 계속된 후 퍼스트레이디에게 관련업계의 중요성을 강조하기 위해 잠깐 얘기를 했다. 그러면 내가 한 문장도 끝내기 전에 그녀는 '그렇지만 우리는 비용억제가 필요해요' 라고 말하고 달려 나가 버렸다. 우리는 이 문제를 꺼내 놓고 논의할 시간이 필요하다고 2월초 프린스턴 대학의 폴 스타Paul Star 교수는 매거지너에게 말했다. 그렇게 급히 서둘렀음에도 불구하고 마감을 맞추는 것은 불가능한 것으로 판명됐다. 예상대로 기대와 좌절감 속에 봄은 여름으로, 여름은 가을로 이어졌고 의기소침한 기운이 자라났다.[235]

이타심과 야심이 힐러리의 노력에 불을 붙였다. 조지 스테파노폴로스는 이 맹렬한 개혁프로그램이 '생명을 구하고 퍼스트레이디가 대중에게 완전한 대통령의 파트너일수 있음을 세상에 증명할 것'[236] 이라고 기록했다. 의료개혁에 대한 방해공작도 야심적이었다. 의료산업의 규모, 이슈의 복잡성, 문제해결에 대한 실패의 기록, 큰 정부와 증세에 대한 미국인의 레이건 때의 불신 등이 여론을 타면서 성공지향적인 정치인들을 두려워하게 만들었다. 그리고 정치인의 수장인 대통령은 문제해결에 몰입한 아내보다 덜 열정적인 것처럼 보였다. 사실이 그랬다. 그녀 안의 모성은 기본적 권리를 빼앗긴 아이들에 대한 얘기를 들을 때마다 슬퍼했다. 그녀 안의 평등주의는 체제 안의 불평등, 미국인의 80%는 최고의 의료혜택에 접근할 수 있지만 20%에게는 완전히 닫힌, 그런 것을 볼 때마다 안달했다. 그녀 안의 청교도주의는 제약회사와 많은 의료종사자의 꼴사나운 이익을 용납하지 못했다. 그녀 안의 비전은 점점 더 비율적이고 비싸지는 의료체계를 예상하면서 몸서리쳤다. 그녀 안의 진보적 사회개혁가는 합리적 전문가그룹이 공평하고, 비용 효율적이며, 균형이 맞고, 실행가능하며, 인기 있는 시스템을 만들어낼 수 있다고 믿었다.

세부사항에 대한 숙련된 지식, 균형감을 갖춘 제안발표로 칭찬을 받았을지라도 그녀의 역할은 이미 헛수고가 된 시도로 복잡해져만 갔다. 백악관을 안정시키는 것을 돕기 위해 채용된 공화당의 '현인' 데이비드 거겐David Gergan(공화당 출신이지만 빌 클린턴에게 조언한 정치 컨설턴드 : 역주)은 '세 개의 머리를 가진 의사결정 시스템' 을 발견했다. 이는 클린턴 부부와 앨 고어 부통령이 상황을 비효율적이며 무기력하게 만들고 있음을 의미했다. '빌의 사람들' 은 '고어의 사람들' 과 '힐러리의 사람들' 과 충돌했다.[237] 게다가 두 사람이 아닌 세 사람의 부모가 있는 기능장애 가족처럼 일단 결정된 사항도 다른 원칙의 하나가 제기되면 바로 뒤집혀졌다.

이렇게 제대로 작동되지 않는 시스템은 클린턴 결혼의 취약성 때문에 더욱 복잡해졌다. 앞장서 노력하고 있는 힐러리를 지목하면서 거겐은 퍼스트레이디에 대한 대통령의 존중 때문에 '그 또한 그녀를 누그러뜨리길 원한다고 누가 의심이나 했겠나?' [238]라고 훗날 썼다. 그들 사이에는, 한 사람이 솟아오르면 다른 사람은 잠식돼버리는 시소 같은 역동성이 있었지만 힐러리는 날아올라 한 번 '톱에 오르면 결코 다른 사람에게 끌려가지 않았다.' '자신의 모든 이상을 성공시키기 위해 그녀는 오로지 빌 클린턴의 정치적 천재성을 필요로 했다.' 마침내 사람들은 그녀에게 굽실대기 시작했다. '그녀는 자신을 사랑하지 않으면서도 청혼하는 구혼자에게 둘러싸인 엄청난 부자 같았다.' [239]

처음 태스크포스를 소집할 때 힐러리는 불합리성을 알고 있었다. '내가 대통령의 아내라서 내게 말하는 것이 옳지 않다고 생각하지 않길 바란다. 모든 것을 테이블 위에 올려놓기를 바란다.'[240] 하지만 그녀의 열의, 기질, 지위는 부하들을 머뭇거리게 했다. 너무 많은 보좌관들이 '내가 대통령의 아내와 상대해야 하는가'[241]를 못마땅하게 생각했다. 불안정한 젠더시대에 클린턴을 위해 일하는 야심적이며 진보적 남자들은 여자에게 동의하지 않는 것이 반페미니스트로 비쳐질까봐 두려워했다. 그 결과 경제 자문가들 가운데 오직 비판자는 서열에서 상대적으로 낮은 경제자문위원회(ECA) 의장 로라 단드레아 타이슨D'andrea Tyson이었다. '그녀가 목소리를 낼 수 있는 유일한 사람이었다. 왜냐하면 그녀도 여자였기 때문이다' 라고 한 보좌관은 말했다. 나머지는 '왜 우리가 이것에 말려들었지' 라고 느끼고 있었다.[242]

훨씬 작은 문제이긴 하지만 빌이 미국 경제의 7분의 1을 재건하기 위한 1,364쪽의 루브 골드버그 계획을 발표하기도 전에 퍼스트레이디의 모호한 법적 지위는 문제를 일으켰다. 2월 반대파는 퍼스트레이디의 존재가 태스크포스가 연방자문위원회 법을 위반토록 했다며 소송을 제기했다. 1972년 제정된 이 법은 위원회가 공개적으로 일을 수행하도록 규정하고 있다. 물론 그녀는 공무원이 아니었다. 그녀를 채용한 것은 연고주의를 막기 위한 '케네디 룰' 을 위반했을 수도 있다. 동시에 다른 법률은 '무보수 컨설턴트' 가 정부에서 일하는 것도 금지하고 있다.

클린턴 부부는 두 가지 방식으로 논쟁을 시도했다. 법무부는 집무실과 직원에 대한 의회의 승인이 퍼스트레이디도 '연방정부 공무원에 기능적으로 상응하도록'[243]만들었다고 주장했다. 대통령의 변호사들은 퍼스트레이디란 '다년간의 대국민 서비스 전통' 으로 '남편에 대한 충고자겸 개인적 대리인' 의 자격이 있다고 주장했다. 공화당이 힐러리의 의료관련 투자에 문제를 제기할 때 백악관 고문인 버나드 나스바움은 '대통령처럼 퍼스트레이디도 공무원에게는 적용되는 이익상충적 지위와 규제에 의해 보호되지 않는다' 고 말했다.[244]

공화당은 복수를 즐겼다. 그들은 12년 동안이나 기득권에 대한 적대적 문화적 반감에 시달렸고, 스캔들에 대한 언론의 집요한 추적, 레이건과 부시정부에 대한 민주당의 타협 없는 반대, 돈과 영향력에 대한 레이건적 탐욕과 무감각 등이 가져온 윤리적 문제로 시달림을 받아왔다. 또 법무장관을 찾아야 하는 클린턴의 노력을 회상하면서 한 공화당원은 '빌 클린턴은 모든 사람가운데 정식서류가 없는 단 한 명의 근로자 때문에 골치 아플 것이다. 힐러리 클린턴 말이다'[245] 라고 비아냥거렸다.

퍼스트레이디의 지위는 법정도 혼란스럽게 만들었다. 3월 연방지방법원 판사는 대통령에게 '헌법과의 마주치려고 한다' 고 꾸짖고, '퍼스트레이디는 연방정부의 공무원이나 고용원이 아니다'[246] 는 결정을 내렸다. 그러나 6월 워싱턴 항소법원은 이스트윙에 대한 자금을 지원하는 법은 '대통령의 아내를 공무원이나 고용원' 으로 취급한다고 결정하면서 하급법원의 판단을 번복했다. 대통령은 '그의 연방의무의 부담을 덜기 위해 배우자를 참여시킬 수 있는 암묵적 권위' 를 갖고 있다. 따라서 의사공개법은 '힐러리가 구성원이라는 이유만으로 태스크포스에 적용될 수는 없다' 고 항소법원은 판단했다. 법원은 그녀가 이해상충 법률에 해당되는지 여부는 언급하지 않았다.[247]

송사는 괴롭고 부도덕적이었다. 워킹그룹과 태스크포스를 구분하는 매거지너의 교묘한 시도는 법원소환장과 위증에 대한 경멸을 불러왔다. 퍼스트레이디직의 모호한 속성, 정치적 충돌을 범죄시하는 새로운 경향, 그런 어려운 이슈들에게 본격적으로 대처하기 거부하는 클린턴의 본능적 태도는 상황을 더욱 악화시켰다. 힐러리는 언론에 비공개되는 상황에서 신중한 검토를 원했다. 왜냐하면 1992년 대선캠페인의 쓰라림이 남아있었기 때문이다. '돌아보면 의료개혁안을 비공개로 만든 것은 실수였다고 본다. 왜냐하면 현대 역사에 있어 가장 포괄적인 법률과정이었기 때문이다' 라고 대통령은 훗날 말했다.[248] 태스크포스가 3개월 동안 572개의 다른 단체를 만나는 동안 정보가 없어 당황한 기자들은 '비밀스러운' 과정을 긁어댔다. 개혁지향적인 뉴욕타임스는 이 '모든 구성요소, 이익집단과 기업에 영향을 주는 정책결정에서의 연습이 워킹그룹의 끝없는 미팅이 닫힌 문 뒤에서 일어나고 있다'[249]고 불평했다. 부시 대통령의 재선 캠페인에서 힐러리의 흠집을 찾아내는 일을 하던 '반대 연구' 팀에서 일했던 메리 힌즈Mary Hinds는 힐러리는 '이 정부의 올리버 노스(레이건 행정부에서 미국이 이란에 무기를 비밀리에 팔았던 사건인 이란콘트라 스캔들의 주역 : 역주)이다. 우리는 공공정책을 비밀리에 할 수 있고, 어떤 책임도 없는 선출되지 않는 관료를 보고 있다'[250]며 좀 더 날카롭게 비판했다.

"조만간 '힐러리회사' 는 선택을 해야 할 것이다. 힐러리가 베티 크로커인지, 에바 페론인지" 보스턴글로브의 한 칼럼니스트는 지방법원의 결정 이후에 이렇게 조롱했다.[251](베티 크로커는 미국 식품회사 제네랄 밀스의 브랜드네임이자 요리를 잘하는 여성을 상징하는 인물 : 역주) 사실 행정부 초기에는 공동대통령의 권력을 의심하는 사람은 거의 없었다. 그녀는 모든 중요한 회의에서 높은 자리에 있었다. 대통령은 끊임없이 물었다. "어떻게 생각해, 힐러리?"[252]

힐러리는 빌의 중추였으며 엉망일 정도로 위계질서도 없고 지독할 정도로 어지러운 백악관에서 사람들이 두려워하는 유일한 사람이었다. '내가 매일 빌 클린턴의 엉덩이를 걷어차지 않는다면 그는 아무것도 아닐 것이다'[253]라고 그녀는 리틀록 시절 한 공보담당자에게 말했다. 보좌관들은 '힐러리의 알츠하이머는 원한 빼고는 모든 것을 잊게 만든다'[254]고 농담을 하곤 했다. 대통령의 사람들-그리고 대통령과 함께-과로해진 퍼스트레이디는 날카로웠고, 사납기조차 했다. 회의 중에는 심술궂게 소리 지르는 등 거친 행동이 정치와 개인에 오점을 남기며 참모들을 당황하게 만들었다. 아칸소에서 클린턴 부부를 경호했던 일부 주경찰관들은 힐러리를 위해 일하기를 싫어했다고 훗날 털어놓았다. 그들은 힐러리를 거만하고 입이 건 인물로 여기고 있었다. 퍼스트레이디가 남편에게 램프를 던졌다는 소문(어떤 이들은 그게 작은 책자였을 뿐이라고 주장했다)은 그녀의 역사에 길이 남게 만들고 말았다. 여전히 캠페인의 충격에서 비틀거리고, 기득권을 두려워하면서 힐러리는 보좌관들에게 정보가 누설되는 곳에 배관 공사를 요구했다. 그런 백악관의 편집증은 비밀검찰국(백악관은 비밀검찰국에서 경호기능을 담당한다 : 역주)조차 따돌렸고, 여행국의 선부른 구조조정을 가속화시켰고, 1996년 공화당에게 비난의 빌미를 제공한 FBI의 신원조회 비밀보고서 점검사태를 촉발시켰다.[255]

물론 힐러리는 소문을 일축했으며 자신이 많은 영향을 끼치고 있다는 주장에 콧방귀를 뀌었다. 남편과 공개적으로 마찰을 빚지도 않았고, 자신의 권력을 인정하지도 않았다. 그녀는 자신의 태스크포스에서 '시민의 한 대리인으로서 내게도 어떤 방식으로든 견해가 있을 수 있다' 면서 최종안에 대해선 한 마디도 하지 않았다고 주장했다. 하지만 의회와 협상과정에서 그 주장은 바뀌었다.[256] 한 번은 텍사스에서 PBS의 빌 모이어스Bill Moyers가 '통치하는 것이 무엇이라고 생각하느냐' 의 질문에 힐러리는 '그것은 유쾌하고, 당황스럽고, 정신이 번쩍 나는 것' 이라고 대답했다. 잠시 후 그녀는 '기록을 바로잡기 위해 말하지만 나는 어떤 것도 통치하지 않는다' 고 덧붙였다. 앤 리처즈Ann Richards 주지사는 '그걸 믿는다면 내게도 당신에게 보여주고 싶은 다리가 있다' 고 너털웃음을 터뜨렸다. 신랄한 공화당 상원의원 밥 돌은 퍼스트레이디를 '미세스 프레지던트' 라고 단순명료하게 불렀다.[257]

처음 몇 백일동안 힐러리 로댐 클린턴의 이미지(강철 같고 원칙이 있고 효율적이며 심굴 궂은)는 한 페미니스트 학자가 '여성이 정치무대에 들어가는 것처럼 보일 때마다 따라 나오는 위압적이며 동질적인 상상의 이미지'[258]라고 말했던 것으로부터 나왔다. 그것은 빌 클린턴이 만들었던 비틀거리고, 기회주의적이고, 비효율적인 인상과 충돌했다. 대체로 한 스테레오타입이 다른 스테레오타입을 먹어버린다. 동성연애자들이 입대할 수 있도록 한 조치를 철회하고 논란이 되는 인물을 교체하라고 기자들이 대통령을 괴롭힐수록 힘의 원천인 힐러리의 전설은 커져만 갔다. 힐러리는 신문이 '백악관에서 힐러리 로댐 클린턴의 첫 100일은 남편의 그것처럼 험난하지 않았고, 전문성과 정치적 현명함 덕택에 더 높은 성적을 얻었다'[259]는 주장을 내놓고 인정하지는 않았지만 충분히 즐겼다.

약삭빠른 관찰자들은 의료개혁에 대한 힐러리의 강조가 '부부 사이의 미묘한 균형에 훼방을 놓았다. 왜냐하면 힐러리는 진짜 일자리를 가지고 있었기 때문에 남편의 문제에 할애할 시간이 없었다. 그래서 결국은 대통령이 고생했다'[260]고 걱정했다. 그 전설에 부합하는 이야기이지만 대통령은 첼시가 아플 때 엄마가 아니라 아빠에게 전화해달라고 학교 간호사에게 얘기했다는 이야기를 공개했다. '엄마는 의료개혁 문제를 비롯한 온갖 중요한 일로 너무 바쁘다' 고 첼시가 말

했다는 것이다. 전화통화를 하기에는 아빠가 더 쉽다는 사실을 대통령도 인정했다.[261]

3월 자신의 성공에 도취되었다가 아버지의 뇌졸중에 정신을 차린 힐러리는 미국적 가치를 다시 세우기 위해 '흰 장갑의 연단' 을 붙잡았다. 오스틴에 있는 텍사스 대학에서 그녀는 '의미의 정치학' 을 요구했다. '이기적이고 탐욕적인' 레이건 시대 이후에 '우리 모두는 의미의 위기를 겪고 있다'[262]고 말했다. 그녀는 '개인의 책임과 관심에 대한 새로운 시대정신이 필요하다. 시장세력과 정치세력이 제기한 대답할 수 없는 질문에 대답해주는 시민사회에 대한 새로운 정의가 필요하다'[263]고 주장했다. 1960년대의 이상을 훼손하지 않고 그 반항의 사회적 결과를 치료하기 위한 얄팍한 술수는 뉴욕타임스매거진 표지가 흰색 옷을 입은 퍼스트레이디의 사진을 실었던 5월에 최고조에 이르렀다. 그녀의 '새로운 개혁' 에 대한 마이클 켈리Michael Kelly의 기사는 '성녀 힐러리'[264]란 제목이 붙어있었다.

1950년대 향수, 감리교도적 이타심, 1960년대 문화비평에 대한 힐러리의 퓨전은 남편이 말하는, 진보주의와 보수주의 사이의 '제3의 길' 에 대한 부름에 응답하도록 만들었다. 대학에서 그녀는 '정신은 보수이고, 가슴은 진보' 인 상황에 대해 궁금했었다. 그녀가 말한 '의미의 정치학' 은 1960년대적 반항은 도덕적이었고, 대부분의 급진주의처럼 향수를 불러일으키는 보수주의로 가득 차있었음을 보여주었다. '뉴레프트를 관통하는 매우 이상한 보수적인 기질이 있다. 학생운동에서도 매우 매혹적인 것을 발견한다. 왜냐하면 그것은 많은 오래된 덕목과 오리지널한 이상의 완수를 떠올리게 한다' 고 힐러리 로댐 클린턴은 1969년 웰슬리대 졸업연설에서 말했었다.[265]

1992년 그 5월 두 군데의 졸업연설에서 퍼스트레이디는 현대의 미국적 가치체계에 계속 도전하고 있었다. 힐러리는 그때 과거 웰슬리대 졸업연설의 '이상주의'를 떠올리며 '스물한 살 그때에는 세계에서 사람들이 직면한 정치적 사회적 속박을 제대고 이해할 수 없었다'고 후회했다. 여전히 그녀는 사람들의 삶에서 좀 더 많은 '균형'과 '나'가 아닌 '우리'에 대한 좀 더 많은 관심을 요구했다.[266] 미시간대에서 그녀는 그 대학에서 평화봉사단을 주창했던 존 F. 케네디를 떠올리며 훌륭한 사명감과 진보적 공동체주의를 떠올리게 된다.

펜실베이니아대학에서 힐러리는 "세상에서 가장 고귀한 질문은 내가 해야 하는 좋은 일이 무엇인가"[267] 라며, 좋은 시민이란 무엇인가에 관해 필라델피아의 벤 프랭클린에게 공감을 표시했다. 허스트 신디케이트 소속 칼럼니스트 매리언 민즈Marianne Means를 포함한 일부 사람들은 힐러리의 도전적이고 실재적인 언급을, 1990년 웰슬리대에서 퍼스트레이디 바버라 부시가 했던 지루하고 현상 유지적 졸업연설과 비교했다.[268] 사실 자신의 후임자만큼이나 바버라 부시도 현대 미국인에게 얼마나 창의적이고, 대담하고, 도덕적으로 살아야하는지를 보여주려고 노력했었다. 바버라 부시는 연설에서 "숫자로 칠해진 삶을 살아갈 필요도 없고, 할 수도 없을 것이다"라고 말했다. 이후 전업주부이자 수동적 퍼스트레이디가 현대의 웰슬리대 학생들에게 딱 맞는 역할모델이 될 수 있는가에 대한 논란이 있었다. 부시 여사는 졸업생들에게 '너 자신보다는 훨씬 큰 무언가를 믿고', '기쁨'으로 가득한 삶을 살며, '친구와 가족과의 관계, 인간관계를 소중히 하라'[269] 고 주장했다.

힐러리 연설에 대해 전혀 칭찬이 없진 않았지만 대다수 언론은 형이상학에 대한 그녀의 일시적 관심을 비판했다. 사람들은 바람둥이 대통령에게는 짓궂은 매력이 있지만 성스러운 퍼스트레이디는 너무 잘난 체하고, 설교적이고, 가볍고, 거만하다고 생각했다. 개인주의와 공동체 사이의 의미 있는 구조와 적절한 균형 찾기는 퍼스트레이디에게는 중요했지만 언론의 냉소적 평가는 처음 몇 달간의 그녀에게는 명백한 경종을 울렸다. 빨리 배우는 그녀는 그 후로 그런 종류의 수사법을 구사하지 않았으며, 더 나은 방법으로 회복했다.

퍼스트레이디는 기자들을 매혹시켰다. 퍼레이드는 '사상 처음으로 한 사람–힐러리에 대한 이슈'[270]에 초점을 맞추었다. 5월 '엄마, 아내, 정책광인 힐러리가 퍼스트레이디를 어떻게 재규정하는가' 에 관한 피플의 커버스토리는 백악관 발코니에서 등을 돌리고 서있는 종잡을 수 없는 퍼스트레이디의 사진을 실었다. 이런 자세는 1985년 타임이 낸시 레이건의 부상을 기념하는 커버스토리에서 사용한 장면이었다. 피플은 힐러리에게 '입신양명한 여성'[271]이라는 최상의 찬사를 바쳤다.

백악관 홍보팀은 퍼스트레이디의 온화하고, 모성적이며, 비이념적인 측면을 강조하기 위해 애를 썼다. 그들은 백악관에도 모든 남자, 모든 여자를 대표하는 보통 엄마가 산다는 것을 알리기를 원했다. '만일 그녀가 페미나치(극단적 페미니스트 : 역주)로 여겨진다면 그땐 사람들이 그녀의 측근들이 무엇을 내놓던 신뢰하지 않을 것' 이라고 한 민주당 정치컨설턴트는 뉴스위크에 말했다.[272] 1992년의 경험으로부터 힐러리의 사람들은 퍼스트레이디가 짊어질 짐에서 계급이라는 짐을 피하길 원했다. 한 보좌관은 '네브래스카와 몬태나를 여행하는 것은 이것이 동부식의 시대에 뒤떨어진 어떤 것이 아니라는 것을 사람들에게 확신시키는 것'[273]이라고 한 보좌관은 말했다. 이런 프로필은 어느 날 밤 퍼스트레이디가 아픈 첼시를 위해 관저 부엌에서 스크램블드에그를 만들어주었다는 일화를 반복하게 만들었다. 이 이야기는 너무 많이 알려졌는데 일부 사람들은 이 슈퍼우먼에게는 이 일이 일상적 순간이라기보다는 의도적으로 공개할 가치가 있는 예외적 사건이었다는 의구심을 가졌다.

힐러리 로댐 클린턴은 자기자신이기에는 너무 나갔다. 공개적으로 퍼스트레이디는 자신의 중요한 임무인 대통령에 대한 내조는 무시했다. 그녀의 '의미의 정치학' 연설과 예의 뉴욕타임스 매거진은 빌 클린턴에 대해서는 거의 언급하지 않았다. 한 여론조사는 52%가 힐러리가 남편보다 '자신' 의 의료계획에 대해 좀 더 많은 역량을 투입한다고 믿고 있으며, 4%만이 빌이 더 많은 역량을 투입한다고 믿고 있다고 발표했다. 다른 여론조사에서는 힐러리가 남편보다 더 똑똑하다고 여기는 비율이 다른 항목보다 두 배가 넘는 것으로 나타났다.[274]

하지만 미국인은 19%대 72%라는 극적인 표차로 의료개혁 문제에 관한한 국회를 장악한 공화당보다는 빌 클린턴의 신뢰도에 더 믿음을 보였다.[275] 그 이슈와 힐러리가 동일시되고 지지도가 상승하면서 이 신임은 공통의 권한을 인정한 것이었다. 민주당 여론조사 전문가 셀린다 레이크는 봄에 '유권자들은 그녀가 일을 맡은 것을 재확인했다' 고 결론을 내렸다. 또 다른 민주당 여론조사 전문가인 제프리 가린Geoffrey Garin은 '처음부터 이것은 힐러리의 태스크포스였다. 이 계획의 신뢰도와 그녀의 신뢰도는 이제 너무 꽉 묶여져 있다'[276] 고 말했다.

그 작업은 힐러리가 의료개혁안 공개를 기다리는 의회에서 증언하는 9월에야 마무리되었다. '이것은 정말 굉장한 일이다. 지금은 엘리노어 루스벨트 시대다'[277] 라고 한 보좌관은 환호했다. 의원들과 130차례나 회의를 하면서 힐러리는 '안전, 비용통제, 예방, 품질, 선택, 이런 것들은 중산층에겐 위협적이지도 않고, 공격적이지도 않다'[278] 는 점을 강조하면서 아이라 매거지너가 시킨 대로 '합의를 찾으라' 는 각본을 따랐다.

퍼스트레이디는 젠더 카드를 활용했다. 그녀는 '여기에 엄마로서, 아내로서, 딸로서, 누이로서, 한 여성으로서' 나왔다고 말을 시작했다. 그녀는 자신의 어머니와 엘리노어 루스벨트를 반복해 언급했다.[279] 그녀의 권위 있고, 아부하면서도, 매혹적인 설득작업은 무척이나 드문 기립박수를 이끌어냈다. 힐러리가 1983년 클린턴의 아칸소 교육개혁을 위해 주의회에서 증언할 때 한 의원이 '우리가 잘못된 클린턴을 뽑은 것 같다'[280] 고 웃었다. 10년 후 연방 국회의원들도 똑같이 상냥해진 척했다. 성마른 민주당 의원인 댄 로첸코프스키는 "매우 가까운 장래에 대통령이 당신의 남편으로 알려질 것이라고 생각한다"[281] 고 말했다. 퍼스트레이디는 공손하게 미소 지었다. 이런 칭찬은 뉴욕타임스가 퍼스트레이디가 '예의 무뚝뚝한 두 개의 하원위원회(세입위원회와 에너지통상위원회 : 역주)를 사로잡고 지배했다'[282] 고 쓰도록 만들었다.

권력원으로서 힐러리의 전설은 커져갔다. 라디오 방송국은 헬렌 레디의 찬송가 '나는 여자예요'를 패러디한 '나는 힐러리예요. 내가 울부짖는 것을 들으세요. 나는 앨 고어보다 더 중요하답니다'라는 노래를 방송했다. 하원의장인 톰 폴리[Tom Poley]는 국회의사당 새터데이 홀에서 열린 한 행사에서 힐러리를 소개하며 말했다. "이 방에서 매디슨, 먼로, 잭슨, 애덤스, 필모어 등 5명의 대통령 취임식이 열렸습니다. 그러니 퍼스트레이디들도 이 방에 들어왔었죠. 하지만 자신의 노력과 일의 중요한 생산물과 결과를 들고 오진 않았습니다. 우리나라 공공정책에서 그렇게 큰 역할은 없었습니다"[283] 이런 결정적 칭찬 속에서 기자들은 잠재적 대통령으로서 퍼스트레이디에 대해 숙고하기 시작했다.[284] USA투데이/CNN/갤럽에서는 힐러리가 대통령이 될 자격이 있는 것 같으냐는 질문을 했다. 대다수가 그녀의 출마를 원하지 않았을지라도 30~49세인 베이비붐 세대의 다수는 그녀가 자격이 있다고 응답했다. '어떤 여성도 그렇게 많이 알려지고, 자격을 갖췄으며, 궁극적 정치적 책임을 위한 대선 캠페인에서 테스트된 적이 없었다. 그러나 몇 년 안에 그런 여성을 갖게 될 것이다. 그리고 그녀는 이미 백악관에서 잠자고 있다'[285]고 허스트 신디케이트의 한 칼럼니스트는 썼다.

백악관에서 힐러리의 첫 해는 상처를 안고 있다. 봄에 아버지가 뇌졸중으로 쓰러져 병원에 입원했다가 사망한 사건은 퍼스트레이디를 워싱턴으로부터 아칸소로 불러들였고, 의료개혁을 지연시켰으며, 이미 시련을 겪고 있던 해에 삶의 가장 큰 상처의 하나를 덧붙였다. 7월 가장 친한 친구이며 신뢰하는 참모인 빈스 포스터의 충격적인 자살은 백악관 생활에 따라다니는 공적-사적 시련이었다. 이는 공적, 사적 영역에 모두 흠집을 남겼다. 포스터의 우울증은 보다 개인적인 고민에 뿌리를 두고 있었지만 워싱턴의 유독한 분위기에 의해 강화되었던 것 같다. 그가 찢어버린 노트에는 '(워싱턴에서는) 사람의 인생을 망치는 것이 스포츠로 여겨진다'[286]고 쓰여 있었다. 이 노트는 나중에 가방에서 발견됐다.

부적격자로 인한 반격에 깜짝 놀랐기 때문인가? 아니면 화이트워터와 트래블게이트의 혼란을 수습하기 위해서인가? 퍼스트레이디와 참모들은 친구를 애도하고 자신들의 개인변호사인 그에게 맡겨진 서류를 찾으려가는 잘못을 저지르며 며칠을 보냈다. 그리고 화이트워터 사건은 여러 해 동안 클린턴 부부를 괴롭히게 된다. 누가 그 사무실에 들어갔던 들어가지 않았던, 그들이 얼마나 오래 머물렀던, 그리고 서류들을 가지고 나갔던 아니건 간에 비서진과 비밀검찰국 사람들로부터 서로 상충되는 이야기들이 나왔다. 참모들 스스로도 때로 상충되고 때로 믿기 어려운 설명을 했다. 예컨대 1분 30초간의 대화가 일이 어떻게 돼가는 지에 대한 메시지를 전달하기 위한 시도가 아니라 서로에 대한 감정적 위로를 제공하기 위한 것이었다는 것이다. 다시 우파 비판자들은 가벼운 범죄를 입증된 중죄인 것처럼 과장했고, 클린턴의 방어자들은 판타지감이 되는 터무니없는 상황에 장님이 되어 버렸다. 이런 팽팽한 긴장은 클린턴에게 우호적인 커버스토리를 만들어냈고, 지지도를 더더욱 올리고 있었다.

그해 가을 대통령 또한 순조로웠다. 1992년 가을 4,960억 달러의 재정적자 감축안이 국회에서 간신히 통과됐다. 힐러리가 의회에서 증언하기 며칠 전인 9월 빌 클린턴은 국회에 의료개혁안을 설명했다. 처음 TV용 프롬프터는 그에게 잘못된 연설문을 제공했지만 즉석에서 생각해낸 감동적인 웅변은 로널드 레이건보다 더 똑똑하고, 더 신속하고, 더 성실한 최고의 세일즈맨으로서 그의 입지를 높여주었다. 11월 북미자유무역협정[NAFTA] 입법안을 상원에서 통과시키는데 전력을 쏟았고, 아프리카계 미국인들이 미국 도시에서 폭력을 일으키지 말 것을 요구하며 멤피스에서 마틴 루터 킹2세에 대한 감동적인 의식을 치렀다. 빌 클린턴은 대통령의 수단을 찾아냈다. 그 역시 낡아버린 가치관을 가지고도 정치를 잘 해낼 수 있었다.

그것은 두 사람 모두 번영하고 막상막하의 게임을 하는 것처럼 균형이 이뤄진 아주 드문 순간이었다. 클린턴 부부는 12월 32회의 크리스마스 파티에서 자신들의 승리를 축하할 계획을 세웠다. 12월 10일 피플은 연말 특집판에 대통령 부부를 인터뷰했다. 대통령은 자신의 모든 성취에 대한 목록을 뽑았다. 둘 다 공동대통령직에 대한 얘기를 비웃었다. 빌 클린턴은 '힐러리가 너무 많은 권력이나 영향력을 가졌다면서 나를 정치적으로 모함할 수 있다고 생각하는' [287] 반대파를 공격했다. 피플 편집자들은 빛나는 샹들리에 아래에서 서로의 뺨을 댄 채 일하고 즐기고 있는 멋진 부부의 사진을 골랐다. 60%에 가까운 빌 클린턴의 인기도와 70%에 가까운 힐러리의 인기도로 대통령직은 큰 걸음을 내딛었다. 그 시기를 되돌아보면서 힐러리는 "우리는 진짜 기막힌 기회를 가졌다고 생각했다."고 말했다. 하지만 힐러리는 곧 빌에게 물었다. "그들의 무기고에는 뭐가 있을까요?" [288] 라고.

집중적인 비난포격은 그들이 결국은 물러서도록 했을지라도 클린턴 부부는 강력한 공동대통령직을 만들어냈다. 공개적으로 두 사람은 '합의를 추구' 했고, 자신들의 권력공유를 합리적으로 보이게 만들었다. 1년 내에 클린턴 부부, 특히 힐러리는 단순히 모습을 바꾸는 사람이 아니라 원만한 인격체로 진화한 것처럼 보였고, 그녀가 쓴 대로 '이 포스터모던 시대' [289] 에 모델 '인간' 이 되었다. 보그에 있는 힐러리의 끄나풀들과 페미니스트 작가들은 자신들이 일해 온 복잡한 세계에서 그녀는 현대여성의 모델이자 '다재다능한' 토털우먼이라고 찬양했다.[290] '내 세대의 여성에게 백악관에서 퍼스트프렌드가 있는 것은 하나의 위안이다' 라고 여피 극작가인 웬디 와서타인Wendy Wasserstein 은 말했다. 불행히도 클린턴 부부에게는 승리의 순간은 너무 덧없이 지나갔다. 12월 10일에 한 인터뷰가 가판대에 배달될 때에는 클린턴의 대통령직과 클린턴 부부의 결혼은 또 다시 만신창이가 될 것이었다. 그로부터 수 개월 안에 의료개혁은 사장될 것이었으며, 퍼스트레이디들은 책임질 필요가 없다고 말한 많은 카산드라(예언능력이 있었으나 믿는 사람이 없었던 그리스신화의 여인 : 역주)에도 불구하고 힐러리 로댐 클린턴은 공동대통령직에서 해임될 운명이었다.

©윌리엄 J. 클린턴 대통령 도서관 제공

힐러리 로댐 클린턴은 여권신장시대에 성년이 되고, 여권운동 및 여권론자의 특징을 함께 표방하는 명백한 페미니스트로서는 최초의 퍼스트레이디였다. 백악관에서 8년을 보내는 동안 힐러리는 미국 민주당의 유력인사가 되었으며, 세계적으로 가장 유명한 여성의 반열에 오르게 된다. 그럼에도 불구하고 힐러리는 현대여성의 딜레마에 직면해 왔다. 아직까지도 다분히 남성의 세계로 남아있는 분야에서 성공하는 동시에 여성으로서의 성취를 이룰 수는 없는 것일까? 다수의 동시대 여성들이 같은 일을 겪었듯이, 힐러리도 전통과 변화, 일과 가족, 이지와 감성, 성별구분 없이 동등한 세계시민이 되려는 동경과 여성적 정체성 사이에서 균형을 잡기 위하여 고군분투했다. 1999년, 마침내 자기 자신과 자기 이미지에 익숙해진 퍼스트레이디는 '백악관 엔터테이닝 북'을 위하여 포즈를 취했다. 물론 풍자만화에 등장하는 페미니스트는 영부인은 절대로 이런 일을 하지 않겠지만, 힐러리는 이런 일도 자신의 역할에 속한다고 판단했다.

©윌리엄 J. 클린턴 대통령 도서관 제공

힐러리 로댐 클린턴의 정체성 혼란의 중심에는 남편 빌 클린턴과의 극적인 관계가 있다. 빌 클린턴이 아내의 지적 능력을 존중하여 실제로 많은 부분에서 아내를 동등한 파트너로 대했다는 점에서 보면 그들의 결혼생활은 매우 진보적이었다. 그러나 남편의 커리어를 돕기 위해서 아내가 취해야 했던 종속적인 입장, 여기에 남편의 병적인 탈선 욕구를 감안해 볼 때 그들의 결혼생활은 성차별적이고 일방적이었다. 1996년 7월 백악관 이스트룸에서 찍은 사진에서 보듯이 클린턴 부부는 친밀함을 표현하는 데 거리낌이 없었는데, 이런 점에서 힐러리는 정부에서 가장 만만찮은 인물 중 하나로 인식되었다.

©윌리엄 J. 클린턴 대통령 도서관 제공

1950년대식의 전통적인 양육을 받고, 1964년에는 '골드워터걸'이었던 힐러리 로댐은 웰슬리대와 예일대 로스쿨을 다니던 시절 1960년대의 소용돌이에 동참하게 된다. 그러나 사고방식은 여전히 청교도적인 감리교 사상을 고수하였다. 힐러리는 예일대 로스쿨에서 빌 클린턴을 만났다. 1972년 1월에 뉴헤이븐에서 찍은 사진을 보면 남자는 덥수룩한 수염에 노동자 같은 모습을, 여자는 큼지막한 짙은 안경을 낀 채 수수한 옷차림을 하고 있다. 당시에는 시대의 유니폼이었던 이 모습은 훗날 급진적인 '맥거번주의자'라는 비판을 받게 되는 빌미를 제공한다.

©윌리엄 J. 클린턴 대통령 도서관 제공

예일대 로스쿨을 졸업하고 리처드 닉슨 대통령을 조사하는 하원 사법위원회에서 일을 하던 힐러리 로댐은 감정을 따르기로(그럼으로써 남자친구를 따르기로) 결심하고 아칸소 주로 간다. 이 결정은 친구와 지인들을 당혹하게 만들었다. 1975년에 결혼한 후에도 여전히 결혼 전 성을 사용했던 힐러리 로댐은 점차 아칸소의 생활에 실망하기 시작한다. 게다가 남편의 성공이 앞서다 보니 자신의 존재는 그 뒤에 가려지고 있음을 깨닫게 된다. 1979년 1월 9일, 아칸소주 최연소(또한 전국에서도 최연소) 주지사가 된 빌 클린턴이 취임식에서 선서하고 있다.

ⓒ윌리엄 J. 클린턴 대통령 도서관 제공

아칸소 주지사 부인이 된 후에도 여전히 결혼 전 이름을 고집하던 힐러리는 로즈로펌 파트너로 일하기 시작한다. 전통적인 남부여성 지침을 거부하던 1960년대 스타일의 영부인은 가장 탈인습적이며 가장 많은 논란의 대상이 된다. 점차 거세어지는 비난에도 불구하고, 클린턴 부부는 1980년 3월에 태어난 첫딸 첼시 빅토리아 클린턴의 출생을 정치적으로 이용하기를 당당히 거부한다. 그 해 11월, 빌 클린턴은 전미 최연소 전직 주지사가 된다. 그로부터 2년 후 재선에 도전할 때 힐러리는 처음으로 남편 클린턴의 성을 사용하면서 이미지 변신을 시도한다. 남편의 성을 따르는 것에 대한 시끌벅적한 여론을 무시하면서, 어느 정도는 솔직하지 않은 태도로, 힐러리는 이렇게 주장했다. "이름은 나에게보다는 그들(아칸소 주민)에게 더 중요한 일이었겠죠."

©윌리엄 J. 클린턴 대통령 도서관 제공

클린턴 부부는 자신들의 '프라이버시 존'을 주장해 왔다. 그러나 한 편으로는 딸인 첼시를 보여줌으로써 유권자들이 이들 부부를 아이가 없는 (따라서 영혼도 없는) 권력지향 부부로 생각하지 않도록 유도하였다. 1992년 8월 뉴욕주에서 열렸던 민주당 전당대회에서 딸을 앞세운 사진에서 보듯이, 클린턴 부부는 편리할 때에는 사생활의 일부를 공개하고 불편할 때에는 철저하게 봉쇄하는, 일방적인 방침을 가지고 있었다.

©윌리엄 J. 클린턴 대통령 도서관 제공

여러 가지 문제점에도 불구하고 클린턴 부부는 백악관 입성에 성공하였다. 신임 앨 고어 부통령과 함께 집권을 시작하면서, 클린턴 부부는 그들의 상승세를 세대적 요구의 변화로 간주했다. 베이비붐 세대의 시대의 주역이 된 것이다. 사진은 클린턴 집권의 마지막 해인 2001년, 앨 고어 대통령 부부와 함께 선 클린턴 부부.

ⓒ윌리엄 J. 클린턴 대통령 도서관 제공

민주당 지지자들은 새로운 젊은 지도자를 열렬히 환영했지만, 보수주의자들은 대통령 부부가 지나친 자유주의와 지나친 반체제문화주의를 표방한다고 우려했는데, 그 포화는 힐러리 로댐 클린턴에게 집중되었다. 원래는 남편의 몫이 되어야 할 비난을 도맡았다는 점에서 보면, 힐러리는 불행하게도 몇몇 선임자들(메리 토드 링컨, 엘리노어 루스벨트, 그리고 낸시 레이건)이 맡았던 역할을 수행한 셈이다. 1993년 대통령 취임식과 잇따른 취임행렬에서 힐러리가 착용한 재키 케네디 스타일의 모자조차도 마치 비행접시를 머리에 얹은 것 같다는 비웃음을 유발하였다. 향후 수 년 동안 힐러리는 자신의 역할은 물론이고 자기에게 어울리는 외모를 찾기 위한 피나는 노력을 하게 된다.

©윌리엄 J. 클린턴 대통령 도서관 제공

힐러리의 딜레마 중 일부는 퍼스트레이디라는 입장이 가진 특수성에 기인하고 있다. 퍼스트레이디는 헌법에 명시된 적도 없고, 즉흥적이며, 이례적으로 공개되어 있는, 매우 어려운 지위였다. 언제나 훌륭한 학생이었던 힐러리는 자신의 선임자들에 관한 책을, 그 중에서도 엘리노어 루스벨트에 관한 책을 엄청나게 읽어나갔다. 힐러리는 퍼스트레이디의 역할은 스스로 만드는 것이라는 진부한 격언을 기계적으로 되풀이하면서, 퍼스트레이디의 행동을 제한하는 명백한 불문규약을 무시하려고 애썼다. 사진에서 보이는 전현직 퍼스트레이디들은 궁극적으로 이러한 교훈을 터득하게 되었지만 인정하려 들지는 않았다. 1997년 조지 H. W. 부시 대통령 도서관 헌정식에서 기념촬영. 왼쪽으로부터 레이디 버드 존슨, 지미 카터와 로잘린 카터 부부, 조지 부시와 바버라 부시 부부, 클린턴 부부, 제럴드 포드와 베티 포드 부부, 낸시 레이건.

1992년 대통령 선거전은 부드러운 선거운동이 될 것이라고 추측되었다. 아칸소주의 숨 막히는 지역주의에서 벗어나서 전국적 무대에서 빛을 발하는 기회가 될 것이었고, 이는 힐러리가 원하는 바였다. 그러나 결과는 정반대였다. 빌 클린턴의 베트남 파병 징집 기피, 여성편력, 그리고 화이트워터라는 이름의 휴양지 부동산 투자 등의 이슈를 놓고 뜨거운 공방이 계속되었다. 힐러리가 자신을 향한 공격은 물론, 남편에게 쏟아지는 의혹에 대하여 방어를 시작하면서, 클린턴 부부가 내세웠던 '하나 사면 두 개' 선거운동의 남녀평등주의적인 꿈은 사라졌다. 힐러리의 설법은 특색이 있었다. 어떤 일을 하지 않았다고 부정하면, 그것이 곧 그녀가 그 일을 했다는 설명이 되는 것이었다. 가장 현저한 예는 슈퍼볼 시즌이 끝난 후 '60미니츠' 와 했던 인터뷰에서 드러났다. 오랫동안 클린턴 주지사와 애정관계를 지속해 왔다는 제니퍼 플라워스의 주장을 일축하면서, 힐러리는 '나는 태미 와이네트 노래처럼 그저 남자 편을 드는 여자가 아니다' 라고 거만하게 말했다. 노동계급 여성들의 애정을 받고 있는 컨트리 가수를 조롱한 셈이 되었다. 이런 식의 발언 때문에 많은 사람들은 힐러리를 1960년대 최악의 유산과 1980년대 최악의 유산을 대변하는 여피 페미니스트로 인식하게 된다. 그러나 실상 힐러리는 자신의 전통적인 배경과 청교주의적 감리교 사상을 1960년대의 진보주의 신념과 이상주의에 접목시키는 동시에 1980년대와 1990년대에도 적합한 인물이 되려고 고군분투하고 있었다.

엄청난 홍보에도 불구하고 (혹은, 어느 정도는 바로 그 엄청난 홍보가 클린턴 부부를 지나치게 오만하게 만들었기 때문에, 특히 레이건 영향을 받은 미국인들이 큰 정부를 신뢰하지 않을 때 클린턴 부부가 보여준 경직성 때문에) 의료개혁은 실패로 끝나고 말았다. 프로그램에 대한 반대, 힐러리의 역할이 지나치게 확장되는 것에 대한 불편한 심기, 여기에 이미 스캔들로 앓고 있는 백악관을 강타한 화이트워터 사건 때문에 심화되고 분노 등은 클린턴 부부, 특히 퍼스트레이디를 향한 반격으로 되돌아왔다. 1996년 1월 토머스 올리펀트의 풍자만화에서는 레이디 맥베스로 그려진 힐러리가 집에서 키우는 고양이 '삭스' 를 향해 야단을 치고 있는데, 이는 전통적인 성차별주의 전형이 힐러리의 이미지를 한층 더 손상시켰음을 보여준다. 힐러리는 쇼비니즘을 혐오한 나머지 자신에게 부과되었던 섬세한 족쇄를 간과했던 것이다. 대부분의 퍼스트레이디를 속박했던 그 족쇄는 선거로 선출되지 않은, 그래서 책임지지 않을 것처럼 보이는 개인(영부인)이 권력에 근접해 있다는 사실과 관계있었다.

중첩되는 스캔들 공세에 단련된 클린턴 부부는 비리의혹에 대해 공격적으로 대응하였다. 후에, 힐러리와 핵심 보좌관들은 화이트워터 사건관련 자료공개를 거부했던 것을 후회하였다. 왜냐하면 이처럼 강경한 거부가 결국 독립검사 임명으로 연결되었기 때문이다. 의료개혁이 아니라 바로 이러한 결정을 함으로써 힐러리는 남편의 첫 번째 임기에 가장 강력한 충격을 입히게 된다. 사라졌던 화이트워터 관련 로즈로펌의 경리장부가 불가사의하게도 클린턴 부부의 사저에서 발견되는 바람에, 힐러리는 불행한 퍼스트레이디의 멍에를 쓰게 된다. 퍼스트레이디로는 최초로 대배심 앞에서 증언하라는 소환을 받은 것이다. 임무를 수행하는 시민들에게 어필하는 동시에 자신의 약점을 보이지 않으려고 결심한 퍼스트레이디는 화려한 옷을 입고, 현란한 미소를 지으며, 자신감 넘치는 모습으로 기자들에게 손을 흔들면서 법정에 들어섰다. 이와 같은 프리마돈나 같은 연출에 대하여, 신랄한 비판으로 정평 있는 포스트페미니스트 저술가 카미유 파글리아는 힐러리에게 퍼스트레이디에 빗댄 '퍼스트 드래그 퀸' 이라는 이름을 붙였다. 이는 힐러리가 이제 자신의 유명세를 어떻게 소화하고 어떻게 활용하는지 방법을 터득했다는 것이었다.

1998년 겨울과 봄 내내 아내의 역공세에 힘을 얻은 빌 클린턴은 부인하는 입장을 고수하였다. 그러나 대통령의 불륜에 대한 물적 증거가 1998년 8월 대통령의 자백으로 이어지자, 힐러리는 자신의 신뢰성을 지키기 위하여 자기는 남편의 말을 믿었을 뿐이라고 주장해야 했다. 이는 공적인 모욕을 한층 더 심화시켰다. 빌과 힐러리 두 사람 모두, 이번 위기는 공적으로나 사적으로나 견딜 수 없을 만큼 지독한 것이었다. 사임하라는 요구가 빗발치는 중에도 클린턴 대통령은 사임을 거부한 채 아내와 힘을 합쳐 공적인 업무와 사적인 관계 둘 다 만회하는 데 성공한다. 그 사이에 퍼스트레이디는 자신과 딸 첼시의 감정을 조절하느라 노력하는 한편, 좌파 입장에서 가족과 도덕성에 대한 논의를 점화하려던 자신의 시도가 클린턴 스캔들로 인하여 실패로 끝난 것을 한탄했다.

결국 힐러리는 결심을 한다. 개인적인 감정은 정리할 필요가 있다고 하더라도, 공적으로는 케네스 스타를 앞세운 공화당 측의 맹공으로부터 '우리의 대통령' 을 방어하는 데에 아무런 가책이 없다는 결정을 내림으로써 빌 클린턴 집권을 구했던 것이다. 1998년 11월 중간선거 선거운동에 몰입하고, 12월에는 탄핵을 저지하려는 의회투쟁을 통하여 민주당 지지층을 결집하는 사이, 힐러리는 비록 개인적인 타격으로 비틀대긴 했지만 공적으로는 새로 획득한 지위와 권력을 즐기는 듯이 보였다. 1998년 12월 19일, 하원에서 탄핵안이 통과된 후 민주당 의원들이 의사당에서부터 백악관

까지 행렬로 다다르자, 클린턴 부부는 들뜬 표정을 숨기지 않았다. 사진은 백악관 앞에서 민주당원들을 만나고 있는 대통령 부부와 그 뒤로 앨 고어 부통령, 리처드 게파트 원내총무, 존 포디스타 수석 참모. 클린턴 부부는 자신들의 관계에 대하여 지금 이상 명확한 것이 없다면, 그들의 적은 잘못 짚은 셈이며 패배할 수밖에 없다는 것을 알고는 안도하고 있었다.

2000년 2월 6일, 뉴욕주 상원의원 후보자 발표식에서 은퇴하는 다니엘 패트릭 모이니한 상원의원을 포함한 뉴욕주 민주당 지도부에 둘러싸인 힐러리. 이로써 그녀는 소란스러웠던 퍼스트레이디 임기에 스스로 해피엔드를 쓴 셈이었다. 이처럼 대담하고 실질적인 결말을 지음으로써 힐러리는 자신의 우상이었던 엘리노어 루스벨트와 동등하게 비교될 수 있는 자격을 확언한 것이다. 지금까지 해 왔던 타협들은 독립적이며 선구적인 퍼스트레이디가 되려는 마스터플랜을 실행하는 과정의 소소한 부침에 지나지 않았다. 힐러리의 험난한 여정은 정권 자체에 여러 가지 충격파를 남겼다. 하늘을 가로질렀던 유성의 흔적처럼, 힐러리의 야망과, 여기에 화답한 수백만 여성의 열망은, 선명하고 이상주의적이고 정치적이며 패기만만한 퍼스트레이디가 제공할 수 있는 역할의 잠재력과 희망을 밝혀주었다. 그러나 이러한 꿈은 눈부시긴 했지만 무상한 것이었다. 최초의 페미니스트 영부인의 업적은 오히려 자신의 선임자와 후임자인 바버리 부시와 로라 부시의 소극적이며 정치에 무관심한 전통주의를 인정하는 결과를 가져왔다. 영부인에게 부과된 제약의 한계에 부딪치며 지나치게 많은 소동을 유발했던 퍼스트레이디 힐러리의 소모적이며 양극화적인 임기는 좀 더 조용하고 좀 더 부드러운 로라 부시에게 길을 닦아 준 셈이었다. 상원의원으로서 힐러리는 여전히 비판자들을 몰고 다닌다. 그러나 이제 그녀의 행동은 전에는 없었던 정통성을 가지고 있다. 더 이상은 권력에 굶주렸다든가 레이디 맥베스 같은 경향을 가졌다든가 하는 비난을 받지 않는다. 사실, 그것은 투표로 선출되지 않고도 권력을 얻었지만, 동시에 역할도 규정되지 않은 지위, 퍼스트레이디가 가지는 특색이었던 것이다.

ⓒ윌리엄 J. 클린턴 대통령 도서관 제공

일반적 통념, 페미니즘적인 포부, 자유주의 사상, 평생 파트너십에 대한 규약, 광범위하고 이상주의적인 야망에 의하여 고무되고, 여기에 과용된 자만심이 더해진 클린턴 부부는 공동대통령제의 설립을 추진했다. 비교적 낡고 비교적 작은 사무실인 백악관 안에(여기에서는 실제로 공간을 점유하는 것이 실제 권력에 접근하는 것을 의미했다) 대통령의 집무실에서 가까운 웨스트윙에 힐러리의 사무실이 들어섰다. 전통적으로 퍼스트레이디의 본부였던 이스트윙에서는 헌신적이고 충직한 보좌관들이 '힐러리랜드'를 세웠다. 스태프 다수는 힐러리 로댐이 선도한 어린이 인권옹호 및 법률적 지원을 위한 자원봉사 출신의 이론가들이었다. 직원의 무능력, 내부분쟁, 불안정, 기밀누설 등으로 악명을 날린 소란스러운 정부 안에서 힐러리랜드는 한결같은 평온과 충성을 보여주는 섬과 같은 존재였고, 이들 중 다수는 필요할 때면 대통령에게보다 퍼스트레이디에게 훨씬 더 충성스러웠다.

ⓒ윌리엄 J. 클린턴 대통령 도서관 제공

의료제도를 개혁하려는 노력은 클린턴 대통령 임기를 시험대에 올려놓았다. 힐러리가 주도한 의료개혁안은 미국인 개개인은 물론 미국 경제의 7분의 1에 영향을 끼칠 만한 것이었다. 이제는 잊혀졌지만, 당시에는 민주당뿐만 아니라 공화당에서도 어느 정도의 의료개혁이 필요하다는 점에 공감하고 있었으며, 다만 그 전환이 얼마나 혁신적이어야 하는가에 대한 논쟁이 1993년 내내 지속되었다. 황홀경에 빠진 민주당지지자들은 1948년 트루먼 대통령의 승리에 사용되었던 '해리, 그들에게 본때를 보여줘' 라는 슬로건을 차용하여, '힐러리, 그들에게 의료혜택을 줘' 라는 슬로건으로 퍼스트레이디를 응원하였다.

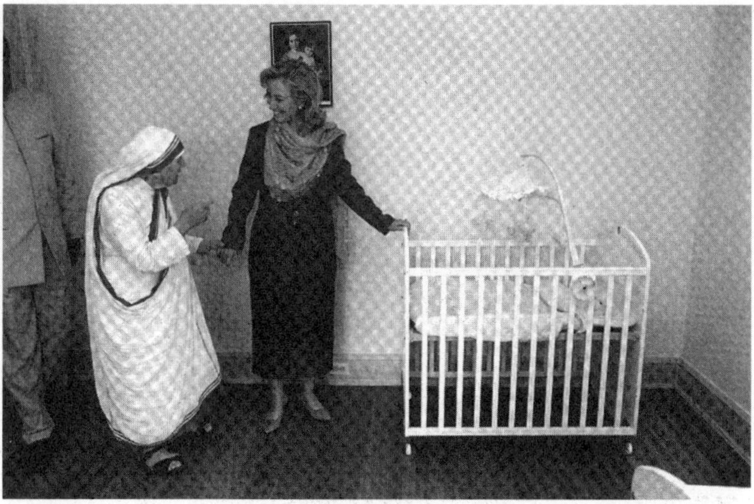

©윌리엄 J. 클린턴 대통령 도서관 제공

의료개혁의 실패, 끊임없는 논란, 법적 분쟁, 여기에 1996년 대선에서 실패할지도 모른다는 두려움에 지친 퍼스트레이디는 공동대통령직으로부터 후퇴함으로써, 아무리 행동주의자 퍼스트레이디라고 해도 책임감이 있다는 것을 입증한다. 좀 더 전통적인 영부인 역할에 몰입한 힐러리는 국가의 선도적인 자원봉사자 및 수석 자선행동가가 된다. 선행을 고취하려는 노력의 일환으로, 1995년 6월, 퍼스트레이디는 마더 테레사와 동행하여 신생아 보호수용소시설을 순방하였다.

ⓒ윌리엄 J. 클린턴 대통령 도서관 제공

퍼스트레이디로서 힐러리는, 백악관 제과담당 셰프 로널드 메스니에와 함께 찍은 사진에서 보듯이, 전형적인 여성적 측면을 보여주는 것에 대하여 익숙해졌으며 좀 더 전통적인 활동에도 참여하였다. 물론 비평가들은 국가 최고의 페미니스트가 새롭고 안전한 '수지 홈메이커' 이미지 뒤에 숨어있는 것이라고 주장했지만, 힐러리는 지난 수년 동안 해 오던 일을 계속할 뿐이었다. 일련의 잘못된 선택을 하기보다는, 힐러리는 (그리고 같은 입장의 수백만 여성들은) 전통적이며 가정지향적인 가치관과 현대적 요구와 야망 사이에서 통합하고 조정하며 조화를 이루려고 노력하고 있었다.

© 윌리엄 J. 클린턴 대통령 도서관 제공

의료개혁에 대한 비판에 발끈한 영부인은 스스로 선별한 지지자 그룹만 찾아다니기 시작했다. 그런 순회방문에서 핵심 선거구민들은 힐러리를 마치 록스타처럼 열광하며 환영하였다. 1996년에 미네소타주 허먼타운에 있는 학교에서 한 연설에서 그랬듯이, 힐러리는 비평가들이 그녀에게 붙여준 '맥거번주의' 사상보다는 좀 더 전통적이고 심오하며 온건한 철학을 사용했다. 그러면서도, 중서부 출신의 감리교인답게 기준원칙을 고수하면서도 편협성을 피하는, 현대적이고 진보주의적이며 가정친화적인 도덕성을 규정하고자 했다. 그녀는 '가정 가치관' 에 대하여 보수주의자들에게 양보하지 않았으며, '가정을 중시하는' 정책의 필요성을 강조했다. 낙태라는 난제에 관해서는 결정적으로 중도적인 입장을 취하기 위하여, 힐러리는 남편의 주장을 차용했다. 즉, 낙태는 '안전하고, 합법적이면서, 드물게 발생' 해야 한다는 것이었다.

©윌리엄 J. 클린턴 대통령 도서관 제공

1996년의 재선 선거운동은 비교적 순조로웠다. 이로써 빌 클린턴은 프랭클린 D. 루스벨트, 우드로 윌슨에 이어, 20세기 민주당에서 재임에 성공한 세 번째 대통령이 되었다. 1997년 6월에 딸 첼시가 고등학교를 졸업하고 대륙의 맞은편에 있는 스탠포드대학교로 가기 위한 준비를 시작하자, 클린턴 부부는 사생활에 있어서나 대통령 임기에 있어서나 이전보다 평온한 시기가 시작되는 듯이 보였다. 국가는 평화와 번영의 시대를 만끽하고 있었다. 클린턴 부부의 결혼생활도 이전보다 강력해진 듯 보였다. 그것은 백악관 시절을 지내는 동안 서로에 대한 의존이 심화됨으로써 형성된 또 다른 형태의 결혼이었다.

©윌리엄 J. 클린턴 대통령 도서관 제공

빌 클린턴이 아칸소 주지사 시절에 있었음직한 의혹에도 불구하고, 대통령 부부의 결혼생활이 행복하다는 환상은 사적으로나 공적으로나 유지되어 왔다. 그렇기 때문에 빌 클린턴이 백악관 인턴과 애정행각을 했다는 폭로는 지지자들과 배우자에게는 그만큼 더 실망스러운 일이었으며, 아마도 그만큼 더 무시하고 싶은 사건이었을 것이다. 1998년 1월에 남편과 모니카 르윈스키와의 친분관계에 대한 소문이 새어나오기 시작하자마자 힐러리는 맷 라우어가 진행하는 '투데이 쇼'에 출연하였다. 개인적으로 어떤 불안을 느끼고 있었는지는 모르겠지만 밖으로는 이를 무마하거나 숨기면서, 힐러리는 남편이 휘말린 분쟁을 '우파의 거대한 음모'라고 비난하며 역공세를 폈다. 재클린 케네디가 남편이 암살당한 후 1963년 11월에 존 케네디의 집권기를 '카멜롯'이라고 이름 붙인 이래, 퍼스트레이디로서 이처럼 강력한(그리고 궁극적으로 역사를 만든) 표현을 사용한 것은 힐러리뿐이었다. 힐러리의 주장은 지지층을 결집시킴으로써 클린턴 대통령이 집권을 사수할 수 있도록 하였다.

© 윌리엄 J. 클린턴 대통령 도서관 제공

유감스럽기 그지없었던 모니카 르윈스키 스캔들은 결과적으로 힐러리를 해방시켰다. 수십 년 동안 남편의 성공을 위하여 봉사해 온 아내는 이제야 자신의 목소리를 찾은 것이다. 오랫동안 미국의 대중을 만나기에 적합한 기회를 잡으려 애쓰면서 종종 그 기회를 놓쳤던 힐러리는 희생당한 아내, 열렬한 민주당원 역할을 하면서 놀라운 인기를 얻게 된다. 이제는 유명인의 게임을 터득하고, 자신의 정체성을 확보하고, 나날이 화려해지는 자신의 외모에 한층 익숙해진 듯한 힐러리 로댐 클린턴은 남편의 임기 말기에 와서 자신의 전성기를 시작한다. 그러나 1998년 9월에 북아일랜드 벨파스트에서 열렸던 '바이탈 보이스 컨퍼런스'에서처럼 자신을 열렬히 지지하는 대중 앞에서 연설할 때에는, 한때 '공동대통령'이었던 힐러리도 좀 더 전통적인 퍼스트레이디의 한계를 벗어나지 않았다. 대중 지향적이었던 선임자들이 해왔던 것처럼, 힐러리도 마침내 낸시 레이건이 언급했던 소위 '흰 장갑의 연단'을 효과적으로 사용하는 법을 터득한 것이다.

ⓒ윌리엄 J. 클린턴 대통령 도서관 제공

놀랍게도, 클린턴 부부의 관계도 회복된 것 같았다. 거의 대화를 할 수 없었다는 몇 주일이 지난 후, 남편과 아내 양측의 보고에 의하면, 그들은 새로워진 친밀감과 한층 강화된 열정으로 대화와 공동작업을 재개했다. 1999년에 마케도니아에 있는 코소보 난민캠프를 찾은 대통령과 퍼스트레이디는, 할 수 있는 한 많은 사람들의 손을 잡고, 포옹하고, 끌어안았다. 이들에게는 기쁨을 주고, 세계를 향해서는 발칸 분쟁의 희생자들을 버리지 말라고 촉구하는 메시지를 보내면서, 클린턴 부부는 스스로에게 걸었던 최상의 기대에 맞는 삶을 사는 데 최선을 다했다.

4 역공에 시달리는 클린턴 부부

1993년 클린턴 부부가 백악관에 입성하면서 이른바 '베이비붐 세대'에 의한 정치 시대가 열렸다. 이들 부부는 평등주의적 파트너십에 원칙을 두고 권력분담을 특징으로 하는 공동통치를 펼치게 되었다. 하지만 1년이 지나자 이들의 공동대통령 시도는 실패로 돌아갔고 의료개혁은 공수표가 되었으며 클린턴 대통령에 대한 지지도 약화되었다. 또 힐러리는 역대 퍼스트레이디 중 가장 낮은 지지도를 견뎌내면서 스스로 좀 더 전통적이며 온순한 이미지로 변화를 꾀할 수밖에 없었다. 역설적이게도 힐러리는 남편과 젊은 백악관 인턴 사이의 추문이 발각되는 굴욕적 사건이 일어난 1998년이 되어서야 자신이 그토록 바라던 대중적 지지를 얻을 수 있었다. 클린턴 부부의 공동통치가 실패로 돌아간 데에는 클린턴 부부 자체의 잘못도 있지만 엘리트주의에 대한 시민의 반발과 레이건 시대 이래 계속된 큰 정부에 대한 반동, 성역할과 결혼, 도덕성에 대한 국민적 혼란이 그 원인이라고 할 수 있다. 게다가 대부분의 미국인이 퍼스트레이디에게 바라는 바는 분명했다. 이들은 퍼스트레이디는 자고로 남편의 이미지를 높이는 데 일조하는 역할을 다하면 그 뿐이라는 생각을 가지고 있으며, 남편의 권력을 나눠서 행사하려는 기미가 조금이라도 보이면 등을 돌리게 되는 것이다.

1993년 12월 20일 월요일, 이 날부터 클린턴 대통령의 지위는 서서히 흔들리기 시작했다. 전날 저녁 CNN 방송은 아칸소주 경찰관 두 명과의 인터뷰를 내보냈다. 내용인 즉, 클린턴 대통령이 아칸소주의 주지사로 있던 시절 자신의 여성편력 스캔들을 무마하기 위해서 주경찰관 한 명에게 직장을 알선해주었다는 것이었다. 같은 날, 월간잡지 아메리칸스펙테이터에는 어느 난봉꾼 주지사의 끊임없는 바람기와 그의 소박맞은 아내에 대한 선정적인 폭로기사가 실렸다. 이 기사에는 주지사와 관계를 가진 '폴라' 라는 여성의 이름 외에도 부부싸움에서 주지사의 아내가 '1년에 두 번 이상은 해야지' 라고 소리 질렀다는 내용이 언급되어 있었다.[291] 보수주의 저널리스트인 데이비드 브록은 자신의 칼럼에서 클린턴 부부는 '부부관계라기 보다는 사업적 관계에 더 가깝다' 고 주장했다.[292] 데이비드 브록은 나중에 이 말을 한 것을 후회하기는 했지만 부인하지는 않았다. 한편 워싱턴타임스는 빈스 포스터가 7월에 자살하자(백악관 여행국 집단해고 사건에 대한 비난 때문에 스트레스를 못 이긴 것이 표면적 이유였다) 백악관 보좌관들이 빈스 포스터의 사무실에서 화이트워터 관련 문서들을 빼돌려 없애버렸다는 주장을 했다. 트루퍼게이트Troopergate(아칸소 주 경찰관이 클린턴 대통령의 주지사 시절 일어난 여성편력 스캔들에 관련된 비리를 공개한 일 : 역주), 트래블게이트Travelgate(백악관 여행국 내의 직원들을 전원해고한 일 : 역주), 포스터게이트Fostergate(빈스 포스터가 죽자, 백악관 보좌관들이 그의 사무실에서 화이트워터 관련 문서를 빼돌린 일 : 역주), 화이트워터게이트Whitewatergate(클린턴 부부가 주지사 시절 친구와 함께 세운 화이트워터 부동산개발회사를 통해 토지개발 사기사건을 일으켰다는 의혹 : 역주), 이 모두가 한데 합쳐졌다. 사람들이 새로운 스캔들을 찾아낼 때마다 클린턴의 보좌관들은 서둘러 방어하기 바빴다. 정치고문인 폴 베갈라는 '두 손 두 발 다 들려고 했다' 라고 조지 스테파노폴로스에게 말했다.[293]

클린턴 부부는 둘 다 참담한 심경이었다. 크리스마스 휴가를 맞아 어머니와 장모가 방문하게 되자 대통령은 더욱 힘든 시기를 보내게 되었다. 하지만 클린턴은 감정적인 혼란 사태에 대응하기 위해 부단히 노력하고 있었다. 사태 대응에 전혀 준비가 되지 못한 사람은 도덕교과서마냥 살아온 힐러리였다. 처음에 그녀는 언론을 향해 자신의 분노를 있는 그대로 터뜨렸다. 화요일에 힐러리는 선거시절 내내 되풀이해왔던 편집증적 반응을 보이며 '기득권' 이 계속 그들을 노린다는 주장을 펼쳤다. '남편이 공약을 실천해보이려 할 때마다, 그리고 국민들이 그 결과에 반응을 보이려할 때마다 또다시 새로운 천인공노할 끔찍한 이야기들이 터져 나오는 것은 결코 우연이 아니라고 생각합니다. 이는 정치적, 재정적 이유로 사람들이 심어놓은 이야기입니다.'[294] 이런 말이 클린턴 대통령에 쏟아진 비난을 사그라지게 할 수는 없었다. 하지만 힐러리의 이러한 모습은 1998년 모니카 르윈스키 사건이 터졌을 때 힐러리의 공격적인 대응을 조금이나마 예견해 볼 수 있는 대목이었다.

우연의 장난인지는 몰라도 클린턴 부부가 의료개혁을 단행하면서 가장 중요한 단계에 들어서자마자 일련의 성추문 사건들과 백악관 여행국 집단해고, 빈스 포스터의 자살, 화이트워터 사건 등이 연달아 터져서 대통령 부부의 의료개혁에 대한 의지와 진정성이 훼손되었다. 이렇게 되자 힐러리의 음모론적 두려움은 더욱 커졌다. 각각의 의문이나 소문이 합쳐져서 더욱 강화되자 축적효과의 파괴력은 엄청났다. 미국의 거대언론은(리틀록과 워싱턴의 정적들은 교묘하게 이를 이용했다) 이전 시기이거나 다른 상황에서라면 관계가 없거나 무시되었을 개인적 사안에 마저도 돋보기를 들이대어 불을 붙였다.

1993년 가을 무렵 9월의 '엘리노어 루스벨트' 소동 탓도 더해져 의료보험 개혁이 힘을 잃어갔다. 클린턴 대통령의 처음 직감이 옳았다. 프랭클린 루스벨트 대통령이 뉴딜 정책을 처음 실시했을 때나 로널드 레이건 대통령이 예산과 세금에 대한 전격전을 벌일 때와 마찬가지로 대통령 취임 후 첫 100일은 무언가를 시작하기에 좋은 기회임이 당연했다. 그런데 비전이 담긴 생각을 내세워 의회로 하여금 이를 빨리 실행하도록 기세를 몰아가야함에도 불구하고 클린턴 대통령 부부는 몇 달 뒤 두툼한 정책학술서 한 권을 턱하니 내놓았을 뿐이다. 그것도 이미 갈기갈기 해부되어 논쟁에 휘말려버린 정책들을 말이다.

태스크포스의 회의가 늘어지는 동안 의문은 확대되었고 딜레마는 더욱더 심화되었다. 클린턴 부부는 야심찬 계획에 대한 자금 마련 방법을 알아보기 위해 수많은 시험 방안을 발표했다. 빌 클린턴 대통령은 레이건주의에 물든 미국에서 조지 부시 대통령이 '내 입을 잘 보세요. 더 이상의 세금은 없습니다' 라고 말한 공약을 어기자 국민의 지지를 잃게 된 사실을 잘 알고 있었지만, 세금을 거둔 만큼 지출하는 민주당원의 자세로 되돌아와 있었다.

유럽식 부가가치세 도입에 대한 말도 수그러들지 않았다. 이른바 '죄악세'(술이나 담배에 붙는 세금으로 청교도적 힐러리가 연설에서 탐닉에 대한 높은 비용을 말할 때마다 항상 등장하는 용어)가 증가될 기미가 보이자 이미 높은 세금에 시달리고 있다고 생각하던 담배 농가와 음주 흡연자들은 분노를 터뜨렸다. 보수주의자들은 정부가 모든 의료결정에 긴밀히 관여하게 되면 개인들이 자율권을 잃게 되고 정부 출자가 곧 개인행동에 대한 정부 규제를 뜻하게 되어 그들이 가장 혐오하는 상황에 이르게 될 것을 우려했다.

전국민 의료보험 시대에 일어날 수 있는 여러 가지 어려운 문제들, '불법체류자' 나 정신과 치료, 약물남용 치료 프로그램, 지압교정술에서 침술까지 의학적으로 논란이 많은 치료법에 대한 자금마련 문제들과 아울러 낙태에 대한 보험금까지지도 이슈로 떠올랐다.

마치 명문대학의 동급생을 거뜬히 이길 수 있을 것이라고 장담하는 시골 고등학교의 수석 졸업생처럼 힐러리와 빌 클린턴은 세상일이 뜻대로 되지 않는 것에 놀라움을 금치 못했다. 이들의 첫 해를 지켜본 주위 사람들은 대통령이 자신감을 잃었을까봐 우려했다. 그 불굴의 자신감이야말로 1992년 클린턴이 모든 역경을 헤쳐 나갈 수 있었던 원동력이었다. 힐러리는 남편에 비해 예민하고 쌀쌀한 성격이었기 때문에 정적들에게 더 적대적으로 대응하고, 협상에서는 더욱 완고하게 대처하는 모습으로 좌절감을 드러냈다. 상황이 괜찮았던 처음부터도 힐러리는 외교적 수완과 악의적 선전 사이를 넘나들었다. 어떤 때에는 사람들의 동조를 얻기 위해서 조직검사를 받을 돈이 없어서 위험에 처한 여성들에 대한 이야기를 들어 여론에 호소하는 방법을 쓰기도 했고, 또 어떤 때에는 제약회사와 보험업계를 두고 '고가 정책, 비용전가, 비양심적 이윤추구'[295]만을 일삼는다고 맹비난을 퍼붓는 모습을 보여주기도 했다.

힐러리는 의료 관계자들에게 놀라울 정도의 매력을 발휘하기도 했다. 미국의료협회 모임에서 의사들이 과도한 서류작업과 융통성 없는 건강관리기구HMO, Health Maintenance Organization 관료들의 간섭에서 벗어날 수 있도록 하겠다는 선언으로 의사들에게 열렬한 박수갈채를 받았던 것이다. 하지만 힐러리는 의료보험업계의 임원들을 강하게 몰아붙이기도 했다. 이들의 완고함만이 오늘날 문제 많은 의료보험 시스템이 이상적인 시스템으로 변하지 못하는 유일한 이유인 것처럼 닦달했다. 애트나생명보험사와의 협상에서 정부 측을 대변했던 개리 E. 펜들러Gary E. Fendler는 힐러리가 미국의 보험 중심지인 하트퍼드를 방문한 후 그녀에 대해서 다음과 같이 말했다. '사생결단을 내자는 듯이 보였어요. 그렇게 적대적일 필요는 없었는데 말이죠.'[296]

힐러리의 분노가 점점 커져가자 완고함도 한층 강해졌다. 1994년 1월 힐러리는 남편이 연두교서에 전국민 대상의 의료보험을 보장하지 않는 법안에 거부권을 행사할 것이라는 내용을 첨가하도록 종용했다. 정치9단의 노련한 정치인들과 국회 지도자들은 대통령의 이같은 발언이 공화당원을 얼마나 분노케 할 것인지를 알고 있었다. 백악관 자문 데이비드 거겐은 힐러리에게 이런 생각을 철회하도록 간청했다. 거겐의 요청으로 하원의장 톰 폴리도 힐러리에게 호소했다. 힐러리는 이를 거부했고 거겐은 나중에야 '대통령에게 직접 부탁할 수도 있었던 점을 생각지 못했다'는 사실을 깨달았다. 사실 이렇게 된 데에는 논란이 계속되고 있는 트루퍼게이트로 인해 미국 대통령이 진퇴양난의 상태에 빠진 것이 부분적 원인으로 작용했다. 거겐의 말대로 '골든 리트리버가 온 거실에 실례를 해놓은 것처럼'[297] 클린턴 대통령은 아내에게 맞서기는커녕 화를 달래느라 진땀을 빼는 상황이었던 것이다. 클린턴 부부가 의료개혁 캠페인을 벌일 때에는 부부가 한 목소리로 국민을 위한 일에 집중하라고 기자들을 들볶았지만 이제 대통령이 얌전해지고 그의 아내가 주춤하는 모습을 보이자 기자들은 더욱 대담해졌다.

클린턴을 둘러싼 논란들은 예일 법대의 스티븐 카터Stephen Cater 교수가 한탄했던 대로 '감상적 포르노가 있는 곳에 돈이 몰린다'[298]는 점을 알고 있는 '미디어산업'이 도저히 거부할 수 없는 문제였다. 1996년에 이르자 힐러리에 대해 36권의 책과 1,264건의 기사가, 그녀의 남편에 대해서는 1만 6,000건이 넘는 글이 쏟아져 나왔다. 거의 모두가 부정적 내용이었다. 대조적으로 바버라 부시에 대해서는 13권의 책과 149건의 기사가, 조지 부시에 대해서는 8,771건의 기사를 찾아볼 수 있다. '60년대 세대'[299]의 왕과 왕비인 빌과 힐러리는 미국에서 붐을 일으키고 있는 '정치담화 산업'[300]에서 방송가를 가득 메운 성질 사나운 극단론자들의 공격에 특히 취약했다. 얼굴에 철판을 깐 듯 대중영합적인 라디오 토크쇼와 TV 좌담 프로그램은 광고압력이 없을 뿐 아니라 초당적 자세나 공정성을 위한 전문가적 양심이 부재했다. 우파 라디오 프로그램의 과격한 진행자인 러시 림보Rush Limbaugh는 빈스 포스터가 힐러리 소유의 아파트에서 살해당했다는 자신의 주장이 거짓으로 드러나자 '팩스에 그렇게 적혀있었어요'라고 아무렇지 않다는 듯이 대충 넘어갔다.[301] 힐러리에 대한 루머는 넘쳐났고 서로 모순되는 것들도 많았다. 마녀 힐러리는 레즈비언이다, 변호사 힐러리는 포스터의 연인이다, '페미나치' 힐러리는 불감증이다 등. 로마 서커스 같은 정치판에서 '하일 힐러리'Heil Hillary나 '쉬릴러리'Shrillary(힐러리의 날카로운 웃음소리를 빗댄 단어 : 역주) 등의 말장난도 넘쳐났다. 비평가들은 '쉬릴러리'가 '빅 시스터'[302]를 도입하려는 시도를 공격할 때 '하일 힐러리'라고 외쳐대곤 했다.

'꼬리에 꼬리를 무는 뉴스들'이 24시간 내내 만들어졌고 이 소식이 모든 언론을 장악했다. 그야말로 광란의 상황이었다. 보스턴글로브의 잭 퍼렐Jack Farrell은 '내 이야기를 돋보이게 하기 위해서는 색다른 시각을 찾아야만 했어요. 시각이라는 것이 원래 주관적인 것이죠'라고 고백했다. '언론을 지배하는 정서는 권력의 원천에 대해 회의적이기 때문에 그 시각이라는 것은 거의 언제나 비판적일 수밖에 없어요.'[303] 월터 리프만Walter Lippmann이나 제임스 레스턴James Reston 같은 1950년대 언론인들은 워싱턴의 엘리트들만을 상대했지만 오늘날 기자들은 '대중을 상대로' 온갖 쓰레기 같은 잡다한 소식을 전해야한다고 워싱턴포스트의 칼럼니스트 하워드 커츠Howard Kurtz는 한탄했다.[304]

힐러리가 공동통치에서 물러났을 때조차도 그녀는 권력의 선을 넘은 일에 대해서 많은 대가를 치러야했다. 이제 힐러리는 클린턴 정부의 최대 희생양이 되었다. 낸시 레이건의 경우에서처럼 사람들은 대통령인 남편을 보호하기 위해서 자기주장을 강하게 펼치거나 권력지향적인 퍼스트레이디를 싫어했다. 오히려 대중의 호감을 얻기 위해 친절하고 융통성 있는 모습을 보여주는 대통령을 더 선호했다. 로널드 레이건처럼 빌 클린턴도 남자다운 호쾌한 이미지로 많은 사람의 환심을 샀다. 기자들은 클린턴을 엄청난 식욕을 지닌 곰처럼 우직하고 훈훈한 사람으로 묘사했다. 클린턴은 부드럽지만 터프할 수 있었고 악동 이미지는 클린턴의 성장 토양인 뉴에이지 시대의 과장됨에서 연유한 것이었다. 또 클린턴은 정책광을 조율하며 균형을 잡는 맏형 같은 이미지를 가지고 있었다. 반면 힐러리는 무법자였다. 그녀는 전통적인 성역할에 대해 공격적 성향을 보였기 때문에 커리어우먼의 가장 나쁜 전형으로 자리 잡았다. 때때로 이 이미지는 가장 나쁜 모습의 '스텝포드 와이프(현모양처)' 캐리커처와 함께 표현되곤 했다.

힐러리의 진보주의에 대한 공격과 더불어 살인, 마약밀수, 권력남용 같은 얼토당토않은 비난이 쏟아졌다. 러시 림보의 우파적 사고와 궤를 같이하지 않는 사람들조차도 전통적인 가정을 뒤엎는 농담에는 한껏 재미있어 했다. 호사가들은 힐러리의 남편이자 대통령인 클린턴에게 좋은 평가를 내렸다. 그리고 그들 사이에서는 힐러리가 주유소를 운영하는 예전 남자친구를 만난 후 예전 남자친구가 계속 자신을 사귀었더라면 지금 미국을 이끄는 사람은 클린턴이 아니라 그 남자친구였을 것이며 클린턴은 주유소에서 기름을 넣고 있었을 것이라고 말했다는 소문이 돌았다. 밀회나 각방, 부부싸움에 관한 루머들은 점점 더 심해졌다. 악성 루머는 너무나 추잡하고 성차별적이었다. 이에 클린턴 부부는 그들에 대한 모든 비난을 무시한 채 1992년에 효과를 보았던 적극적이면서도 도덕적 이미지를 굳히는 방식으로 되돌아가는 것이 용이하겠다고 생각했다.

당파적 비방은 어떤 면에서 놀라운 일이었다. 클린턴은 공화당원이 가장 선호할 만한 민주당원일 법한 온건파에 속했기 때문이다. 온건파는 세출입의 균형을 추구하고 복지정책을 개혁하며 수많은 민주당 측 이익집단을 잘 조율해왔다. 게다가 힐러리가 주장하는 핵심 사상을 세밀하게 들여다보면 예기치 못하게 의외로 보수적이고 가치중심적인 경향을 발견할 수 있었다. 사실 어떤 이들은 대중영합적인 중도파들이 위협을 느끼게 된 것이 분명하다고 설명했다. 단순한 권력 계산법으로 볼 때 클린턴의 인기로 인해 민주당이 주도권을 잡게 될 가능성이 커지자 공화당이 이에 두려움을 느꼈던 것이다. 하지만

이 적개심의 근원은 정치적 역학관계나 우호적이었던 주류 미디어, 사사건건 비판적인 보수주의 언론, 오래된 국회와의 반목 관계 등을 넘어서는 더욱 심원한 것이었다. 일부 보수주의자들에게 클린턴 대통령은 '괴상한 일만 저지르는 바람둥이이자 낙태와 마약을 용인하는 두 얼굴의 거짓말쟁이'[305] 이고, 힐러리는 '화를 잘 내고 냉혹하며 강박관념에 사로잡힌 위험한 인물' 이자 '범죄 수준에 이를 정도로 부와 권력을 탐하는'[306] 광신자로 통했다. 이렇게 현대판 마녀사냥이 점점 더 심해진 데에는 클린턴 부부의 공동통치가 케네디 대통령시절 재클린처럼 신화적 기준에 미치지 못했을 뿐만 아니라 대다수 미국 국민에게 위협적이고 미국답지 않은 것으로 여겨진 탓이 컸다. 여전히 수백만 명의 미국인은 미국의 도덕성과 운명에 대해 논할 때 전통적인 성역할을 기반으로 해서 사고했다.[307] 힐러리의 '위험한 여성성'[308]에 대한 경고나 '여성적 지위'[309]에 대한 공격, 힐러리의 동기를 사소한 것으로 치부하는 것이나 그녀의 이미지가 '부자연스럽다' 고 비난하는 것은 페미니즘에서 '통치에 대한 우리의 성차별적 개념'[310]을 묘사하는 고전적인 방법 그대로였다. 중세시대의 왕과 왕비를 떠올리게 하는 케네디 대통령 부부의 카멜롯 시절이 미국 본토에서 자생한 클린턴 부부의 평등주의 파트너십보다 더 인기가 좋았던 것이다.

비난의 말들은 1992년 선거결과를 '문화적 쿠데타' 로 보는 사람들의 의견을 반영한 것이었다. 그들은 자신들의 생활방식이 공격받고 있다고 느끼고 있었다. 밀워키의 보수적 성향인 린드앤해리 브래들리 재단의 이사장인 마이클 조이스Michael Joyce는 '우리는 미국에 만연한 진보주의 문화와 싸우고 있습니다. 엘리트적 진보주의가 내놓는 수많은 제도들은 평범한 미국인의 일상생활을 하찮은 것으로 매도하고 있어요' 라고 설명했다.[311] 이러한 인식은 점점 더 커져갔다. 게다가 클린턴 부부의 독선과 비도덕성이 결합되면서 반대파들이 가장 우려하던 상황이 현실로 드러나게 되었다.

힐러리는 자신이 퍼레이드 잡지 커버에서 누리는 일반적 인기를 미국을 근본적으로 변화시킬 수 있는 진정한 정치권력이라고 해석하지는 않았다. 힐러리가 평범한 퍼스트레이디의 역할에 머무는 한(그리고 조 바이어드의 내니게이트 같은 소동을 잘 피하는 한) 힐러리는 대중의 인기를 유지할 수 있었다. 그런데 일단 공적인 당파적 영역으로 뛰어들자 이 변화는 퍼스트레이디 자리가 갖는 전통적인 한계와 충돌을 빚게 되었다. 특히 이 변화의 시기가 다른 추문과 우연히 맞물리면서 그 여파는 더욱 커졌다. 여론조사를 보면 응답자의 67%가 '힐러리는 성품이 따뜻한 사람이다' 라고 대답한 반면 62%는 '힐러리는 정책 결정에 나서지 말아야 한다' 고 말했다. 한 신문의 머리기사는 이 상황을 '퍼스트레이디로서는 인기가 있지만 정책 결정자로는 받아들여지지 않는 힐러리'[312] 라고 요약했다.

미국의료협회의 모임에 참석한 시카고의 어느 정신과 의사는 힐러리의 명성과 이미지, 지성에 감탄하면서 그녀를 '믿기지 않을 만큼 효과적인 연설을 하는 연사' 라고 표현했다. 또 그는 그 상황을 '마치 비우호적인 배심원들 앞에서 굉장한 최후변론을 하는 것 같았던' 순간이라고 묘사했다. 하지만 만약 이 의사가 배심원의 한 명이었더라도 무효심리 쪽으로 결정을 내릴 수밖에 없을 정도로 힐러리는 청중을 설득할 만한 결정적인 역할을 하지 못했다. 결국 많은 미국인이 힐러리를 좋게 평가하기는 하지만 그녀의 의견에 동조하지는 않는다는 것이 문제였다.[313]

역사학자나 언론인들은 권력문제에만 천착했기 때문에 막 퍼스트레이디의 자리에 오른 힐러리를 잘못 유도하고 말았다. 이들이 '힐러리는 그동안 조력자 역할을 열심히 수행해온 수많은 퍼스트레이디 중 하나일 뿐' 이라거나 '힐러리 이전에 엘리노어가 있었다' 라는 말을 하자 힐러리는 퍼스트레이디라는 새로운 자리가 얼마나 미묘하고 예민한 위치인지를 미처 생각지 못했던 것이다.[314]

대부분의 현대 역사학자들은 미국사회와 정치에 여성들이 점점 더 많이 참여하는 현상에 발맞춰 퍼스트레이디의 역할도 그만큼 커진다는 말을 함으로써 퍼스트레이디 역할의 중요성을 합리화했다. 1919년 우드로 윌슨 대통령이 뇌졸중으로 쓰러졌을 때 퍼스트레이디 에디스 윌슨이 대통령의 역할을 대신한 것은 전통적 퍼스트레이디 역할에서 엄청나게 벗어난 선구적인 사건이었다. 하지만 현대적 의미에서 퍼스트레이디 상을 바꾸어 놓은 선구자라고 하면 전설적인 엘리노어 루스벨트를 들 수 있다. 그녀는 모든 종류의 선례를 남기며 퍼스트레이디의 역할을 완전히 바꾸어 놓은 인물이었다. 엘리노어 이후로, 특히 페미니스트의 성장과 함께 퍼스트레이디를 앞세우는 일이 쉬워졌다. 재키 케네디는 퍼스트레이디로서는 최초로 미국 TV의 황금시간대에 백악관을 배경으로 등장해서 미국인을 사로잡았다. 버드 존슨은 실질적인 정책성 캠페인을 이끈 최초의 퍼스트레이디였고, 베티 포드는 페미니즘과 성 혁명을 둘러싼 논란에 뛰어든 최초의 퍼스트레이디였다. 또한 로잘린 카터는 엘리노어 루스벨트 이후 처음으로 법안 통과를 위해 국회의원들 앞에 서게 되었다. 그녀는 정신건강 법안을 위해 직접 로비에 뛰어들었다. 전통적 역할을 고수했던 낸시 레이건조차도 중요한 역할을 해냈다. 충돌을 피하려고 하는 남편의 등을 떠밀어 불충한 직원들을 해고시켰고 소련에 평화의 손길을 내밀도록 남편을 설득하기도 했다.

사실 퍼스트레이디의 역할은 이보다 더욱 복잡하고 모순적이었다.

마미 아이젠하워나 재키 케네디, 바바라 부시처럼 인기가 좋았던 퍼스트레이디들은 정책 결정에는 최대한 연루되지 않으려고 했다. 정책 문제나 정치적 분쟁에 휘말리게 된 퍼스트레이디들은 비난을 면치 못했고 종종 일선에서 물러나야만 했다. 베티 포드가 성에 대한 이야기를 솔직담백한 태도로 털어놓자 기자들과 진보주의자들은 좋아했지만 이 일이 포드 대통령의 가장 중요한 기반인 보수층이 멀어지는 악재로 작용하기도 했다. 카터 행정부의 마지막 해에 퍼스트레이디인 로잘린 카터가 정치권력의 한 축으로 떠오르자 그녀가 불운한 남편을 가려버리는 듯한 인상을 주었다. 낸시 레이건은 '드래곤 레이디' 라는 난폭한 이미지를 쇄신하기 위해서 좀 더 '퍼스트레이디다운' 문제인 마약 반대 운동에 전념해야 했다.

퍼스트레이디들은 과거의 활동적 퍼스트레이디들이 겪었던 수많은 비난 사례들로부터 대통령의 부인이라는 위치의 특이성을 습득하기 보다는 퍼스트레이디의 자리에는 의례히 비난이 따라 붙는 법이라고 치부하게 되었다. 엘리노어 루스벨트 전기를 새롭게 선보인 역사학자 블랑쉬 바이젠 쿡Blanche Wiesen Cook은 엘리노어 루스벨트가 1936년 6월 어느 상담에서 한 말을 인용해서 막 퍼스트레이디가 된 힐러리에게 힘을 주는 충고를 했다. '정치에 몸담게 된 여성들은 모두 코뿔소의 가죽처럼 두꺼운 피부를 가질 필요가 있답니다.'[315] 1992년 12월 저녁식사 자리에서 로잘린 카터도 이와 비슷한 충고를 힐러리에게 했다. '당신이 무슨 일을 하든지 간에 비난받을 거예요. 그러니 국가를 위해 옳고 최선이라고 생각하는 바를 밀고 나가세요. 그리고 그 후의 비난은 감수할 수밖에요.'[316] 이렇게 위험한 충고에 화답하듯이 힐러리는 다음과 같이 말했다. '만약 아무에게도 비난받지 않으려고 한다면 아마 침대 밖으로 한발도 나오지 못할 거예요. 물론 그

것 때문에 또 비난받겠지만요.'[317]

클린턴 부부는 분노로 하나가 되었다. 클린턴 정부는 닉슨 대통령 이래로 가장 분노에 찬 정부였다. 대통령 부부는 둘 다 보좌관들과 기자들을 향해 계속 분통을 터뜨렸고 서로에게도 화를 냈다. 클린턴은 '기자들의 질문이 끊이질' 않는다며 조지 스테파노폴로스에게 불평을 터뜨렸다. 조지가 클린턴에게 화이트워터 사건 관련 정보를 좀 풀어서 기자들을 달래보라고 제안하자 대통령은 '기자들은 만족을 몰라. 항상 더 많은 것을 원하지. 어떤 대통령도 나처럼 시달리지는 않았어' 라며 한탄했다.[318]

클린턴 부부는 새로운 자기편을 만들 생각은 하지 않고 기자들을 냉대하기만 했다. 특히 힐러리는 적대적이기까지 했다. 이에 대해 ABC방송국의 앤 콤프턴Ann Compton 기자는 1994년 2월 다음과 같이 불평을 터뜨렸다. '힐러리는 행정부 내에서 공식적으로 정책 결정에 관여하는 직급을 가지게 된 최초의 퍼스트레이디가 되었어요. 그런데 제가 취재한 다섯 명의 퍼스트레이디들 중에서 백악관 취재인단을 완전히 무시하고 피하는 퍼스트레이디로는 힐러리가 처음이었어요.'[319] 힐러리는 인터뷰를 회피했고 종종 자신의 비행기에 기자들을 태우지 못하게 했으며 기자들이 다가가면 경계부터 했다. 당연히 기자들이 힐러리에 대한 악감정을 품을 수밖에 없었다.

메리 토드 링컨에서부터 낸시 레이건에 이르기까지 많은 퍼스트레이디들이 다양한 논란을 야기해왔지만 남편의 추문에 발이 걸린 퍼스트레이디는 힐러리가 처음이었다. 의례히 남편들은 아내들 모르게 중죄나 경범죄를 저질렀다. 예를 들어 워터게이트 사건이 터졌을 때 닉슨 대통령의 부인은 테이프에서 흘러나오는 야비하고 책략적 남편의 목소리를 듣고 평소에 예의바르고 얌전하다고 알고 있던 남편과는 너무나 달라서 충격에 휩싸였다. 낸시 레이건의 경우 모든 언론이 달려들어 캐냈지만 어디에서도 그녀가 이란콘트라 사건에 연루되었다는 증거가 드러나지 않았다.

이와는 대조적으로 클린턴 대통령의 불법 행위는 거의 대부분이 부부의 합작품이었다. 어쩌면 화이트워터 사건으로 결국 대배심원들 앞에 서게 될 사람은 힐러리일지 모르지만 사건 은폐에서 주요 사안이 된 것은 주지사로서의 범죄행위가 먼저였다. 1992년 대선에 대비해서 덮어둘 필요가 있었던 것이다. 사적인 개인이라면 매일 여러 이유로 여러 사업적 행위를 하는 것은 그 개인의 자유이다. 사실 화이트워터 사건은 기자들과 조사관들이 대통령의 뒷돈 거래를 의심하면서 시작되었다. 왜냐하면 그 당시 클린턴은 아칸소 주지사였고 클린턴의 사업 파트너인 제임스 맥두걸은 정부규제 신용금고를 운영했기 때문이다. 나중에서야 힐러리의 법률적 행위가 문제로 떠올랐다.

1994년이 되자 화이트워터 사건은 주로 힐러리의 문제가 되어 있었다. 로즈로펌의 파트너로서 남편보다 더 많은 돈을 벌어들였던 힐러리는 가정의 경제권을 쥐고 있었다. 게다가 힐러리는 맥두걸의 은행을 대표했고 미심쩍은 부동산 거래에도 직접 참여했다. 그녀는 자신이 위험한 지경에 처했다는 사실을 인지했다. 아마 자신에게 불리한 정보들이 더 많이 드러날지도 모른다고 생각했을 것이다. 힐러리는 '특별검사가 자신의 20년 공직 생활을 파헤치기를 원치 않는다' 라고 로저 알트먼Roger Altman 재무부 차관이 지적한 대로 힐러리는 완고했다. 그녀는 특별검사제 도입을 반대했고 계속적으로 조사관을 방해했다. 이러한 그녀의 변호사다운 방어적 태도는 스캔들에 민감한 미국 문화에서는 큰 정치적 손실만 가져올 뿐이었다. 대통령부부에게는 불행하게도 자금이 풍부한 보수층에서 언론과 법조계를 충동질하는 상황이 계속되었다. 힐러리는 '이 사건은 스캔들이라고 할 수도 없는 일입니다. 스캔들이 아니에요' 라고 계속 부인하면서 이 사건은 그저 '실패한 토지 거래'[320]일 뿐이라고 주장했다. 그녀는 닉슨 대통령처럼 거짓말을 계속 되풀이하는 모습을 보여주었다.

트래블게이트도 힐러리에게는 더욱 무거운 짐이 되었다. 사실 백악관 여행국이 공개 입찰을 통하지 않은 뒷거래 계약과 소홀한 재정 운영을 해왔다는 클린턴의 주장은 말할 것도 없이, 여행국과의 힘겨루기는 클린턴 대통령이 지니는 노련한 정치가이자 효율적 행정가라는 이미지를 더욱 강화할 수 있는 계기가 될 수 있었다. 왜냐하면 FBI가 보고서를 통해 여행국이 최소한 5만 달러의 자금을 유용했다는 사실을 확인함으로써 여행국에 대한 비난은 사실로 드러났기 때문이다. 그런데도 힐러리가 여행국의 오랜 직원들을 해고하고 '우리 편 사람으로' 고용하도록 강권했다는 말이 전해지자 사람들은 힐러리를 두고 '지옥에서 온 여피 아내' 라고 수군거렸다. 이런 까닭에 힐러리는 백악관 변호사를 통해 회계 감사원에 '퍼스트레이디는 직원 해고에 직접적인 관련이 없었다' 라는 점을 분명히 전달했지만 보좌관들은 자신들이 힐러리의 무뚝뚝한 지시를 무시하면 '끔찍한 대가를 치르게 될 것' 이라는 두려움을 토로하기도 했다.[321] 그렇지 않아도 힐러리는 항상 '우리 쪽 사람들을 심어둘 필요가 있어요. 우리 라인이 필요해요' 라며 입버릇처럼 말해왔기 때문이었다.[322]

힐러리를 더욱 더 난처하게 하는 폭로가 이어졌다. 1960년대의 딸이자 레이건주의적인 '탐욕' 에 몸서리치는 야심 찬 철학자인 힐러리가 원자재 시장에 잘 자리 잡은 친구들 덕분에 투기성이 짙은 가축 선물시장에 1,000달러를 투자하여 9개월 만에 9만 9,537달러를 벌어들였다는 사실이었다. 이에 대해 칼럼니스트인 엘렌 굿맨Ellen Goodman

은 '60년대 세대가 열아홉이나 스무 살 적의 믿음과 말을 토대로 끊임없이 비난받아야 한다는 것은 저주나 마찬가지' 라며 한숨을 내쉬었다.[323] 그러나 클린턴 부부, 특히 힐러리는 항상 미국인에게 사회공동체를 먼저 생각하고 이상적으로 행동하기를 열렬히 토로해왔기 때문에 대통령 부부의 행동에 대한 비난은 특별히 두드러질 수밖에 없었다.

1994년 4월 5일, 클린턴 대통령은 노스캐롤라이나주 샬럿에서 열린 시민과의 모임에 참석했다. 여기에서 클린턴은 열띤 질문공세에 시달리자 점점 더 언성을 높이게 되었다. 처음에 한 질문자가 '최근 퍼스트레이디의 선물 투자 수익에 관한 뉴스나 화이트워터 스캔들로 많은 국민들이 많이 실망을 했는데요, 대통령께서는 어떻게 잃어버린 신뢰를 회복하실 예정입니까?' 라고 물었고 다음 질문자는 '대통령께서는 우리와 같은 중산층에 속하십니까, 아니면 돈을 최우선으로 하는 극악한 공화당원이십니까?' 라고 질문을 던졌다. 이런 식으로 연타 공격이 계속 되었고 개중에는 클린턴 정부의 정치적 정체성과 공적 이미지의 핵심을 찌르는 질문도 있었다. '대통령께서는 열심히 일하는 정부, 규칙에 따라 움직이는 정부를 만들겠다는 공약을 하셨습니다. 그런데 미세스 클린턴의 투자는 규칙에 따른 투자가 아닌 것으로 분석하는 전문가들이 있습니다. 사실 그 투자는 특혜 속에 이루어진 것으로 보이는데요.'[324] 이에 클린턴 대통령은 당황하여 말을 더듬거리다 목소리를 높여 다음과 같이 말했다. '아내나 제가 아무런 잘못도 하지 않았다는 것이 아닙니다. 잘못을 했다면 시시비비를 가려주기 위해 특별검사가 존재하는 것입니다. 우리 부부는 특별검사에게 이미 모든 정보를 제공했습니다. 이를 검토한 모든 사람들이 우리가 이전 대통령처럼 뭔가를 숨기려고도 하지 않았고 아무런 방해도 하지 않았으며 절차를 잘 따라주었다고 말하고 있습니다. 이 과정을 지켜본 사람은 누구나 우리 부부가 특별검사제에 매우 협조적이라는 것을 확인해 줄 것입니다. 그러니 이 일은 특별검사에게 맡기고 저는 대통령으로서 직무에 충실할 수 있도록 도와주십시오.'[325]

2000년도까지 이런 정치관련 문제들은 붉은색의 공화당 대 푸른색의 민주당이라는 대결 구도 내에서 인식되었다. 빌 클린턴은 뼈 속까지 붉은색인 아칸소주(전통적 공화당 지역) 출신이면서도 여피족의 영웅이자 국제적 마인드를 지닌 민주당 소속 정치인이었다. 따라서 20세기의 마지막 시기에 그는 정치적 색깔의 경계를 넘어 모든 미국인을 아우르는 가장 효과적인 자주색 정치인이 될 수도 있었을 것이다. 힐러리도 아칸소주에 적을 두고 있었지만 남편보다 더 민주당색이 짙었다. 하지만 이렇게 모든 사안을 두 가지 색으로 단정 짓는 것은 지나친 단순화였다. 이 점은 시민들이 대통령에게 한 질문에서도 드러났다. 중산층 사람들은 부유층과 여피족에게 자신들과는 다른 규칙이 적용될까봐 불안해하고 있었다. 이 같은 우려는 지역적 다양성을 초월하는 것이었다. 클린턴을 반대하는 부류의 특성과 마찬가지로 대부분의 가치 충돌은 계층에 따른 것이었다. 힐러리와 특히 의료개혁을 비판할 때는 미국에서 자주 언급되지 않지만 어디에나 존재하는 계급문제를 들먹이는 것이 가장 효과적이었다.

힐러리는 자신과 관련된 추문에 대해 솔직하게 털어놓지 않았다. 이는 자신의 신실한 이미지를 지키기 위해서이기도 했지만 변호사로서의 경험 때문이기도 했다. 하지만 이렇게 대처함으로써 힐러리는 자신의 윤리적, 정치적, 사법적 입지를 많이 잃게 되었다. 이란콘트라 사건이 과도한 애국심을 위해 법적 세부사항이 희생된 보수주의적 스캔들이라면 화이트워터 사건은 개혁이라는 이름 아래 법적 세부사항이 희생된 진보주의적 스캔들이었다. 힐러리와 보좌관들은 고전적인 워터게이트식 후폭풍을 잠재웠다. 위증매수나 사법방해 같은 은폐행위로 원래의 죄를 가려버린 것이었다. 중범죄와 경범죄를 구분하지 않고 정치인의 한 가지 실수를 물고 늘어지는 '한건주의식' 언론문화에서 힐러리가 워터게이트 사건을 조사하게 된 아이러니한 상황에 기자들은 열광했고 보도의 균형 감각을 잃어버렸다. 어느 만화 지면에 유난히 광대뼈가 튀어나온 금발의 여인이 정장차림으로 '승리의 V자'를 그리고 있는 모습이 게재되었다. 그 밑에는 '힐러리 로댐 닉슨'이라고 적혀 있었다.[326]

클린턴 관련 스캔들에는 끔찍할 정도로 낭만적인 구석이 있었다. 아이러니하게도 화이트워터와 트래블게이트는 클린턴 부부의 팀워크를 보여주는 사건이었다. 미국인은 그들의 삶과 범죄 사실에 대해 알면 알수록 클린턴 부부가 얼마나 복잡하고 특이한 결혼생활을 영위하고 있는지를 더욱 확실히 느끼게 되었다.

애석하게도 의료개혁안이 아니라 화이트워터 사건에 시종일관 완고하게 대처한 일이 힐러리가 첫 클린턴 행정부에 가장 크게 기여한 일이었을지도 모른다. 조지 스테파노폴로스는 '램프의 요정 지니가 나타나 과거로 돌아가서 백악관 시절의 결정 중 한 가지를 없던 일로 할 수 있게 해준다면 망설임 없이 1993년 12월 11일 토요일 아침의 백악관 식당을 택할 것'이라고 썼다. 전날 밤에 백악관 자문인 버나드 너스바움과 클린턴의 개인 변호사인 데이비드 켄달David Kendall, 그리고 힐러리가 모여 결정내리길, 화이트워터 관련 서류를 검토하겠다는 워싱턴포스트의 요구를 거절하기로 했던 것이다. 돌이켜 보건대 조지는 이때를 클린턴 부부의 삶에 특별검사인 케네스 스타가 관여할 수밖에 없게 된 순간으로 판단했다. 미디어의 의혹이 걷잡을 수 없이 커질수록 특별검사제 도입 요구도 커져갔다. 결과적으로 특별검사는 화이트워터 사건의 의혹을 다룬 것이 아니라 폴라 존스와 관계된 성희롱 소송이나 모니카 르윈스키 사건에서 보인 클린턴의 은폐행위를 중점적으로 파헤쳤을 뿐이었다. 조지는 '화이트워터 문제에서 클린턴은 총사령관이 아니라 그저 아내에게 신세를 진 남편이었다. 힐러리는 남편의 성 추문이 터질 때마다 앞으로 나서서 남편을 변호했다. 이제 클린턴이 똑같은 일을 해야 했다' 고 탄식했다.[317]

1994년 겨울 내내 스캔들이 계속 터져 나오자 클린턴 부부의 인기는 수그러들었고 의료개혁안도 사그라졌다. 힐러리는 민주당과 의료관계자들 중에서 감히 자신의 의견을 반대한 보수주의자들에게 화를 냈다. 타협은 불가능해졌다. 대통령 부부의 실수와 수백만 달러를 들인 로비 의혹으로 인해 의료개혁 토론회장은 정치적 성토장으로 변해 버렸다. 빌 클린턴이 1992년에 '제한적 경쟁' 을 언급했을 때 이 어구는 대단히 애매모호한 표현이었다. 이 말 뜻을 제대로 아는 사람을 거의 없었다. 그래서 헤리티지 재단의 정책 분석가가 설명한 대로 진보주의자들은 국가가 관리하는 프로젝트라는 점에서 열광했고 보수주의자들은 경쟁이라는 단어에서 안심할 수 있었다.[328] 그러나 4개월이 지나 대통령 부부의 의료개혁 프로그램이 처음으로 선을 보이자 '모두를 위한' , 즉 '보험을 들지 못한 사람들도 보장하는' 의료보험에 대해 미국인은 그에 따른 세금이 얼마나 엄청날 것인지 궁금해했다. 힐러리가 '협동조합식 구매' 나 '국가 관리적 의료' , '의료 연맹' 등을 언급했을 때 미국인들은 '배급제' 를 연상하기 시작했다. 또한 힐러리가 '건강 안전 카드' 와 '게이트키퍼' 를 말할 때는 거대한 빅 브라더식 정부를 우려하는 미국인이 늘어났다.

클린턴 부부가 의료개혁 토론에서 통제권을 잃어가자 현대 미국 이데올로기에 있어서 이들의 공동통치를 꺾는 데 큰 힘을 발휘한 강력한 두 개의 흐름이 합쳐졌다. 바로 강력한 정부와 강력한 여성에 대한 피해의식이었다. '사회주의적 의료' 라는 판도라의 박스에서 튀어나온 '악의 여왕' 을 그린 만화는 미국인이 정부의 권력과 여성의 권력에 대해 얼마나 큰 강박관념을 지니고 있는지를 대변해 주었다. 당파적 공화당원들과 이들 편에 선 기자들은 제멋대로이고 과격한 페미니스트와 공처가 남편이 이미 실패한 '위대한 사회' 시절의 정책을 또 하나 도입해 국민에게 큰 짐을 지우려 한다고 묘사했다. 1994년에 어느 자동차 범퍼 스티커에는 '전국민 의료보험: 국세청에 동정을! 국방비에 맞먹는 세금!' 이라고 적혀 있었다.[329] 1980년대부터 성장한 반정부 정서가 압축되어 담겨진 만화 하나에서 클린턴의 정적들이 얼마나 성공적으로 토론의 주제를 바꿔버렸는지를 알 수 있었다.

사실 국면의 전환은 놀라웠다. 1993년 가을 내내 공화당은 계속해서 대체 프로그램을 내놓고 있었고 토론의 중점은 의료개혁 여부가 아니라 그 방법에 있어야 한다고 주장하던 실정이었다.[330] 그런데 클린턴 대통령에 관련된 논란들과 의회의 반격, 언론의 흠집잡기가 이어지자 점차적으로 대통령 부부의 인기가 식었을 뿐만 아니라 여태까지의 개혁 노력도 물거품이 되었다. 여기에 힘을 얻은 공화당은 당내 중도파의 의견이 아니라 우파의 의견을 따르기 시작했다. 1993년 10월 윌리엄 버넷William Bennett 전 교육부 장관이 '미국 역사상 가장 큰 권력 싸움에서 거의 항복할 상황에 처해 있습니다' 라고 불평한 적도 있었다.[331] 언론 인터뷰에서 공화당 하원의장인 뉴트 깅리치는 대통령의 의료개혁안을 '역사상 가장 큰 해악을 끼칠 큰 정부 정책' 이라고 비난했다.[332] 깅리치와 버넷 등은 계속적으로 반격을 펼쳤으며 여기에 박차를 가한 것이 보수주의 운동가인 윌리엄 크리스톨William Kristol의 '의료 위기란 없다' 라는 상대방을 무력화시키는 재치 있는 표어였다.[333]

상황이 가장 극적으로 변한 때는 의료보험업계가 광고회사를 통해 대통령 부부에 맞설 가상의 부부를 만들어 낸 후였다. 2,000만 달러를 쏟아 부은 광고 캠페인에서 중산층 미국부부인 해리와 루이스는 세금 고지서를 들고 의료개혁에 대해 설전을 벌인다. 이 광고 화면을 배경으로 성우의 목소리가 흘러나온다. "상황은 바뀔 것입니다. 하지만 더 나은 것은 아니죠. 우리는 정부가 고안해낸 몇 안 되는 의료보험 중에서 하나를 강제적으로 들어야할지도 모릅니다." 그리고 해리가 '선택은 그들이 하고' 라고 말하면 그의 아내인 루이스는 '손해는 우리가 보는 거죠' 라며 대꾸한다. 다른 버전의 광고에서는 루이스가 해리에게 '더 나은 방법이 있을 거예요' 라고 말한다. 화가 난(이런 감정은 해리와 루이스의 메시지가 얼마나 효과적이었는지를 반영할 뿐이다) 힐러리는 11월 보험회사를 향해 직격탄을 날렸다. "보험회사들이 '더 나은 방법이 있을 것' 이라는 내용의 TV 광고를 내보내다니 뻔뻔스럽기 짝이 없군요. 여태껏 이루어졌던 파행적 운영으로 인해 현재의 의료보험 위기를 불러온 장본인들이 말이죠."[334] 해리와 루이스 부부를 창조한 광고회사의 사장인 벤 고다드Ben Goddard는 해리와 루이스에 대해 이렇게 평했다. "이들 부부는 보통의 미국인들이 편안하게 느끼고 크리스마스 파티에 초대하고 싶어 할 그런 부류의 사람들이죠."[335]

민주당을 위시한 진보주의 진영에서도 대중을 설득하려고 노력했지만 '해리와 루이스' 처럼 효과적인 반응을 얻지는 못했다. 그들은 뉴욕타임스와 다른 신문에 전면광고를 실어 상황을 반전시키려고 애를 썼다. 신문광고에는 '힐러리에 대한 공격은 모두 화이트워터에 대해서가 아니라 미국이 가장 신경써야할 문제인 의료개혁에 관련된 일에 집중되고 있습니다' 라고 적혀 있었다. 또한 어떤 광고는 좀 더 대담하게 '여러분들에게 사실을 전달하려고 이 광고를 냅니다!' 라면서 화이트워터 관련 의혹을 부인했고 '이제 본론으로 돌아갑시다' 라면서 의료개혁안을 지지했으며 '우리는 힐러리 로댐 클린턴이 자랑스럽습니다' 라면서 모든 스캔들은 지극히 개인적 일에 속할 뿐이라고 주장했다. 이 광고의 하이라이트는 역사학자인 블랑시 바이젠 쿡의 평가였다. "저는 엘리노어 루스벨트 여사를 제외하고 이토록 무례하고 잔인한 대우를 받은 퍼스트레이디는 없었다고 생각합니다."[336] 힐러리의 의료개혁안에 지지를 보낸 이들은 많았다. 여기에는 특별그룹인 '힐러리 피플' 을 비롯해서 쿡 교수, 프랭클린 D. 루스벨트 3세, 힐러리의 오랜 친구인 사라 어만 Sara Ehrman, 페미니스트 정치인인 민주당의 앤 F. 루이스 Ann F. Lewis, 에밀리 리스트의 창립자인 엘렌 말콤 Ellen Malcolm, 유명인사인 토니 랜달 Tony Randall과 조앤 우드워드 Joanne Woodward, 부유한 지지자인 월터 케이 Walter Kaye 부부 등이 속했다.

클린턴 부부와 그들의 동조자들이 애를 끓였지만 상황은 더 나아지지 않았다. 1993년 11월의 중간선거에서 뉴욕 시장인 데이비드 딘킨스 David Dinkins와 뉴저지 주지사인 짐 플로리오 Jim Florio 같은 주요 진보주의자들이 탈락했다. 광범위한 출구조사 결과 범죄에 대한 관심은 급증한 반면 의료개혁에 대한 관심은 많이 줄어든 것을 알 수 있었다. 이는 그만큼 클린턴 대통령에 대한 신뢰도 떨어졌음을 의미했다. 몇몇 조사에서 처음으로 52%가 힐러리는 '남편에게 너무 많은 영향력을 행사했다' 라고 대답했다. 좀 더 불길한 결과를 들자면 '클린턴의 의료개혁안에 대해 듣게 되면 될수록' 이라고 시작되는 문장에서

53%의 사람들이 '더욱 싫어진다' 고 답한 반면, 겨우 41%만이 '더욱 좋아진다' 라고 답했다는 점이었다.[337] 워싱턴포스트는 이 사안에 대한 찬성률이 '지난 9월 처음 선보였을 때의 56%에서 지난달에는 51%, 현재는 46%로 하락했고 반대율은 24%에서 39%, 현재 43%로 증가하는 추세' 라고 밝혔다. 대다수가 의료개혁에 더 많은 비용이 들 것을 우려했고 의료의 질이 향상될 것이라고 믿는 사람들의 기대 격차는 '9월에 31점에서 11월에 12점으로' 줄어들었다.[338]

1994년 2월 힐러리는 보험회사와 제약회사, 개인병원을 대상으로 청교도적 설교를 늘어놓았다. 힐러리는 '우리는 세계에서 가장 훌륭한 의사와 병원을 갖추고 있다는 사실과 세계에서 가장 형편없는 재정 시스템으로 운영하고 있다는 사실을 혼동하고 있어요' 라고 운을 떼면서 '아시다시피 재정이 가장 낭비되고 있는 곳은 민영화된 분야입니다. 민영화된 분야에서는 부정부패와 재정낭비, 권력남용이 판을 치고 있습니다' 라고 비난했다. 하지만 이렇게 악평을 해댄 힐러리도 1980년대 이후의 사조를 잘 인지하고 있다는 듯이 '우리가 진심으로 노력해야할 일은 민간 분야를 잘 구축하는 일입니다. 이 의료 개혁안은 국가가 운영하는 의료보장계획이 아닙니다' 라고 덧붙였다.[339]

의료개혁안이 실패할 확률이 점점 더 커지자 비방 수위는 더욱 높아졌고 이 비방은 현대 미국 정치에서 애매모호한 지위를 차지하고 있어 이리저리 비난받기 쉬운 특별이익단체들에 더욱 집중되었다. 7월에 힐러리는 '그들은 시계를 거꾸로 돌려 부자들과 가난한 자들은 혜택을 받지만 미국을 위해 하루하루 열심히 살아가는 평범한 사람들은 소외되는 우를 범하던 시기로 되돌아가기를 원하고 있습니다' 라고 성토했다.[340] 이에 의료리더십위원회Healthcare Leadership Council 의장인 파멜라 G. 베일리Pamela G. Bailey는 '백악관의 전략이 악당을 잡아내어 비난하자는 것인지 아니면 양당 합의를 끌어내자는 것인지 모르겠어요. 지난 몇 주 동안 계속 갈팡질팡하는 모습만 보여줬잖아요' 라고 불평했다.[341] 3월에 월스트리트 저널과 NBC뉴스가 공동으로 실시한 여론조사에서 '조사 대상 중 거의 반수가 클린턴 대통령의 의료개혁안을 반대했지만 그 명칭을 언급하지 않고 개혁안의 세부 내용을 설명했을 때는 설문 대상자의 4분의3이 긍정적인 반응을 보였다.' 클린턴 부부는 이 조사 결과를 들어 민주당 국회의원들에게 개혁안의 세부사항을 좀 더 효과적으로 알리자고 격려했다. 하지만 여기에서 클린턴 부부가 놓치고 있는 부분은 현재 그들이 나서면 개혁안의 성공 가능성을 높이기보다는 더욱 낮출 것이라는 점에 있었다.[342] 개혁안에 대한 반대가 얼마나 사적인 감정에 치우치는지를 보여주는 예로 워싱턴포스트의 조디 앨런Jodie Allen이 클린턴 부부가 딸을 유명 사립학교에 보내기로 한 결정에 대해 논평한 것을 들 수 있다. "누가 이 개혁안이 잘 실행될 것이라고 믿겠는가? 자녀교육을 지역 정부에 맡길 수 없다는 대통령 부부인데 그들의 의료개혁안을 누가 진지하게 받아들이겠는가?"[343]

4월이 되자 사후평가가 이미 시작되고 있었다. 의료개혁안 관련 태스크포스에서 활동한 적이 있는 한 자문위원은 이 모든 연구 작업이 '시간낭비' 였다고 말했다. 펜실배이니아대학의 생명윤리학 교수인 아더 카플란Arthur Caplan(『똑똑한 쥐 vs 멍청한 인간』의 저자 : 역주)은 이를 '너무 거대하고 너무 비밀스럽고 너무 관료적이며 너무 고립되고 너무 밀어붙이고 너무 탁상공론적인' 작업이라고 평했다. 보수적인 헤리티지 재단의 로버트 모핏Robert Moffit은 '60년대 학생들이 하는 연구 프로젝트 같았다' 라며 비웃었다.[344]

흔치 않게도 힐러리는 대통령인 남편보다 더 인기가 없는 퍼스트레이디가 되었다. 1994년 2월에서 3월까지 클린턴의 지지율은 11포인트가 떨어져 47%의 지지와 45%의 반대를 보였다.[345] 힐러리의 비호감도는 2월 29%에서 3월 42%까지 치솟았다. 심지어 1995년 1월초 클린턴의 지지율이 약간 상승했을 때조차도 힐러리의 지지율은 계속 하락했다.

힐러리는 의료개혁안이 실패하고 자신의 명예가 손상된 것을 속상해 하면서 자존심을 최고로 치는 여피족이라면 모두 그러하듯이 실패의 원인을 다른 사람 탓으로 돌리기 시작했다. 1994년 3월에 힐러리는 '일을 잘못했다고 한 번도 비난받아본 적 없는 사람이 겪는 과정'을 반추하며 빈스 포스터의 서류를 없앤 사건에 대한 질문에 다음과 같이 변명했다. "그 문제를 처리하는 과정에서 실수가 있었다고 생각해요. 이 사건은 저에게 미디어가 원하는 것이 무엇인지, 그리고 그들이 어떻게 이야기를 이슈로 만드는지를 많이 배우게 된 계기가 되었어요. 오늘날 같은 분위기에서는 질문에 답하지 않으면 더 큰 루머가 만들어지더군요." 또 힐러리는 자신의 정책적 역할을 비난하는 것에 대해서는 교묘하게 성차별주의로 몰고 갔다. "마사 워싱턴 이래로 이런 위치에 있는 여성들에게는 항상 있어왔던 일이에요. 엘리노어 루스벨트에 대해 어떻게 말했는지는 저도 봐왔으니까요. 무슨 일을 하든지 항상 비난받을 가능성이 큽니다. 의료처럼 수많은 이해관계가 걸려 있는 큰 문제에 관여했기 때문에 제 역할이 더 두드러져 보였고 일부 사람들에게는 탐탁지 않은 일이었겠지요."[346]

공화당은 현대 정치인에게 고문실 역할을 하는 국회 조사위원회를 소집했다. 대통령 부부, 특히 힐러리와 친한 관계라는 것은 축복보다는 저주에 가까웠다. 빈스 포스터는 죽었고 웹스터 허벨은 수감되어 있었다. 너스바움은 3월에 불명예 사퇴를 했다. 마거릿 윌리엄을 위시한 다른 동조자들은 수십만 달러대의 법적 청구액을 책임져야 했을 뿐만 아니라 빈스 포스터의 서류 처리건과 조사방해 등으로 기소위기에 처하기도 했다. 검사가 공격적으로 조사를 감행했기 때문에 아무런 잘못이 없는 사람들도 증언에 앞서 변호사를 선임했다. 언론인 조 클레인Joe Klein은 『위대한 개츠비』의 파멸적 커플에 빗대어 빌과 힐러리를 '베이비붐 세대 정치 엘리트계의 톰과 데이지' 라고 부르면서 '그들은 자신의 삶을 산산조각내고도 알아채지 못했다' 라고 적었다.[347] 클린턴 추종자들은 레이건 대통령 시절의 첫 노동부 장관인 레이몬드 도노반Raymond Donvan이 기소를 당한 후 '명성을 되찾으려면 어디로 가야하나?' 라며 푸념을 내뱉었을 때와 같은 심경이었다.[348] 하지만 힐러리 추종자들은 여전히 그녀를 버리지 않았다. 그들은 자신들의 보스를 빙 둘러싸고 바깥의 야만인과 안쪽의 클린턴 사람들에 대해 투덜거렸다. 이들이 힐러리에게 너무나 헌신적이어서 클린턴 대통령의 보좌관들은 그들에게 대통령의 아내가 아니라 대통령을 지키는 것이 임무라고 종종 일깨워줘야 했다.

모든 정보를 통해 볼 때(백악관에서 일하는 사람들은 대통령 부부만큼이나 말이 많았기 때문에 백악관은 믿기 힘들 정도로 틈이 많았다) 놀랍게도 클린턴과 힐러리는 위기의 시기를 함께 잘 극복했다. 1994년 5월에 폴라 존스가 대통령을 상대로 성희롱 소송을 냈을 때처럼 그들에게는 많은 문제가 발생했다. 그럼에도 클린턴 부부의 결속력은 다사다난한 취임 첫 해를 지나는 동안 더욱 견고해졌다. 그들은 딸 첼시와 서로에게서 위안을 찾았다. 이제 힐러리의 잘못으로 고생을 겪게 되자 둘 사이의 관계는 공평해졌다. 클린턴은 '아내가 잘못을 저질렀다고는 한 순간도 생각한 적이 없어요' 라며 힐러리를 두

둔했다. 그는 말을 더듬거리며 '나는 … 그저 … 아니 만약 이 나라의 사람들이 힐러리만큼 강한 성격을 지녔다면 지금 우리가 겪고 있는 문제의 반은 일어나지도 않았을 것입니다' 라고 두루뭉술하게 말했다.[349]

3월 24일, 대통령은 더 이상의 출혈을 막기 위해 기자회견을 소집했다. 그는 애매모호한 뉴에이지식 사과를 했다. "제가 과거에 알았던 것과는 다른 기준이 있거나 없거나 한 것 같습니다. 물론 옳고 그름에 대한 기준은 바뀌지 않지요. 옳고 그름에 대한 기준이 아니라 옳거나 나쁜 것처럼 보이는 것에 대한 기준이 말입니다. 이제 여러분들은 앞으로 정부가 계속 여러 시행착오를 거치며 성장해가는 것을 보시게 될 것입니다." 한편 논란이 많은 퍼스트레이디에 대해서는 또 다른 개선의 시간이 마련되었다. 한 달 후인 1994년 4월 22일, 힐러리는 분홍색 정장을 차려입고 백악관 내 안락한 식당에서 기자들을 맞이했다. 그녀는 '이미 예전에 끝난 문제인데도 계속 언론의 된서리를 맞고 있는' 투자 관련 사건을 올바르게 바라보기를 원했다. 힐러리도 남편처럼 포스트모더니스트적인 사과를 했다. "저는 자신이 세운 기준에는 어떻게든 부합하려고 애쓰며 프라이버시의 존중을 특히 중요하게 생각합니다. 이러한 성격 때문에 국민의 알 권리뿐만 아니라 언론과 공공의 이익을 잘 이해하지 못한 듯합니다." 문제는 태도와 접근 방식이었다. 그녀는 자신의 아버지가 '주식시세표' 를 보며 경제를 가르치던 가정적인 모습을 묘사하면서 다른 엘리트들처럼 자신의 돈 거래를 '가족의 재정 안정을 위한' 시도일 뿐이라고 말했다. 공화당 사람들은 투기를 하는 것이고 힐러리는 자녀의 대학 교육비를 벌기 위해 벌인 일이라는 것이다. 항상 예민한 힐러리는 자신이 '돌아다니면서 다른 일보다 의료개혁에 관한 일에 더 열중하기 때문에' 사람들이 자신의 말을 오해한다고 말했다.

이제 쌀쌀맞지만 따뜻한 성격의 퍼스트레이디인 힐러리는 자신의 '프라이버시 영역' 이 '재조정' 되었다는 농담도 하기 시작했다. 실제적인 변화는 농담보다 더 극적인 것이었다. 공동통치에서 물러나면서 힐러리는 자신을 일하는 여성들, 특히 자신을 취재하는 여성 기자들과 동일시했다. 그리고는 '여러분들처럼 일을 하던 여성이 백악관의 안자리에 적응하는 일은 어려운 일입니다. 그래서 그 기준이나 기대치가 어느 정도는 바뀌었다고 생각합니다' 라고 말했다.[350]

힐러리는 이 날의 기자회견이 대중을 자극하지 않을 것이라는 점을 알고 있었다. NBC방송 앤드레아 미첼Andrea Mitchell이 말한 대로 '전례없이 훌륭한 기자회견' 이었다.[351] 힐러리는 퍼스트레이디로서의 일을 할 준비가 되었다. 새로운 이미지로 힐러리는 그녀가 너무 많은 권력을 휘두른다고 생각하는 49%의 사람들과 그녀가 정책결정에 참여해서는 안 된다고 생각하는 62%의 사람들을 달랠 예정이었다. 과거로 거슬러 올라가보면 1982년 레이건 대통령의 부인은 신세대적 유머 감각을 지니고 있다는 점을 보여주기 위해서 자조적인 노래를 부른 적이 있었다. 그로부터 12년 후에 힐러리는 자신이 중서부 출신의 촌스런 여자임을 기자들 앞에서 증명해야 했다.

백악관 직원들은 힐러리의 침착한 태도에 놀라워했다. 힐러리는 한숨을 쉬면서 '내가 나서서 싸울 때마다 듣는 말이라고는 비난뿐이에요. 그래서 웃으면서 받아들이는 법을 익혔죠' 라고 말했다. "밖으로 나가서 '제발 저를 더 때려주세요. 더 욕해주세요' 라고 말하면서 뒤에서는 더욱 치밀해져야 하지만 그저 웃을 뿐이지요." 힐러리는 이런 기술을 남편에게서 배웠다. 클린턴이 '분노를 억누르고 거짓 웃음을 짓는 일에는 최고의 실력' 을 지니고 있다는 점은 보좌관들도 인정한 부분이었다.[352] 하지만 사적인 영역에서는 클린턴 부부 둘 다 자기연민과 싸워야했다. 힐러리는 TV 뉴스나 신문 보기를 그만두었다. 참모진은 객관적인 사실 위주로 뉴스를 요약해서 힐러리에게 보고했다.

1994년 9월 26일 상원의 다수당 원내대표인 메인주 조지 미첼George Mitchell이 기자들에게 '소수가 다수를 저지할 수 있는 상원 내규에 의거해 의료개혁안이 통과되지 못했다' 고 발표했다. 상하원의 공화당 의원들은 '이번 해에 상정되는 의료관련 법안들은 모조리 반대할' 것을 분명히 밝혔다. 이 시스템은 공화당원에게는 좋게, 민주당원에게는 나쁘게 작용했다. 결국 미첼은 '공화당원들과 보험업계의 안팎 공조와 결속이 너무나 뛰어나서 민주당은 이를 극복할 수 없었다' 라고 자평했다.[353] 사실 100명의 민주당 하원의원들이 클린턴의 개혁안보다 더 혁신적인 개혁을 요구하는 상황에서 민주당은 내분을 겪고 있었다. 하버드대 사회학 교수인 테다 스콕폴Theda Skocpol의 주장대로 클린턴의 개혁안은 부메랑처럼 자승자박의 결과를 초래했다. 여러 겹의 규제로 무장한(비용을 절감하고 증세를 피하려는 노력의 결과) 클린턴의 개혁안은 그만큼 보수층의 공격을 받기 쉬웠다. 보수주의자들은 세금만큼 규제, 즉 큰 정부를 비난하는 데 이골이 나 있었다.[354]

CNN의 빌 슈나이더Bill Schneider는 '과거와 180도 달라진 의견일지라도 현재의 상식적인 생각을 분명히 표현하고 싶다' 는 스콕폴 교수의 말을 언급하면서 대통령 부부를 비난했다. 그는 '클린턴 정부는 경악할 정도로 멍청한 짓을 저질렀다' 고 주장하면서 '의료보험 개혁안을 자청한 500명의 전문가들로 구성된 태스크포스에 떠넘기고는 몇 달에 걸친 비밀회의 후에 결국 손에 쥔 것은 아무도 읽어보지 않을 1,300쪽의 두꺼운 서류더미였을 뿐이다. 이것이야말로 큰 정부, 빅

브라더의 폐해를 보여주는 산 증거가 아니겠는가?' 라고 성토했다.[355]

1994년 11월 민주당은 의료개혁안 보류보다 더 참담한 경험을 하게 되었다. 바로 40년 만에 처음으로 하원의 다수당이 되지 못했던 것이다. 뉴트 깅리치의 '미국과의 계약' 은 대통령 부부와 그들의 의료개혁안에 대항하는 작은 정부를 위한 대국민 약속으로 여러 면에서 성공을 거두었다. 의원선거 바로 전에 선거 결과를 예상하면서 버니 프랭크Barney Frank 민주당 의원은 '유권자들은 흥정의 대상이 아닙니다' 라며 머리를 흔들었다.[356] 어쩌면 이러한 엘리트적 고자세로 인해 민주당이 선거에서 진 것인지도 모른다.

힐러리 로댐 클린턴은 의료개혁안 실패를 자기 탓으로 돌렸다. 그녀는 자신이 '건강보장법을 나쁘게 몰아붙인' 것이 원인이라고 분석했지만 한 가지 본질적 포인트를 놓치고 있었다. 전국민 의료보험법의 실패는 퍼스트레이디로서 역할에 대한 판단이었다. 힐러리 또한 나쁘게 몰아붙여졌다. 보편적인 생각과는 달리 퍼스트레이디라는 위치는 정치적으로 믿지 못할 자리이다. 대중의 인기를 누리는 퍼스트레이디라도 표심을 잡는 데에서는 거의 힘을 발휘하지 못한다. 퍼스트레이디의 성공적 업적으로 평가되고 있는 엘리노어 루스벨트의 혁신주의나 버드 존슨의 환경미화 캠페인처럼 퍼스트레이디는 초당파적 사안에 집중해야 국민을 만족시킬 수 있다. 게다가 미디어 포화상태의 현대 정치에서 우리는 명성과 인기를 혼동하는 경향이 있다. 퍼스트레이디는 분명히 유명하고 항상 미국에서 가장 존경스러운 여성 명단에서 우위를 차지하며 종종 대통령인 남편보다 더 높은 인기를 누리기도 한다.

하지만 21세기의 퍼스트레이디를 더 꼼꼼히 살펴보면 그들은 표를 얻기 보다는 잃은 때가 더 많았다는 사실을 알 수 있다. 우리는 엘리노어 루즈벨트를 향한 욕설과 버드 존슨에게 던져진 토마토를 잊어버린 것이다. 대통령의 부인이 좋아서 대통령에게 표를 던지는 미국인은 거의 없을 것이다. 하지만 역으로 그 부인이 싫어서 대통령을 거부할 국민은 더 많은 법이다. 이와 유사하게 아무리 힐러리를 좋아한다하더라도 그녀의 남편에게 표를 던지겠다는 공화당원은 없으며 수백만 명의 미국인은 힐러리 때문에 클린턴을 찍지 않았다. 의료개혁에 대한 토론이 벌어지는 동안 미국인은 힐러리 때문에 대통령의 개혁안이 원래보다 더 급진적인 내용으로 변하게 될 것을 우려했다. 뉴리퍼블릭지는 힐러리를 중심으로 이루어진 태스크포스의 서류를 분석한 결과 그 개혁안이 무시무시한 '로댐주의'로 무장한 계획이라고 결론지었다.[357] 러시 림보같은 사람들은 연일 '힐러리'를 질타했다. 미세스 클린턴은 마녀로 몰렸고 의료개혁안은 시간만 끌었다.

의료개혁 토론은 힐러리의 표리부동함을 질타하는 성토장이 되어갔다. 퍼스트레이디는 선거도 거치지 않고 헌법적 제약도 없이 권력을 누릴 수 있는 위치이기 때문에 항상 행동 하나하나에 신중해야 한다. 1992년 민주당 전당대회에서 힐러리는 '한 번에 지도자 둘을 얻을 수 있는 셈'이라는 말을 더 이상 입에 올리지 않았다. 바버라 부시는 공화당 전당대회에서 찬조연설을 했지만 힐러리는 나서지 않고 가만히 있었다. 정장 대신 앞치마를 두른 가정주부의 모습을 연출한 것이다. 힐러리는 남편이 당선되고 난 후에야 비로소 자신의 결혼 전 성과 정장으로 되돌아왔다.

1994년에 클린턴은 1973년 닉슨 대통령이 워터게이트 사건으로, 1968년 존슨 대통령이 베트남전 반대 시위로 겪게 된 사정과 비슷한 추락 국면을 맞이하게 되었다. 11월 공화당이 국회를 장악하면서 클린턴의 패배는 돌이킬 수 없게 되었다. 뉴트 깅리치는 영민하게 자신의 '미국과의 계약'을 모든 주의 선거에 확대 적용했고 유권자들이 개별 의원들을 그다지 선호하지 않을 때조차도 공화당은 반클린턴 전략을 내세울 수 있었다. 힐러리는 '정말 뭘 해야 할지 모르겠어요. 무엇이 효과적일지도요. 내 판단력을 믿지 못하겠어요. 내가 하는 일은 모두 효과가 없는 것 같아요'라며 탄식했다.[358] 대통령의 아내는 퍼스트레이디에 맞는 해외방문이나 자선사업 같은 안전한 프로젝트 영역으로 물러났지만 대통령은 금방 아내에게 자신이 관련된 문제에 대해 푸념을 늘어놓을 것이 뻔했다. 마거릿 윌리엄이 고백한 대로 '현명한 아내는 항상 충고하지는 않는 법이다.'[359]

5 전략적 후퇴?

그것은 여태껏 대단한 성공을 거두어왔던 여성에게 공적으로나 개인적으로나 엄청난 실패였다. 공적인 자리에서 힐러리는 태연자약했지만 이 패배가 미치는 악영향은 컸다. 힐러리가 시애틀을 방문하는 동안 시위자들은 피켓을 흔들며 '힐러리는 이 땅을 떠나라!' 고 소리 높여 외쳤다. 힐러리의 공보담당 부비서관인 닐 래티모어Neel Lattimore는 '이렇게 증오로 끓어 넘치는 군중은 처음 봤다' 고 말했다.[360] 힐러리는 한숨을 내쉬며 '나는 극단적인 모습으로만 비춰지는 것 같아요. 내 이미지가 왜 이렇게

되었는지 나도 모르겠군요' 라고 탄식했다.[361]

의료개혁안 실패에 따른 여파가 확산되면서 퍼스트레이디의 행동이 실패의 한 요인으로 분석되었다. 그녀의 전략과 언동은 너무 딱딱하고 너무 선동적이며 너무 거칠고 너무 무자비했다. 힐러리의 태스크포스는 통계 등 너무 자세한 사항에만 치중했고 너무 학문적이고 너무 비밀스러웠다. 칼럼니스트인 엘리자베스 오스터Elizabeth Auster는 이 실패로 돌아간 사안을 페미니스트나 퍼스트레이디의 문제로 보는 관점을 부정했다. 오히려 힐러리의 실패는 '그녀의 경험부족을 극복'하지 못한 힐러리 개인의 문제라고 주장했다. 또한 오스터는 힐러리를 무능력하고 대중의 검증도 받지 못한 지도자로 묘사하면서 다음과 같이 평했다. "힐러리가 개혁안을 완성하기 위해 불러 모은 태스크포스의 강박적 비밀주의부터 정적들의 방법은 재정파탄을 불러오고 힐러리 자신의 방법만이 옳다고 주장하는 흑백논리에 이르기까지, 힐러리는 합의를 도출하는 일의 중요성을 무시하는 태도를 보여주었어요. 배제보다는 설득이, 참을성 없이 쏘아대기 보다는 경청을 하는 일이 더 중요한 법인데 말이지요. 이 같은 태도는 토론장에서 이슈를 만들어내고자 하는 사회운동가 입장이라면 용서받을 여지가 있는 실수라 치부할 수 있지만 통합과 실천을 바라는 지도자의 입장이라면 치명적인 결점으로 작용하게 되지요."[362] 얼마간 시간이 흐른 후 이 실패에 대해서 힐러리는 특유의 자기 교훈적인 관점에서 잘못을 인정했다. "저는 이 일을 통해서 입법과정에 대해 많이 배우게 되었고, 초당적 협력의 중요성과 더불어 큰일을 해내려면 먼저 작은 일부터 차근차근 단계적으로 이루어가야 한다는 사실을 깨달았습니다."[363]

백악관 생활이란 것이 여러 면에서 바람 잘 날이 없듯이 클린턴 부부도 제도적 차원과 개인적 차원에서 좋지 않은 평판에 시달리게 되었다. 린든 존슨 대통령의 거대하고 복잡한 '위대한 사회' 프로그램에 이미 환멸을 겪었던 미국인에게 클린턴 부부의 의료개혁안은 너무 거대하고 복잡하게 보였던 것이다. 레이건식 작은 정부에 길이 든 미국 국민은 큰 정부에 대해 신뢰하지 않는 성향이 강했다. 그런데도 클린턴 부부는 자신들이 일반적인 정치적 여론을 거스르고 있다는 점을 인정하지 않았다. 또한 클린턴 부부가 말하는 의료보험 위기론에는 미국 의료보험의 예외사항이 고려되어 있지 않았다. 수백만 명에 이르는 블루칼라 노동자들은 회사 노조나 효과적인 기업보험에 의해 잘 보장받고 있는 것이다. 결과적으로 누가 무엇을 필요로 하는지 분명하지 않았다는 점이 문제였다. 정치색이나 계층에 관계없이 현재 상태에 만족하는 수백만 명의 국민은 그들이 누리고 있는 혜택이 그대로 유지되기를 바라고 있었다. 이런 상황에서 타협을 불허하는 클린턴 측의 태도는 상황만 악화시킬 뿐이었다. 대통령 고문이었던 데이비드 거겐은 당시를 회상하면서 클린턴과 힐러리 둘 모두를 탓했다. '만약 클린턴 대통령이 아내와의 관계에서 떳떳할 수 있었더라면 대통령은 양당의 의견이 조율된 개혁안을 받아들이지 않았을까요?'[364]

힐러리의 측근들은 힐러리가 실망했다는 사실은 인정했지만 절망하지는 않았다고 강조했다. 힐러리는 '경험이 많이 되었다' 고 계속 말하면서 태스크포스의 '운영방식이 오해를 산 부분이 많았다는 점과 그 운영방식에 대해 설명이나 개선을 하려는 노력이 부족했다는 점' 이 후회스럽다고 인정했다. 하지만 여전히 '법안을 만드는 과정에서 더 많은 사람들이 참여할 필요는 없었다' 면서 '태스크포스에는 공공부문뿐만 아니라 민간부문 출신 전문가들과 국회 직원들까지 포함되어 있었다' 고 주장했다.[365] 힐러리에게 이제 의료개혁은 포기할 것인지를 물어보면 힐러리는 감리교적 사명에 헌신하는 여피족이라고 비난받을 위험을 무릅쓰며 '포기하지 않을 것'이라는 대답을 했다. "저란 사람은 특권과 건강, 고등교육의 혜택으로 만들어진 결과물이에요. 이렇게 제가 누리던 온갖 기회를 다른 사람들도 똑같이 누리게 해줄 수 있는 일을 왜 원하지 않겠어요?"[366]

힐러리 자신은 인정하지 않는 사실이지만 실제적으로 다시 한 번 자신의 역할을 재정의 하면서 힐러리는 퍼스트레이디의 역할이 규정적이지 않고 유동적이라고 계속 강조했다. "아시다시피 우리 퍼스트레이디들은 남편과 가족을 위해서, 나라의 발전을 위해서 가능하고 적합한 일이라면 무엇이든지 하려고 노력한답니다. 마찬가지로 퍼스트레이디라는 지위에 따르는 전통적인 의무도 잘 수행하려고 애를 쓰는 것은 당연한 일이지요." 힐러리의 태도는 그전과 완전히 달라졌다. 힐러리는 선구자적인 태도를 버리고 전통적인 틀 안에 녹아들기 시작했다. 힐러리는 기자들 앞에서 다음과 같이 말했다. "제 앞에도 국회에서 증언을 하거나 기자회견을 연 퍼스트레이디들이 있었어요. 게다가 공직을 겸했던 퍼스트레이디도 제가 처음은 아니었죠. 모든 일들이 과거에 선례가 있었던 일이에요. 모든 퍼스트레이디는 남편과 자신에게 옳은 일을 하려고 노력한답니다. 제가 노력한 일도 바로 그 점이구요. 그래서 저는 제가 적합하다고 생각하는 한, 이 자리에 따르는 많은 역할을 계속 수행해나갈 예정이에요."[367]

1995년이 되자 클린턴 부부는 사적으로나 공적으로, 개별적으로나 팀으로 재편성을 해야 할 필요성을 느꼈다. 힐러리는 이제 더 이상 공식적인 회의석상에서 클린턴 대통령의 옆에 있지 않았다. 그녀는 거의 2년 동안 전략회의에 참석하지 않았다. 하지만 여전히 클린턴에게서 모든 일을 듣고 있었다. 백악관 내에서 진보주의적 발판을 유지하려고 노력하면서도 힐러리는 클린턴이 중도적 노선을 취하도록 설득했다. 힐러리의 요구로 클린턴은 이 중도적 전략의 입안자이자 정치 고문인 딕 모리스를 채용했다. 모리스와 클린턴 부부의 관계는 복잡했다. 클린턴 부부는 둘 다 딕 모리스의 성격이나 이념적인 차이를 싫어했지만 유권자의 마음을 움직이는 요소에 대한 그의 통찰력은 높이 샀다. 모리스는 곧 대통령이 '삼각형의 중간 꼭지점'에 자리하도록 했으며 복지정책을 주장하는 진보주의자들과 이를 반대하는 보수주의자들 사이에서 균형을 이루도록 했다.[368] 공식적으로 홀로 서서 중도적 노선을 취함으로써 빌 클린턴은 재당선을 노렸다.

이와 유사하게 힐러리도 홀로 서서 중도적 행보를 연출했다. 좀 더 전통적인 퍼스트레이디의 모습을 보이게 되었지만 힐러리는 계속해서 중간점을 찾고자 하는 노력을 했다. 파크리지와 뉴헤이븐, 즉 성장과 각성, 감리교적 사명과 진보주의적 비전, 청교도주의와 혁신주의, 보수주의에 가까운 중도적 문화와 좌파적 정치의제 사이에서 균형을 잡으려고 했던 것이다. 결과적으로 대중과 미디어가 힐러리의 부재에 집중하는 동안 힐러리의 생각은 그 어느 때보다도 빛을 발하고 있었던 것이다. 수백 번의 연설과 기자회견, 공적 자리에서 힐러리는 자신의 생각을 가장 잘 드러낼 수 있는 강력하고 시사점이 많은 사회적 의제를 채택했다.

전설적인 엘리노어 루스벨트 시절 이래로 퍼스트레이디들은 자신들만의 프로젝트를 수행해야한다는 압박을 받게 되었다. 베스 트루먼과 마미 아이젠하워는 다양한 자선활동을 이끌었다. 재키 케네디는 백악관을 아름답게 꾸몄고 버드 존슨은 미국의 자연환경을 위한 캠페인을 벌였다. 팻 닉슨은 자원봉사활동을 지지했으며 정치적 경향이 강했던 베티 포드는 남녀평등헌법수정안 통과와 유방암 알리기를 위해 활동했다. 로잘린 카터는 버드 존슨과 엘리노어 루스벨트의 정책 중심적 사례들을 더욱 발전시켰고 정신건강을 위한 지원활동을 벌였다. 낸시 레이건은 양조부모제를 채택했고 마약반대 캠페인을 이끌었다. 바바라 부시는 문맹률을 낮추는 일에 집중했다.

힐러리 로댐 클린턴은 더 안전하고 퍼스트레이디다운 일에 전념하는 한편, 그 일들을 좀 더 윤리적인 미국을 위한 사회적 활동으로 승화시켰다. 버드 존슨의 환경미화 캠페인이 남편의 '위대한 사회' 의제를 강화한 것처럼 힐러리의 가치 중심적 활동은 클린턴의 '제3의 길' 의제를 더욱 구체화해주었다. 클린턴은 딕 모리스식 계획을 수행하면서 사람들을 설득하기 위해서 기업인들에게 증세에 대해 사과했고 '가치가 가장 중요하다' 는 사실을 잊고 있다고 클린턴 정부를 비판한 칼럼니스트 벤 바텐버그Ben Wattenberg를 두둔했다.[369] 이제 클린턴은 배드 보이가 아니라 좋은 아빠의 이미지로 거듭나려고 했다.[370] 1996년의 연두교서에서 클린턴은 '우리의 기본적 가치인 가족 중심적 가치 회복' 의 중요성을 역설했다. 그것은 부모들이 TV를 끄고 학교 선생님들과 함께 자녀의 '인성교육' 에 주력함으로써 통제력을 되찾을 필요가 있다는 내용이었다. 미국식 사회복지 정책이 행해지기 시작한 시절에 태어나 반전을 외치던 진보주의 시기인 1960년대를 거쳐 미국 역사상 사회주의 정책을 가장 야심차게 추진했던 클린턴 대통령이 '큰 정부의 시대는 끝이 났다' 고 선언한 것이다.[371]

미국인은 자국의 '인성 부족 문화' 에 대해 점점 더 문제의식을 가지는 추세이며 조지 갤럽 2세George Gallup Jr.는 '과학적 여론조사를 벌여온 60년 동안 미국인이 이토록 윤리의식에 관심을 보인 것은 처음' 이라고 평하는 이때에 이상하게도 대부분의 미국인이 대통령의 거짓말에 대해서 관용적인 태도를 보였다.[372] 클린턴과 측근들은 아주 영리하게 정치적 플레이를 전개해 나갔다. 그들은 전직 FBI 요원인 게리 올드리치Gary Aldrich가 쓴 '무제한적 접근' 처럼 허점이 많은 폭로성 글을 위주로 공격했다. 또한 클린턴 대통령은 국가적 윤리 지도자 역할을 자임하고 나섰다. 많은 미국인은 자신들도 일상생활에서 직접 맹세한 도덕적 기준을 벗어나는 행동을 저지르는 일이 많았으므로 대통령의 사생활과는 분리해서 공적으로 도덕성과 절제, 여성에 대한 존중 등을 주장하는 대통령의 언행을 받아들였다. 클린턴은 공적 윤리성이 사적 경솔함을 가려주는 새로운 인식문화의 득을 본 셈이었다. 또한 대중은 사적인 방탕함과 냉소적인 근엄주의가 뒤섞여 나타나는 문화에 지쳐있던 상태였다. 공적으로든 사적으로든 이렇게 모순되는 메시지가 넘쳐나고 있었다. 1995년에 인기를 누린 대중가요에는 성적 자유로움을 노래한 것This Is How We Do It, Take Your Time, Sexual Healing, Fantasy 등이 많았다. 이런 노래들이 연일 미디어를 통해 홍수처럼 쏟아질 때 다른 한편에서는 낸시 레이건식 메시지 Just Say No가 마약에서 모든 종류의 중독행위로 확대 적용되고 있었고, 기자들은 정치인의 사적인 잘못을 들추어 윤리재판을 내리는 일에 열광하고 있었다.

퍼스트레이디도 이름과 머리카락 색깔에 변화를 주지는 않았지만 대통령과 마찬가지로 중간적 입장을 취했다. "저의 첫 번째 임무는 남편이 도와주기를 원하는 일이라면 무엇이든지 하는 것이에요 … 어떤 대가를 치르더라도 그의 곁에서 힘이 되어줄 겁니다."[373] 이렇게 힐러리가 전통적 아내의 모습으로 한발 물러난 일은 모두에게 너무나 놀라운 사건이어서 힐러리의 지지자들은 '새로운 힐러리' 에게 거부감을 느끼기도 했다.[374] 1995년 3월, 민주당 의원 팻 슈로더Pat Schroeder는 '네, 그녀는 의료개혁안에서 손을 뗐어요. 물론 우리들도 그 사안을 다루고 있지 않지만요' 라면서 '그녀는 자신이 진정으로 관심을 갖는 일에는 여전히 적극적인 모습을 보여주고 있어요. 사춘기 딸과 시간을 함께 보내는 일 같은 것 말이에요' 라고 힐러리의 근황을 전했다.[375]

1980년대에 낸시 레이건이 그랬던 것처럼 힐러리도 페미니즘과 전통주의의 중간쯤에 위치하는 '가족 페미니즘' 을 주창했다.[376] 페미니스트와 페미니즘에 대한 편견이 미국 내에 만연한 상황에서 많은 여성들이 그들의 어조와 메시지를 완화하는 한편 그들의 장점인 다양한 삶에 대한 관용성을 부각시켰다. 힐러리는 '우리는 여성들이 살아가는 방법에는 특정한 공식이 있는 것이 아니라는 점을 이해해야 합니다' 라고 설교했다.[377] 또한 덧붙이길, 페미니스트란 '남성과 동등한 여성의 정치적, 사회적, 경제적 권리' 를 지지하는 사람이지, '모성 가치와 자녀 교육을 거부하고 자신의 인생에서 남자를 중요하게 생각하지 않는 사람' 은 아니라고 말했다.[378] 힐러리는 국방부에서 최초로 연설을 한 퍼스트레이디로서 여성의 '선택' 을 존중하는 것의 중요성과 '획일화되지 않을' 여성의 자유를 강조했다. 또한 여성의 기여와 공헌에 대해 말하면서 '전체 여성뿐만 아니라 어머니, 자매, 딸로서의 기여' 도 구체적으로 언급했다.[379]

1992년 캠페인을 치르면서, 무자비하고 단정적이며 용서가 없으면서도 겁이 많다는 페미니스트에 대한 전형적인 고정관념에 더욱 민감해진 힐러리는 페미니즘의 이미지를 좀 더 따뜻하고 관용적인 방향으로 개선하려고 노력했다. 뉴욕시의 여성 경찰상 시상식에 참석한 힐러리는 여성이 할 수 있는 수많은 선택에 대한 '존중' 을 역설했다. "여성이 자신의 최선을 위해 내린 결정을 두고 그 선택을 폄하하거나 비난하는 일은 이제 더 이상 용납될 수 없습니다. 또한 모든 여성은 서로를 지지해야합니다. 그래야지만 우리 모두는 자신의 잠재력을 최대한 발휘할 수 있게 되고, 자신이 할 수 있는 일과 바라는 일을 정확히 인식함으로써 완전한 자아실현을 이룰 수 있게 되는 것입니다."[380] 1995년 4월 힐러리는 '올해의 어머니상' 시상식에 참석했다. 아마 힐러리의 비평가라면 그녀가 이런 종류의 시상식을 경멸하고 있다고 예상했을 것이다. 하지만 힐러리는 이로써 자신이 말한 '여성의 다양한 선택'에 대한 '존중'을 직접 보여주었다. 이곳에서 힐러리는 사회의 여성에 대한 이중 잣대를 탓했다. "너무나 자주 우리들은 사회의 많은 문제들을 '일하는 엄마'가 늘어난 탓으로 돌리면서도 집에서 자녀양육에만 전념하는 여성에게는 교육과 잠재력의 낭비라고 비난하는 우를 범합니다. 이는 수많은 여성의 굴레에 또 하나를 더하는 일입니다. 어머니들은 어떤 선택을 하든지 간에 비난을 피할 길이 없는 셈이지요."[381]

힐러리는 자신에 대한 공격을 모든 강한 여성에 대한 공격으로 단정했다. 유에스뉴스앤월드리포트US News & World Report의 케네스 월쉬Kenneth Walsh는 이 퍼스트레이디를 놓고 '육체노동자, 가정주부, 보수주의자'는 무시하면서 '여성노동자, 진보주의자, 사회운동가, 페미니스트를 맹목적으로 우상화'하는 말만 한다고 평했다. 이처럼 '많은 사람들이 강한 여성을 싫어하지 않느냐'는 투의 방어전술은 힐러리를 지지하는 전문직 여성들의 동조를 얻었다.[382] 하지만 이런 식의 반박은 평등한 대우를 바라는 힐러리의 요구가 효과적으로 전달되는 데 방해만 될 뿐이었다. 이는 선거를 거치지 않은 퍼스트레이디라는 지위의 특수성을 간과한 결과로, 계속 늘어나는 직권남용에 대한 비난을 무시한 처사였다.

새로운 이미지의 힐러리는 공동통치 노력에서 벗어나서 이전의 퍼스트레이디들처럼 사회적 문제에 관심을 기울이는 모습을 보여주게 되었다. 여성의 영역으로 물러나 워싱턴 D.C에 테레사 수녀 고아원을 설립하는 일에 도움을 주기도 하고 대통령 직속 예술인문위원회의 명예위원직을 맡기도 했다. 그녀는 뉴트 깅리치 공화당 하원의장이 고아원 수를 늘려야한다고 했을 때 '큰 정부적 간섭' 이라고 비난했고, 걸프전쟁 증후군으로 고생하는 군인들을 위해 싸웠으며, 유방암 예방을 위해 유방 X선 검사를 널리 홍보했다. 또한 백악관 내 블루룸의 인테리어를 다시 손봤으며 재키 케네디의 뒤를 따라 인도와 파키스탄을 방문하기도 했다.[383] 이 때 힐러리는 재키 케네디와는 달리 딸을 대동해 마치 가족여행 영화 같은 장면을 연출했다.

힐러리는 백악관의 마술적인 솜씨를 이용해서 자신이 신경 쓰고 있는 정책적 난제들을 돋보이게 만들었다. 2000년도 힐러리 웹 사이트에는 다음의 부제들이 달린 일련의 문제들이 목록별로 정리되어 있었다. 일과 가정 사이의 조화를 이루는 조언, 미국 유소년 문제, 공교육 강화, 전 국민을 위한 의료 향상, 여성의 경제적 안정성 증진, 민주주의와 시민사회, 여성참여 증진, 예술진흥지원, 새천년맞이 등.[384]

공평하게 말하자면 힐러리 로댐 클린턴은 전통적인 퍼스트레이디의 일들을 수행해나가면서도 총명하고 사회 의식적이며 진보적인 활동가로서의 면모도 버리지 않았다. 힐러리는 재키 케네디의 백악관 인테리어에 관심을 갖는 소녀적 취향보다는 버드 존슨의 사회적 문제 비평에 더 가까운 퍼스트레이디였다. 그녀는 낸시 레이건이 말한 퍼스트레이디의 '흰 장갑의 연단' 을 효과적으로 이용했다. 이전의 모든 퍼스트레이디와 마찬가지로 힐러리도 끝이 없어 보이는 연설과 회의, 시상식 참석, 국내외 방문을 계속 반복했다. 하지만 힐러리는 회의를 열고 연구를 수행해서 올바른 해결책을 찾아내려는 노력을 멈추지 않았고 이렇게 나온 수많은 제안은 구체적이고 실질적인 것이었다. 그녀는 백악관에서 열린 발달장애 어린이의 장기적 치료 회의에서 연설을 했다. 1997년에 힐러리는 어린이 발달과 교육에 관한 백악관 회의를 주최했다. 1998년에는 학교 안전(청소년 폭력의 원인과 예방, 이에 관한 백악관 전략회의)에 관한 회의를, 1999년에는 인류애(미래를 위한 선물)에 관한 회의를, 2000년에는 감정적, 행동적 장애를 가진 어린이의 진단과 치료에 관한 회의를 열었다.

1994년 3월의 칠드런 나우 Children Now 회의에서 보여준 힐러리의 위성중계 연설은 힐러리의 특징이 담긴 전형적인 것이었다. 청중 중에는 10세에서 20세 사이의 학생 기자들도 모여 있었고 그들은 힐러리의 연설이 끝나면 질문을 할 예정이었다. 퍼스트레이디뿐만 아니라 어떤 정치인이라도 이런 상황을 그저 수월하게 넘기고 싶은 유혹에 사로잡혔을 테지만 힐러리는 그러지 않았다. 힐러리는 '미국 어린이는 폭력문화에 젖어 있다'고 말했다. 이는 할리우드 기부금에게 의지하고 있는 민주당원으로서는 정치적으로 민감한 발언이었다. 그녀는 연설에서 복잡한 문제들을 많이 거론했다. TV 속 폭력증가와 범죄발생률의 연관성, 범죄 보도에서 기자정신과 폭력에 대한 관음증적이고 무감각한 세태 사이의 균형, 언론의 자유와 책임 사이의 충돌 등. 연설의 끝머리에 힐러리는 '결국 올바른 판단력과 신중함은 언론인의 수정헌법 제1조(표현의 자유)를 침해하지 않습니다'라고 결론지었다. 그러면서 다음과 같은 당부도 잊지 않았다. "조화와 균형은 어렵지만 꼭 이루어야 하는 일입니다. 왜냐하면 우리는 우리의 자녀들이 어릴 때부터 공평한 대우를 받으면서 감정적으로나 심리적으로 올바르게 성장해 옳고 그름을 잘 판단하는 건설적 어른이 되기를 바라기 때문입니다."[385]

힐러리는 부통령 부인인 티퍼 고어 Tipper Gore 가 록 음악 가사의 선정성을 비난하고 난 뒤 1987년과 88년에 겪어야 했던 언론의 질타를 기억했다. 클린턴 부부는 할리우드를 경원시할 수 없었다. 할리우드에서 수백만 달러의 정치자금이 민주당으로 들어오기 때문이었다. 또한 그들은 선거인단 투표의 보고인 캘리포니아 주를 잃을 수도 없었다. 많은 언론인뿐만 아니라 연예인들은 누군가 미국문화의 천박함을 감히 입에 올리기라도 하면 언제나 '검열' 이라고 외쳐댔다. 게다가 로널드 레이건이 집권하고 문화전쟁이 일어난 후 도덕적인 문화비평은 너무나 자주 보수주의 영역으로 치부되곤 했다. 문화전쟁에 대해 언론은 미국이 두 부류로 나뉘어져 있다고 묘사했다. 한 쪽은 사회국가적 프로그램을 제한하면서 개인의 침실에 국가적 제약을 가하고자 하는 보수주의적 근본주의자들이고, 상대 쪽은 경제와 사회 분야에 큰 정부적 관료들이 깊이 관여하는 것을 지지하면서 개인적 사생활에서는 멀리 떨어지고자 하는 진보주의적 자유주의자들로 말이다. 힐러리는 국가 제약에 관한 어떤 의견에도 명확하게 처신하면서 도덕적 리더십이라는 중요한 영역을 근본주의자들에게만 맡길 수는 없다는 입장을 분명히 밝혔다. 그녀는 양편을 이으려고 노력하면서 '이는 너무 오래 끌어온 논쟁입니다' 라고 주장했다.[386]

힐러리의 연설이 이 문제를 해결하지는 못했지만 어린 청중의 진지한 반응은 끌어낼 수 있었다. 캘리포니아 릴랜드고등학교의 학생회장인 리디아 챙은 '냉소주의와 걱정, 불안' 과 함께 성장한 어린이에 대한 힐러리의 일반화를 거론하면서, '어른들도 뉴스를 보면서 젊은이에 대한 잘못된 이미지를 가지게 되는지' 를 물었다. 이 질문에 진지한 대답을 하기 전에 힐러리는 그날 처음으로 대통령에 관한 언급을 하면서 '남편과 저는 뉴스를 보지 않아요. 이것이 정신건강을 위해 우리가 매일 하는 일이지요' 라고 우스갯소리를 했다. 18세의 대학 신입생인 루이스 크루즈는 대통령 부부가 딸 첼시를 사립학교에 보내기로 한 결정도 '공교육에 대한 좋은 이야기' 가 언론을 통해 잘 흘러나오지 않는 사태에 일조한 것이 아니냐고 질문했다. 또한 10세의 어린이 기자 한 명은 미디어에서 묘사되는 많은 '유색인종 어린이' 가 '누군가를 쏘지 못해 안달 난' 모습으로 그려지는 데 대해 불만을 드러냈다. 한편 11세의 한 어린이는 '저희 아빠는 뉴스를 보지 못하게 하세요. 왜냐하면 제가 밤에 악몽을 꾸게 되길 원치 않으시니까요' 라고 말했다.[387]

어린이 관련 문제는 항상 힐러리가 관심을 두는 주요 사안이었다. 어린이에 대해 말할 때는 자신의 문화 비평과 미래에 대한 비전, 전통적 가족 가치에 기반을 둔 사회 참여적 정부, 청교도주의와 혁신주의의 조화를 언급하곤 했다. 이러한 접근법은 아동방어기금에서 사회활동가로서 경험했던 일과 리틀록에서 일하는 엄마로 살았던 경험에서 나온 것이었다. '아메리칸 드림은 세대 간 약속이다' 라고 말하면서 어느 현자의 말을 인용했다. '우리 세대는 다음 세대를 위해 열쇠를 매트 아래에 남겨두어야 한다.'[388] 하지만 건설적인 의미의 '자유시장' 과는 구별되는 '소비자 자본주의' 에 낙담한 힐러리는 '우리 사회에서 가족도, 이웃도, 직장도, 우리의 가치까지도 진정 영원한 것은 이제 존재하지 않는다는 인식이 존재한다' 는 점을 두려워했다.[389] 힐러리는 부정적인 역할모델, 냉소주의, 가족 소외, 젊은이들의 의식을 왜곡시키는 폭력성 등을 계속적으로 비난했다. "우리는 매일같이 미디어를 통해서 선정성과 폭력성, 사회적 기능장애, 실현 불가능한 환상을 접하고 있습니다. 우리는 일회용 사회에 너무나 자주 노출되고 있어요. 이윤과 찰나적 만족만을 추구하다보니 장기적 투자와 절제의 미덕을 잃어가고 있는 것입니다." 그러면서 힐러리는 도전적 질문을 던졌다. "우리는 스스로를 무엇으로 평가할까요, 외양, 아니면 본질로? 운동화의 로고, 아니면 마음의 관용으로? 우리가 갈구하는 명성, 아니면 우리가 얻게 되는 평판으로?"[390]

이러한 문화적 면을 강조하면서 힐러리는 정부가 모든 문제의 답이 아니라는 자신의 메시지를 더욱 강화했다. 그녀는 반가족주의, 반자본주의, 반종교주의, 빅 브라더에 열중했던 1960년대의 사고방식으로 되돌아갔다. 모든 문제를 '경제' 탓으로 돌리는 사람들은 경제구조를 바꾸기 위한 정부 개입이 필요하다고 요구할 것이고, 그 원인을 '가족 가치' 부재로 생각하는 사람들은 가치 향상을 위한 보수주의적 요구를 할 것이 뻔했다. 하지만 힐러리는 이렇게 두 부류 사이의 '쓸데없는 공방'을 거부하며 '둘 중 어느 하나를 택하는 문제가 아니라 두 요소 모두가 중요하다'는 믿음을 강조했다. 통합과 균형의 중요성을 역설했던 것이다.[391] "이제 어느 누가 처방전을 쓰거나 법을 통과시키더라도 강제적으로 사람들에게 좋은 부모가 되라고, 사랑스러운 조부모가 되라고, 학생들에게 많은 관심을 쏟는 선생님이 되라고, 좋은 고용주가 되라고, 사려 깊은 지도자가 되라고, 항상 어린이 발달과 성장에 최우선으로 필요한 일을 고려하라고 말할 방법은 없습니다."[392] 이에 덧붙여 힐러리는 중요한 유권자 그룹을 의식하면서 다음과 같이 말했다. "가톨릭 회의에서 언급한 대로 '어떤 정부도 자녀에게 사랑을 줄 수 없으며 어떤 정책도 가족의 사랑을 대신할 수 없다'는 점은 사실입니다. 하지만 부모들이 자녀에 대한 의무를 다 하도록 우리가 도와줄 수 있는 일은 많이 있습니다. 모성애와 부성애가 적절히 조화를 이룬 양육에 가장 필요한 것은 자녀와 부모 스스로에 대한 태도와 기대치가 달라져야 한다는 점이라고 생각합니다."

모든 미디어가 문화전쟁으로 양극화된 미국사회를 보도하고 있을 때 힐러리는 공동체 정신과 도덕성 회복, 전통의 재평가를 원했다. 이와 같은 생각을 가진 진보주의자는 힐러리만이 아니었다. 1990년대에 하버드대의 마이클 샌델Michael Sandel같은 정치 철학자들은 근대적 권리투쟁에 기반을 둔 자유주의가 개인적 특권에 너무 집착한 나머지 민주적 시민의 공동체적이고 상호적인 기반을 위협하게 될 것이라고 경고했다. 이러한 비평은 아미타이 에트지오니Amitai Etzioni 교수가 오랫동안 요구해 온 새로운 민주적 '공산사회주의'와 궤를 같이하고 있으며 1995년에 로버트 푸트남Robert Putnam 교수가 미국인은 단체가 아니라 '나 홀로 볼링'을 즐긴다고 말한 것과 동일선상에 있었다. 이 사상가들은 푸트남 교수가 말한 '사회적 자본' 민주주의와 '시민사회'를 재건하려고 애썼다.[393] '시민사회재건'은 힐러리의 의제 목록에도 존재하는 항목이었다.

힐러리는 중간적 입장에서 개인과 공동체를 받쳐주는 '삼각대'를 규정했다. 그녀는 스위스 다보스에서 열린 세계경제포럼에서 '자유시장제도가 고용과 소득, 부, 투자를 창출하는 가장 큰 힘을 가진다'고 연설했다. 자본주의의 혜택을 입었지만 그것을 혐오하는 지식인들이 많은 유럽에서 이렇게 단언한 것은 대담한 행위였다. 하지만 이와 동시에 힐러리는 '정부가 너무 권위적이지도 너무 약하지도 않아서 적시에 시장에 개입할 수 있을 만큼 효과적이고 능률적이어야 한다'고 요구했다. 이러한 확언은 레이건이 큰 정부를 비난한 것과는 완전히 대조적인 것이었다. 자주 간과되고 위태로운 상황에 처해있지만 '시민사회'야말로 안정을 주는 제3의 방안이라 할 수 있었다. 힐러리는 '시민사회'를 '삶 자체'라고 규정하면서 '그것은 가족처럼 우리를 이끌어주는 신앙과도 같은 존재이며 우리가 자발적으로 꾸려나가는 협력체이다. 우리의 영혼을 한 차원 더 높이는 예술 문화와 같

다' 라고 말했다.[394]

힐러리는 '가족적 가치' 를 입버릇처럼 읊어대는 보수주의자들과 거리를 두면서 진정으로 '가족을 가치 있게 하는' 정책과 태도를 요구했다. 그러면서 그녀는 좌파적인 정부 발제안과 우파적인 전통적 수사법을 교묘히 섞었다. 1960년대에 반체제 문화 비판을 하던 식대로 미국 문화와 정치의 수준을 떨어뜨리는 물질 만능주의와 이기주의, 폭력, 쾌락주의를 비난했다. 힐러리는 뉴욕의 세네카 폴즈에서 열린 세계 최초 여성권리회의 150주년 기념식에 참석해 열광하는 그곳 관중에게 '이곳에서 시작된 일을 마무리짓자' 고 촉구했다. "모든 미국인들이 돈 걱정 없이 좋은 진료를 받을 수 있도록 하는 전국민의료보험 같은 정책들이나 어린이와 범죄자의 손에 총기가 들려질 수 없도록 하는 정책들, 사는 지역에 상관없이 모든 소년과 소녀들이 양질의 공교육을 평등하게 받을 수 있도록 하는 정책들을 지지해주십시오. 우리가 이곳에서 시작된 일을 마무리하려면 열심히 일하는 남녀 모두가 가난에서 벗어날 만큼의 돈을 벌 수 있게 보장하고 은퇴한 근로자 모두가 남은 삶을 사회보장이나 연금을 통해 재정적으로 편안하게 살 수 있도록 해야 할 것입니다." 그런데 힐러리는 이렇게 진보주의적인 연설을 다음과 같은 보수주의적인 말로 끝맺었다. "우리가 이곳에서 시작된 일을 마무리하려면 우리의 아들딸들에게 그들의 운동화나 화장품 브랜드가 그들의 생각이나 감정, 행동보다 더 중요하다는 인식을 심어주는 소비자주의 문화를 철저히 경계해야할 것입니다."[395]

1980년대에 로널드 레이건 대통령의 황금 시기를 보내던 미국인은 경제적 번영을 누리는 것에 조금의 죄의식도 가지지 않았다. 레이건 대통령은 전통을 훼손하는 사회적 병폐와 대중소비자 중심주의가 전통에 끼치는 영향을 관련지은 적이 한 번도 없었다. 하지만 클린턴 부부는 선량한 여피족으로서 재산축적에 고뇌를 더할 수밖에 없었다. 1960년대와 1970년대 사이에 대학을 나온 클린턴 부부는 사회비판에 더 익숙했다. 특히 힐러리는 번영에 수반되는 부대비용을 잘 알고 있었고 초개인주의적이고 레저와 쇼핑에 사로잡힌 사회의 후유증을 해결하고자 했다. 하지만 그녀도 현대 미국의 자본주의적 소비중심주의의 근본을 의심하지는 않았다. 그 대신 힐러리의 비판은 계속 돈을 벌고 쓰면서도 한편으로는 비판하고 고뇌하고자 하는 베이비붐 세대의 욕구를 만족시키는 유용한 배출구 역할을 했다.

교묘한 논리로 정치적 문제를 풀어나가는 일에 잘 단련된 힐러리는 법률서비스공단Legal Service Corporation처럼 논란 많은 기관을 좋은 말로 잘 포장하는 기막힌 능력을 보여주었다. 이 공단은 수년 간 급진적 좌파의 법률적 공격세력이라는 보수층의 지탄을 받아왔다. 이 기관으로 인해 미국의 '권리의식'[396]이 한층 확장된 것은 사실이지만 법률서비스공단은 공단에 자본을 댄 정부를 상대로도 소송을 벌였다. 힐러리는 이러한 공단을 두고 '수백만 명에 이르는 가난한 미국인을 위한 희망의 횃불이자 최후의 방패막이' 라고 평했다. "양육보조를 원하는 어머니들과 의료혜택을 받지 못하는 어린이들, 집이 없거나 형편없는 주택환경에 처한 가족들, 직업훈련을 원하는 복지정책 수혜자들, 기본적 치료나 존엄성마저 박탈당한 양로원 노인들, 생계수단을 잃은 농부들과 폭력에 노출된 여성들, 이 모두를 위한 기관입니다."[397]

미국사회가 학교 내 총격사건 같은 일들을 자주 겪게 되자 어린이와 학교, 학교 폭력에 대한 힐러리의 관심은 더욱 커졌다. 교내 총격사건 중에서도 1999년 4월 20일에 발생한 콜럼바인고등학교의 총기

난사사건이 가장 충격적이었다. 이 사건으로 12명의 학생과 교사 한 명이 사망했다. 이 사건이 터진 직후 힐러리는 칼럼 하나를 썼다. 9살짜리 어린이가 우연히 접한 광고에 '이웃집 고양이를 쏘는 것보다 더 한 재미를 드립니다! 탕! 야옹! 탕! 야옹! 자자 빨리들 오세요. 이제 당신이 먹이사슬의 위에 서서 폭발할 때 더 좋은 소리를 내는 먹잇감을 겨냥하세요' 라는 글이 적혀져 있고 이 학생이 비디오 가게에서 집어 든 잡지에는 '총을 쏘고 싶은 당신의 냉혹한 면을 마음껏 발산하세요. 이제 친구들도 거리낌 없이 죽일 수 있어요' 라는 광고가 버젓이 올라와 있는 세태를 한탄하는 내용이었다.[398] 오래 전부터 힐러리는 어린이나 청소년의 순간적인 감정으로 인한 잘못된 판단이 폭력적 이미지가 넘쳐나고 총기접근이 용이한 세계를 만나게 되면 얼마나 치명적인 위험을 불러올지를 경고해왔다. 콜럼바인 사건은 이러한 힐러리의 입지를 한층 강화해주는 역할을 했다. 원래 힐러리는 총기 제한과 같이 전통적인 가치와 진보적인 정책이 어우러진 사안에 관심이 많았다.

6년 동안 힐러리 로댐 클린턴은 자신의 비전을 널리 알리기 위해 미국 내 방방곡곡뿐만 아니라 아프리카, 아시아, 유럽, 오스트레일리아 대륙을 찾아 다녔다. 그녀는 정부맹신자는 아니었다. 정부의 강점과 한계를 분명히 인식하고 있었던 것이다. 미국에서 가장 맹렬한 페미니스트이자 행정부 내에서 가장 열렬한 관념론자라는 평판이 붙어 있는 힐러리이지만 그런 그녀도 뜨거운 감자라고 할 수 있는 낙태 문제에 대해서는 중도적 입장을 고수했다. 전국낙태권연맹NARAL: the National Abortion and Reproductive Rights Action League의 30주년 기념식에 참석한 힐러리는 이 어려운 문제가 하버드대 로스쿨 로렌스 트라이브Laurence Tribe 교수의 말처럼 '절대진리의 충돌' 양상을 보이게 되었다며 안타까워했다. "의도치 않은 임신은 줄어들었습니다. 낙태율도 12%나 떨어졌습니다. 이 모든 일이 여성의 선택권 존중에서 한 발도 물러서지 않은 대통령의 통치 하에서 일어났습니다 … 이 대통령은 7년 전에 안전하고 합법적인 낙태를 가능케 하고 낙태율을 떨어뜨리겠다고 맹세한 약속을 지키기 위해 열심히 노력했습니다."[399]

당파적 이익싸움에 난사를 가하면서 힐러리는 '인권과 모든 인간의 존엄성 수호라는 목표를 위해서 공동의 기반을 찾는 일'을 하는 사람들의 목소리가 '미국 국민'에게 닿지 못하게 하는 '가장 큰 목소리'를 비난했다. 힐러리는 가장 찬반이 팽팽한 이 같은 문제의 최선책을 찾기 위해 많은 사람들을 만났다. "여성의 선택을 지지하는 수천수만 명의 남녀를 만났지만 낙태를 무조건 찬성하는 사람은 보지 못했어요. 중절 합법화를 지지하는 것이 낙태를 지지하는 일은 아닙니다. 중절 합법화 지지는 여성 개인이 자신과 가족을 위해 옳은 선택을 할 것이라고 믿는 행위이며 그 결정을 정부당국에 맡기지 않겠다는 의지입니다."[400]

같은 맥락에서 클린턴 부부는 결혼 제도에 대해서도 1950년대의 완벽주의와 1990년대의 냉소주의의 중간적 입장을 취했다. 힐러리는 '빌과 나는 항상 서로를 사랑해요. 어떤 결혼도 완벽하지 않지만 그렇다고 해서 이혼이 유일한 해결책이라고 생각하지 않아요. 결혼생활이란 항상 성장하고 변화하기 마련이니까요'라고 말했다. 그녀는 결혼제도를 맹렬히 비난하는 급진적 페미니스트도, 다른 삶의 양식은 무시하는 전통주의자의 견해도 모두 거부하면서 '이것은 제 선택이에요. 이것이 내가 나를 규정하는 방식이지요. 빌과 첼시 말이에요'라고 단언했다.[401]

힐러리는 자신의 역할 모델인 엘리노어 루스벨트처럼 '우리 삶의 인간적 차원'[402]에 대해 칼럼을 쓰기 시작했다. 이 칼럼에서 힐러리는 일하는 여성의 근심거리에 익숙한 보통 여인의 면모를 드러냈다. '매일 아침 눈을 뜨자마자 가족과 일에 따르는 책무, 그리고 저녁을 먹으러 들를지도 모르는 친구, 이 모두를 어떻게 만족시킬 수 있을지 고민하게 됩니다.' 유능한 변호사가 남편에 대한 '감상적' 헌신을 계속 지루하게 떠벌리자 모린 다우드Maureen Dowd는 이런 모순된 이미지에 불쾌감을 느낀 모양이었다. 뉴욕타임스의 냉소적 칼럼니스트인 모린은 힐러리에게 '한 때 그녀 자신이 경멸했던 사람들을 닮아가는 재능이 있다'고 빈정거렸다. 그는 힐러리가 리처드 닉슨처럼 비밀스럽고 로널드 레이건처럼 탐욕스러우며 '쿠키를 굽는 여성'처럼 가정적이라는 비유를 들었다.[403]

이제 퍼스트레이디의 행동이 논쟁의 여지가 있는 쪽으로 기울어지자 백악관은 바짝 긴장했다. 1995년 9월 베이징에서 열린 제4차 세계여성회의에 참석하기 위해 중국으로 가려는 힐러리의 계획은 보수층의 분노를 샀다. 밥 돌 상원의원은 그녀가 '이 오도된 회의와 좌익 성향의 이데올로기적 의제'에 대한 충성심의 반로로 억압을 묵인하고 있다고 말했다. 하지만 일단 중국에 도착하자 힐러리는 인권 침해에 대해 공공연히 비난했고(이는 확실히 주최국인 중국을 겨냥한 것임) 이로써 클린턴 부인이 결코 만만한 사람이 아니라는 사실을 드러냈다. 그녀는 인권과 여성의 권리 사이의 연관성과 이 두 권리의 자세한 침해 사례를 강조하는 연설을 했다. '여기에서 분명히 짚고 넘어가겠습니다'라고 우렁차게 포문을 연 힐러리는 '자유는 사람들이 모여서 조직을 구성하고 공개적 토론을 벌일 수 있는 권리를 의미합니다. 이는 정부와 견해를 달리 하는 사람들도 존중되는 것을 뜻하지요'라고 말했다.[404] 뉴욕타임스 사설은 이 연설이 '힐러리가 공석에서 가장 빛난 순간' 일 것이라고 표현했다. 하지만 그녀의 남편은 그녀의 용감한 행동에 재를 뿌린 격으로 '어떤 특정한 나라를 지목하려는 의도는 없었다' 고 부언했다. 반면, CNN 방송이 힐러리에게 인권침해 사례를 말할 때 중국을 겨냥한 말이었는지를 딱 꼬집어서 묻자 힐러리는 '그렇다' 고 대답했다.

1994년과 1995년 내내 빌 클린턴은 공적으로 아내에게 거리를 두었다. 하지만 사적으로는 더욱 많은 시간을 함께 보냈다. 그는 자신의 야망이 아내를 힘들게 했다는 죄책감을 느끼고 있었다. 클린턴은 '공동통치에 대해 조금이라도 오해가 있었다면 그것은 모두 나의 잘못입니다. 누구도 하지 않았을 요구를 내가 그녀에게 했기 때문입니다' 라고 해명하면서 '그녀는 내가 동의하지 않는 안건을 추진하거나 지지한 적이 없습니다' 라며 힐러리를 두둔했다.[405] 이러한 의도적인 거리두기에도 불구하고 1995년 4월 오클라호마시티의 폭탄테러 사건을 기점으로 클린턴 부부는 공식 석상에 애도하는 모습으로 다시 나타났다.

이와 같은 시기에 빌 클린턴은 자신의 성욕을 조절하느라 애를 먹고 있었다. 그는 자기가 이제 '은퇴' 했으며[406] 과거 젊을 때 '수백 명의 여성' 과 관계가 있었던 점을 인정하지만 40세를 넘긴 후로는 아내에게 충실하려고 했다고 주장했다.[407] 힐러리와 백악관 직원들은 그를 믿고 싶어 했다. 조지 스테파노폴로스는 '클린턴은 너무나 똑똑하고 야심만만했기 때문에 그렇게 자기 파괴적인 일을 하지 않을 거라고 확신했어요' 라고 침울하게 회상했다.[408] 힐러리는 24시간 철통감시를 자랑하는 백악관의 생활이 남편을 제어해줄 것이라고 믿었던 것으로 보인다.

애석하게도 클린턴은 미합중국의 대통령직에 있으면서도 유혹을 이겨내지 못했다. 혼외정사에 대한 루머가 임기 내내 끊이질 않았다. 그가 예쁜 여자에게 사족을 못쓰는 것은 확실했다. 보좌관들은 평일에 사람들을 풀어 대통령이 야하게 차려입은 여성과 길을 함께 걷는지 확인하려고 했다는 점을 인정했다. 힐러리의 심복들은 시간과 장소에 맞지 않는 부적절한 옷을 입은 '위험인물' 들을 찾으러 다니기도 했다.[409]

모니카 르윈스키의 증언을 그대로 받아들인다면(빌 클린턴은 모니카의 말에 대통령직을 걸 수밖에 없었다. 왜냐하면 그녀는 클린턴이 자신에게 거짓말이나 사법 방해를 하라고 시키지 않았다고 맹세했기 때문이다) 그녀와 대통령은 1995년 7월에 그녀가 백악관에 들어온지 몇 주도 되지 않아 '열정적인 희롱'[410]에 빠졌다. 1995년 11월 15일 저녁 8시쯤에 너무도 유명한 그들의 첫 키스가 있었다. 이즈음에 연방 정부의 예산동결로 유급 직원들이 임시 휴가 조치에 의해 백악관을 떠났고 모니카 르윈스키 같은 무급 인턴들이 대통령 집무실에 드나들 수 있게 되었던 것이다. 아이러니하게도 르윈스키가 그녀의 속옷을 대통령에게 살짝 내보이기 몇 시간 전에 대통령은 전국가족주간을 위한 선언문에 사인을 했다. 이 선언문에는 '가족생활의 중요성에 대한 공동 약속' 을 기리는 축사와 함께 '미국인들이 처음으로 책임감에 대한 중요한 교훈을 얻게 됨' 을 치하하는 글이 적혀 있었다.[411]

그들의 도둑 키스가 있은 지 두 시간 후에 둘은 첫 '성적 만남' (스타 검사가 리포트에서 점잖게 표현하고자 쓴 말)을 가졌다. 클린턴은 르윈스키에게 '나는 보통 주말에 여기에 오니까 아무도 없을 때 만날 수 있다' 라고 말했다.[412] 6주 후에도 여전히 모니카 르윈스키는 대통령이 자신의 이름은 알고 있는지 의아해했다. 두 달 반이 지나고 대여섯 번의 '만남' 후에 그들은 처음으로 '긴' 대화를 나눴다. 2주 후, 1996년 2월 19일 대통령의 날에 클린턴은 이 관계를 끝내려고 했다. 하지만 5주간의 결별 후 3월 31일에 힐러리가 아일랜드를 방문하러 떠나자 다시 만남이 시작되었다.

클린턴은 18개월 동안 만남과 헤어짐을 반복했다. 이 시기의 힐러리는 최악의 상태였다. 특별검사의 대배심 앞에 서야 했기 때문이다. 만약 대통령이 미국인들이 믿기를 바랐던 대로, 혹은 사랑에 빠진 여자 친구가 믿고 싶었던 대로, 르윈스키와 클린턴의 관계가 유일한 관계였다면 그 당시 무성했던 대통령의 부부관계에 대한 추측성 소문이 그럴 듯하다고 할 수 있었을 것이다. 하지만 이 로맨스는 특별하다기 보다는 일상적인 것이었다. 언급을 자제하던 스타 검사가 드물게 입을 열어 1997년 12월 6일 토요일의 '북서문 사건'을 밝혔다. 모니카 르윈스키가 대통령이 전 부통령의 딸인 엘리노어 먼데일Eleanor Mondale과도 만남을 가지고 있던 사실을 발견하고 '격노한' 르윈스키가 달려들었던 사건이었다. 결과적으로 이러한 배신행위는 이제는 전설이 된, 클린턴의 구분 능력을 보여주는 증거가 될 뿐이었다. 클린턴은 자신의 강박적인 성적 충동과 아내를 위한 시간, 가족에 대한 믿음 사이에 분명한 칸막이를 세워두었다. 클린턴은 자신의 회고록에서 이 모든 일을 고단했던 어린 시절 탓으로 돌렸다.

결국 클린턴은 1996년 1월에 아내를 돕기 위해 아내 곁으로 돌아왔다. 그 당시 힐러리는 책 홍보 길에 있었는데 트래블게이트 조사 과정에서 그녀에게 불리한 증거가 새로이 발견되어 돌아올 수밖에 없었다. 게다가 놀랍게도 힐러리의 지문이 찍힌 화이트워터 관련 청구 서류가 다시 나타났던 것이다. 클린턴은 뉴욕타임스의 윌리엄 사파이어William Safire가 힐러리를 두고 '타고난 거짓말쟁이'[413]라고 평했을 때 주먹으로 한 대 치지 못한 점을 아쉬워했다. 클린턴은 아내의 결점에 맞서 아내를 변호해주는 것을 즐겼다. 또한 힐러리의 인기가 내리막길을 걷는 대신 자신의 인기가 치솟고 있음을 알고 있었다.

불운한 타이밍은 제쳐두고라도 백악관 3층에서 이 청구서류가발견된 일은 힐러리의 신뢰성을 떨어뜨리는 사건이었다. 그녀는 짐 맥두걸의 매디슨 신용금고를 위한 법률업무는 보지 않았다고 했고 특히 이 미심쩍은 회사의 캐슬그랜드 거래 건은 아예 모른다고 주장했었다. 게다가 힐러리는 청구서류가 어디에 있는지조차 모른다고 했다. 그런데 그 서류들이 그녀의 개인적인 요새에서 발견되었고 그녀의 지문도 찍혀있었던 것이다. 서류 기록에는 매디슨 신용금고를 위해 60시간을 일했고 8~9가지 업무를 완료했으며 금고 관계자와 33번의 상담을 가졌고 캐슬그랜드 건으로 열 번 남짓의 전화를 했다는 내용이 담겨 있었다.

조사전문 기자인 밥 우드워드Bob Woodward에 따르면, 퍼스트레이디의 보좌관들은 압도적인 법적 수임료와 소환장 때문에 스트레스를 받고 있는데 기자들은 클린턴 부부가 이런 직원들의 고통에 무심하다고 빈정거려대고 있어서 힐러리는 조금이라도 빨리 대배심원 앞에서 증언하고 싶은 마음이었다고 한다. 단지 그녀는 상냥한 이미지를 회복하고 싶었던 것이다. 힐러리는 백악관 변호사인 제인 쉘번Jane Shelburne에게 '나는 그런 사람이 아니라고요!' 라고 한탄했다. 마침 조 클레인이 클린턴 부부를 미국 정치의 탐과 데이지 부캐넌이라고 평했기 때문에 힐러리는 '나는 사람들을 소중히 돌본다고요' 라며 억울해했다. 1996년 1월 힐러리는 자신의 새 책을 홍보하는 자리에서 특유의 과장 섞인 주장을 펼쳤다. '우리 부부는 우리가 가진 모든 서류를 넘겼어요. 다시 말하지만 그마저도 얼마 없었죠. 우리는 모든 것을 주었다고요' 라고 말하면서 1992년 뉴욕타임스가 요구하는 모든 것을 제공했다고 주장했다. 그런데 이 주장은 청구 기록 서류들이 다시 발견된 이 시점에서는 말이 되지 않았다. 조지 스테파노폴로스는 쉘번에게, 쉘번은 힐러리의 방패인 수잔 토머시스에게 전화했다. 토머시스는 '맙소사, 그건 아니잖아요' 라고 외치며 퍼스트레이디의 이름으로 철회문을 쓰기 시작했다. 힐러리는 같은 날 특별검사 케네스 스타가 미심쩍은 청구서류에 관한 대배심 증언을 위해 자신을 소환한 사실을 알고 당황하고 흥분해서 말했다. "이제 더 이상 참을 수가 없어요. 어떻게 해야 하죠? 어떻게요?"[414]

힐러리는 걱정에 휩싸였다. 변호사로서 그녀는 위증기소의 위협 때문에 화이트워터 관련 사건들의 증언이 더 위험해졌다는 사실을 잘 알고 있었다. 힐러리는 특별검사의 재량권에 의심을 품었던 터에 케네스 스타가 아칸소주 토지거래 건까지 재량권을 확대하자 분노를 금치 못했다. 그녀는 함정수사를 두려워했다. '증언대에 서기 전 1주일 동안 먹지도 자지도 못했다. 10파운드나 살이 빠졌다. 물론 내가 추천하는 다이어트 법은 아니다' 라며 힐러리는 회고록에서 농담을 섞어 말했다. 그녀는 '그 모든 과정을 거치는 동안 치솟는 분노를 어떻게 다스릴 것인가' 가 가장 힘들었던 점이었다고 나중에서야 실토했다. 힐러리는 '시민으로서의 의무를 수행하는' 대배심원들에게 집중했다. "스타 검사를 위해 일하는 변호사들은 그렇지 않지만 대배심원들은 존중 받을 자격이 있는 분들입니다."[415]

힐러리는 시어머니의 생활방식 한 자락을 본 따고 3년간의 백악관 생활에서 얻은 경험을 거울삼아 소환에 순순히 응하기로 했다. 연방법원으로 들이닥칠 기세였다. 힐러리는 '나는 그가 내 기를 꺾도록 내버려두지 않을 것이다. 내가 대배심원 앞에 서서 증언하는 첫 번째 대통령 부인으로 기록될지라도 기운을 잃지는 않을 것이다' 라고 적었다. 굴욕감을 애써 억누르면서 힐러리는 나름대로 옷을 차려 입었다. 등에 용무늬(기자의 표현)가 수놓아진 망토 스타일의 까만 겨울 코트를 입은 힐러리는 1월의 쌀쌀한 날에 진을 치고 기다리던 기자들 앞에 환한 얼굴로 나타났다. 증언을 마치고 그녀의 책에 사인을 원한 배심원(이 부적절한 행동으로 인해 나중에 배심원단에서 배제됨)에게 사인을 해준 후 힐러리는 기자들에게 간략하게 말했다. "다른 모든 사람들과 마찬가지로 저도 어떻게 그 많은 세월이 지난 후에 이 서류들이 갑자기 나타난 것인지 알고 싶습니다. 그들의 조사 노력에 가능한 한 많은 도움을 주려고 애썼습니다." 이에 기자 한 명이 '오늘 여기가 아니라 다른 곳에 있었으면 하셨나요?' 라고 묻자 힐러리는 무표정한 얼굴로 "오, 그러고 싶었던 장소는 수백만 곳이 넘죠"라고 답했다.[416]

이러한 힐러리의 태도는 잘 먹혀들었다. 인터넷 매거진 살롱Salon에서 신랄한 후기페미니스트 카미유 파글리아Camille Paglia는 힐러리를 '퍼스트 드래그 퀸' First Drag Queen이라고 표현했다. 힐러리가 수년 동안 자신의 성을 억누르고 지내다가 자신의 여성성과 스타성의 힘을 발휘하는 방법을 서서히 깨닫기 시작했기 때문이다. 파글리아 교수는 그녀 세대가 개척하고 클린턴 부부도 가끔씩 빠져드는 자기 준거적 분석 모드로 돌아가서 그녀 자신도 힐러리처럼 베이비붐 세대의 불안과 성장통을 겪고 있다고 단언했다. "힐러리는 거대한 이상주의와 결과가 수단을 합리화하는 강압적인 전술을 교묘히 섞고 있다. 우리 세대의 거만함과 자기기만을 사회적 사명감으로 포장하고 있는 것이다. 나는 그녀에게 강한 동질감을 느낀다. 그녀가 지금 겪고 있는 어려움이 내가 직장에서 겪는 어려움은 마찬가지로 여겨진다."[417]

1996년에 나온 힐러리의 책, 『마을 하나가 필요하다』는 가장 극적으로 힐러리의 변모를 보여주었다. 뉴욕타임스 매거진의 만평에서는 힐러리를 '하루라도 멈춰 서서 내가 진정으로 뜻하는 바를 정말 쓸 수 있기를 바란다' 라고 말하는 거룩한 철학가의 모습으로 묘사했다.[418] 한 양동이가 가득 찰 만큼의 진부한 문구들('안전은 담요 한 장보다 더 많은 것을 필요로 한다' 나 '육아는 관중 스포츠가 아니다' 등)은 단순히 그러한 생각을 담을 뿐이었고 힐러리의 수많은 연설에서 볼 수 있었던 활력이 부족했다.[419] 1993년에 정치가이자 사상가였던 사람이 1996년에는 어머니이자 금언작가가 되어 있었다. 그녀는 여전히 진보주의와 보수주의, 혁신주의와 청교도주의를 합치려고 애쓰고 있었다. 힐러리는 어린이들이 '폭력과 소외, 가족 붕괴, 술과 담배, 마약과 성의 유혹, 탐욕과 물질주의, 영적 빈곤으로' 고통 받는 것을 안타까워했다. 이는 선한 힐러리의 모습으로, 독실한 감리교도이자 충실한 아내, 단호한 어머니이자 어린이를 위한 전사의 모습이었다. 힐러리의 이번 책에는 그녀의 특징적인 이야기가 많이 꾸며지거나 희석되어 있었다. 힐러리가 4살 때 이웃의 나쁜 아이와 맞섰던 전설적인 이야기가 나오는 대목이 그러했다. 힐러리는 자신이 나쁜 아이를 흠씬 두들겨 패주었다는 폭력성이 담긴 사실을 인정하기 보다는 '나는 나 자신을 지키기 위해서 당당히 맞섰고 결국 몇몇 친구들을 이겼다' 라는 애매모호한 말로 넘어갔다. 이런 각색으로 이 책은 강제적으로라도 부드러운 이미지를 지니게 되었다.

힐러리의 베스트셀러인 이 책은 낸시 레이건의 양육에 대한 저서 『어린이를 사랑하려면』 To Love a Child 와 바바라 부시의 베스트셀러 『밀리의 책』와 비슷한 종류로 취급되었지만 힐러리의 책은 미국의 문화 역사에서 중대한 이정표를 마련한 책이었다. 마사 스튜어트 Martha Stewart와 낸시 레이건, 제인 애덤스Jane Adams의 저서처럼 이 책은 전통적 규범을 거부하던 엘리트가 다시 전통을 재발견하는 서사시적 행보를 담은 것이었다. 힐러리는 이혼이 아이에게 해악을 끼치고 마약은 파괴적이며 난잡한 성생활은 품위를 떨어뜨리는 짓이고 '모든 어린이'에게는 '의지할 수 있는 완전한 가족'이 필요하다는 연구 결과를 밝혔다. 그녀는 모든 문제에 대한 정부 프로그램을 마련하고 대안적 가족의 존재를 인정하면서도 '모든 사회에는 전통적 이상에 따라 살아가는 가족이 반드시 존재해야 한다'고 단언했다.[420]

이러한 변신은 힐러리에게 고통스러운 일이었다. 페미니스트들이 비웃던 '여성성을 용납할 수 있는 얼굴'을 해야 했기 때문이다.[421] 아칸소 주민 한 사람이 1980년으로 거슬러 올라가 회상하길 그 당시 힐러리는 '남편을 위해서 모든 희생을 다했는데 남편의 실패가 모두 아내 탓으로 돌려지는 일'에 특히 절망스러워했다고 한다. 그녀는 종종 다른 정치가의 아내에게 '절대로 자신만의 정체성을 잃지 마세요. 남편의 경력 때문에 자기 자신을 잃어선 안됩니다'라고 충고하기도 했다.[422] 하지만 백악관에서 힐러리는 공동통치라는 꿈을 희생했고 모든 비난을 떠맡아 대배심 앞에서 증언하는 첫 퍼스트레이디가 되었다. 그리고 1996년 대선 초기에 54%의 지지반대라는 사상 최고로 인기 없는 퍼스트레이디가 되기도 했다.[423]

힐러리에게는 다행스럽게도 대부분의 방문길이나 공식 회담에서 군중들은 힐러리를 따뜻하게 맞아주었고 그녀의 메시지에 감동을 받았다. 힐러리는 카메라나 기자들 앞이 아니라 연단에서 거리낌 없는 모습을 보였다. 그녀의 연설과 비전은 더욱 날카롭고 심오했고 쉴 새 없이 변화하는 역동적인 미국 정치문화에서 더욱 큰 그림을 염두에 둔 것이었다. 그래서 미디어를 통해 그녀를 보는 대부분의 대중들은 힐러리의 위축된 모습을 기억하지만, 힐러리 자신뿐만 아니라 그녀의 보좌관들과 팬은 이미 힐러리의 입체적이고 선동적인 면모와 지성을 알고 있었다.

이는 우리에게 너무나 친숙한 모습이었다. 침착한 얼굴의 퍼스트레이디가 래리 킹[Larry King] 옆에 앉아있는 모습 말이다. 힐러리와 래리 킹은 둘 다 너무 노련해서 그날 밤 힐러리의 차림새를 놓치지 않았다. 무거운 금 귀걸이를 달고 금발머리를 완벽하게 뒤로 넘긴 힐러리는 질문에 신중하고 부드럽게 효과적으로 대답해 나갔다. 이 모습은 자신의 영향력에 관한 이야기를 끊임없이 뱉어내는 호랑이 같은 여자가 아니라 얌전한 고양이처럼 상냥한 모습이었다. 다보스 회의나 매 맞는 여성 센터에서 도발적인 선동을 하던 지식인의 모습이 아니라 부드럽게 말하는 전달자의 모습이었다. 또한 페미니스트 시대의 강력한 퍼스트레이디가 아니라 주류인 중산층의 가치를 몸소 보여주는 모습이었다. 그녀는 그동안 자신에 대한 공격이 얼마나 지독했는지를 언급하면서 공적인 발언에서는 최소한의 예의를 지키자고 당부했다. 그녀는 자신을 비난하는 목소리에 놀라고 상처받은 것처럼 보였다. 힐러리는 '남편' 을 돕고 미국을 대표하는 일 이외에는 어떤 관심도 계획도 없다고 했다.

경험 많은 프로답게 힐러리는 자신이 백악관에서 진보층을 대표해서 실력행사를 벌인다는 주장에 코웃음을 쳤다. 그녀에 대한 비난은 모두 오해이며 어리석은 사람들이 과장해서 표현한 탓이었다. 그녀가 말하고 싶은 것은 오직 미국 어린이들을 위한 일뿐이었다. 힐러리는 가능한 한 자주 '내 남편' 을 언급했으며 그를 변호하는 말을 했다. 그녀의 우아하고 여성적인 매력은 그녀의 핵심 유권자인 여성들의 마음을 움직였다. 비록 무의식적인 몸짓이나 고갯짓에서 종종 힐러리의 냉소와 강단이 엿보였지만 이렇게 온화하고 정숙한 여성에게 매력을 느끼지 않기란 어려운 일이었다. 래리 킹이 그녀에게 사적인 질문을 던졌을 때 '답을 하지 않겠다' 는 거부의 미소도 그 상황에 딱 알맞아 보였다.[424]

놀랍게도 1996년 봄이 되자 그동안 페미니스트이자 운동가이며 진보주의자의 면모를 과시했던 힐러리 로댐 클린턴은 대중들의 눈에 완전히 반페미니스트로 돌아선 것으로 보였다. 백악관의 퍼스트레이디라는 자리가 주는 숙명을 받아들이면서 힐러리는 다음 퍼스트레이디에게 그 어떤 충고도 하지 않았다. 그녀의 선배들이 그러했듯이 퍼스트레이디라는 직책은 특수한 것이어서 '누가 자신의 임무를 어떤 방식으로 수행하든지 간에 미리 판단을 내리지 않을 것' 이라고 말했다. 그녀가 한 가지 위로로 삼는 점은 '마사 워싱턴 때부터' 계속 퍼스트레이디라는 자리가 만만치 않았다는 사실이었다.[425] 그런데 이 말은 래리 킹에게 보여준 그녀의 행동이나 평소의 백악관 생활만큼이나 솔직하지 못한 것이었다.

힐러리는 남편에 대한 의무를 다하느라 오랫동안 정치적 동맹관계에 있던 수많은 사람들을 배신했다. 이로 인한 그녀의 불편한 심경은 그녀가 진보주의자인지 아닌지, 페미니즘을 위한 희생양인지 아닌지를 확실히 밝히지 않고 자꾸 회피하는 데서 명백히 드러났다. 그러나 힐러리가 대화의 방향이 정치 쪽으로 흘러가지 않도록 애썼음에도 불구하고 그녀 자신의 진짜 모습이 드러나곤 했다. 그녀는 '래리' 에게 자신이 워싱턴에서 이렇게 잘 견뎌낼 수 있는 이유는 '어릴 때부터 남자 아이들과 운동을 하며 놀았기 때문' 이라고 말하면서 남자 아이들의 '괴롭힘' 에는 이미 '단련되어' 있다고 설명했다. 그래서 자신은 '여자아이들에게 어릴 때부터 남자 아이들과 경쟁하는 운동을 하면서 놀라고 말한다' 고 했다.[426] 이렇게 워싱턴의 추악한 '한건주의식' 문화를 어린 시절의 추억을 들어 비난한 대목에서 페미니스트 힐러리가 지니고 있는 남성들을 향한 경멸과 숨기려했지만 억누를 수 없었던 분노가 다시금 고개를 들었다.

수십 년 동안 그러했듯이 대통령 부부는 사적인 모습들도 대중들에게 공개되기 마련이었다. 연달아 네 명의 퍼스트레이디(베티 포드, 로잘린 카터, 낸시 레이건, 힐러리 클린턴) 모두 대담하고 특이하며 고집 센 모습에서 보통의 모습으로 물러났다. 이 너무나 다른 네 명의 여성이 공통적으로 지니게 된 이미지는 미국의 퍼스트레이디라는 직책에 따르는 암묵적이지만 아주 분명한 규칙을 어기는 것이었다. 이 규칙을 어기는 퍼스트레이디는 낸시 레이건이나 힐러리 로댐 클린턴처럼 마녀사냥을 겪을 위험성이 컸다. 힐러리는 남편의 임기 후반에 완벽한 아내를 연출함으로써 반전의 기회를 얻었다. 그녀의 지지도는 치솟았고 힐러리는 클린턴이 탄핵 위기를 넘기는 데 가장 큰 공을 세웠다. 하지만 이렇게 힐러리가 대중들의 지지를 얻고 역사적인 영향력을 행사하게 된 것은 그동안 수많은 개인적 고통과 상상할 수 없을 정도의 치욕을 감내해낸 결과였다. 클린턴 부부는 그들이 바랐던 대로 루스벨트 대통령 부부 이래 최고의 정치적 파트너십을 이뤄냈다. 하지만 애석하게도 그들이 그토록 탐냈던 성공 트로피에는 녹도 슬어 있었다. 이들 부부는 닉슨 대통령 부부 이래 최악의 백악관 결혼생활을 보여주었다. 힐러리가 책임과 절제, 균형에 대해 연변을 토할 때마다 그녀 남편의 무책임과 미성숙, 비도덕성 때문에 그 진정성이 훼손되었다.

힐러리의 지지회복 노력은 공개석상에서 물러나 전통적 역할로 회귀하면서부터 시작되었다. 이전과는 달리 배후조종을 하려는 모습도 보이지 않았다. 이러한 행보는 1996년에 낸 책의 대성공과 맞물려 큰 시너지 효과를 냈다. 이 책의 오디오판으로 힐러리는 퍼스트레이디로서는 최초로 그래미상을 수상했다. 재키 케네디가 30년 전에 에미상을 받았던 것처럼 그래미상 수상으로 이제 힐러리는 퍼스트레이디라는 자리가 가지는 유명세를 인정한 셈이었다. 마거릿 윌리엄즈는 '힐러리가 진정한 퍼스트레이디가 되기 위해서 알게 된 점은 퍼스트레이디로서의 임무뿐만 아니라 그 상징성' 이라고 적었다.[427] TV 속 힐러리의 모습은 백악관 내 브레인이 아니라 전통적인 우상화된 퍼스트레이디의 모습이었다. 새로운 힐러리는 정치대담프로가 아니라 로지 오도넬 쇼에 나가서 수다스럽고 활발하며 따뜻한 중년 여성의 모습을 보여주었다. 힐러리는 1950년대 사춘기 소녀의 모습으로 돌아가 '내 잘생긴 남편' 품에 안겨 춤을 추듯이 수다를 즐겼다.[428] 이렇게 대통령 부부의 사적인 모습을 거리낌 없이 드러내고 결혼 생활의 즐거움을 쏟아내는 모습이 시청자들을 끌어당겼다.

뉴욕타임스는 힐러리의 이중성을 꼬집었다. '힐러리는 로지 오도넬 쇼에 나와서 사랑스러운 모습을 보여준 바로 그 날, 개발회의에 참석해서 '무담보 소액대출은 빈곤을 경감하고 자급자족을 증진시키며 경제활동을 자극하는 매우 중요한 수단' 이라는 요지의 연설을 했다.'[429] 하지만 여기에 힐러리의 가장 큰 공헌과 어려움이 존재했다. 힐러리는 그녀의 남편이 중도적 입장을 취하는 동안 통합을 위해 노력했다. 그녀는 전통주의자들은 모두 행복한 가정주부이고 페미니스트들은 모두 유머감각 없는 출세주의자들이라는 언론의 단순한 이분법을 거부했다. 힐러리는 페미니스트냐 반페미니스트냐에 상관없이 현대의 커리어우먼이라면 모두 좋은 엄마가 될 수 있고 차를 끓이거나 정책을 수립하는 일도 할 수 있다는 사실을 증명하려고 나섰다.

힐러리는 웨스트윙에 영향력을 행사하면서도 이스트윙의 백악관 안주인 역할에 푹 빠져 들었다. 대통령 임기 후반 동안 백악관 홈페이지에는 '백악관 생활 : 특별 이벤트, 예술, 휴일, 음식' 이라는 글이 '최근 이슈란' 아래에 버젓이 올라와 있었다. 1996년에 힐러리가 발전시키고 집중하고자 했던 이슈는 어린이, 의료, 교육, 여성 인권 등 모두 전통적으로 여성적 분야로 여겨지던 것들이었다. 하지만 그녀의 접근법은 달랐다. 수박 겉핥기식이 아닌 기술적이고 때로는 논란의 여지가 많은 방법들을 채택했다. 의료개혁과 차터스쿨(공적 자금으로 교사, 부모, 지역 단체 등이 설립한 학교 : 역주), 무담보 소액 대출도 꾸준히 추진했다. 국내외에서 힐러리는 이 같은 '여성적 이슈'가 '국가의 다른 큰 어려운 문제에 비해 사소하다고 치부되거나 정치의 여성화라고 무시되는 일' 에 분노를 금치 못했다. "'정치의 여성화' 라니, 얼마나 불행한 용어입니까? 이 용어 대신 저는 정치의 인간화라고 부르고 싶습니다 … 이는 한 나라 정치의 성숙도를 대변합니다 … 여성에게 영향을 주는 이슈가 사소한 것이 아니라 한 나라의 진보와 번영의 핵심적 사안이라는 사실을 언제쯤에야 민주주의 국가들이 이해하게 될까요?"[430]

힐러리만 변신이 가능한 것은 아니었다. 클린턴도 지지도를 높이기 위해서 자신의 이미지와 의제들을 계속 다듬었다. 재선승리를 굳게 다짐한 클린턴은 공화당 의제를 차용하기도 했다. 마키아벨리주의자인 딕 모리스는 여론 지지도를 클린턴에게 속삭이며 대통령의 행보를 조정했다. 정책적 입장과 주제, 전술적 움직임, 심지어 대통령 부부의 여름휴가 계획까지 여론 조사 결과에 따라 정해졌다. 1995년 예산 대결에서 클린턴이 보여준 중도적 행보는 전략적 해결과 철학적 유동성을 잘 융합하라는 모리스의 의견을 반영한 것이었다.

모리스의 조언을 얻어 클린턴 대통령은 재선 캠페인의 중점적 사안으로 '가치 의제' 를 내놓았다. 한 세대 만에 처음으로 민주당 대통령이 반체제 문화에 대한 공화당의 반격을 어물쩍 그냥 넘겼다. 1996년의 연두교서는 여론조사에서 '범죄, 학교규율, TV 폭력, 담배광고 제한 같은 가치 이슈들이 가장 중요하다' 고 답한 65%의 사람들을 만족시키기 위해 마련된 것이나 다름없었다.[431] 이렇게 안전한 주류에 속하는 문제들을 해결하는 것은 힐러리가 책에서 주장한 메시지와 잘 맞아떨어졌다. 그래서 1996년 선거캠페인 내내 클린턴은 그의 아내와 딸을 선전에 이용했을 뿐만 아니라 작가 나오미 울프Naomi Wolf의 충고에 따라 미국인의 좋은 아버지상을 연출했다.[432] 이렇게 미국 중산층을 공략하기 위해서 클린턴은 그들의 삶의 질을 향상시키는 내용을 골자로 하는 작은 정책들을 내놓았다. 이로써 좋은 아버지와 좋은 지도자의 이미지가 혼합되었고 이 전략은 대성공을 거두었다.

평소처럼 선거캠페인을 위해서 클린턴 부부는 사생활 침해를 견뎌냈다.[433] 클린턴 부부로서는 드물게 1996년 9월에 바바라 월터스가 진행하는 프로그램에 함께 나가서 인터뷰를 했다. 두 부부는 서로 손을 잡고 따스한 눈길을 나누고 가볍게 쓰다듬는 등 다정한 모습을 보였다. 주말 오후에 남편이 대통령집무실에서 모니카 르윈스키와 무슨 일을 벌이는지 까맣게 몰랐던 힐러리는 백악관 생활이 부부생활에 긍정적인 영향을 끼쳤다고 기쁜 듯이 말했다. "사적인 시간을 함께 보내는 일이 늘었어요. 마치 남편이 '집 아래 상점에서' 일하는 것과 같아서 저와 딸이 집에 있으면 한낮에도 집에 올 수 있었으니까요. 우리는 거의 매일같이 저녁을 함께 먹는답니다. 저에게는 정말 좋은 4년이었어요." 이에 클린턴도 동의하면서 '백악관에서 살게 된 이후로 우리는 더 많은 시간을 함께 보냅니다. 이 시간들은 꽤 낭만적이기도 해요. 지나치게 감상적으로 들릴지도 모르지만 가장 행복한 시간은 우리 둘이 팝콘 두 상자를 끼고 영화관에 갈 때나 침대에서 일어나 TV를 볼 때라고 할까요? 우리는 게임도 많이 합니다. 이런 것들로 인해서 아, 나도 평범한 삶을 누리고 있구나하고 생각하게 되니까요. 가끔씩은 백악관에 있다는 사실도 잊을 만큼 편안합니다' 라고 덧붙였다.[434]

사적인 아버지의 모습과 공적인 지도자의 모습을 잘 혼합해서 미국인들에게 가족의 가치와 사랑을 선전하는 빌 클린턴은 미국인들이 원하는 바를 그대로 보여주고 있었다. 미국 공화당의 정책은 초기부터 많은 결함에도 불구하고 도덕적 가치에만 매달렸다. 미국의 헌법을 제정한 건국의 아버지들은 고결한 시민과 고결한 국가에는 고결한 지도자가 필요하다고 믿었다. 국가 원수와 행정부 수반의 역할이 결합된 미국 대통령직의 고유한 특성으로 인해 대통령 개인 한 명이 상징하는 중요성은 매우 컸다.

수많은 진보주의자들은 클린턴 대통령의 방향 전환으로 좌절감을 느꼈다. 하지만 대통령은 자신의 지지율이 60%로 껑충 뛰어올라 계속 유지되자 물러설 수가 없게 되었다. 그는 각각의 주가 다른 주에서 허가받은 동성 간 결혼을 인정하지 않아도 된다는 공화당 측 법안에 사인하면서 백악관 내부의 잡음을 억눌렀다. 클린턴은 '만약 이 결정이 싫은 사람이 여기에 있다면 내가 새롭게 만든 일자리가 750만 개나 있으니 나가서 이 중 하나를 택하면 될 것입니다' 라고 일축했다.[435] 이 같은 결정은 민주당이 그동안 벌여온 정책 성향에 어긋날 뿐만 아니라 게이 유권자를 비롯한 인권옹호자들을 모욕하는 것이었다. 강박적이다시피 중도적 노선을 주장하는 모리스가 부상하자 힐러리가 힘을 잃게 되었다. 그래도 모리스의 정적들은 힐러리를 '백악관 내에서 가장 영향력 있는 진보주의자' 로 보고 '대통령의 최후 조언자' 인 힐러리에게 필사적으로 매달렸다.[436] 동시에 모리스도 힐러리를 '항상 깨어있는 실용주의자' 라며 존경을 표시했고 남편이 '더 큰 그림을 볼 수 있도록' 돕는 비상한 재주를 가지고 있다고 평가했다. 모리스는 과거에 힐러리의 분노를 산 적도 있었지만 힐러리 덕에 대통령을 다시 보좌하게 되기도 했다. 그는 '1996년 내내 2주일에 한 번은 힐러리와 만남의 자리를 가졌다.'[437]

클린턴 부부는 둘 다 모리스의 중도적 프로그램을 고수해서 재선에 승리하기를 간절히 원했지만 복지개혁 법안을 두고 골머리를 앓게 되었다. 공화당은 1992년에 클린턴이 '우리가 알고 있는' 사회복지 welfare를 끝내고 새로운 '근로복지' workfare 법안을 만들겠다고 한 공약을 물고 늘어졌다. 아동보호기금은 이로 인해 수백만 명의 어린이들이 가난으로 내몰릴 것이라고 추산했다. 대통령이 처음의 두 가지 법안에 거부권을 행사했지만 공화당은 세 번째 법안을 다시 상정했다. 모리스는 '이번에 또 다시 거부권을 행사하면 질 것이 뻔하다' 며 소리를 질렀고[438] 힐러리는 이 뜨거운 토론에서 몸을 뺐다. 그녀는 '대통령의 결정' 에 대해서만 말했다. 이 말로 인해서 그동안 퍼스트레이디가 대통령의 의사 결정에 얼마나 많이 관여해왔는지가 여실히 드러났다. 힐러리는 '우리는 우리가 해야 할 일을 해야 하고 이 점을 친구들이 이해해주길 바란다' 며 자위했다.[439] 하지만 힐러리의 동조자들은 그녀가 그녀답지 않게 소극적인 태도를 보인 것은 의료보험개혁과 화이트워터 사건으로 인한 악영향 탓이라고 생각했다. 조지 스테파노폴로스는 '정치적 계산과 부부 간 힘의 균형으로 볼 때 힐러리가 결정에 개입하는 것은 불리한 일이었다. 만약 클린턴이 법안에 거부권을 행사했다면 힐러리가 그렇게 저자세를 취하고 있을 수만은

없었을 것이다' 라고 적었다.[440]

타협은 쉽게 찾아왔다. '선거에 지게 되면 이 모든 게 다 무슨 소용이냐?' 는 모리스의 말에 클린턴이 돌아선 것이다. 공교롭게도 모리스의 말은 클린턴 부부가 항상 고수하던, 결과가 수단을 합리화하는 전술과 딱 맞아떨어지는 것이었다. 클린턴은 앞으로 더 좋은 일을 하기 위해 지금은 힘을 비축한다는 생각에 확신을 갖게 되었다. 그는 '내가 법안을 승인하면 의회를 이끌 수 있게 될 것이라고 생각한단 말이죠?' 라며 모리스에게 다짐을 받고는 30년 간 지속된 사회복지 시스템을 중단시키기 위한 과정에 첫 발을 내디뎠다.[441]

클린턴이 바바라 월터스와의 인터뷰에서 '좋은 아버지' 를 자처했던 일은 늦은 밤 TV 토크쇼에서 여성편력에 대한 농담의 대상이 되는 장본인으로서는 위험한 행동이었다. 1996년 대선에 관한 책 『쇼 타임』Show Time을 쓴 로저 사이먼은 이 책에 클린턴에 관련된 수많은 농담들을 분류해서 실었다. 데이비드 레터맨도 '클린턴은 11월까지 큰 스캔들이 터지지 않는 한 이번 선거에서 확실히 이길 겁니다. 침대 위 아내 곁을 지킨다면 말이지요' 라고 농담을 했다.[442] 미국인들은 대통령의 결점을 아주 잘 알고 있었다. 1996년 6월에 실시된 여론조사에서 클린턴의 성격 중 가장 좋은 면을 묻는 질문에 가장 많은 응답은 '하나도 없다' 였다. 퓨리서치센터의 여론조사에서 사람들은 클린턴 대통령하면 '좋음, 우유부단, 괜찮음, 불성실, 거짓말쟁이, 공평, 노력, 총명함, 요령 좋음, 대단한, 정직, 비뚤어진, 지도자, 양면성' 등의 단어가 떠오른다고 응답했다.[443] 클린턴은 지나칠 정도로 유들유들한 성격이어서 자신조차도 자기 자신을 값싼 농담거리로 삼았다. 그는 부통령만이 유일하게 너무 '뻣뻣' 하다는 말을 듣지 않고 넘어갈 수 있었다는 등의 농담을 했다.[444]

애초에 토머스 판사의 성희롱 스캔들에 대한 반동으로 당선되기도 한 대통령이 어떻게 자신의 스캔들을 잘 무마할 수 있을지는 추측하기 어려웠다. 민주당 운동가인 카렌 힌턴Karen Hinton은 클린턴 주지사에게 성희롱을 당한 경험을 이야기하면서 '정말 미치는 줄 알았어요. 항상 사람들에게 말하곤 했죠. 우리 대통령이라는 사람이 방으로 걸어 들어가 매력적인 여성이 눈에 띄면 그 여성이 어떻게 느낄지에 대해서는 일말의 고려도 없이 우선 만지고 보는데 이게 왜 중요치 않냐고요' 라고 항변했다.[445] 몇몇 비평가들은 대통령의 사적인 행동과 공적인 행동을 연관 지었다. 대단한 난봉꾼인 빌 클린턴은 그의 원칙뿐만 아니라 아내에게도 충실하지 못하다고 평했다. 뉴스위크의 칼럼니스트인 조 클레인은 대통령이 외교정책에서나 국내정책에서나 사적 영역에서까지도 '마구잡이식으로 대강대강 원칙 없이' 행동한다고 핀잔을 주었다. "클린턴의 정적들이 붙여준 난잡함이라는 성격적 결함은 그의 공적 생활에서도 어김없이 나타나고 있다.'[446]

이런 클린턴이 대통령에 당선될 수 있었던 이유는 많은 정치가 선배들 덕분이었다. 이미 많은 미국인들이 '정치가는 모두 비도덕적이며 클린턴이 다른 정치가보다 더 나쁠 것도 없다' 고 생각하고 있었다.[447] 백악관 보좌관들은 미국인들에게 존재하는 체념적 냉소주의와 보답 받지 못하는 이상주의를 이용했다. 미국인들은 정치인을 포기한 순간에도 구원에 대한 열망은 버리지 않았다. 클린턴의 자문관들은 1992년에 그랬던 것처럼 클린턴에게 주제를 바꾸도록 종용했다. 1992년의 한 메모에는 '격려하고 훈계하고 분위기를 고취시켜라. 집회에서는 좌절감에 사로잡혀 필사적인 점잖은 중산층 유권자의 목소리를 대변하라' 라는 지시가 적혀있었다.[448] 1992년 대선 때와 마찬가지로 클린턴 캠프는 힐러리를 내세워 남편을 옹호하도록 했다. 라디오 토크쇼에서 청취자 한 명이 전화를 걸어 힐러리에게 남편의 성격적 결함을 묻자 힐러리는 '리모콘 독차지나 얼음을 이로 깨물어 먹는 버릇' 이라고 답했다.[449]

클린턴과 그의 보좌관들은 미디어가 거짓 이분법에 약하다는 점도 이용했다. 이러한 미디어를 통해 대선의 초점을 효과적인 리더십과 도덕성 사이의 양자택일로 몰아갔다. 보좌관들이 계속 속으로 외워댄 주문은 '공적인 업적이 사적인 성격을 이긴다' 였다.[450] 한 여론 조사에서 77%의 유권자가 '평범한 사람들의 문제를 잘 이해하는' 대통령을 선택하는 것이 중요하다고 답한 반면 '높은 도덕성' 을 가진 대통령을 선택하는 것이 중요하다고 답한 유권자는 겨우 22%에 머무르자 대통령의 측근들은 한시름 놓게 되었다.[451] 1992년과 1996년 대선 모두에서 클린턴은 대진운이 좋았다. 상대편의 캠페인은 모두 1992년에는 인성이냐 정책 변화냐를 두고, 1996년에는 인성이냐 주식시장 활성화냐를 두고 선택해야하는 양자택일에서 자유로울 수 없었기 때문이다.

대통령직의 공적인 영역과 사적인 영역을 구분하는 논리를 만들어낸 백악관의 보좌관들이 우세를 점하고 있었다. 그들의 선거캠프는 항상 스캔들에 휩싸이랴 노심초사였다. 놀랍게도 1996년 민주당 전당대회가 한창일 때 스캔들을 줄줄이 엮어 발표하던 타블로이드 언론에 딕 모리스가 발목을 잡혔다. 모리스가 창녀와 뒹구는 사진이 게재된 후 백악관 비서실 부실장이 사퇴를 요구하자, 모리스는 '왜죠? 4년 전 똑같은 잡지에 클린턴도 실렸는데 그 때는 그냥 넘어갔잖아요?' 라고 항변했다. '당신은 사실이라고 인정했잖아요' 라고 말하는 부실장의 대답 속에 클린턴 시대의 정직성 기준에 관한 신랄함이 의도치 않게 묻어났다.[452]

백악관 직원들은 그렇지 않아도 탐탁지 않게 생각했던 모리스에게 화를 냈다. 힐러리가 중간에 개입해서 모리스를 감싸주었다. 앨 고어 부통령과 클린턴 대통령도 모리스에게 계속 지원을 부탁했지만 모리스는 '힐러리가 가장 잘 이해해주었고 가장 많이 위로해주었다' 고 기억했다.[453] 힐러리의 관용은 버드 존슨과 비견될 만했다. 린든 존슨의 보좌관인 월터 젠킨스도 1964년 대선 캠페인 기간 중에 남자 화장실에서 누군가를 더듬는 모습이 포착된 적이 있었기 때문이다. 이 두 명의 퍼스트레이디 모두 충동적이고 바람기 많은 남자와 결혼한 덕에 남성의 본능과 인간의 약함, 용서의 중요성에 대해 누구보다도 더 잘 이해하고 있었다.

언론은 모리스의 과오를 자기중심주의자의 병적 행동이라고 떠들어대면서도 클린턴에 대해서는 성도착자라기보다는 그저 무해한 사춘기 소년처럼 표현했다. 일반적으로 클린턴의 유들유들한 성격은 남녀 모두에게 매력으로 다가오는 면이 있었다. 1990년대에는 성역할에 대한 이중적 메시지로 힘들어 하는 사람이 여성들 뿐만은 아니었다. 대통령과 퍼스트레이디도 모순된 메시지에 힘들기는 마찬가지였다. 대통령은 강하면서도 섬세해야하고 퍼스트레이디는 독립적이면서도 공손해야 했다. 대부분의 미국인들은 여전히 대통령에는 제리 사인펠트보다 존 웨인을 더 선호했다. 국가라는 배를 이끄는 선장에게는 자기 의심이나 망설임이 들어설 공간이 없었다. 농부였던 지미 카터와 석유사업가였던 조지 부시는 그들이 예전에 이룩해낸 마초적인 업적에도 불구하고 대통령이 된 후 종종 주저하는 모습을 보인 일들로 인해 겁쟁이라는 꼬리표가 붙은 일을 잊지 않았다. 진정한 전쟁영웅인 밥 돌은 가끔씩 약하고 노쇠하게 보였다. 대조적으로 전직 배우이자 가장 나이 많은 대통령이던 로널드 레이건은 강인하게 보였다. 그는 결코 자신이나 자신의 행동에 의구심을 갖지 않았기 때문이다. 첫 번째 임기를 거치면서 빌 클린턴도 미국인들이 강한 말투와 과거 향수를 불러일으키는 설교, 결단력 있는 행동, 나쁜 남자 이미지를 좋아한다는 사실을 점차 깨닫게 되었다. 그리고 중간적 태도는 우유부단으로 비칠 수도 있다고 생각했다.

밥 돌의 아내인 엘리자베스 돌Elizabeth Dole도 힐러리처럼 명문대학을 나온 화려한 경력의 소유자였다. 레이건과 부시 행정부에서 내각 비서로 일했던 엘리자베스는 남편의 선거 운동을 돕기 위해서 적십자사 이사직을 그만두었다. 장난기 많은 페미니스트 한 명이 '적진으로부터의 보고'라는 제목 하에 샌디에고에서 열린 공화당 전당 대회의 모습을 전하면서 대조적이라고 평했다. 힐러리의 경우, 강한 여성을 규탄하는 갖가지 악의적 문구들이 넘쳐났다. 사악한 마녀는 백악관에서 물러가라, 진짜 대통령과 그녀의 남편도 탄핵하라 등. 엘리자베스도 하버드 법대 출신에 강한 여성이었고 민주당에서 공화당으로 당적을 바꾼 이력이 있었다.[454] 하지만 힐러리는 캠페인 기간 동안 저자세를 유지하면서 35%의 지지도보다 더 높은 39%의 반대율과 싸웠다. 반면 엘리자베스는 선거 캠페인에 없어서는 안 될 귀중한 조력자가 되어 있었다.

현저하게 드러난 엘리자베스의 높은 인기는 힐러리가 틀렸다는 사실을 보여주었다. 미국인들은 성공한 여성이 자기의 남편을 위해 선거 운동하는 모습을 싫어한 것이 아니었다. 다만 힐러리의 경우, 그녀 자신이 권력에 목말라 있음이 분명히 대중의 눈에 보였고 그녀의 솔직하지 못한 태도가 미국인들을 불편하게 했던 것이다. 게다가 힐러리는 수백만 명의 미국인이 퍼스트레이디에게 원하는 전통적 성역할을 완강히 거부하기도 했다.

엘리자베스는 휴대용 확성기를 들고 오프라 스타일로 전당대회의 대의원들과 남편에 대한 이야기를 나누었다. 힐러리는 압박을 느끼면서도 경쟁을 벌일 만큼 어리석지는 않았다. 그녀는 밥 돌 상원의원이 그녀의 책 『마을 하나가 필요하다』를 두고 '가족' 대신 '국가가 자녀를 키우도록' 요구하는 책이라고 주장한 것에 대해서 민주당 전당대회의 연설로 답했다. 이 연설에서 의료보험 개혁과 가족휴가제를 지지하면서 그녀 자신의 양육 경험을 거론했다. "행복하고 건강하며 희망에 가득 찬 자녀로 키우려면 가족이 필요합니다. 선생님도, 목사님도, 사업가들도 필요합니다. 물론 공동체 지도자도, 우리의 건강과 안전을 책임지는 사람들도 마찬가지입니다. 우리 모두가 필요한 것입니다." 극적인 효과를 위해 잠시 뜸을 들인 힐러리가 "그렇습니다. 마을 전체가 필요한 것입니다"라고 말하자 대의원들이 우렁찬 박수를 보냈다. 힐러리는 "그리고 대통령이 필요합니다. 자기 자녀의 잠재력만이 아니라 모든 어린이의 잠재력을 믿는 대통령, 자기 가족의 힘만이 아니라 모든 미국 가족의 힘을 믿는 대통령이 말입니다. 바로 클린턴 대통령이 필요합니다"란 말로 연설을 끝맺었다.[455]

CNN 방송은 '재탄생한 퍼스트레이디'로 묘사했다. 의료보험 개혁 실패를 딛고 일어난 힐러리는 예전의 논쟁적이고 정책 편향적인 퍼스트레이디가 아니었다. 또한 힐러리는 더욱 영향력 있는 공인으로 다시 우뚝 섰다. 그녀의 명성이야말로 현대 미국에서 가장 큰 힘을 발휘하는 정치력이라 할 수 있었다.[456]

클린턴 부부는 재선 승리로 인해 확신을 얻은 셈이었다. 이번에도 여전히 50%가 넘는 표를 확보하지는 못했지만 말이다. 힐러리와 클린턴은 첫 임기 때의 좌절과 잘못, 실패를 뒤로 하고 이제 새롭게 시작될 시기를 기대하고 있었다. 20세기 들어 민주당이 재선에 승리한 것은 이번으로 세 번째였다. 클린턴 부부는 이 기쁨에 마냥 들떠서 만끽하느라 화이트워터 사건 조사의 여파, 경이로운 선거자금 모금에 대한 의혹의 증폭, 아칸소주 젊은 여성들의 계속되는 사과요구 등을 간과하고 있었다.

6 영부인 힐러리, 대통령 각하, 그리고 르윈스키양

힐러리는 '아메리코' AmeriCorp(미국봉사단)에 특별한 자부심을 가지고 있었다. 아메리코는 존 F. 케네디가 창설했던 '피스코' Peace Corps(평화봉사단)의 1990년대식 버전이었다. 해외파견봉사에 중점을 두었던 피스코와 달리 국내 지향적 자원봉사를 강조한 아메리코는 클린턴 대통령 부부의 고상한 야망을 반영한 웅대한 프로그램이었다. 대통령 부부는 자신들도 케네디가 했던 것처럼 젊은 세대에게 스스로 국가를 위하여 무엇을 할 수 있는지 생각하는 동기를 부여하려고 했다.

1995년 브루클린대학 학위수여식에 참석한 힐러리는 사회초년생 앞에서 이렇게 말했다. "국민적 봉사는 클린턴 대통령이 강령으로 채택했던 계획입니다. 그것은 각고의 노력, 극기, 희생, 지역봉사 등 매우 전통적 가치를 기반으로 합니다. 그것은 훌륭한 시민인 것에 대한 보상입니다." 힐러리는 '교육과 봉사' 는 '고상한 목표' 라고 역설했다. "교육과 봉사는 품성 함양에 관여하기 때문입니다. 품성은 사회를 고정시키는 닻입니다. 여기서 품성이라고 할 때에는 단지 말 뿐만 아니라 행동을 의미합니다." 품성은 힐러리가 소중히 여겼던 '실제로 자신의 이상에 맞추어 살아가는 시민사회' 의 필수 기본원칙 중 하나였다. 1992년에 '품성은 여정이다' 라고 말했던 남편 클린턴의 상대주의적 입장과는 달랐다. 힐러리는 현대 미국의 문화가 이상화하기보다는 조롱하고, 희생하기보다는 탐닉함으로써 품성 함양이라는 고상한 수행을 위협한다고 우려하면서 이렇게 경고했다. "소비주의와 물질주의가 우리 문화에 만연되면서 우리의 취향과 욕망, 우리의 가치와 꿈을 지배하고 있습니다."[457]

이 연설에서 힐러리는 자신이 좋아하는 주제를 서로 연결해 제시했다. 즉 오늘날의 현실에 부합하면서도 동시에 전통가치의 최선을 보존할 수 있도록 쇄신된 비전의 필요성을 강조하는 것이었다. 힐러리가 역설한 비전의 중심에는 '품성' 이 있었다. 품성은 강하고 의연하고 도덕적 행동을 의미했다. 인간이 가장 저급한 충동에 굴하는 것이 아니라 될 수 있는 한 최선이 됨으로써 초월과 공익을 추구한다는 것이었다. 감리교 신앙에 뿌리를 두고 있는 힐러리의 품성 비전은 후에 그녀가 표방한 진보주의에 와서 구체화된다. 레이건식 이기주의와 물질주의로 판단되는 것에 대해 그녀가 강경한 반대 입장을 철회하지 않았던 것도 같은 맥락에서 이해된다. 이처럼 힐러리가 고수했던 이데올로기와 사람들이 자신에게 적용해 주기를 원했던 평가기준을 생각해 볼 때 남편 클린턴이 아내 개인은 물론이고 그들의 결혼생활을 배반한 것, 나아가 충절, 절제, 정직 등 힐러리가 소중히 했던 이상적 가치를 배반한 것은 그만큼 더 의미심장했다. 빌 클린턴의 수치스러운 행위는 힐러리 로댐 클린턴의 청교도주의를 조롱한 셈이었으며 동시에 그들이 공유했던 원대한 진보주의적 목표를 파멸로 이끌게 된다. 또 힐러리 자신도 남편을 변호하는 과정에서 그 동안 숭배하고 옹호해 왔던 도덕적 가치와 전통 체계, 품성 지향적 설법을 스스로 손상시키게 되는데 이 역시 그만큼 더 모욕적이고 파괴적이었을 것이다.

모니카 르윈스키 스캔들이 벌어지는 동안 힐러리 로댐 클린턴이 겪은 사적인 배반과 공적인 모욕에 대한 기사는 산더미처럼 쏟아졌다. 그러나 이념적, 정치적, 정책적 배반에 대하여 주목한 언론은 거의 없었다. 개인적인 것과 정치적인 것의 경계가 모호하고 사생활이 공개된 백악관에 살았고, 일상의 대부분도 공개된 활동이었던 대통령 부부에게, 빌 클린턴이 모니카 르윈스키와 가졌던 불륜관계의 후유증은 다차원적이었고 모든 것을 무력하게 만드는 것이었다.

르윈스키 사건에 관해 쓰인 수십 권의 책, 수천 편의 기사, 수백만 개의 말 중에서 바로 이 의문점과 연관이 있는 네 가지 질문이 떠오른다. 첫째 힐러리는 이 사건에 대하여 무엇을 알고 있었는가? 그리고 그 사실은 언제 알게 되었는가? 둘째 힐러리가 취했던 행동은 빌 클린턴이 전면공세 국면에서 스캔들을 이겨내고 집권을 유지하는 데에 어떻게 영향을 미쳤는가? 셋째 바로 이러한 행동이 힐러리가 퍼스트레이디로서의 자격을 구축하는 데에 또한 미래의 정치적 자격을 구축하는 데에 어떠한 도움을 주었는가? 마지막으로 이 지저분한 사건에서 그녀가 맡았던 역할은 미국 퍼스트레이디의 현대적 딜레마를 어떻게 대변하는가? 결과는 아이러니하다. 극도로 품위를 손상시키는 스캔들이었던 이 사건을 통해 힐러리 로댐 클린턴은 남편의 정권에 가장 의미심장한 역사적 기여를 했고 동시에 자신만의 정치적 권력을 갖고 부상할 수 있는 발판을 마련했다.

두 번째 임기가 시작되자 클린턴 부부는 이제 대통령 본연의 업무로 되돌아가고자 했다. 그러나 스캔들은 끊임없이 어두운 그림자를 드리우고 있었다. 클린턴이 아칸소 주지사였던 시절 리틀록에 있는 어떤 호텔에서 젊은 주정부 공무원을 상대로 행한 추잡한 행위는 대통령 임기 내내 그를 따라다녔다. 폴라 존스와 빌 클린턴 사이의 분규가 법정에서 질질 끌고 있는 동안 언론인들은 그 사건을 다시 살펴보았다. 1996년 대선 일주일 전, 스튜어트 테일러Stuart Taylor는 스티브 브릴Steve Brill의 잡지 아메리칸 로이어American Lawyer에 폴라 존스 사건을 재검토한 글을 실었다. 테일러는 뉴스위크의 이반 토머스Evan Thomas가 폴라 존스를 가리켜 '트레일러 주차숙소에서 나오는 헤어스타일 요란한 너저분한 여자' 라고 표현한 것처럼 기자들이 폴라 존스를 간단히 무시해 버린 것을 꾸짖었다. 테일러의 결론은 '빌 클린턴이 행한, 저열하지는 않다고 하더라도 최소한 탐욕적인 행위' 에 대한 폴라 존스의 고발은 1991년 페미니스트에 의하여 웃음거리가 되었던 '클래런스 토머스 연방대법관 지명자가 행했던, 훨씬 덜 심각한 행위에 대한 애니타 힐 교수의 증언을 뒷받침한 증거보다 훨씬 더 강력하다' 는 것이었다. 이처럼 애니타 힐과 폴라 존스에 대한 반응이 대조를 보인 것과 관련해 테일러는 '페미니스트와 진보주의자들의 위선 (혹은 무지) 및 계급 편견' 때문이라고 하였다.[458]

테일러의 분석은 결국 클린턴의 두 번째 취임식 2주일 전 뉴스위크 커버에 폴라 존스를 등장시키는 결과를 가져왔다.[459] 대통령 취임식이 있던 주에는 연방대법원이 존스 대 클린턴 사건을 청문하였다. 이 사건을 선거 이후로 미뤄 왔던 클린턴 측 변호인들은 미국 대통령은 임기가 끝나기 전에는 민사소송의 대상이 되어서는 안 된다고 주장했다. 이후 1998년 4월 수잔 웨버 라이트Susan Webber Wright 판사는 사건을 기각했다. 폴라 존스는 항소했고 그 해 11월 폴라 존스 소송사건 심리 중에 드러난 모니카 르윈스키의 개인적 비밀누설이 사법방해와 위증죄로 확대되기 시작한 후 대통령은 사과 없는 85만 달러의 합의금으로 폴라 존스 사건 화해를 받아들였다.

'예산의 균형을 맞추되 가치관의 균형을 잃지 않는 국가'를 요구한 대통령의 취임사는 힐러리의 가치관을 담은 수사법을 차용하고 있었다. 대통령은 사회정의에 대한 진보적 이상과 '책임지는 시민정신'과 불멸의 가치에 대한 보수주의적 공약을 융합시키며 이렇게 천명했다. "정부 혼자서는 할 수 없는 일이 있습니다. 그것은 아이들에게 읽는 법을 가르치는 일, 생활보호대상자를 고용하는 일, 잠겨있는 현관문과 셔터를 내린 창문을 열고 밖으로 나와서 마약과 갱단에게 빼앗긴 우리의 거리를 되찾는 일, 우리의 인생에서 시간을 내서 다른 사람을 돕는 일 … 정부의 새로운 비전, 새로운 책임감, 새로운 공동체 정신을 가지고 우리는 미국의 여정을 지속할 것입니다."[460] 아내와 딸에 둘러싸인 대통령은 공동체, 책임감, 시민정신, 그리고 사회정의로 형성된 불멸의 기초 위에 21세기로 연결하는 교량을 건설하겠다는 포부를 밝혔다.

신문 헤드라인을 장식하는 백악관 생활의 드라마에서 퍼스트레이디는 일부러 밸러스트(항해용 바닥짐. 배의 균형을 잡기 위해 일부러 놓는다 : 역주)를 놓곤 했다.(정신분석자들의 용어에 의하면 '현실체크'다) 퍼스트레이디의 침착하고 건전한 이상주의는 개인적으로는 대통령을 정당화하고, 정치적으로는 그의 메시지를 강화시키면서 대통령을 지탱해주었다. 흥미롭게도 일이 틀어질 때 대통령의 죄가 아내를 잠식했다. 다른 경우에는 아내의 관용이 남편을 속죄했다. 어느 쪽이든, 그것은 개인적이며 정치적 희생이 따르는 것이었다.

폴라 존스에 관한 수군거림이 점점 큰 소문으로 번지고 있을 때조차도 비판자들은 선거캠페인 자금 스캔들에 대해서만 소리를 질러대고 있었다. 정치인에게 정치자금 조성 압박은 전적으로 소모적 일이다. 상하원 할 것 없이 의원들은 돈을 부탁하기 위해 몇 시간이고 전화기에 매달려 시간을 소비하는 것에 대해 불평한다. 그것도 선거가 하나 끝나자마자 다음 선거를 위한 모금을 시작해야 한다. 바로 이런 압박에 직면한, 선거자금이 절실했던 클린턴 부부는 아칸소 시절에 사용했던 값싼 전술을 백악관으로 들여왔다. 빌 클린턴은 주지사 공관과 백악관을 구분하지 못했는데 그 때문에 대통령직의 위엄은 손상되었을 뿐만 아니라 타락을 우려하는 공화당의 전통적 두려움을 촉발하게 된다. 클린턴의 보좌관 해럴드 아이크스Harold Ickes의 비망록에는 1996년 현재 전례 없는 모금운동이 진행 중이라는 내용이 명확하게 밝혀져 있다. '기금조성에는 대통령, 부통령, 퍼스트레이디, 부통령 부인께서 '꽤 상당한' 시간을 투자하게 될 것이다.'[461] 이처럼 천박한 활동이 조직적으로 이루어졌음을 보여주는 서류는 수천 건에 달하는데 이 모두 권력상품이 '모텔 1600' (백악관 주소 1600번지에 빗대어 만든 말 : 역주)에서 행상에 부쳐질 것임을 예고하고 있었으며 그 상품의 품위를 떨어뜨리는 증거이기도 했다.

힐러리 로댐 클린턴은 백악관의 성역화 되어 있는 부분에 대한 접근권을 판매하는 데 큰 역할을 맡았다. 공동대통령 시대에 퍼스트레이디가 어떤 공헌을 할 수 있는지 아이러니하게 보여주는 사례였다.

98차례의 다과회에 참가자는 1인당 평균 5만 달러(다과회에 제공된 덴마크 패스트리 하나당 1만 6,666달러 66센트인 셈이었다)를 냈고, 링컨베드룸(백악관 손님용 침실 : 역주)에서의 숙박은 1박에 평균 10만 달러였다. 돈 많은 미국인에게는 백악관용 편지지에 백악관용 펜으로 어머니에게 편지를 쓰거나 미국 최고의 유명인사인 클린턴 부부와 고어 부부가 초청하는 공식만찬에 참석할 수 있는 기회였다.

클린턴은 자신의 일광욕실에서 석양을 즐기는 기회를 경매에 붙이는 등 대통령의 유명세를 이용한 판촉활동을 벌였다. '당장이라도 밤샘 파티를 시작할 준비가 되어있는' 열성적인 대통령은 정치자금 모금을 준비하면서 이런 메모를 남기기도 했다. '상위 열 명 목록을 가져다 달라. 그리고 100명의 5만 달러 기부자 리스트도.'[462] 텔레비전 시대에 태어난 세대로는 최초의 대통령인 클린턴은 명성이 명성을 낳는다는 것을 알고 있었다. 그는 할리우드를 모델로 택했다. 명성, 매력, 돈이라는 금맥을 그곳에서 찾아내려고 했다. 민주당원들은 20세기 후반에는 바바라 스트라이샌드나 스티븐 스필버그와 친하게 지내는 것이 보스 트위드Boss Tweed와 마크 해너Mark Hanna가 활동하던 시절에 선거에서 끌어 모았던 것보다 더 많은 표를 가져다줄 것으로 기대하고 있었다.(19세기 정치인이었던 민주당 보스 트위드와 공화당 마크 해너는 둘 다 뛰어난 수완과 영향력을 가지고 있었다 : 역주)

정치자금 모금 스캔들은 무엇보다도 신기한 사건으로 주목받았다. 공화당원들은 업계 거물들에게 비굴하게 머리를 조아리거나 최고가 낙찰자에게 영혼을 팔아서 정치자금을 마련하는 것이 관례였다. 그런데 민주당에서는 앨 고어 부통령도 이렇게 단호하게 말하는 것이었다. "나는 대통령이 재선되어 그의 의제를 진행시켜 나갈 수 있도록 선거지원을 돕는 데 내가 할 수 있는 일은 다 했고, 그것이 자랑스럽다."[463] 이처럼 결과만 좋으면 수단은 정당화된다는 클린턴-고어 논리는 베이비붐 세대가 1960년대식 게릴라 전술과 독선주의를 돈과 권력을 얻는 데에는 어떤 식으로 적용하는지 보여주는 실례였다. 기자들은 1980년대에 힐러리가 상품시장(가축선물 투자를 말한다 : 역주)에서 훌륭한 레이건주의자처럼 이득을 챙겼던 사건을 흥미롭게 지켜보았듯 이번에는 워터게이트 시대에 경험을 쌓은 '맥거번주의자들' 이 닉슨 스타일의 정치자금 모금을 즐기는 것을 흥미진진하게 지켜보았다. 언론은 '모든 신에게는 약점이 있다' 는 것을 폭로하는 데에 정력을 쏟았고, 클린턴 부부는 이 스토리라인을 정교하게 만들면서 냉소주의를 덧붙였다.

여기에서 클린턴 부부의 죄는 법적이라기보다는 도덕적인 것이다. 그들은 자신들의 활동에 관해 선거법 및 현대 윤리관에 정통한 변호사들과 함께 검토하였다. 이 부분에 대해서는 아마도 앨 고어 부통령의 설명이 옳았을 것이다. 어느 기자회견에서 법률적인 변론을 하면서 그는 일곱 번이나 같은 내용을 기계적으로 반복했다. "우리 측 법률고문의 말에 의하면 법이든 무엇이든 위반한 내용이 있다고 말하는 법적 강제나 판례는 없다고 합니다."[464]

대통령 집무실을 집 안에 둠으로써 정치와 정부의 경계는 모호하게 되었다. 도대체 어떤 종류의 법이 대통령과 퍼스트레이디에게 '국민의 집' 을 지키는 보호자로서 백악관을 좀 더 존중해야 한다고 명령할 수 있단 말인가? 어떻게 법이 대통령과 부통령에게 날카로운 센스와 존엄한 태도, 그리고 품위를 가져야 한다고 강요할 수 있단 말인가? '나는 적법하다고 판단된 일만 했다'[465] 라는 고어의 주장에서 보듯이 스캔들의 큰 부분은 도덕적 모호함의 최소공분모에 기인한다. 배리 골드워터 상원의원은 종종 이런 말을 하곤 했다. '나는 도덕을 법률로 규정하거나 의원들의 고결한 행동을 위하여 공식 행동규범을 강요해야 한다고 믿은 적이 없다.' 그리고 이렇게 주장했다. '우리의 정직은 우리 자신으로부터 나오는 빛처럼 빛나야 한다. 매우 간단한 일이다.'[466] 오늘날 미국에서 도덕성은 산산조각이 나고 미국인은 법에 의존한다. 그러나 일부 정치자금 제공자와 정치인에게 유죄판결을 한다고 해서 미국 대통령에게(혹은 가장 가까운 측근들에게) 명백히 결여돼 있는 도덕의 자이로스코프(팽이처럼 회전하며 균형을 잡아주는 기계 : 역주)를 주는 것은 아니다.

클린턴 부부는 그들 특유의 방법으로 응대했다. 1996년 대통령 선거 직후 빌 클린턴은 자신을 둘러싼 정치자금 조성 스캔들 소용돌이는 '다시 한 번 우리에게 선거운동에 너무 많은 비용과 너무 많은 시간이 들었다는 것을 보여준다. 선거운동은 너무 많은 문제점을 제기했다. 이제는 선거운동 자금개혁 입법을 위하여 초당적 논의가 필요하다' 라고 역설했다. 돈 문제를 공격하는 데에 그토록 웅변적인 정치인은 없었다. 정치자금을 모금하는 데 그처럼 뻔뻔스러운 정치인도 드물었다. 1997년에 와서 의문이 증폭되자 대통령은 이슈를 모호하게 만드는 길고 지루한 설명을 하는 한편으로는 돌격대를 급파했다. 그것은 그들 중 한 명인 래니 J. 데이비스Lanny J. Davis의 말을 빌리자면 '확실한 대위(對位) 메시지'[467]를 제공하기 위함이었다.

어쨌든 민주당의 과도한 정치자금 조성 스캔들은 클린턴 부부의 균형을 바로잡는 결과를 가져왔다. 이번에는 비난의 화살이 주로 대통령에게 쏠렸기 때문이다. 힐러리 역시 자신의 사무실을 정치자금 장사에 이용하는 데에 전혀 막힘이 없었지만 미국 퍼스트레이디에게 접근하는 것은 미국 대통령에게 접근하는 것보다 값이 싼 법이다. 정치자금 모금에서 힐러리의 몫은 그녀의 역할을 반영한다. 힐러리는 대통령 주위에 궤도를 그리는 반짝이는 은하계에서 가장 빛나는 별이었던 것이다.

이제는 고양이와 쥐의 싸움 같은 스캔들 공방은 의례적인 일이 되었다. 의회에서 공화당이 대통령 보좌관을 위원회에 끌어내고 엄청난 양의 서류를 소환하는 동안 민주당은 당파적인 마녀사냥이라고 비난하면서 또 다른 특별검사 임명을 막으려고 노력하였다. 백악관에서는 피해수습대책반이 피해가 될 만한 정보는 일단 억제했다가 마지막 순간에 '문맥' 안에 포함시켜서 유출하는 노력을 하고 있었다. 독자들이 하품을 시작하자 신문에서는 대문짝만하던 헤드라인이 짤막한 요약기사로 줄어들었다. 클린턴 부부는 공화당원들보다 한 수 위에서 소동에 관여하지 않은 채 활황국면의 경제를 돌보면서 자신들의 임무를 계속해 나갔다.

대부분의 기자들은 대통령의 성생활을 파헤치는 것보다는 선거캠페인 기록부를 탐독하는 편을 더 좋아했다고 말한다. 뉴스위크의 마이클 이시코프Michael Isikoff처럼 가장 공격적인 보도로 유명한 기자들조차 '상호교감에 의한 성적 관계'에 관한 대통령의 소문을 추적하는 것에 대해 '내부에서 상충하는 느낌'이었다고 주장한다. 그러나 이시코프를 포함한 일단의 기자들은 빌 클린턴이 '대중이 상상하는 것보다 훨씬 더 심각한 심리적 장애를 가지고 있다'고 믿게 된다. 빌 클린턴의 '사생활 부정행위의 규모 때문에 … 일상적이고 반복적인 거짓말이 필요했으며 그 거짓말을 숨기기 위해 반사적인 거짓말이 필요했던 것이다.' 빌 클린턴은 조금이라도 난처한 상황에서는 본능적으로 회피하고 어물쩍 넘어가거나 거짓말을 하는, 그리고 발각되면 다른 이야기로 꾸며대는 경향이 있었을 뿐만 아니라 충실한 조력자들에게 자신의 거짓말을 그대로 따라하거나 보강하거나 퍼뜨리도록 영향을 행사했다는 것이다. 이시코프의 설명에 의하면 이러한 '은폐의 문화'는 정부와 국가 차원에서도 '침식효과'를 나타냄으로써 '집권기 전체를 오염시켰다.'[468] 이처럼 널리 퍼져 있던 유행병은 워터게이트 사건이후 가장 공격적인 언론 보도를 초래하였다.

1997년 크리스마스 즈음 폴라 존스 사건에 대한 증언은 계류 중이었지만 이시코프는 이미 모니카 르윈스키라는 인턴과 대통령의 애정행각에 관한 기사를 추적하고 있었다. 정보를 준 것은 전직 백악관 직원인 린다 트립Linda Tripp과 그녀의 저작권 대리인 루시앤 골드버그Lucianne Goldberg였다. 클린턴 대통령은 이미 비서 베티 커리Betty Currie와 중개인 버논 조던Vernon Jordan의 도움을 확보해 놓았다. 폴라 존스의 변호인들이 모니카 르윈스키 사건으로부터 발견할는지도 모르는 위험성을 중화하는 것이 이들의 임무였다. 그럼에도 불구하고 백악관은 여전히 평온했다. 사진작가 한 명이 세인트토머스에서 휴가를 즐기던 대통령 부부가 바닷가에서 수영복을 입은 채 춤을 추고 있는 장면을 포착했다. 그때쯤에는 이미 클린턴 부부의 끝없는 정보조작에 단련된 사람들은 이 사진이 연출된 것이라고 확신했다. 또 다른 사람들은 클린턴 커플이 중년의 몸매를 공개적으로 드러낼 성격이 아니라는 점을 들어 이 사진이 자연스러운 애정의 순간을 보여주는 것이라고 주장했다. 백악관에서는 나날이 크리스마스 파티가 이어졌다. 그중의 어느 파티에서 클린턴 부부의 스캔들을 방어하느라 지쳐버린 래니 데이비스Lanny Davis는 대통령에게 그만 두겠다는 말을 했다. "대통령 각하, 이제 최악의 스캔들 의혹은 지나간 것 같으니 제 법률사무소로 돌아가도 괜찮을 것 같습니다."[469]

그러나 그로부터 몇 주일 후 래니 데이비스를 포함한 일단의 변호인들은 르윈스키 스캔들에 전력을 쏟아 붓고 있었다. 1998년과 1999

년을 휩쓴 이 스캔들은 결국 미국 역사상 두 번째로 그리고 20세기에서는 유일한 대통령 탄핵을 불러오는 엄청난 사건으로 발전한다. 1998년 1월 17일 토요일 대통령 전용 리무진이 변호인과 보디가드로 무장한 빌 클린턴 대통령을 싣고 스카덴 법률사무소로 향했다. 그 전날 케네스 스타 특검팀은 이미 모니카 르윈스키를 소환해 조사 내용을 녹음했다. 그녀는 펜타곤 시티몰에서 친구와 점심을 같이 했는데 그것이 불행의 시작이었다. 믿고 털어놓았던 친구 린다 트립이 배반을 한 것이다. 그렇게 해서 폴라 존스 사건으로 송사가 시작된 지 4년 만에, 그리고 알려진 바에 의하면 첫 만남 이후 거의 7년 만에, 미국 대통령은 여섯 시간에 걸친 광범위한 심문을 받게 된다. 아이러니하게도 성희롱 소송에서 심문이 그토록 혹독해진 것은 힐러리와 그녀의 동료들이 이루어놓은 성과였다. 성희롱 소송에서 피해자 여성이 가해자 남성에 대한 증거를 제시해야 하는 부담을 힐러리 측이 제거한 것이다. 그런데 클린턴 부부와 지지자들이 표방해온 성희롱에 대한 의분은 갑자기 상황논리로 바뀌었다. 클린턴 측이 점점 조여드는 법망의 함정에 빠지게 되자 무슨 일이 일어났는지에 대한 확대해석을 요리조리 피하기 시작한 것이다.

1978년 시작된 부동산 거래 의혹, 즉 화이트워터 사건과 그로부터 근 20년 후에 발생한 중년의 대통령의 백악관 내 애정행각 사이에 존재하는 희미한 연관성에 대하여 클린턴 부부는 되풀이해 부인했다. 또 민주당 측은 민주당 자신에 의해서 대부분 고안된 또 하나의 제도, 특별검사와의 전투도 피할 수 없었다. 힐러리와 동조자들이 이루어놓은 성과의 결과, 특별검사 케네스 스타는 민주당원 대통령을 맹렬하게 추격하는 탐욕스러운 공화당원 괴물, 근본주의자 프랑켄슈타인이 될 것이었다. 그러나 스타 검사는 특별검사제도 법령의 냉혹한 논리를 따를 뿐이었다. 특검제도는 리처드 닉슨에게 행해졌던, 그리고 젊은 시절의 힐러리 로댐이 지원역할로 일조를 했던, 민주당의 조사에 뿌리를 두고 있었다. 워터게이트 사건 때에는 침범행위, 선거운동에서의 부정한 속임수, 뇌물 등 서로 연관이 없는 일련의 사건들이 연합해 사건을 은폐시켰는데 이는 대통령과 측근세력이 자신들은 법 위에 존재한다고 생각했었음을 밝혀준다. 케네스 스타는 클린턴을 둘러싼 일련의 사건, 즉 화이트워터 트래블게이트 빌링스게이트 등 의혹과 폴라 존스 성희롱 소송 및 이번에 드러난 모니카 르윈스키 사건의 공통점을 발견했다. 그것은 규칙과 법을 위반하고, 그 다음에는 위증, 사법방해 및 협박을 고루 사용하여 은폐를 반복하는 행동유형이었다.

그런 맥락에서 클린턴 부부가 유죄라고 생각하는 사람들은 바로 그 연관성을 인지했으며, 스타 검사가 바로 이 행동유형을 공격목표로 삼아 조사 영역을 확대한 것은 정당하다고 믿었다. 다른 사람들도 여러 가지 맥락에서 드러난 클린턴 부부의 도덕적 방종을 비난하긴 했지만 그러한 불찰이 어떻게 중죄가 될 수 있는지 이해하지 못했으며 따라서 왜 특검이 검사재량권을 사용하여 연방 차원의 소송사건이 도덕성 공방으로 변질되는 것을 막지 않는지 의아하게 생각했다. 더욱이 자금을 충분하게 사용한 반대파의 공격이 종종 무분별할 정도로 가차 없는 것으로 비춰지면서 고소인 측의 신빙성은 훼손되었으며 동시에 민주당 지지자들로 하여금 자신들의 지도자를 중심으로 결속하도록 북돋았다.[470]

변호인들과 미리 짠 각본대로 빌 클린턴 대통령은 선서 증언에서 제니퍼 플라워스와 한 번의 성접촉이 있었음을 인정했다. 그런데 놀랍게도 조서의 대부분은 좀 더 최근의 사건, '제인 도우 넘버 6' 라고 이름 붙인 한 공무원과의 관계에 집중되어 있었다. 대통령은 단적으로 부인했다. "나는 절대로 모니카 르윈스키와 성적 관계를 가진 적이 없습니다"라고 대통령은 말했다. "절대로 그 여자와 관계를 가진 적이 없습니다."[471]

빌 클린턴의 훌륭한 친구이며 열성적 변론자인 하버드대 로스쿨교수인 앨런 더쇼위츠Alan Dershowitz는 이 진술을 가리켜 '클린턴 대통령 임기 중 최악의 결정' 이라고 말했다.[472] 르윈스키가 선서 진술에서 관계를 부인한 것도 대통령에게 용기를 더해 주었다. 그러나 법정선서를 한 상태에서 이런 거짓말을 함으로써 빌 클린턴의 성적 탈선 은폐는 정치 쟁점에서 법적 쟁점으로, 잠재적 당혹스러움에서 중죄 가능성으로 발전하게 된다. 이런 위험성을 인지하고 있던 더쇼위츠 교수 등은 소송 자체에 참여하지 않음으로써 진술을 피할 수 있는 방법인 화해조정이나 결석재판을 주장했다. 클린턴 측 수석변호사 로버트 베넷Robert Bennett은 이번 사건에서 물러서면 또 다른 여자들이 난데없이 튀어나올 것을 우려했다. 모니카 르윈스키의 분석대로 대통령은 소송사건이 몰고 올 잠재적인 피해를 그저 '부인하고' 있었던 것 같다. 혹은 다른 사람들의 주장대로 힐러리가 어떤 형태든 화해조정은 안 된다며 비토했을는지도 모른다. 후에 더쇼위츠의 진술에 의하면 8개월 후(그리고 엄청난 모욕을 겪은 후) 마사스빈야드Martha's Vineyard(뉴잉글랜드에 있는 휴양지 : 역주)에서 휴가 중이던 빌 클린턴을 만나서 왜 재판결석을 하지 않았느냐고 물어보자 예일대 로스쿨 출신에 '언제나 정직한 것만은 아닌' 대통령은 '종종 자기홍보에 열심인' 변호인에게 이렇게 대답했다고 한다. "법정증언 대신에 재판결석을 택할 수 있다는 말을 해 준 것은 지금 당신이 처음입니다. 나는 법정진술을 해야만 하는 줄 알았어요."[473] 나중에 힐러리는 좀 더 일찍 '존스

사건을 화해로 처리할 수 있었던 기회' 를 거부한 것에 대해 후회한다고 밝혔다.[474]

당연한 일이지만 판단을 흐리게 하는 감정의 짐을 인정하기보다는 합리주의자 퍼스트레이디는 '원칙적으로 그 생각에 반대했다' 고 주장했다. 만일 화해한다면 성가신 소송으로부터 벗어나기 위해 돈으로 해결한 대통령의 끔찍한 전례가 될 것이라는 믿음 때문이었다. 물론 뒤늦게 깨달았지만, 존스 소송사건을 일찍 해결하지 않은 것은 포화처럼 밀려들던 조사와 소송을 다루는 전술상 두 번째로 큰 실패였다. 첫 번째 대실패는 특별검사제를 요구한 것이다.'[475] 힐러리의 지적대로 이 두 가지 계산착오는 결국 클린턴 부부의 사명에 엄청난 피해를 입혔다. 힐러리가 부당한 취급을 받은 아내, 수석 변론인, 음모공모자, 숙련된 변호사, 그리고 그 자신이 독립적 공격목표가 되는 역할 사이에서 곡예를 하는 동안 클린턴 사이코드라마에서 그녀가 맡은 선정적인 배역은 주목받을 수밖에 없었다.

대통령이 법정진술을 끝내고 백악관으로 돌아온 날 그들 부부는 어스킨 볼스Erskine Bowles 부부와의 저녁약속을 취소했다. 같은 날 저녁 도시의 다른 편에서는 뉴스위크 편집자들이 회의를 하고 있었다. 대통령, 백악관 인턴, 그리고 그 사건의 제보자에 대한 마이클 이시코프의 기사를 일단 보류하자는 결론이 났다. 그러나 일요일 아침 일찍 스캔들 전도자 맷 드러지Matt Drudge(폭로기사로 유명한 드러지리포트를 운영하는 인터넷 저널리스트 : 역주)는 인터넷에 충격적인 기사를 올린다. '뉴스위크가 백악관 인턴에 대한 기사를 묵살하다.'[476] 같은 날 대통령은 비서 베티 커리를 불러서 일련의 질문을 하면서 이런 말을 덧붙인다. "나는 절대로 모니카하고 단둘이서 있었던 적이 없습니다. 그렇죠?"[477] 같은 주의 수요일인 1998년 1월 21일, 워싱턴포스트는 기사를 내 보낸다. 그것이 그해 겨울 스캔들의 첫 번째 파도를 몰고 왔으며 몇 주 후에 대통령은 그 거센 파도에 맞서야 하는 운명이 된다. 두 번째 파도는 그 해 여름에 밀어닥친다. 르윈스키가 입었던 갭 드레스에 있던 물리적 증거가 대통령과 모니카 르윈스키를 연결하며 대통령의 거짓말을 입증한 것이다. 르윈스키의 자백은 음탕한 '스타 보고서' 에 자료를 제공했고 9월에 발표된 특별검사의 보고서는 결국 1998년 12월 대통령의 탄핵으로 정점에 이른다. 다음 해 2월 상원은 대통령의 유죄입증과 탄핵을 거부함으로써 사건은 종결되었다.

이 천박하고 사소한 사건의 기저에서는 역사적이며 복잡한, 전형적으로 미국적인 논쟁이 시작되고 있었다. 지도자는 고결한 덕성을 갖추어야 한다는 옛날식 관념, 일부일처제와 공민 양식에 대한 전통적인 강조, 3백 년의 역사를 가진 미국식 예외주의, 그리고 미국 대통령의 독보적 특성과 1960년대의 도덕과 섹스에 대한 혼란, 1970년대의 정치적 냉소주의와 스캔들 사냥의 유행, 1980년대의 유명인의 정치학, 그리고 1990년대 '언제나, 모든 뉴스' 을 표방하는 미디어의 침략이 서로 충돌한 것이다. 성적 행위에 대한 기본 규칙의 변화와 함께 결혼 자체의 의미도 변화하면서 아무리 미국 대통령이라고 해도 두리번거릴 여지가 늘어난 것이다. 이 논쟁의 중심에는 매력적이고, 유능하고, 지적이고, 이상주의적이고, 매혹적이고, 강인하고, 야심만만하고, 불성실하고, 오만하고, 초도덕적이고, 교활하고, 반항적이고, 비장하고, 남근을 신봉하고, 건달 끼 있고, 난잡하고, 극단적으로 배타적이고, 자기중심적인 미국 대통령이 있었다. 그리고 그 옆에는, 배반당한 아내, 보복천사, 애당심 투철한 정치인, 순진한 치어리더, 그리고 실속주의자의 역할을 함으로써 감정과 정치가 뒤얽힌 복잡한 실타래를 교묘하게 풀어가는, 남편만큼이나 복잡한 아내가 있었다.

역설적이게도 미국인이 대통령의 일탈을(역사학자 낸시 코트Nancy Cott가 지적했듯) '너그럽게 혹은 냉소적으로' 묵인할 때에도 퍼스트레이디는 한층 더 전통주의적 보호막 안에서 안주하고 있었다. 바로 이 점에서 힐러리의 논조가 중요한 것이다. '탄핵이라는 일대사건은 대중으로 하여금 결혼생활은 사적인 것이며 기혼자의 부정행위는 너무나 흔한 일이라는 인식을 갖게 해 대통령 파문에 대한 여론 도출을 실패하게끔 만들었다'는 코트의 지적은 적확하다.[478] 그럼에도 불구하고 퍼스트레이디는 자신과 남편 모두를 위해 상처받은 쪽 역할을 해야만 했던 것이다. 좀 더 현대적이며 상대주의적인, '남자들이 다 그렇지, 뭐' 같은 태도를 취했더라면 역효과를 불렀을 것이다. 여기서 다시 한 번 확인하듯이 퍼스트레이디의 역할은 아직도 구식 가치관과 모델에 뿌리박고 있다. 대통령은 새로운 모험을 하도록 허용되더라도 퍼스트레이디는 변화가 없음을 재차 보증해야 하는 것이다.

전체적으로 봐서 클린턴-르윈스키 스캔들은 미국 역사의 추악한 순간이었다. 워터게이트 사건이 진행되던 때와는 달리 이 스캔들에서는 영웅도 없었고 이상적인 승리도 없었다. 명성은 산산조각 났다. 사람들이 쓰는 말은 천박해졌다. 진실은 맘대로 바뀌었다. 당파정치가 기승을 부렸다. 변절이 횡행했다. 레이건-부시 대통령 시절에는 대통령 특권을 옹호하고, 특검을 비난하고, 성희롱 예방법을 헐뜯던 공화당원들이 이번에는 클린턴이 대통령 특권을 활용해 회피전략을 쓰는 것을 비난하고, 케네스 스타 특검의 끝도 없는 취조를 방어하고, 모니카 르윈스키가 처한 냉담한 환경에 대해 우려를 표하기조차 했다. 보수주의 도덕주의자들은 방송에 나와 도덕기준의 오염을 한탄하면서 빌 클린턴의 가장 사적인 행위에 대한 생생하고 자세한 설명을 곁들였다.

그런가 하면 민주당 측에서는 대통령의 사생활 권리를 열렬히 방어하는 한편 공화당 인사들의 불륜의혹을 즐겁게 퍼뜨렸다. 법률을 포괄적으로 해석하던 전통을 포기하는 대신 독립검사 설립규정, 대배심 규칙, 위증죄 성립요건, 헌법에 규정된 탄핵조항 등을 말 그대로 엄격하게 적용하기 시작했다. 성희롱 사건에서 증거가 불충분한 경우 여성에게 유리하게 적용하도록 만든 것이 바로 자신들이라는 것을 망각한 채, 여자들이 가해 남성에 대해 언제나 진실만을 말하는 것은 아니며 특히 피고인이 낙태 찬성론자 대통령일 때에는 더욱 의심스럽다는 주장을 폈다. 리처드 닉슨에 대해서는 조금의 관용도 베풀지 않았던 민주당원들이 빌 클린턴에게는 증거불충분으로 인한 무죄혜택을 허용함으로써 대통령직을 지킬 수 있게 하였다. 공화당 밥 팩우드Bob Packwood 상원의원이 성희롱으로 고발당했을 때에 그의 일기를 공개하는 데 적극적이었던 민주당원들이 이번에는 빌 클린턴의 프라이버시를 걱정하고 있었다. 성희롱 당했다는 애니타 힐의 주장을 비판 없이 믿었던 자들이 이번에는 폴라 존스를 의심했다. 애니타 힐 교수가 왜 클래런스 토머스와 십년 동안 연락을 지속했는지 이해했던 자들이 이번에는 (대통령이 막 대했던) 캐슬린 윌리Kathleen Willey가 대통령에게 몇 통의 메모를 남겼던 것은 무시해버렸다. 그 기간 내내 미디어와 유권자들은 언제나 그렇듯이 비난하면서 동시에 즐겁게 구경하고 있었다. 사람들이 혐오를 느낀다는 여론조사 결과에도 불구하고 뉴스 시청률과 가판대 신문 판매량은 하늘로 치솟았다.

사건이 종결된 것은 이미 너무 많은 사람들이 미국 대통령으로부터 너무 많은 나쁜 교훈을 배운 후였다. 어린 학생들은 거짓말과 섹스에 대하여 그들 나이에 알아야 하는 것보다 훨씬 많이 알게 되었다. 십대, 혹은 성적으로 조숙한 십대 초반 아이들은 대통령의 재가를 얻은 새로운 논리를 받아들였다. 즉 특정한 성행위를 탐닉하면서도 자신은 아직 순수하다고 생각하는 것이다. 페미니스트들은 모니카 르윈스키가 대통령에게 해 주었던 것을 자신들도 기꺼이 해줄 수 있다고 뉴욕옵서버에서 호언장담했다. 범죄자들은 증거불충분일 때에는 오히려 검사를 몰아붙여야 한다는 것을 배웠다. 탐욕스러운 보스들은 어린 여직원과 섹스를 했다고 하더라도 '상호교감에 의한' 것이라면 용서 된다는 것을 알게 되었다. 위증자들은 직설적 질문을 회피하는 새로운 방법을 알게 되었다. 그 사이에 젊은 여자 한 명이 1년째 기자들에게 집요한 추격을 당하고 있었다. 그녀의 엄마는 법정으로 끌려갔으며 친구들의 개인 이메일은 방송에 공개되었다. 대통령 한 명은 탄핵을 당하고 퍼스트레이디 한 명은 모욕을 받았다. 특별검사는 악마 취급을 받았고 공화당 하원의장 두 명이 면직되었다. 1970년대까지 거슬러 올라가 갖가지 애정행각과 사생아의 존재가 밝혀졌다. 악명 높은 포르노업자 래리 플린트의 눈으로 본 미국에서는 가장 숭배를 받는 대통령은 러시모어 산 화강암에 새겨져 있는 위대한 4인방(워싱턴, 제퍼슨, 링컨, 디오도어 루스벨트)이 아니라 FDR(프랭클린 루스벨트), JFK(존 케네디), LBJ(린든 존슨) 등 불륜 3인방인데 이들의 사소한 일탈행위는 클린턴 측이 주장했던 '누구나 다 한다' 라는 반론을 확증하고 있다.

이 지저분한 스캔들 전체를 단순히 일탈로 치부하는 것은 쉬운 일이었다. 앨런 더쇼위츠나 조지 스테파노폴로스처럼 탄핵으로 귀결되는 '재앙 같은' 연결 국면을 본 사람들은 그것은 진정 예방할 수 있었던 일이라고 지적한다. 추악한 정치적 문화적 전쟁을 1990년대의 '되는대로' 사조의 유행과 대조하는 사람들은 이 사건을 이례적인 것으로 생각한다. 그리고 빌 클린턴의 강박적인 초도덕성, 케네스 스타의 불굴의 의지, 클린턴 변호인단의 광포한 태도, 보수파 정적들의 괴롭히고자 하는 열성 등에 주목하는 사람들은 이 사건을 특별한 것으로 취급한다. 그러나 여러 면에서 빌 클린턴의 탄핵은 워터게이트와 이란콘트라 스캔들, 로버트 보크Robert Bork 판사, 존 타워John Tower 상원의원, 클래런스 토머스 연방대법관, 밥 팩우드 상원의원 등 일련의 사건에 논리적 정점을 찍은 셈이었다. 물론 기괴하게 얽힌 일련의 상황(빌 클린턴의 난잡한 여성편력에서부터 린다 트립의 분노, 루시앤 골드버그의 장난기, 모니카 르윈스키의 강박적 애정에 이르기까지)이 스캔들을 형성했지만 한편으로는 대통령 부부를 국민적 볼거리로 만드는 문화적, 사회적, 정치적 영향력이 유발한 결과이기도 하다. 대통령과 퍼스트레이디가 미국의 왕과 왕비 역할을 맡는 한 그들 결혼생활의 행불행이 필연적으로 정치문화의 핵심이 될 수밖에 없다. 1998년의 사건을 겪는 동안 미국인은 미국 정치문화의 건강상태는 대통령의 결혼생활 건강상태에 따라 지나치게 좌우된다는 것을 깨달았다.

스캔들의 핵심에는 유명인의 시대를 사는 대통령과 퍼스트레이디의 딜레마가 있다. 신상에 관한 이야기를 팔아먹으면서 어떻게 프라이버시를 유지할 것인가? 지난 수 년 동안 클린턴 부부는 전 세계가 보는 앞에서 춤을 추고 키스를 하고 희희덕대며 애정표현을 했다. 힐러리는 자신의 저서 『마을 하나가 필요하다』에서 자신들도 어려움을 겪긴 했지만 결혼은 과거에도 그러했고 앞으로도, 특히 아이가 있다면 더욱 탄력을 가진 제도로 유지되어야 한다고 자랑하고 있다. 클린턴 부부는 또 미사여구를 동원하여 그들이 딸 첼시를 얼마나 잘 보살피는 부모인지 자랑하곤 했다. 첼시는 클린턴 부부의 사랑이 충만한, 따뜻한 결혼생활의 살아있는 증거였다. 저녁이 되면 클린턴 부부의 프라이버시는 일방통행이 되었다. 대통령 부부는 침실에서 영화 보는 장면을 공개함으로써 행복한 결혼의 단면을 보여주거나 첼시의 성취를 알림으로써 자신들의 가정이 얼마나 화목한지 자랑할 권리를 가지고 있었다. 그러나 부부가 '방해하지 마시오' 간판을 내걸면 검사나 기자는 물론 미국 시민은 그 공개된 이미지의 진실여부를 가릴 수 없었다. 이처럼 클린턴 부부에게 프라이버시는, 양호하거나 매력적 사생활은 마케팅하면서도 당혹스러운 사생활은 감출 수 있는 권리를 의미한 것이다.

스캔들이 가장 어두운 국면으로 접어들었을 때에는 빌 클린턴의 가장 충성스러운 심복조차 어떻게 이런 일이 일어날 수 있는지 의문을 가질 정도였다. 어떻게 이런 일이, 어린 인턴과의 싸구려 스릴을 즐기기 위해서 대통령 자신뿐만 아니라 그들이 함께 공유했던 야망을 위험에 빠뜨릴 수 있단 말인가. 힐러리의 추종자들도 의문을 품기는 마찬가지였다. '힐러리는 무엇을 알고 있었을까? 그리고 언제 알게 되었을까?'[479] 이 질문은 퍼스트레이디의 신빙성에 결정적 문제였다. 힐러리가 남편을 변론하고 공격자들을 공격할 때 이미 남편이 거짓말을 하고 있다는 사실을 알고 있었다면 그녀는 거짓말쟁이가 된다. 그러나 만일 지난 세월 내내(후에 빌 클린턴이 인정하기에 '수백 건'에 이른다는) 남편의 외도에 대하여 전혀 모르고 있었다고 한다면 바보라는 결론이 되었을까?

빌 클린턴과 힐러리는 각각 자신의 회고록에서, 이후 1년 동안 그들을 곤경에 빠뜨렸던 스캔들에서 두 번의 결정적 순간에 대해 비슷한 이야기를 한다. 1998년 1월 21일 수요일에 대해 힐러리는 이렇게 회상한다. '빌은 아침 일찍 나를 깨웠다. 그는 침대가에 걸터앉더니 '오늘 신문에 당신이 알아야 할 내용이 실렸어' 라고 말했다.' 무슨 말이냐고 힐러리가 물었다. 그러자 남편은 자신이 '전직 백악관 인턴과 애정행각을 가졌으며 폴라 존스 변호인단에게 거짓 증언을 하라고 그녀에게 요청했다' 라는 기사라고 설명했다. 당시 대통령은 기사 내용을 부인하면서 르윈스키 양은 도움이 필요한 젊은 여성이라는 말을 넌지시 흘렸다. '그 어린 여성이 빌의 의도를 잘못 이해했음을 암시한 것이었다. 그것은 내가 수십 번 보아 온 경우였다. 그만큼 익숙한 시나리오였기 때문에 근거 없는 혐의라는 빌의 말을 믿는데 어려움이 없었다.' [480]

빌 클린턴은 이렇게 회상한다. 거의 8개월이 지난 다음에야 '대배심이 코앞에 닥쳐 있던 8월 15일 토요일, 비참한 심정으로 불면의 밤을 보낸 아침에 나는 힐러리를 깨워서 나와 모니카 르윈스키와의 사이에 있었던 사건의 진실을 털어놓았다.' [481] 당시 상황에 대해서 힐러리는 '숨도 쉴 수 없었다' 고 적고 있다. '깊게 숨을 들이쉬고 나서 나는 울면서 남편에게 소리치기 시작했다. "무슨 말이에요? 무슨 말을 하는 거예요? 왜 나한테 거짓말을 했어요?"' [482] 빌 클린턴의 회상에 의하면 아내는 '마치 내가 그녀의 배에 주먹을 날렸다는 듯 나를 쳐다보았다. 내가 저지른 일에 대해서 화가 난 만큼이나 지난 1월에 자기에게 거짓말한 것에 대해서도 화를 내고 있었다.' 이렇게 해서 미국 대통령은 임기 중 가장 위태로운 시절을 경험하게 된다. 대통령은 케네스 스타 검사의 대배심 앞에서 증언을 하고 전국적으로 방송되는 텔레비전 앞에서 자신이 했던 말을 180도 바꿔서 해명하게 된다. 그것도 아내의 지지를 받지 못하는 상황에서.

힐러리는 빌 클린턴이 저지른 일련의 불륜사건의 주된 희생자였지만 클린턴을 방어하는 데에서도 최고의 수훈자였다. 그렇게 함으로써 힐러리는 '이네이블러' enabler(자신은 남을 도와준다고 생각하지만 결과적으로 남을 망치는 사람 : 역주)라는 최신 심리학용어에 새로운 해석을 추가한 셈이 되었다. 남편이 가장 공개적인 방법으로 가장 큰 배반을 한 바로 그 시점에서 남편을 방어해야 한다는 것은 매우 어려웠을 것이다. 바로 이러한 결정이 힐러리에 대한 평가, 즉 매정하고, 권력 지향적이며, 오직 퍼스트레이디 자리를 보존하려는 일념으로 남편과의 합의를 지키는 것뿐이라는 고정관념을 갖게 하는 데 실마리를 제공했을 것이다.

사실 클린턴 부부가 반대파에 대해서 가진 분노는 전우애처럼 긴밀하면서 현혹시키는 것이었다. 케네스 스타, 공화당원, 그리고 '우파의 음모' 에 맞서 싸우는 동안 부부는 일체가 되었다. 대통령이 법정으로 끌려갈 때에도 그러했으며 힐러리의 말을 빌리자면 '남편에게 거의 말을 할 수 없었다. 어쩌다 말을 시작하면, 언제나 격론으로 끝나고 말았던' 때에도 그러했다. 케네스 스타 특별검사가 무분별하며, 또, 그녀의 표현에 의하면 '취조의 문화' 도 무분별하다는 것을 확신하고 있던 힐러리는 남편의 거짓말을 믿게 된다. 후에 그녀는 회고록에서 이렇게 밝히고 있다. '공직 출마를 시작한 이후 남편에게는 마약밀수에서부터 리틀록의 매춘부와의 사이에 아이가 있다는 것에 이르기까지 온갖 비방이 쏟아졌다. 나 역시 도둑과 살인자라는 욕을 들었다.' 힐러리는 '남편이 약점을 공격당했다' 고 믿었다. '… 그 모든 일의 불공정함 때문에 나는 더욱 더 남편의 편에 서서 협의에 대항해야겠다고 결심하게 되었다.'[483] 물론 특히 이런 경우, 힐러리에게는 결혼의 진실에 직면하는 것보다는 반대파를 극도로 나쁘게 몰아가는 편이 훨씬 쉬운 일이었다.

빌 클린턴의 강박적이며 난잡스럽기까지 한 연애질과 힐러리의 공공연한 충격 사이의 간극을 생각해 보면 힐러리의 거부감이 얼마나 심했는지 짐작이 간다. 모든 인간관계에 필연적으로 수반되는 어느 정도의 인지부조화를 감안한다 해도 힐러리에게는 사적인 위협과 직업적 위협 둘 다 너무나 심각해서 쉽게 인정할 수 없었을 것이다. 빌 클린턴의 불륜이 초래한 정치적 위기도 문제였지만 되풀이되는 남편의 배신은 힐러리의 여성성과 페미니즘 사이의 딜레마의 핵심을 강타했다. 태어나서는 중성적 이름으로 세례를 받았고, 학생 시절에는 미래의 구혼자가 될 지도 모르는 남자 앞에서조차 자신이 똑똑하다는 것을 숨기지 않을 만큼 현실감이 없었던 비상한 소녀였던 힐러리. 자신이 여자라는 것을 감추기 위해 남성적 안경과 칙칙한 옷으로 무장한 페미니스트 운동가였던 그녀는 어릴 때 부모로부터 남성의 세계에서 성공하려면 그 정도의 가면과 수모는 감수해야 한다고 배워왔다. 그러나 변호사로서 최고의 명성을 얻었으면서도 성적으로는 남편으로부터 버림받는다는 것은 통렬한 일이었다. 힐러리가 그녀를 홉슨의 선택(선택의 범위가 없이 이미 정해진 것을 택하느냐 마느냐 하는 선택 : 역주)으로부터 자유롭게 해 줄 남자를 만날 수는 없었던 것일까? 자격은 충분했을 텐데. 그랬더라면 홉슨의 선택 같은 가짜 이분법 안에 다시 갇히는 일은 없었을 것이다.

지난 6년 동안 남편이 스캔들을 요리조리 빠져 나가는 것을 보면서 얻은 좌절감이 25년 이상 지속되어 온 '남편을 돕는 것 같지만 사실은 남편을 망치는 일'을 한층 강화했던 모양이다. 남편의 해명을 믿는 것이 더 쉬운 길이었다. 페미니스트적 직감을 번복하고 오히려 문제를 제기한 사람을 악마로 만들어 버리는 것이 더 쉬운 길이었다. 충실한 감시인들에게 맡겨두는 것이 더 쉬운 일이었다. 특히 남편의 보좌진 안에는 이블린 리버만Evelyn Lieberman이 있었다. 힐러리의 측근이던 리버만은(시기가 좀 늦기는 했지만) 백악관에 있던 모니카 르윈스키를 국방부로 쫓아 버린 장본인이었다. 조작의 대가였던 클린턴 대통령은 거짓 변명을 강화하기 위하여 힐러리와 친한 저널리스트 시드니 블루멘탈Sidney Blumenthal에게 교묘하게 말을 흘렸다. 블루멘탈은 나중에 클린턴의 옹호자가 된다. 대통령은 그에게 이렇게 털어놓았다. 백악관 인턴들 사이에서 모니카 르윈스키는 '스토커'로 알려져 있고, 르윈스키가 자기를 쫓아다녔다고, 그리고 지금 자신이 처한 상황은 마치 아서 쾨스틀러Arthur Koestler의 소설 『대낮의 암흑』Darkness at Noon에 나오는 공산주의 대숙청 재판에서 숨 막히는 거짓말의 덫에 걸려 꼼짝달싹 못 하는 주인공 같다고. 후에 이 상황을 돌아보면서 블루멘탈은 이렇게 회상한다. "당시 대통령이 내게 했던 이야기는 그의 변호인을 포함한 어느 누구에게 했던 것보다 더 자세한 해명이었다. 대통령이 이렇게 정교하게 만들어 낸 이야기를 아마도 내게만 한 것은 내가 영부인과 친하기 때문일 것이다. 대통령은 내가 힐러리에게 이런 이야기를 전달하고, 우리 둘이 방법을 강구할 것임을 알고 있었다."[484]

그럼에도 불구하고 1998년 1월 스캔들이 터지고 나서 처음 1주일 동안 힐러리는 골치 아픈 젊은 여성에게 '힘이 되어준' 남자의 아내치고는 꽤 감정을 억제한 듯 보였다. 몇몇 기자들을 포함해 당시 힐러리에게 가까이 접근했던 사람들은 그녀가 자기감정을 다스리려고 애쓰는 것을 목격했다. 힐러리는 서서히 잠식해 들어오는 수치심과 남편을 향해 점점 커져가는 노여움의 물결을 공화당에 대한 분노로 전환하려고 노력 중이었다. 친구 한 명의 증언에 의하면 클린턴 대통령이 르윈스키 양에게 선물한 것 중에 월트 휘트먼의 명작 시집 『풀잎』이 포함되어 있다는 소식에 힐러리는 질겁했다고 한다. 그들의 연애 시절 미래의 남편 클린턴이 똑같은 책을 그녀에게 선물했던 것이다.

충직한 측근 블루멘탈은 '우파의 음모' 계획을 세우는 플로차트를 만들었다. 이에 고무된 클린턴 부부는 전투에 임할 채비를 갖추었다. 이들 부부는 함께 공동의 적에 대항해 싸울 때 가장 행복하고 가장 협조적이며 가장 애정이 충만해 보였다. 빌 클린턴이 자기 밖에 모르는 것은 악명 높은 사실이다. 파일게이트, 트래블게이트, 화이트워터 사건에서 문제의 빌미를 제공한 것은 빌 클린턴이 아니라 힐러리였으며 따라서 방어가 필요했던 것도 클린턴이 아닌 힐러리였다. 이번에는 역할이 바뀌었다. 클린턴 부부는 본래의 역할로 되돌아 갈 결심을 한 듯 보였다.

힐러리는 남편의 무고를 주장하는 데서 그친 것이 아니라 역공의 최전선에 나섰다. 지난 수 년 스캔들과 싸우는 동안 숙달한 공격 기본기를 적용하였다. 즉 주제를 바꾸고, 스토리라인을 지배하고, 다른 사람들을 사악한 것으로 몰아가고, 공격자를 오히려 공격하는 법이었다. 딕 모리스가 대통령에게 비열하게 사과하는 것은 미국 국민에게는 효과가 없을 것이라고 경고하자("그들에게 말하면 안 됩니다. 각하를 죽이려고 들 겁니다.") 빌 클린턴은 다음 방법을 깨달았다. 그는 "그러니까 우리가 이겨야만 하는 거야"라고 말했다.[485]

의혹이 전면에 드러나고 나서 엿새 후, 힐러리는 NBC 방송 '투데이'에 출연한다. 원래는 자신의 어린이 보호 프로그램을 홍보하기 위하여 계획된 것이었지만 힐러리는 TV 출연 기회를 적극 활용해 혼자 힘으로 남편의 대통령직을 구해냈다. 퍼스트레이디는 '소문과 풍자'를 경쾌하게 비웃었다. 진행자 맷 라우어Matt Laur가 모니카 르윈스키가 받았다는 선물에 대하여 묻자 힐러리는 블루멘탈이 전해 준 이야기를 전달하면서 (바로 남편이 계획했던 그대로) 이렇게 대답했다. "남편이 넥타이를 풀러 다른 사람에게 주는 걸 본 적이 있어요 … 그는 친절하고 다정한 사람이거든요. 도움이 필요한 사람에게 도움을 주려고 하죠."[486]

힐러리는 남편을 인간미 넘치는 사람으로 표현하고, 교묘하게 그의 애인을 비난하고, 자신들의 결혼생활을 열렬히 미화하였다. 그 다음에는 자신의 당파적 분노를 공화당과 특별검사에게 쏟아 부으며 케네스 스타를 악마로 몰아갔다. 힐러리는 언론에서 쓰는 화법을 무시하며 레이건 정부가 '그 날의 한 줄' 이라고 불렀고, 미디어 이론가들은 '메타화법' 이라고 부르는 것을 선언했다. 이는 다른 상황이었더라면 조작으로 간주되었을 것이다. "중대한 이야기죠, 이건. 이 사건에서 무언가를 찾아내 그걸 보도하고 설명하고자 한다면 그건 남편이 대통령으로 선출된 그 순간부터 시작된, 대통령을 음해하려는 우파의 거대한 음모인 것입니다."[487]

힐러리의 '우파의 거대한 음모' 라는 과장법은 의욕을 잃어가던 지지자들을 결집시키는 외침이었다. 존 케네디가 암살당한 후 재키 케네디가 '카멜롯' 이라는 표현으로 감정을 자극한 이후로 이만큼 강력한 말을 한 퍼스트레이디는 없었다. TV출연으로 기분이 좋아진 힐러리는 백악관으로 돌아와서 일광욕실로 들어갔다. 거기엔 TV프로듀서인 해리 토머슨Harry Thomason과 린다 블러드워스Linda Bloodworth가 기다리고 있었다. 힐러리는 친구들에게 자랑스럽게 말했다. "우릴 엿 먹이려던 사람들, 이젠 알아들었겠지."[488]

그 1월의 밤에 빌 클린턴은 자신의 임무(스캔들 사냥 때문에 겪는 피해와 통치에 집중하려는 노력 사이의 선택을 설명하는 것)를 수행했다. 그 전날 대통령은 또 한 번 스캔들을 명백하게 부인했다. 네 번째였다. "저 여인, 미스 르윈스키와 성적 관계를 가진 적이 없습니다. 어느 누구에게도, 한 번이라도, 거짓말을 하라고 말한 적도 없습니다. 절대로"라고 주장했다. "이 모든 주장은 근거 없는 것입니다. 그리고 나는 미국국민을 위한 업무로 복귀해야 합니다." 그런 다음 대통령은 소매를 걷어붙이고 오만한 태도로 1998년 연두교서를 발표하였다. 물론 원래 계획되었던 의무와 품성에 관한 내용은 연설문에서 삭제되었다. 보좌관들은 연설문을 철저하게 검사해 조금이라도 풍자의 대상이 될 소지가 있거나 공화당원들로부터 다 알고 있다는 듯한 비웃음을 유발할 수 있는 내용은 모두 칼질했다. 대통령은 퍼스트레이디를 직접 언급할 엄두를 내지 못했다. 다만 일을 하는 맥락에서 두 번 언급했을 뿐이었다. 한 번은 돌 부부와 동행해 사라예보로 크리스마스 여행을 가는 것에 관해, 또 한 번은 '미국의 창의성과 혁신을 고취하고 우리의 유산과 문화를 보존하여 21세기로 지속하기 위한 백악관 밀레니엄 프로그램'의 입안을 논의하는 과정에서였다. 그러나 정책안에 대하여 자세한 설명을 달고 경제 활황을 찬미하고 '눈으로 볼 수 있을 만큼의 균형예산'[489]을 약속하고 스캔들 인정을 일관적으로 거부하는 태도에서 보듯이 빌 클린턴은 케네스 스타, 모니카 르윈스키, 린다 트립, 그 누구라도 자신이 미국 대통령으로 일하는 것을 방해하도록 허용하지 않겠다는 점을 명확하게 밝혔다.

그로부터 8개월 후인 1998년 8월, 얼룩이 묻은 모니카 르윈스키의 푸른색 드레스가 발견됨으로써 대통령은 대배심 앞에서 위증했다는 유죄판결을 받을 위험에 처했다. 힐러리의 분노는 그들의 결혼생활과 대통령직, 둘 다 구해냈다. '내가 지금까지 남편을 믿어 왔다는 사실에 말문이 막히고, 비통한 심정에 분노가 치밀어 올랐다'라고 힐러리는 회고한다. '그때까지도 남편을 위해 싸울 것인지, 우리 결혼을 위해 싸울 것인지 결정하지 못했지만 우리 대통령을 위해 싸워야겠다는 결심이 생겼다.'[490] 힐러리는 제멋대로인 남편보다는 케네스 스타 검사가 더 사악하고 더 위험한 인물이라고 확신하고 있었다.

빌 클린턴의 변호인들은 서로 배타적인 주장 두 개를 준비했다. 현명한 방법이었다. 하나는 불륜은 절대로 일어나지 않았다는 것이었으며, 다른 하나는 만일 그런 일이 실제로 있었다고 해도 문제가 될 일은 아니며 더욱이 클린턴 대통령의 업무수행 능력에 악영향을 끼치지 않았다는 주장이었다. 아무 일도 없었다는 주장은 1998년 1월부터 6월까지 대세를 이어갔는데 '혹시 그 일이 있었다고 해도 그게 무슨 문제냐' 라는 논리가 자리 잡을 수 있는 시간을 벌어주었다. 항상 그렇지만 미디어에 치우친 당파정치에서 진실이란 대체가능한 상품에 지나지 않으며 가장 흡인력 있는 스토리를 가진 자가 우세한 법이다. 여름이 되었을 때쯤 클린턴 측에서는 드라마틱한 의혹을 준비해 냈다. 열정이 과도한 검사가 자신을 포함한 우파 공모자들이 싫어하는 대통령을 괴롭히는 데에 4천만 달러를 사용했다는 의혹이었다. 이 주장은 정치적으로 주목받을 만했지만 동시에 위험성도 안고 있었다. 즉 '누구는 이렇게 말하고 누구는 저렇게 말했다' 는 상황에서는 대통령이 결석재판에서 승소하겠지만 물적 증거가 나와서 논의가 그 차원을 넘게 된다면 빌 클린턴이 법적으로 불리하다는 점을 강조하게 되기 때문이었다.

불행하게도 위험가능성은 현실이 되고 말았다. 얼룩이 묻은 푸른 드레스는 환영(幻影)이 아니라 최악의 악몽이 되고 말았다. DNA검사는 빌 클린턴과 모니카 르윈스키가 관련이 있다는 것을 밝혀냈다. 7월 28일 르윈스키는 스타 검사 측과의 면책거래에 서명했다. 그 다음 날 이미지를 중시하는 클린턴 대통령은 대배심 앞에서 증언은 하겠지만 연방법원에 '죄인처럼' 걸어 들어가는 대신에 백악관에서 비디오를 통해서 하는 데 동의했다. 대통령이 무슨 말을 할 것인지 추측이 난무했다. 공화당 원로 오린 해치Orrin Hatch 상원의원은 대통령에게 제발 대배심 앞에서 깨끗이 실토하라고 애원했다. 민주당이든 공화당이든 이번 스캔들에서 이득을 보는 편은 없으며 양당 지도자 다수가 빨리 이 문제를 끝내고 다른 사안으로 넘어가기를 바란다고 했다. 백악관 내부에서는 보좌관들이 내키지 않아 하는 대통령에게 부인과 딸에게, 그리고 대배심 앞에서 진실을 털어놓으라고 밀어붙이고 있었다. 뉴욕타임스는 8월 14일 금요일자에서 '대통령, 성접촉 인정여부 심사숙고 중' 이라는 헤드라인을 달았다.[491] 이즈음 클린턴 측 사람들의 머리회전은 전설이 되어 있었고, 그들의 신뢰성에 관한 평판은 누더기가 되어 있었기 때문에 사람들은 무엇 하나 확실히 믿을 수 없었다. 대통령은 정말로 내키지 않는 것일까, 아니면 그렇게 보이려는 것일까? 뉴욕타임스로 새나간 헤드라인은 여론을 떠보기 위한 시험용일까, 대통령을 압박해 자백시키려는 것일까, 아니면 퍼스트레이디에게 하는 경고일까? 대통령은 진실로 아내에게 고백을 해야 하는 것일까, 아니면 미국 국민을 상대로 지난 8개월 동안 계속된 대통령의 거짓말에 퍼스트레이디는 가담하지 않았던 것처럼 보이게 하기 위한 알리바이로서 고백이 필요했던 것일까?

1998년 8월 17일 빌 클린턴은 대배심 앞에서 증언한다. 르윈스키 양과 '부적절한 접촉' 을 가진 것은 인정했지만 폴라 존스 사건 조서에서 인턴과의 애정행각을 부인한 것으로 위증죄를 범한 것은 단호히 부인했다. 그날 밤 전국적으로 방영된 연설에서 분노에 가득 찬 대통령은 스타 검사를 향해 맹렬한 공격을 퍼부었다. 미국 행정부의 최고 수반은 그날 낮에도 그랬듯 계속해서 세밀하게 구별해서 따졌다. 1월 조서에 대해서는 '내 답변이 법적으로 정확한 한 나는 자진해 정보를 제공하지 않았다' 고 말했으며 4분 동안에 '사적인' 이라는 표현을 일곱 번이나 되풀이했다. '대통령이라 해도 사생활은 있는 법이다. 이제 개인 파괴와 사생활 엿보기는 그만 두고 국가적 삶에 몰두해야 한다' 라고 열변을 토했다. 뉴스위크의 '컨벤셔널 위즈덤' Conventional Wisdom 칼럼에 의하면 이 짧은 연설은 '철저한 재앙이었다. 대통령은 너무나 분노했고, 너무나 변호사처럼 말했으며, 사과 한 마디 없었다.'[492] 보복적으로 대응하는 태도, 프라이버시에 대한 자기 연민적 요구, 그리고 대중이 원하는 것을 읽어내지 못했다는 점에서, 그 연설은 철두철미하게 힐러리적 특성을 지니고 있었다.

'남편이 무슨 짓을 했든지 간에, 그처럼 잔인한 취급을 받는 것은 부당하다는 생각이 들었다' 라는 것이 힐러리의 궁극적 결론이었다. '뿐만 아니라 그의 결점이 국가에 대한 배반은 아니라는 것도 알고 있다.' 그러면서 힐러리는 이렇게 말한다. '케네스 스타와 그의 일당 같은 사람들이 오직 대통령을 몰락시키겠다는 이념적이며 악의적 목적을 위하여 헌법을 무시한 채 권력을 남용할 수 있다면 미국이 걱정스럽다.'[493] 그 결과 클린턴 부부는 자신들이 지난 수 년 동안 즐거이 누려 왔던 과정을 다시 되돌려야만 했다. 대통령직이 고도로 개인화되어 있는 미국에서는 대통령과 퍼스트레이디는 업무와 개인의 경계를 모호하게 하려고 노력하는 것이 보통이다. 남편이 대통령이 되고 아내는 퍼스트레이디가 되면서 대통령 부부의 재임(在任)은 안정되고, 인기는 높아지고, 미국 역사와 국민의 기억에서 차지하는 권리는 공고해진다. 그런데 클린턴 부부는 반대의 길을 택했다. 빌 클린턴은 정치적으로 살아남았으며, 힐러리는 (스스로 '인정' 함으로써) 심리학적으로 살아남았다. 둘 다 집권으로부터 개인을 분리함으로써 얻은 결과였다.

1998년 9월 케네스 스타 검사가 클린턴-르윈스키 애정행각 전말에 대하여 세세하고도 모욕적인 보고서를 의회에 제출한 다음 날, 대통령 부부는 민주당기업협의회 리셉션에 참석했다. 그 날의 일에 대해서 힐러리는 이렇게 회고한다. '나는 그를 내 남편이며 우리 대통령이라고 소개했다. 개인적으로는 아직도 빌을 용서하고자 노력하고 있었다. 그러나 고의적으로 빌을 음해한 자들에 대한 분노 때문에 남편을 용서하는 쪽에 더 점수를 줄 수 있었다.' [494]

빌 클린턴은 종종 '품성은 여정이다' 라고 말해 왔다. 그러던 클린턴이 지난 8개월 동안 자신의 아내에게, 딸에게, 보좌관에게, 그리고 변호인들에게 거짓말을 하고, 그 거짓말을 주장하게 함으로써 그들의 신용을 탕진했다는 아연실색할 사실을 마지못해 인정하고 그 결과로 흔들리기 시작하면서 이제 그 '여정' 은 힐러리의 몫이 되었다. 미국 시민은 그녀가 슬픔에 잠겼다가 결국 용서에 이르는 그 여정을 함께 지켜보았다. 물론 힐러리는 자신의 사적인 고통을 대중과 공유하는 것을 꺼려했다. 그러나 자신이 하는 몸짓이나 하지 않는 몸짓, 자신이 하는 말이나 하지 않는 말, 그 하나하나가 암호를 풀 듯 해석될 것임을 알고 있었다. 중국 방문 중에 기자들이 남편과 딸이 외출하는 데 왜 같이 가지 않았느냐고 묻자 힐러리는 능청스럽게 대답했다. "나는 종종 백악관 이전 시절을 내가 진정한 개인이었던 때라고 생각하곤 합니다. 왜냐하면 지금과 같은 자리에 있다 보면 사람들, 특히 여기 있는 이런 사람들이 연필과 카메라를 들이대면서 내가 하는 일 하나하나를 기록하고는 거기에 의미를 부여하려고 하는 법이지요. 실제로 의미가 있든 없든 말이죠." [495]

자신은 남편의 거짓말에 동참해 온 것이 아니라는 신빙성을 확보하기 위해서 힐러리는 우선 분노를 밖으로 드러낼 필요가 있었다. 여론조사에 의하면 미국인 다섯 명 중 넷은 운명적인 8월의 그 주말에 와

서야 힐러리가 남편의 행각에 섹스가 연루돼 있다는 사실을 처음 알게 되었다는 주장을 믿지 않는다고 대답했다. 이에 관하여 타임은 백악관으로부터 '두 가지 서로 상충되는 스토리라인이 흘러나오고 있다' 고 지적했다. '하나는 너무 고통스러워서 들어줄 수 없고, 다른 하나는 너무 냉소적이어서 믿을 수가 없다.' 이제 문제는 '어리석게도 속아 온 아내와 남편의 허물을 덮으면서 묵인해 온 아내, 이 둘 중에 어떤 모습으로 보이는 것이 힐러리에게 더 나쁠까 하는 것이다.'[496] 대통령 측근들은 힐러리가 이미 사건의 진실을 알고 있었다고 주장했다. 퍼스트레이디 쪽 보좌관들은 그렇지 않다고 했다. 힐러리의 지시를 받은 마사 베리Marsha Berry 공보비서는 100명의 기자를 불러 대통령은 그의 아내조차 '오도했다' 고 주장했다. 워싱턴포스트의 미디어평론가인 하워드 커츠는 이 사건을 가리켜 '대통령이 부인을 속이고 바람피운 것을 퍼스트레이디가 언제 알아냈는지 여부를 가리기 위해 대통령과 퍼스트레이디가 서로 소문을 퍼뜨리는 진기한 구경거리' 라고 비꼬았다.[497]

퍼스트레이디는 세심한 주의가 필요한 전술적 단계에 직면했다. 클린턴 부부의 결혼생활에 어떤 합의사항이 있었는지는 모르지만 아내는 되풀이해서 남편의 보증인으로 나서서 미국 국민에게 다시는 그런 사기극을 볼 일이 없을 거라고 주장해 왔다. 클린턴 부부에게 의혹이 제기될 때마다 나서서 비난하는 것은 언제나 힐러리였다. 반대파의 탓으로 돌리고 '우리들의 주' (아칸소)에 대한 편견의 탓으로 돌리고, 혹은 헤일-밥 혜성처럼 공중에 있는 막연한 힘의 탓으로 돌리면서 모든 것은 근거 없는 공격이라고 비난했다.[498]

바바라 켈러만Barbara Kellerman 교수는 '힐러리 로댐 클린턴이 오랜 기간 남편을 변호해 온 것이 결국에는 남편으로 하여금 미국 대통령이 된 다음에도 과도하고 위험한 행동을 계속하도록 도움을 주고 부추겼다는 데에는 의문의 여지가 없다' 고 논평했다. 그렇기 때문에 이번 대실패에 대해서는 '당연히 힐러리도 책임을 져야한다' 는 것이다. 켈러만 교수는 힐러리를 가리켜 '대통령의 수석 이네이블러' 라는 호칭을 붙이면서 이번 스캔들은 '처음부터 성격상 문제가 있다는 것이 명백했음에도 불구하고 대통령이 된 남자' 의 이야기이며 또한 '어떠한 개인적 이유, 정치적 이유이든 간에 그 남자와 함께 가기로 결정한 여자' 의 이야기라고 논평했다.[499]

설사 그렇다 해도 클린턴이 자기가 바람피운 것을 공개적으로 인정함으로써 힐러리를 망연자실하게 만들었다는 것은 쉽게 이해된다. 마찬가지로, 사이가 틀어진 부부와 딸 첼시 등 클린턴 가족 세 명이 나란히 휴양지를 향해 걸어가는 사진이 연출되지 않은 것이라고 믿기는 어렵다. 위증이나 사법방해 등의 한결 더 치명적인 의혹이 아니라 섹스나 클린턴 부부 결혼생활의 역학관계에 대중적 관심이 쏠려 있는 한 클린턴에게는 아직 기회가 있었다. 클린턴은(그리고 그의 아내는) 미국인이 사생활 침해를 혐오하며 섹스혁명 이후 성적 가치관의 혼란을 겪고 있다는 현상에 희망을 걸었다.

백악관으로부터(이스트윙과 웨스트윙 양 쪽으로부터) 퍼스트레이디는 분노했고 대통령은 상당히 뉘우치고 있다는 소문이 흘러나왔다. 이 소문의 숨은 뜻은 케네스 스타 검사가 아니라 힐러리가 적절한 벌을 주고 있다는 것이었다. 그러나 뉴스위크 편집자 케네스 오친클로스Kenneth Auchincloss는 클린턴 부부가 휴가지 해변에서 다정하게 포옹하는 사진을 입수했다. 하워드 커츠의 보고에 의하면 당시 뉴스위크의 지도부는 '(클린턴 부부가 포옹한) 사건은 내막이 모호할 뿐만 아니라 자신들의 보도범주에 적합하지 않다고 결정했다' 고 한다.[500] 늘

그래왔듯 클린턴 부부가 스토리라인을 지배하고 있었던 것이다.

8월 중순 힐러리는 휴가지인 마사스빈야드에서 마음껏 휴가를 만끽할 시간도 있었고 그렇게 하라는 대중의 허락도 있었다. 그러나 한편으로는 남편이 대통령직을 유지할 것이라면 그녀도 수용과 용서의 작업을 시작해야만 했다. 미디어에서는 그것을 결단을 구한다는 심리학적 용어로 설명했다. 그러나 어느 모로 보나 힐러리는 종교적 성향이 더 강했다. 힐러리는 절대로 자기반성적인 사람이 아니었다. 친어머니조차 '우리는 개인적 일에 대해서는 깊게 이야기하지 않는다'고 말했다.[501] 몇몇 친구들의 말에 의하면 힐러리는 감정의 음치였다. 그러나 신실한 감리교도 힐러리는 죄와 구원을 이해하고 있었으며 신앙의 치유력을 믿고 있었다. 반면에 침례교도인 남편은 몇 번이든지 구원받을 준비가 되어 있었다. 클린턴이 공개적인 시련을 겪기 전날 밤 힐러리는 제시 잭슨 목사를 초청하여 자신과 딸 첼시에게 조언을 해달라고 한다. 미국에서 가장 경솔한 목사 중 하나인(곧 뉴스위크에 그들의 회합을 낱낱이 털어놓을) 잭슨 목사를 반갑게 맞이한 힐러리는 대중에게 '대통령 부부'의 사생활을 볼 수 있는 창구가 필요하다는 점을 이해한다고 털어놓았다. 그러나 사생활에서조차 클린턴 부부의 대화는 상당 부분 종교적이었던 것으로 보인다. 측근들의 말을 빌리면 그 날 밤 힐러리는 남편을 용서하기를 거부한다면 기독교 정신에 위배되는 것임을 깨달았다고 한다.

이후 몇 달 동안 기자들은 대통령 부부에게서 분노나 용서의 신호를 잡아내기 위하여 유심히 관찰하였다. 찰스 황태자와 다이애나 비가 말다툼을 한 사건 이후로 어떤 부부의 이런 눈빛 저런 행동에 대해서 그토록 많은 기사가 쓰인 적은 없었다. 마사스빈야드에서 기자들은 클린턴 부부가 파티에 함께 참석하더니 곧 갈라져서 퍼스트레이디는 파티장의 사람들과 환담을 하고, 대통령은 밖에 비껴선 채 땀을 닦는 장면을 찾아냈다. 9월 초 아일랜드에서는 대통령이 접근하려 할 때마다 퍼스트레이디가 거부하는 것이 기자들의 눈에 띄었다. 마지막으로 12월에 미국 대통령 내외는 고 라빈 수상에게 조의를 표하기 위해 이스라엘을 방문하고 있었다. CNN 카메라는 힐러리가 남편으로부터 팔을 빼는 장면을 포착했다. 뉴욕포스트는 여기에 '얼음처럼 싸늘한 단칼의 거절' 이라는 제목을 달았다.[502]

클린턴 최측근들도 대통령에 대한 충성심과 자신들의 분노 사이에서 균형을 잡으려고 애쓰고 있었다. 백악관 보좌관들에게는 '다른 사람을 용서하지 못하는 사람은 다리를 파괴해 결국 자신도 그 다리를 건널 수 없게 만든다. 물론 나는 "대통령을 용서한다"' 라고 말하라는 지침이 전달되었다. 공보실의 조 록하트Joe Lockhart 같은 사람들은 신문을 보지도 않고 휴지통에 던져버리곤 했다.[503] 연례 모임인 르네상스 위크엔드(미국의 사업, 금융, 정부, 언론, 종교, 의료, 과학, 첨단기술, 예술 등 분야에서 성공한 리더들의 사적인 모임 : 역주) 출신의 오랜 친구는 한숨을 쉬면서 이렇게 말했다. "우리는 여전히 대통령의 목표를 지지합니다. 또한 '대통령 개인' 도 지지하고 싶습니다. 하지만 솔직히 말하자면 모든 것을 이런 식으로 위험에 빠뜨리다니 이 무슨 병신 같은 짓입니까?"[504] 클린턴의 친구들에게 닥친 과제는(힐러리에게도 마찬가지였듯이) 국민이 대통령을 버리기 전에 대통령을 비난하는 규탄의 물결을 잠재울 수 있는 방법을 찾는 것이었다.

1998년의 그 여름 대통령에 대한 지지는 고갈되고 있었다. 뉴욕타임스는 사설에서 '오늘날 미전역에는 배반감과 당혹감의 물결이 휩쓸고 있다' 고 선언했다.[505] 대통령이 휴가를 중단한 채 아프가니스탄과 수단에서의 폭발현장을 챙기고 있을 때에도 여론조사에 답한 국민의 40%는 빌 클린턴이 '왝 더 독' Wag the Dog(대통령 선거를 앞둔 백악관 정치를 풍자한 1997년 베리 래빈슨 감독의 영화 : 역주) 시나리오를 따라간다고 믿고 있었다. 더스틴 호프만이 주연했던 영화에서처럼 자신의 섹스 스캔들을 무마하기 위하여 군사행동을 이용한다는 것이었다.

140개가 넘는 신문이 대통령의 사임을 요구했다. 그 중에는 친(親) 클린턴 성향의 USA투데이도 끼어 있었다. 뉴리퍼블릭의 앤드류 설리번Andrew Sullivan은 '클린턴은 우리 문화에 암적인 존재다. 냉소주의, 자아도취, 그리고 기만이라는 암 덩어리' 라고 매섭게 몰아쳤다. '그 암 덩어리가 전이된다면 그 어떤 경제의 성공도, 그 어떤 번영의 시대도 암의 대가를 상쇄하지 못한다. 암은 지금 제거해야 된다. 영원히. 가능하면 빨리.'[506]

애정행각이 몰고 온 도덕적 후유증은 대단했다. 두 번째 임기를 1960년대 이후 분리되어 온 자유주의와 도덕성을 다시 잇고, 진보주의와 청교도주의를 다시 연결하는 기간으로 삼고자 했던 야망은 이제 무효가 되었다. 지난 수 년 동안 힐러리가 제기해 왔던 온갖 도덕적 이슈는 이제 백악관의 논제에서 지워졌으며 클린턴 정부와는 먼 이야기가 되고 말았다. 힐러리를 더욱 괴롭힌 것은 1998년 1월 시작돼 대통령 탄핵 드라마가 종결된 이후까지도 일정하게 계속 된 여론조사와 그에 관한 기사였다. 빌 클린턴의 행위가 미국의 국가문화를 한층 천박하게 만들었고, 어린이에게 환멸을 심어주었으며, 일부 십대 문제아의 성적인 도덕관에 합법성을 부여했다는 내용이었다. 미국의 12단계 문화에 익숙한 다수의 신문은 이런 기사를 다룰 때마다 부모를 위한 가이드라인을 게재했다. 이것은 심리학자 및 어린이 교육 전문가의 조언을 빌어 클린턴의 범죄에 대해 부모는 아이들의 연령에 따라 어떤 내용을 설명할 것인가를 알려주는 지침이었다.

1963년 존 케네디 대통령이 암살당한 후 쏟아진 다량의 학술 연구 보고서는 미국인이 이전 수십 년 동안 대통령을 어떤 존재로 여기고 있었는지 밝혀준다. 당시 대통령은 미국 어린이들에게 도덕의 귀감이 되는 위대한 인물이었다. 미디어가 포화상태에 이르고, 냉소주의가 널리 퍼져 있는 오늘날, 어린이들은 텔레비전을 보거나 친구들과 어울려 놀기만 해도 대통령의 거짓말에 대해서 알게 되어 있다. 일부 학생들은 클린턴 대통령의 행위를 거짓말을 해도 된다는 허락으로 간주하기도 했다. "그게 보통이잖아요"라고 열다섯 살의 고등학생이 말했다. 롱아일랜드 베이사이드에 있는 벤자민 카도조 고등학교 2학년 학생인 수잔 타바로의 말을 빌리면 "다른 사람들도 다 그러는(거짓말 하는) 것 같은데요."[507] 그러나 1999년 봄에 행해진 로퍼 센터 Roper Center의 연구와 USA투데이의 여론조사 결과를 보면 어른보다 어린이들이 대통령에게 더욱 엄격한 잣대를 가지고 있음을 알 수 있다. 이것은 아이들은 아직도 현대 미국의 성인사회가 특히 섹스에 관한 거짓말에 대해서 '복잡 미묘한' 해석을 한다는 것을 모르기 때문일 것이다. 또한, 일부 연구결과는 대통령에 대한 실망으로부터 시작된 정부와 지도층에 대한 불신은 젊은 층에서 더욱 일반적이었음을 나타낸다.[508]

클린턴 대통령은 십대들에게 정직의 중요성뿐만 아니라 섹스에 대해서도 가르쳤다. 그것은 힐러리 로댐 클린턴의 금욕주의적 설법과 빌 클린턴의 비난받을 만한 행동이 세속적으로 교차하는 지점이었다. 점점 더 많은 미국의 젊은이들은 대통령이 구분해 놓은 오럴섹스와 '진짜 섹스'와의 차이를 적극 수용했을 뿐만 아니라 고수했다. 1980년대 문화전쟁 시기, 소위 '기분만 좋으면 돼'라는 식의 혁명적

섹스 논리에 대한 견제의 일환으로 금욕주의('금욕' 까지는 아니라고 해도 최소한 섹스에 대하여 좀 더 책임감 있는 접근)가 퍼져나갔다. 그 후 에이즈가 창궐하면서 '안전한 섹스' 에 대한 관심이 높아졌으며 일부 젊은이들 사이에서는 소위 '일부일처제' 가 유행을 타기 시작했는데 이는 콜럼버스가 우연히 미국대륙에 상륙해 놓고는 미국대륙을 발견했다고 좋아한 것만큼이나 열광적이었다.

모든 것을 지나치게 단순화하는 미국 대중문화의 영향을 받은 일부 젊은이들 사이에서 순결은 보편적 패배자의 낙인이 아니라 영광의 훈장으로 받아들여지기 시작했다. 이처럼 순결해야 한다는 압박은 클린턴의 말과 만나서 새로운 추세를 형성했다. 모니카 르윈스키와의 육체적 접촉이 있기는 했지만 이것이 섹스라든가 애정행각을 구성하는 것은 아니라는 대통령의 발언에 힘입어 다수의 젊은이가 오럴섹스에 탐닉하면서도 자신은 아직 동정이라고 믿게 되었다. 1999년 7월 워싱턴포스트 기사에는 '부모들에게 경고하는 위험한 유행: 중학생의 오럴섹스' 라는 제목 아래 열한 살, 열두 살짜리 중학생들이 자신들의 성적 탐닉을 대통령 탓으로 돌리는 내용이 있었다. 질문을 받은 어린 소녀는 이렇게 대답한다. "그게 무슨 상관이에요? 클린턴 대통령도 그걸 하는데."[509] 이 기사는 토크쇼에서 격앙된 반향을 불러 일으켰다. 병원을 소재로 한 드라마 시리즈 'ER' 은 다음 시즌에서 의사를 찾아 온 십대 소녀가 자신은 아직 동정이며, 오럴섹스를 해 왔는데 식도에 임질이 감염되었다고 말하는 에피소드를 계획할 참이었다.

물론 전문가들의 추적에 따르면 이처럼 위험한 유행은 르윈스키 스캔들 이전에도 이미 퍼져 있었다. 부모는 자식에 대한 통제를 포기했고, 특히 베이비붐 세대는 자식에 대하여 불간섭주의를 표방한다. 사춘기 연령은 점점 낮아졌다. 특히 소녀에게는 더욱 빨라졌다. 게다가 미국의 대중문화는 압도적으로 섹스에 집착한다. 이 모든 것들이 마음의 자세와 신체적 행위를 형성했다. '아메리칸 파이' American Pie 같은 영화가 블록버스터가 되는 문화에서(젊은 남자주인공이 애플파이를 범하는 장면이 흥행성공에 한몫을 했을 것이다) 클린턴 대통령에게 모든 비난을 덮어씌울 수는 없는 일이다. 그럼에도 불구하고 한편으로는 스캔들에 신이 난 언론의 전면 공격 덕택에 미국 전역의 저녁 식탁에서는 그토록 터부시 되어 오던 주제에 대하여 자세한 그래픽까지 곁들인 토론을 감상하면서 다른 한편으로는 수치심 없이 변명을 해 대는 국가의 수석 난봉꾼과 그를 감싸는 아내를 지켜보는 것은 강력한 충격이었다. 워싱턴 포스트에 문제의 폭로기사가 나간 후 CNN 방송의 토크백 라이브에 전화를 건 시청자는 이렇게 말했다. "민주당 상원의원들은 모두 클린턴의 말에 동의하고 힐러리는 남편을 지지하고 있었지만 내 생각은 달라요. 힐러리는 (당시 십대였던) 딸 편을 들었어야만 했어요. 이제 곧 모든 전말이 드러나서 시가니 무릎 패드니 하는 말들이 공공연하게 전파를 타면서 힐러리의 딸을 포함한 전국의 십대들에게 지금까지 꿈에서도 생각지 못했을 법한 것들에 대해 알려주기 시작할 시점이었죠. 힐러리는 남편에게 다가가서 '이제 그만 사퇴하라' 고 말했어야만 했어요."[510]

그 처절했던 1998년 여름, 대통령 사임을 요구하는 논의와 이혼에 대한 소문이 비 오듯 쏟아져 내릴 때, 클린턴 부부의 공적인 실패와 사적인 고통은 상승작용을 일으켰다. 대통령 부부의 조울증 같은 인기는 바닥을 쳤다. 미국을 도덕적 담론으로 변환시키고자 했던 힐러리의 꿈은 이제 조롱거리에 지나지 않았다. 공적인 자리에서 말을 하거나 행동을 할 때마다 혹시 텔레비전 심야 프로에서 클린턴을 비웃는 촌철살인 코미디의 소재거리가 되는 것은 아닐까 하는 악몽이 따라다녔다.

위기를 촉발한 것은 빌 클린턴의 행위였지만 사태를 악화시킨 것은 힐러리의 언변과 이상주의였다. 현대 미국의 문화, 특히 언론문화에서 위선자는 특별한 경멸의 대상이 된다. 클린턴 부부의 고상하고 사회비판적인 설법과 천박한 이기주의적 행동은 서로 일치하지 않았으며, 바로 이 점이 반대파의 격한 분노를 불러 일으켰다. 또한 대통령 부부는 연설이나 브리핑을 할 때에도 종종 섹스와 돈 같은 첨예한 이슈를 건드리곤 했는데 이것이 사태를 더욱 악화시켰다. 겉으로는 가족과 도덕성을 옹호하면서 사생활에서는 불륜을 묵인하고, 말로는 물질주의의 범람을 반대하고 정직을 강조하면서 실생활에서는 화이트워터 부동산, 상품시장, 정치자금 모금 사기 등을 정당화하는 대통령 부부의 행동은 공화당 지지자들을 분노하게 하였으며 민주당 지지자들을 당혹하게 만들었다. 1960년대의 반권위주의, 1970년대의 방탕한 자유주의, 1990년대의 첨단기술에 힘입은 극한개인주의로부터 발현된 문화적 악영향을 염려하는 다수의 미국인들 사이에서 대통령에게 도덕적 책임을 묻는 소리, 대통령의 사임을 요구하는 소리가 커져갔다.

그러나 이런 상황에도 불구하고 재기의 신호는 확연했다. 1973년과 1974년에는 워터게이트의 진실이 툭툭 드러나는 것과 미국의 경제가 팍팍 하락하는 것이 동시에 일어났다. 그러나 1998년 미국 경제는 호황이었다. 이번 대통령 스캔들 드라마의 배경은 행복하고 풍요로우며 자신만만하게 번영하고 있는 미국이었다. 게다가 빌 클린턴은 절대 굴복하지 않았다. 그가 보여주었던 불굴의 의지는 놀라웠다. 민주당에서는 대통령이 그런 의지를 자신의 앞가림에 사용하기보다는 의료개혁이나 인종문제를 밀어붙이는 데 사용했더라면 하고 아쉬워할 정도였다. 또한 공화당의 비판자들이 지나치게 분노하고 지나치게 열광한 나머지 다수의 미국인들이 흥미를 잃어버린 것도 클린턴에게는 축복이었다. 그러나 결국 클린턴은 여러 측면에서 한 사람에 의해 구제 받은 것이다. 그것은 모니카 르윈스키와 클린턴의 '희생자 없는 범죄' 에 의하여 가장 큰 희생을 치룬 사람, 오랫동안 고통을 감내해 왔지만 여전히 만만찮은 아내, 바로 퍼스트레이디 힐러리였다.

결론

힐러리 상원의원: '주목받는 공인' 인가, '모욕당한 아내' 인가?

1998년 여름을 겪으면서 심신이 황폐해진 퍼스트레이디는 '우리 결혼생활에 아직 신뢰가 남아있는지, 그리고 이해에 도달하는 길이 있는지 찾아보기 위하여 나 자신과 신앙 안으로 깊이 침잠' 해야만 했다. 일생 내내 그랬듯이 이번에도 힐러리는 자신이 '존 웨슬리John Wesley(감리교회 창시자 : 역주)의 주문' 이라고 부르는 것에 의지했다. 그것은 '매일매일 내가 할 수 있는 모든 방법으로, 내가 할 수 있는 한 많은 일을 하면서 사는 것' 이었다. 그러면서 힐러리는 신학자들이 '본분의 압박, 은총의 견

인' 이라고 표현했던 것' 때문에 고군분투했다.[511]

감리교를 특징짓는 사상 중 하나가 바로 이 행동 지향적인 '아르미니우스' Arminian(그리스도의 죽음은 선택받은 자들만을 위한 것이 아니라 만민의 구원을 위한 것이라는 해석으로 종교개혁기 네덜란드의 신학자 야콥 아르미니우스가 주장했다 : 역주) 교리로 수동적으로 예정설을 따르는 것을 거부하는 자유 의지이다. 신실한 감리교도는 자신을 구원하는 것은 바로 자기 자신이며, 구원은 선행과 노력으로부터 얻어진다고 믿는다. 남편의 죄과로 나락에 빠져 있는 클린턴 부부를 다시 솟아오를 수 있게 도와준 것은 바로 이러한 종교적 신념이었다. 여기에 용서에 대한 기독교의 보편적인 관념이 더해졌다. 자신의 신앙으로 힘을 얻은 힐러리는 빌 클린턴의 대통령직을 구했을 뿐 아니라 자기 자신의 독립적이고 획기적인 정치 인생을 시작하게 되었다. 그러나 성공을 위해서는 자신의 역할을 현대화한다는 꿈을 버리고 좀 더 전통적인 자세로 돌아가야만 했다. 포스트 모더니즘적 섹스 스캔들로 만신창이가 되어 있던 빌 클린턴과 그의 아내는 21세기가 시작되기 직전에 와서야 종교적 전통 및 세속적 관례를 통하여 사적인 구원과 정치적 회생을 얻게 되었다.

1998년 여름을 견디어 낸 클린턴 부부는 가을에는 조심스럽긴 했지만 공세로 돌아섰다. 이 영웅담 같은 전쟁에서 클린턴 대통령은 눈부신 정치적 수완을 보여줌으로써 반대파를 어리둥절하게 만들었다.

비서실장 어스킨 볼스의 직접적 '개입' 이후 마침내 빌 클린턴은 흥분해서 화내는 것을 멈춰야 한다고 깨달았다. 그는 사죄를 시작했다. 자신의 침례교적 근원으로 회귀한 클린턴은 뻔뻔하게도 아내와 딸을 써먹음으로써 구원을 얻기로 했다. 1998년 9월 11일 종교지도자 연례조찬기도회에 참석한 클린턴은 처음으로 미안하다는 말을 한다. '지난 몇 주일 동안 결론을 찾기 위한 방황' 중이었다고 언급한 후 자신이 '증언 이후 첫 성명에서 충분히 회개하고 있음을 보여주지 못했다' 고 시인했다. 대통령은 특유의 3단계 프로그램을 제안했다. 우선 '나의 변호인들에게 사용할 수 있는 적절한 주장을 모두 사용해 강력한 변론을 준비하도록' 할 것이고, '목회자의 지지' 를 구할 것이며 '우리 국가는 물론 전 세계를 평화와 자유, 번영과 조화로 이끄는 데에 노력을 강화하겠다' 라고 말한다.[512]

클린턴 대통령의 사과발표는 반복되었다. 물론 지금 국가는 안전하며 번영을 누리고 있다는 말을 덧붙이는 것을 잊지 않았다. 덕택에 지난 6년 동안 전달하고자 했던 메시지 즉, 사람이 아니라 프로그램에 주목하라는 메시지가 힘을 얻기 시작했다. 아이오와주 상원의원 톰 하킨Tom Harkin은 클린턴 대통령을 가리켜 '인간으로서는 낙제점이지만 대통령으로서는 훌륭하다' 고 말했다. 다른 사람들, 예컨대 사회문제 논평가인 셸비 스틸Shelby Steele은 베이비붐 세대가 가진 '정치적으로 덕망 있는 사람은 덕망 있는 사람이다' 라는 독단을 언급하면서 바로 이러한 독단이 '좋은 녀석' 은 무슨 짓을 해도 선하고, 나쁜 녀석은 언제나 사악하다는 흑백세계관을 낳았다고 분석했다. 이처럼 거꾸로 뒤집힌 세계관에서는 공공정책이나 중대한 의사결정보다 '아이콘주의' 가 앞서게 되고 '아무리 유명한 남성 페미니스트라 해도, 그 또한 여자를 밝히고 희롱하는' 것이다.[513] 이러한 가치관은 매우 널리 퍼져 있었다.

동시에 빌 클린턴은 정치로부터 개인생활을 분리할 수 없다는 것을 이해하게 되었다. 자신의 정권을 구하려고 필사적으로 노력하던 클린턴에게는 사실 그 어느 때보다도 아내와 딸의 존재, 그리고 자신의 상당한 매력을 활용하는 것이 절실했다. 이전에 '사생활' 이라고 단언했던 부분이 이제는 연설의 주제가 되었다. 뿐만 아니라 빌 클린턴과 그의 변호인들은 1960년대 이래 미국 전역에 퍼져 있는 도덕적 불확실성에 최대한 편승했다. 대부분의 미국인에게 미증유의 관대함을 주입시킨 권리혁명도 도움이 되었다. 프라이버시는 사람에 따라 서로 다른 것을 의미하는 것이다. 양심 있는 착한 이들은 유명인을 침해하는 문화가 아무리 심각해도 해서는 안 될 질문이 있다고 믿고 있었다. 또한 섹스 문제에 대해서라면 미국인은 타인에게나 자기 자신에게나 도덕성의 융통성을 허락한다. 동시에 좀 더 전통적인 사람들은 국가의 미덕과 개인의 미덕을, 국가의 성공과 개인의 성공을 연결시키는 공식을 고수하고 있었다.

타당성과 프라이버시에 대한 뜨거운 논란이 계속됐다. 이 모든 사건을 '성적 매카시즘'이라는 한 가지 에피소드로 이름 붙이는 것은 두 배의 효과가 있었다. 그 모든 것을 오직 섹스라는 한 가지 주제로 축소시킴으로써 대통령의 변호인들은 기만이나 사기 혐의를 그 안에 묻어버릴 수 있었다. 플레이보이의 휴 헤프너Hugh Hefner는 지난 수십년 간의 여론조사 결과 "미국에서 섹스는 모든 사람이 거짓말을 하는 유일한 주제이다. 여자친구에게도, 아내에게도, 그리고 자기 자신에게조차"라는 결론을 얻었다.[514] 동시에 발생한 '오직 섹스에 관한 문제였다'는 것과 '누구나 다 그렇다'라는 두 가지 반론은 프로이드 이후 1세기, 1960년대의 반란에 잇따른 혼란, 고백, 폭로로 점철된 30년을 기반으로 하고 있다. 게다가 클린턴 측은 '매카시즘'McCarthyism이라는 의미심장한 용어를 사용함으로써 피고인과 검사인 빌 클린턴과 케네스 스타가 도덕적으로 동등함을 입증하는 데 성공했다. 실제로 클린턴 부부와 변호인들은 사냥꾼을 사냥감으로 만드는 데에 뛰어난 기술을 발휘했다. 그 결과 '스타 검사의 보고서는 클린턴 대통령에게

씌워진 어떤 혐의보다 미국의 통치제도에 훨씬 더 큰 위협을 내포하고 있다'는 더쇼위츠 교수의 주장이[515] 다수의 공감을 받기에 이른다.

클린턴 대통령 자신은 물론 그의 변호인들은 미국인에게 '일 잘 하는 대통령'과 '착한 남자' 중에서 누구를 선택할 것인지 물었다. 이러한 이분법은 백 점짜리 대통령과 백 점짜리 남편은 서로 배타적이라는 전제를 깔고 있었다. 아내 몰래 바람을 피웠던 강력한 대통령들과 아내에게 충실했겠지만 낙제점을 받았던 대통령들(닉슨, 포드, 카터)에 관한 장황한 설명은 정치인이 성공하기 위해서는 필수적으로 몇몇 마법을 마스터해야 한다는 것을 당연하게 생각하도록 하였다. 동시에 '그래도 최소한 대통령으로서는 잘 하고 있다'라는 변론은 빌 클린턴이 진짜로 일을 잘 하고 있다는 믿음을 갖도록 조장하였다. 이러한 면책은 반대파 정치인이라면 만들어내지 못했을 것이다.

지난 2백 년 동안 미국인은 진실과 도덕성에 대하여 '흑 아니면 백' '전부가 아니면 전무(全無)' 같은 식으로 극도로 단순화된 시각을 고수해 왔다. 이제 그처럼 통합적인 도덕관은 더 이상 지배력을 갖지 못하게 된 것이다. 힐러리가 고수했던 감리교 사상도 이제는 시대에 뒤떨어진 것이다. 반면에 빌 클린턴에게는 언제나 그랬듯이 행운이 따랐다. 신(新)청교도주의에 대한 반격이 이어지는 사이에 클린턴의 성적 충동에 대한 소문이 대중의 인식 속으로 스며들었다. 역사적으로 볼 때 미국인은 정치공동체를 정화하기 위한 집단적 숙청작업과 사람들에게 자유와 프라이버시를 허용하는 개인주의적 욕구 사이에서 시소게임을 해 왔다. 1960년대의 자유주의에 1980년대의 자유옹호주의가 더해지면서 이와 같은 도덕적 모호성에 대한 관용의 폭이 늘어났으며 이와 함께 1990년대의 합의로서 부상한 프라이버시를 향한 열망에 대한 수용의 범위도 늘어났다. 이제 미국인은 개신교 신학자인 라인홀드 니버가 역설한 "사람은 활동하는 영역에 따라 자신에게 적합한 미덕이 달라진다"[516]는 주장을 받아들이는 듯이 보였다. 여론조사에 답한 사람의 84%는 '개인적으로는 옳지 않은 생활을 하는 사람이라고 하더라도 훌륭한 대통령이 될 수 있다' 는 데에 동의했으며 3분의 2는 도덕적 리더십을 '자신과 같은 사람들의 문제를 이해하는 것' 이라고 규정했다. 이에 반하여 '개인적 도덕 및 윤리에 대하여 높은 기준을 갖추는 것' 이라고 생각한 사람은 3분의 1도 되지 않았다.[517] 사회학자 앨런 울프Alan Woolfe는 현대 미국에는 '열한 번째 계명' 이 등장해 기존의 십계명을 앞서고 있다고 지적했다. 그건 '네 이웃을 심판하지 말라' 는 것이다.[518]

이러한 상황을 놓고 철학적 해석이 다른 사람들은 '니버주의' '세련된' '유럽적인' '뉘앙스 있는' '다차원적인' '상대주의적인' '데카당한' 혹은 '도덕을 초월한' 등의 명칭을 붙였다. 힐러리의 근엄한 얼굴을 표지에 실은 사이콜로지투데이의 불륜 특집호에서 불륜에 관한 '최고권위자' 라는 셜리 글라스Shirley Glass 박사는 새로운 사회정신에 관해 명확한 해석을 제시했다. 미국인은 '대통령이 업무를 수행하는 것과 결혼생활에서 아마도 그랬을 것이라고 생각되는 것을 분리할 수 있다' 고 주장했는데 그것은 명확히 미국인 다수가 자신의 성적인 문제를 (그 문제만 없다면) '행복한' 결혼생활로부터 분리해 생각하기 때문이라는 것이다. 애정행각을 한다고 해서 그것이 필연적으로 '끔찍한 결혼생활' 의 증거가 되는 것은 아니라는 것이었다. 글라스 교수는 '만일 남편의 가치관이나 가족적 배경, 혹은 심리역학적 구조로부터 비롯된 문제라면' 남편은 아내가 아무리 '근사하다' 고 해도 '여전히 탈선할 수' 있다고 주장했다. 이러한 논리에 발맞추어 이 잡지의 '편집자' 는 힐러리에게 '그것은 애정의 문제가 아니라 경계선의 문제'

라고 충고하였다. '상처 입고 분노를 느끼겠지만 애정은 그래도 참고 견디는 법이다. 어떤 여자들은 남자에게 충실을 입증할 수 있는 기회를 다시 줄 것이다' 라고 암시하면서 '당신이 그런 여자가 될 수 있는지 결정하라' 고 충고했다.[519]

빌 클린턴이 도덕성에 관한 이중 잣대, 섹스에 대한 집착, 프라이버시에 대한 맹렬한 인식, 그리고 관용 능력 등에 어필한 반면 반대파는 오버하고 말았다. 본질적으로는 사건의 진실이 섹스가 아님에도 불구하고 빌 클린턴이 거짓말을 했음을 증명하기 위해 섹스에 초점을 맞춘 스타 검사의 보고서는 클린턴 측 변호인단이 만들어 놓은 함정에 빠졌다. 그 동안 공화당 의회에는 스타 보고서를 일반에 공개했으며 이어 대배심 앞에서 행한 대통령의 증언이 담긴 비디오테이프도 공개했다. 대통령에게는 매우 수치스러운 일이었지만 이 자료를 공개한 공화당 의회는 사악한 집단으로 보이기 시작했다. 이처럼 노골적인 당파주의는 민주당으로 하여금 대통령을 버리지 않고 결속하는 계기를 만들었을 뿐만 아니라 대통령과 퍼스트레이디, 그리고 지지자들이 1월 이래 준비해 온 반격에 힘을 실어 주는 결과를 가져왔다.

1998년 의회의 중간선거 열기가 뜨거워지자 클린턴 대통령은 문제가 생길 만한 상황을 피한 채 기금조성을 위해서 비행기를 타고 바쁘게 움직여 다녔다. 힐러리는 여전히 결혼생활에 대한 언급은 거부하고 있었지만 선거운동에는 열심이었다. 클린턴 혁명 이후 6년, 베티 프리던이 '여성의 신비' Feminine Mystique 를 발표한 후 35년(베티 프리던은 미국의 여성운동가로 여권신장에 중요한 역할을 한 '여성의 신비' (1963)로 유명하다 : 역주), 엘리노어 루스벨트가 백악관에 들어간 후 65년이 지난 시점에서 퍼스트레이디가 기금조성이나 선거운동에 참여하는 것이 타당한지 아닌지 묻는 사람은 아무도 없었다. 이제 힐러리는 연단에서 연설할 만큼 기품이 있었고, 스타급 인기를 몰고 다닐 만큼 유명해졌으며, 당에 대한 충성심을 자극할 만큼 격렬해져 있었기 때문에 1998년 선거에서 강력한 영향력을 행사했다. "우리는 의회에 있는 공화당 지도부에게 미국인은 진짜 이슈에 대하여 마음을 쓰고 있다는 명확한 신호를 보내야 합니다"라고 퍼스트레이디는 기세를 올렸다. "미국인은 교육과 의료제도와 사회보장제도에 관심을 가집니다. 그리고 자신들의 관심사에 관심을 기울이는 의회를 원하고 있습니다."[520] 민주당에서는 찰스 슈머Charles Shumer 의원이 3선 의원이자 클린턴의 정적인 뉴욕주 공화당 상원의원 알폰스 다마토Alfonse D' Amato를 낙선시키는 데 힐러리의 도움이 컸다고 인정한다. 또한 캘리포니아주 바버라 박서Barbara Boxer 상원의원의 재선에도 힐러리의 역할이 컸다고 한다. 힐러리 자신은, 선거가 끝난 다음에, 자기가 조금 더 일찍 자원을 동원했더라면 일리노이 주 캐럴 모즐리 브라운Carol Moseley Braun 상원의원의 낙선을 막을 수 있었을 것이라고 아쉬워하기도 했다.

모욕적 폭로를 통하여 결혼생활이 위기에 봉착하는 사건을 겪는 동안 힐러리는 대중적 공감대를 얻고 있었다. 이전에는 경험하지 못했던 일이었다. 갑자기 힐러리는 민주당에서 가장 인기 있는 연사가 되어 있었고, 기금조성에서는 가장 탁월한 수완가였으며, 65%가 인정하는 가장 매력적 인물이 되어 있었다. 공보비서 멜라니 버비어Melanne Verveer의 말에 의하면 힐러리는 '사무실의 상징주의도 매우 효과적인 도구가 된다는 것을 깨닫게 되었다.' 출판인인 피터 오스노스Peter Osnos도 힐러리를 가리켜 '연예인이 아닌 사람으로서 우리 시대 가장 주목받는 공인' 이라고 말했다.[521]

하지만 슬프게도 힐러리의 역할은 고다이버Lady Godiva(주민의 세금을 면제받게 하기 위하여 수치스러운 요구를 받아들였다는 영국 귀족부인 : 역주)라기보다는 다이애나 황태자비에 가까웠다. 엘리노어 루스벨트식의 정치참여가 아니라 재키 케네디식의 자태가 효과를 낸 것이다. 힐러리의 핵심 지지층이었던 페미니스트와 직업을 가진 여성들은 여전히 힐러리에게 애정을 보였다. 나이 많은 여성층, 교육수준이 낮은 여성층, 공화당을 지지하는 여성층(모두 자신들은 페미니스트가 아니라고 선언하는 부류)에서 새로이 힐러리에 대한 지지 세력이 형성되었다. 민주당 여론조사담당자 셀린다 레이크Celinda Lake의 설명에 의하면 이들은 모두 '힐러리가 자신들을 깔보고 있으며, 자신들의 가치관을 위협하고 있다고 생각했던' 여자들이었다. 그러나 자신들과 마찬가지로 힐러리도 남편이나 자신의 운명을 마음대로 할 수 없는 희생자라는 것을 알게 되면서부터 '힐러리를 자신들의 가치관을 대변하는 여성으로 생각하기 시작했다' 는 것이다. 슬프게도 힐러리의 인기를 회복시킨 것은 존경이 아니라 동정이었고 인간으로서의 심오함에 대한 인정이 아니라 여성으로서의 품위에 대한 인정이었던 것이다. 페미니스트 작가인 바버라 에런리치Barbara Ehrenreich는 이렇게 혹평했다. "클린턴이 일을 망쳤고, 힐러리는 그걸 감싸줬고, 그런 다음에 그들은 함께 그 위에 접착제를 발랐죠. 그게 뭐가 그리 대단한 거죠?"[522] 칼럼니스트 모린 다우드는 힐러리에게 '세상에서 가장 큰 모욕을 받은 아내' 라는 명칭을 붙여주었다.[523]

힐러리의 역할에 일부 힘입어 그 해 11월 공화당은 하원에서 다수당의 입지를 거의 잃을 뻔했다. 1년 내내 시종일관 스캔들 공격에 몰두했던 공화당은 대승을 기대했었다. 그러나 결과는 상원의원의 비율에는 변화가 없었으며 하원에서는 민주당이 5석을 얻었던 것이다.

클린턴 부부는 민주당의 강세를 스캔들논의를 그만하고 국가 업무에 복귀하자는 메시지로 받아들였다. 공화당으로서는 법적인 측면에서는 눈에 띄는 성과를 거두었음에도 불구하고 정치일선에서는 곤경에 처한 셈이 되었다.

민주당의 약진과 공화당 하원의장 깅리치의 사임에도 불구하고 파워게임의 마지막 국면은 클린턴의 탄핵이었다. 전년도 4월에 폴라 존스 사건이 각하되었을 때 대통령은 너무 일찍 승리를 축하했었다. 공화당 지지자들은 여전히 분노하고 있었던 것이다. 지난 1월의 조서와 8월 대배심 증언에서 드러난 대통령의 허위진술은 법률적, 나아가 헌법 차원에서 죄의 근거를 제공한 것이었다. 뿐만 아니라 1998년 11월에 국회 법사위원회에서 질의한 81개 질문에 대하여 클린턴 대통령은 한 술 더 떠서 변호사처럼 요리조리 빠져나가는 답을 했을 때 이미 협의 가능성은 사라졌다. 이 사건에 대해 보좌관 한 명은 온건파 공화당 인사에게 이렇게 말했다. "대통령은 의회를 간과한 겁니다."[524] 여론조사에 절대적 믿음을 가진 정치인 클린턴은 반대파가 여론조사 결과에도 불구하고 자신을 파멸시키리라고는 꿈도 꾸지 못했다. 게다가 어느 대통령의 경우에도 마찬가지였겠지만 감히 대통령에게 자신의 의견을 얘기하려는 보좌관이 없었다는 것도 사태를 악화시켰다. 중간선거에서 승리한 후 불과 6주 후에 클린턴은 두 가지 소인(訴因)으로 탄핵에 이르게 되었다.

공화당 보수주의자들은 여론조사 결과를 무시했을지도 모른다. 그러나 주류언론은 클린턴 캠프의 주제를 강조하고 있었다. 즉, 사안을 구분 짓는데 대한 대통령의 뛰어난 능력이 대통령을 고무시키고 있으며, 퍼스트레이디는 요즘처럼 행복한 적은 없었다는 내용이었다. 많은 기자들은 이러한 보도가 독자의 반발을 불러올 것을 우려했다.

사실 힐러리의 인기는 남편의 명성을 능가하고 있었으며, 그 때문에 힐러리는 종종 즐거움을 억누르지 못하고 밖으로 드러내곤 했다. 모욕을 겪는 동안 기이하게도 힐러리는 자유로워진 듯했고 남편에 대한 내조에서도 해방된 듯 보였다. 그저 남편 곁에 서 있는 모습으로 보일 때조차 그러했다.

그러나 결혼생활의 불협화음은 상승했다. 결혼기념일을 워싱턴에서 맞기 싫었던 힐러리는 불가리아로 여행을 떠났다. 지켜본 사람들의 말에 의하면, '에어포스 원' 의 개인용 특실 안에서 힐러리는 남편에게 냉담하게 대했다고 한다. 측근의 말에 의하면 '그녀는 여전히 화가 나 있었다. 아직 남편을 용서하지 못하고 있었다.' 또 다른 측근은 '힐러리가 남편을 인정하지 않은 것이 아마도, 12월 중순 대통령이 정신적 좌절을 겪는 원인이 되었을 것' 이라고 말했다.[525]

대부분 언론에서는 맹렬한 기사를 써댔지만 실제 현실은 긴장의 연속이었다. 언론과 현실의 괴리는 영화 '맨 인 블랙' Men in Black 을 연상시켰다. 영화에서 외계인이 지구상에 살고 있다는 진실을 보도하는 것은 오직 타블로이드(가판대에서 팔리는 신문. 대중적이고 선정적인 내용을 싣고 있다 : 역주)뿐이었다. 우선 보그가 크리스마스호 표지에 힐러리의 '특별한' 모습을 보여주었다. 오스카 드 라 렌타 디자인의 자주색 벨벳 드레스를 입고 카르티에 진주귀걸이를 한 힐러리는 매혹적이며 강인한 이미지였다.[526] 동일한 시점에서 스타는 힐러리의 분노와 모멸감에 대한 기사를 싣고 있었다. 또한 뉴욕타임스가 힐러리가 남편의 일에 즐겁게 동참하고 있다는 기사를 내보내고 있을 때 내셔널인콰이어러는 퍼스트레이디의 절망이 너무나 삭막하고 너무 심한 상처를 입힌 것이기 때문에 남편에 대한 연민이 오히려 분노를 가릴 정도라는 내용을 보도했다.

선거결과, 여론조사, 그리고 언론보도 태도의 변화에 안심하고 있던 클린턴 부부가 탄핵 저지를 위한 힘을 결집한 것은 이미 너무 늦은 시점이었다. 크리스마스 시즌이 다가올 때에야 비로소 대통령 부부는 상황이 얼마나 절박한지 깨닫기 시작했다. 퍼스트레이디는 미친 듯이 로비를 했다. 법률적인 논박과 동시에 '아내가 남편을 용서한다면 우리가 왜 용서할 수 없는가?' 라는 다분히 감정적인 주장을 동시에 사용했다. 한 번은 힐러리가 버지니아주 민주당원인 짐 모런Jim Moran 하원의원에게 따져 물었던 적도 있다. 모런 의원은 공공연하게 대통령을 비난하고 있었다. '짐 모런이 왜 우리를 비난하느냐' 라고 힐러리가 묻자 보좌관들은 '대통령이 당신에게 한 짓 때문' 이라고 대답했다. 힐러리는 짐 모런에게 전화를 요청하라고 했다. 그 통화에서 모런 의원은 대통령을 엽색가라고 비난하면서 만일 그가 힐러리의 친오빠였다면 빌 클린턴을 뒤뜰로 끌고 가서 얼굴에 주먹을 날렸을 거라고 말했다. 힐러리의 반응은 침착했다. 그녀는 공화당의 탄핵노력에 대해 법적 공격을 해야 한다고 조용히 대꾸했다.[527]

탄핵을 막으려는 힐러리의 노력은 민주당 간부회의에서 최고조에 달한다. 회의는 하원에서 '윌리엄 제퍼슨 클린턴 대통령' 에 대해 8월 17일 대배심에서의 위증과 폴라 존스 사건에서의 사법방해 등 두 가지 소인으로 탄핵을 결의하기 불과 몇 시간 전에 열렸다. "여러분들은 빌 클린턴에 대해서 화가 나 있겠지요"라고 힐러리가 민주당원들에게 말했다. "나 역시 남편이 한 짓 때문에 불행합니다. 하지만 탄핵은 해답이 아닙니다. 지금 우리에게는 너무나 문제가 많아서 무엇이 진짜 문제인지 집중하지 못하고 있어요." 힐러리는 '의회 쿠데타' 를 두려워하면서 공화당이 '대통령의 의사일정을 방해하려는' 당파주의의 어리석은 시도로 헌정을 위험에 빠뜨리고 있다고 비난했다.[528]

힐러리의 행동에 감명 받은 데니스 쿠치니치Dennis Kucinich 민주당 하원의원은 '여기에 당장이라도 국가를 이끌어 갈 수 있는 힘을 가진 여성이 있다는 것은 미국으로서는 행운이다. 현재 국가지도자 중 한 명이 힐러리라는 것은 누구나 알고 있다. 대통령만큼이나 중요하다' 라고 찬사를 보냈다.[529] 결혼생활과 대통령의 운명이 위기에 처한 상황에서 비로소 힐러리는 공동대통령이 된 것이다.

불미스러운 사건이 헌법의 영역으로 귀결되자 130년 전 앤드류 존슨 대통령 때와 마찬가지로 미국과 상원에서는 결과적으로 보수주의가 승리를 거두었다. 클린턴 측에서 효과적으로 제기한 다수의 불확실성에 관한 논란과, 열정이 지나쳐 종종 실수를 범한 특별검사를 향한 악의적인 공세가 성공한 것이다. 온건주의자들은 대통령을 제거하는 것을 망설였다. '그것은 섹스 문제가 아니다' 라는 보수파의 애처로운 주장은 오히려 그 모든 것이 섹스에 관한 문제였음을 시사하게 되었고, 결국 빌 클린턴의 거짓말이 섹스에 관한 것이었다면 어쩐지 괜찮다는 용인을 이끌어내게 된 것이다. 여기에서 또 한 번 클린턴 대통령과 민주당원들이 '개인 파괴의 정치학' 이라고 불렀던 것에 대한 깊은 혐오가 수백만의 미국인을 결집시켰으며 수십 명의 상원의원들로 하여금 반대표를 던지게 한 것이다. 미국인들은 여전히 남의 프라이버시를 침범하는 데에 열광했으면서도 동시에 겁을 먹고 질렸던 것이다.

그것이 섹스에 관한 것이었든 아니든, 확실한 것은 그것이 대통령 부부에 관한 것이었다는 점이다. 1999년 초반, 힐러리는 탄핵으로부터 적절한 거리를 유지했다. 그럼에도 불구하고, 그 절차가 진행된 내내 힐러리의 존재는 명확했다. 이처럼 '화면분할형 대통령직' 에서 클린턴 대통령은 백악관 법률고문 찰스 F. C. 러프Charles F. C. Ruff가 상원에서 대통령을 방어하는 변론을 시작한지 불과 몇 시간 후에는 하원에서 연두교서를 발표하고 있었다. 대통령은 집무에 대한 자신의 능력을 강조하기 위하여 공들여 작성된 전형적 내용의 연설을 하다가 잠시 멈추더니 퍼스트레이디에게 '아이 러브 유' 라는 입모양을 지어 보였다. 그것은 사생활 파트너와의 공공연한 화해를 단적으로 증명하는 장면이었다.

그로부터 이틀 후 탄핵심리가 감정적으로 중대한 시기에 이르렀을 때 클린턴 부부의 오랜 친구인 데일 범퍼스Dale Bumpers 전 상원의원은 상원에서 대통령 변론에 나섰다. 대통령의 프라이버시를 변호하기 위하여 필수적으로 그 프라이버시를 적나라하게 언급하면서 범퍼스 전 의원은 개인적 카드를 꺼내들었다. 대통령의 행위가 '변론의 여지가 없고, 말도 안 되며, 용서받을 수 없는 파렴치' 라고 시인하면서도 대통령과 그의 가족에게 조금의 동정심도 보여주지 않은 하원 지도자들을 훈계했다. 하원의 무자비한 행동 때문에 '남편과 아내, 아버지와 자식 사이의 관계는 파괴되지는 않았더라도 최소한 심각하게 훼손되었다' 고 한탄했다. 대통령이 발뺌한 것은 '사랑하는 아내에게, 그리고 자식을 살리기 위해서라면 목숨이라도 버릴 수도 있을 만큼 사랑하는 딸에게 차마 입에 담을 수 없는 당혹과 모욕이 전해지는 것을' 막기 위해서였다고 주장하면서 이해를 구했다. 범퍼스가 변론하고 있을 때 힐러리는 처음으로 텔레비전을 통해 상원 심판을 지켜보았다. 그녀가 개인용 식당에서 비극적 기분으로 혼자 텔레비전을 보는 동안 빌 클린턴은 집무실에서 혼자 이를 지켜보고 있었다.[530]

상원은 대통령의 유죄를 입증하고 탄핵하는 데에는 소극적이었으며 특별검사도 궁극적으로는 대통령이나 퍼스트레이디를 기소하려 하지 않았다. 때문에 결과적으로 클린턴 부부는 혐의를 벗은 셈이 되었다. 그들 자신과 지지자들은 물론이며 다수의 역사가들조차 '화이트워터에 관한 공식보고서에서 클린턴 부부의 무고가 입증되었다. 그 사건에 관해서는 클린턴 부부의 비리 증거가 없다' 고 주장한다.[531] 그러나 그것은 당파적 정치적 판단일 뿐 법적이거나 역사적으로 적확한 분석은 아니다. 케네스 스타의 후임으로 온 로버트 레이Robert Ray 특별검사는 위증, 탈세 및 사법방해에 관한 정황증거를 찾아냈다. 그러나 레이 검사는 검사재량권을 사용해 기소하지 않기로 했다. 왜냐하면 유죄판결을 확보할 수 있을지 의심스러웠기 때문이었다. 그럼에도 불구하고 레이 검사는 최종보고서에서 대통령이 이번 소송절차를 '사이비' 라고 부른 것을 비난하면서 '수사결과 열두 명 피고인의 유죄가 입증되었는데 그 중에는 전 아칸소 주지사인 짐 가이 터커Jim Guy Tucker를 비롯하여 맥두걸 부부, 그리고 웹스터 L. 허블 전 법무차관보가 포함돼 있다' 고 지적했다.

클린턴 대통령은 르윈스키 사건의 거짓말 때문에 변호사 자격이 정지되는 것으로 끝났지만 최종보고서는 힐러리가 무능력하며 어쩌면 부정직하다는 가능성을 시사했다. 특별검사는 초기 화이트워터 투자에서 두 명의 영리한 변호사가 받아 간 세금환급은 '연방조세법을 충실히 지킨 것은 아니었다. (그러나) 연방조세법을 회피하려는 의도는 없었다' 고 결론지었다.[532] 또한 짐 맥두걸이 빌 클린턴의 이름으로 혹은 화이트워터 프로젝트의 이득을 위하여 대출을 받은 사건에서 클린턴 주지사의 역할을 '합리적 의심을 초과하여 입증할 수 있는 증거가 충분치 않다' 고 결론 내렸다.

매디슨 신용금고를 대리한 힐러리의 역할에 관해 검사들은 내부자들이 '연방 조사관들을 방해하기 위해 힐러리의 법률서비스를 이용하고 악용했다' 고 확신했다. '궁극적으로는 미국 납세자에게 7,300

만 달러의 손실을 유발한' 은행도산에 관련된 정치적 당혹과 공적 책임을 피하기 위해 '미세스 클린턴과 클린턴 캠페인 측은 매디슨 신용금고를 대리한 힐러리의 역할을 최소화하는 진술을 했다' 라고 밝혔다. 여기에서도 역시 '미세스 클린턴의 진술 일부가 사실관계상 부정확하다는 증거는 있지만 그것이 진술을 할 당시 자신의 진술이 거짓이라는 것을 알고 있었음을 합리적 의심을 초과하여 입증할 수 있는 증거를 구성하지는 않는다' 는 결론이었다. 뿐만 아니라 짐 맥두걸이 그녀에게 지불한 소송수임료 건에 관한 '미세스 클린턴의 여러 가지 진술은 상당 부분 일치하지 않는다.' 이와 유사하게 미세스 클린턴이 이상하게도 파악이 안 되는 '경리장부' 에 '돈의 부족을 주장했다' 라는 점도 의심스럽다. 그러나 불법행위가 '고의적이었다는 것을 합리적 의심을 초월하여 입증할 수 없다' 라고 밝혔다.[533]

백악관 내부의 트래블게이트 해고사건에서 힐러리의 역할에 관해 특별검사는 '여행국 집단해고에서 어떤 결정이나 역할에도 관여하지 않았다는 미세스 클린턴의 증언은 사실관계상 부정확하다' 고 결론 내렸다. 그러나 그녀의 '고의성' 을 입증할 수 있는 명확한 증거가 없기 때문에 '형사상 범죄의 필수요건을 구성하기에는' 증거가 불충분하다고 밝혔다. 비슷하게 빈스 포스터의 죽음 이후 혼란상황에서도 수상쩍은 행동이 있었지만 결정적 증거는 없다고 발표했다. 통화기록에 의하면 마거릿 윌리엄스, 힐러리, 수잔 토머시스, 그리고 백악관 변호사 버나드 너스바움 사이에서 급한 통화가 오고 갔다. 특히 힐러리의 거처로부터 토머시스에게 걸었던 3분 동안의 통화가 끝나고 1분 후에 토머시스는 너스바움을 호출한다. 이 네 사람은 모두 '서로 위로하는 통화였다고 주장' 했는데 이는 감정적 지지를 전달하는 놀라운 효율성을 시사하거나 혹은 모든 사람이 은닉하기로 동의한 어떤 계획에 대한 의사교환을 암시하는 것이다.[534] 이 모든 변명은 대체로 수치스러울 정도로 안쓰러운 구경거리였다. 마치 이란콘트라 스캔들에서 로널드 레이건 대통령이 황당한 변명을 함으로써 부패한 인물로 보이는 것보다는 무능력한 인물로 보이는 것을 선택했던 사건을 재생하는 것 같았다. 이처럼 부주의, 부인, 기억나지 않는 대화와 윤리적으로 의심쩍은 행동이 뒤범벅된 사건에 발을 담근 변호사는 망신을 당할 터였다. 그러나 힐러리는 운이 좋았다. 인위적으로 높게 만들어 놓은 장벽 때문에 혜택을 받은 것이다. 수년에 걸친 신경질적 고발, 막대한 비용 증가, 교묘한 역공세가 끝난 후에 오직 한 가지 기소만이 치명타였을 뿐이다. 부정직을 암시하는 강력한 정황증거가 이젠 오히려 무혐의를 입증하는 것처럼 보였다. 게다가 모니카 르윈스키 사건 때문에 힐러리의 터무니없는 실수는 무대 뒤편으로 잠시 사라졌다. 일단 르윈스키 사건이 종결되자 나머지는 모두 사소한 문제일 뿐이었다.

아이러니하게도 르윈스키 스캔들 덕택에 백악관에서의 마지막 해에 힐러리는 객관적으로 남편보다 더 많은 인기를 누렸으며, 남편보다 더 영향력 있는 것으로 인식되었고, 더욱 자유롭게 자신의 입장을 표명할 수 있게 되었다. 측근과 비판자, 민주당과 공화당 모두 클린턴이 대통령직을 사수한 데에는 힐러리의 도움이 컸다는 점에 동의했다. 그러나 이는 그녀가 열망했던 정책의 승리나 프로그램의 입증이 아니라 단지 개인적 번민을 의미할 뿐이었다. 미국 국민은 아직까지 힐러리의 비전을 승인하지 않았으며 좀 더 동정심을 가진, 덜 위협적인 퍼스트레이디의 한계를 넘어 다른 일을 할 수 있는 권한을 허락하지도 않았다.

상원에서 클린턴 대통령의 유죄입증 투표가 부결되자 힐러리 로댐 클린턴은 이제 지친 듯했다. 그러나 이상하게도 해방된 듯 보이기도 했다. 은퇴를 앞둔 다니엘 패트릭 모이니헌Daniel Patrick Moynihan 뉴욕주 상원의원이 자신의 뒤를 이어보지 않겠느냐고 제안한 것이 불씨가 되어 '힐러리를 상원으로' 붐이 시작되었다. 그녀는 스스로 '대역' 이라고 부르는 일에 신물이 나 있었다. 자기중심적이고 끊임없이 도움을 필요로 하는 남자를 4반세기 동안 돌보는 것은 소모적인 일이었다. 이제는 '실존 인물' 으로서 자신만의 영역을 명료하고 명백하게 개척하고 싶었다.[535] 현재 처한 입장의 한계를 다시 한 번 인식한 힐러리는 퍼스트레이디로서의 의무를 떠나서 상원의원 후보자로서 성취를(그리고 성공을) 구하고 싶었다. 빌 클린턴 집권기의 마지막 해, 자신이 오랫동안 소원했던 대로 필수불가결한 퍼스트레이디로서 집무하는 대신에 힐러리 로댐 클린턴은 소모적인 퍼스트레이디로서 마지막을 장식했다.

힐러리는 상원에 출마하면서 자신이 혐오하는 개인의 정치학을 활용할 수도 있었다. 뉴욕주 상원 선거전은 퍼스트레이디의 이름, 새로 획득한 인기와 아이콘 같은 분위기를 정치 파워로 변환시키면서 힐러리의 브랜드네임을 확장시켰다. 지금은 유명인 정치학이 먹혀드는 시대다. 프로레슬러 제시 벤투라Jesse Ventura가 미네소타 주지사 선거에서 허버트 험프리 3세Hubert Humphrey를 누르고 승리한 것을 여전히 의기양양하게 자랑하고, 영화배우 아널드 슈워제네거Arnold Schwarzenegger가 곧 캘리포니아 주지사로 취임하려는 상황인데 그래도 퍼스트레이디는 최소한 정치 경험은 있지 않은가.

'힐러리를 상원으로' 붐은 퍼스트레이디를 남편의 경력에 종사하는 것으로부터 해방시켰을 뿐만 아니라 퍼스트레이디에게 요구되는 특별한 의례와 한계로부터 해방시켰다. 선거운동에서의 성공과 상원

선거에서의 승리에서 입증되었듯이 퍼스트레이디 힐러리에게 쏟아졌던 비판의 상당 부분은 그녀 자신의 개성, 정책, 성별과는 별 상관이 없었다. 오히려 퍼스트레이디직의 특수성, 그리고 힐러리의 야심과 퍼스트레이디의 전통 사이의 부조화에 관한 것이었다. 한 번 퍼스트레이디라는 거미줄 족쇄로부터 해방되자 힐러리 상원의원(혹은 상원의원 당선자)은 자신이 원했던 대로 총명하고 정책 지향적인 정치인이 될 수 있었다. 현대 미국에서 여성 뿐 아니라 퍼스트레이디의 역할에 대한 극적인 재정의가 내려지는 것을 막는다면 미래의 퍼스트레이디들은 위험을 감수하고 이 교훈을 무시하게 되는 셈이다.

물론 몇몇 드라마, 반전과 재반전에 대한 속삭임도 없이 이것이 클린턴 하나의 노력으로 이뤄졌을 리는 없다. 퍼스트레이디가 공개적으로 선택사항에 무게를 두자 비판자들은 그녀가 내숭을 떠는 것인지 아닌지 궁금해 했다. 사실 찰스 레인절Charles Rangel 하원의원이나 로버트 토리첼리Robert Torricelli 상원의원 같은 민주당원이 자신을 후보자로 밀기 시작하자 그제야 힐러리는 출마 생각을 굳힌 것 같았다. 그러나 여전히 결정은 유보적이었다. 힐러리 자신이 회고록에서 밝히고 있듯이 '내가 결정하는 데 도움이 되었던 것 하나는 빌과 내가 우리 관계의 미래 이외의 다른 주제에 대해 대화를 다시 시작했다는 점이었다.' 힐러리의 출마를 마지막으로 결정해 준 사람은 어느 행사에서 만난 뉴욕시의 고교 체육선수였다. 그 어린 학생은 힐러리의 귀에 대고 '해 봐요. 미세스 클린턴, 해 봐요' 라고 속삭였던 것이다.[536]

퍼스트레이디로서는 최초로 자신의 선거운동에 뛰어든 힐러리는 그렇게 함으로써 백악관에서의 롤러코스터 같은 시절에 자신이 갈망했던 해피엔드로 종지부를 찍는 데 성공한 것이다. 이처럼 대범하고 독립적 표시를 남김으로써 힐러리는 선거에서의 승패에 관계없이 또한 명의 바버라 부시가 아니라 엘리노어 루스벨트에 가까운 평가를 받게 될 것이었다. 지금까지 어떤 타협을 해 왔든지 그것은 선구적이며 독립적 퍼스트레이디가 되려는 마스터플랜의 파생물, 목표를 향해 가는 노정에서의 소소한 희생으로 여겨질 뿐이었다.

한 표도 얻기 전에 힐러리는 선거캠페인의 열매를 즐기기 시작했다. 지금까지 제대로 알지도 못했던 거대한 뉴욕주에 첫 탐사 순회를 한 직후 AP통신은 '훈련된 법률가이며 경험 많은 정책 옹호자인 힐러리는 퍼스트레이디의 역할에 새로운 지평을 열어왔기 때문에 이번 선거 출마는 그렇게 놀라운 일이 아니라고 역사가들은 평가한다' 라고 보도했다. 힐러리의 업적을 설명하면서 기자는(그리고 아마도 역사가는) 힐러리의 해외순방 및 순회유세에서의 명백한 성공과 '야심만만한' 의료개혁의 실패, 그리고 '특별검사의 대배심 앞에서 증언, 섹스 스캔들과 탄핵 국면에서 대처전략을 백악관에 충고'[537]한데 따른 모욕을 모두 나열하였다.

소용돌이치는 뉴욕 정가에 발을 들여놓기 전에 힐러리는 남편과의 결합이 공고하다는 것을 뉴욕주 유권자에게 다시금 확신시켜야 한다고 느꼈다. 출마를 공식 선언하기 전에 힐러리는 1년 반 동안의 침묵을 깨고 남편의 부정에 대하여 입을 열었다. 할리우드 후원자와 뉴욕 지지자에 대한 보답으로 맨해튼 지역의 전설적 변호사인 로버트 모겐토Robert Morgenthau의 아내인 루신다 프랭크스Lucinda Franks와의 인터뷰를 승낙한 것이었다. 인터뷰는 클린턴의 열성지지자 티나 브라운Tina Brown이 디즈니사가 돈을 댄 잡지 「토크」Talk의 창간호에 실렸다. 인터뷰에서 힐러리는 무심코 스스로를 비난하는 듯한 고백을 한다. 오랜 세월 남편의 결백을 주장하고, 남편의 부정에 대한 소문을 진압하고, 의혹을 제기하는 여성을 욕했던 힐러리가 사실은 남편의 '유약함' 이 문제였다고 인정했다. 힐러리는 "이 문제가 10년 전에 해결된 줄 알았어요. 남편이 이를 극복했다고 생각했거든요"라고 말했다.

힐러리는 뉴요커에게 어필할 것으로 판단되는 대답을 제공했다. 그들 결혼생활의 종교적 특성을 논하기보다는 테라피 문화의 심리학 용어를 동원해 남편의 불륜충동을 그가 네 살 때 경험한 '학대의 상처' 탓으로 돌렸다. 그의 할머니와 어머니는 어린 빌 클린턴을 놓고 다투곤 했는데 그럴 때마다 어린아이는 '양쪽 모두'의 기분을 맞추기 위하여 노력했다는 것이다. 이처럼 어색한 상황설정에서 클린턴의 성적충동은 어린 시절의 트라우마(즉 과도한 애정)의 결과이며 한편으로는 여성에 대한 과도한 집착으로 은폐되었다는 것이다. "남편은 나를 보호할 수 없었어요. 그래서 거짓말을 했던 거죠."

여전히 남편의 '비열한' 정적을 향한 분노를 품고 있는 힐러리는 그들이 아직도 '모든 사람의 존엄성과 프라이버시를 폭로하려는' 계획을 멈추지 않는다며 불만을 터뜨렸다. 힐러리는 자신과 남편은 서로 사랑하며 서로의 상처를 치유해주며, 일광욕실에서, 저녁식탁에서, 그리고 침실에서 끊임없이 대화하는 부부의 상으로 묘사했다. 그러면서 '정계에서는 그 누구도 말하지 않는 것에 대해 왜 나는 털어놓아야 하는지' 모르겠다고 했다. 그러나 힐러리 자신과 그녀의 대변인은 미국인 다수가 그대로 덮어 두는 편이 낫다고 생각했던 내용을 자진해서 밝힌 것이다.[538] 퍼스트레이디 비서실장인 멜라니 버비어가 '우리는 대통령 부부의 생활에 육체적 열정이 천천히 회복되는 것을 보고 있다'[539]라고 말하고 나서 몇 년이 지나자 10대들 사이에서는 'too much information(정보가 너무 많아서 오히려 해가 됨)'을 의미하는 'TMI'라는 속어가 유행하기 시작하였다. 여기서 다시 한 번 클린턴 부부의 프라이버시 범위는 자신들의 편의에 따라 변경도 가능하고 침투도 허용되는 듯 보였다.

그럼에도 불구하고 힐러리의 대담한 백악관 탈출은 그들 부부의 시험적 별거에 대한 논의를 유발했다. 내셔널인콰이어러는 "힐러리는 이혼을 요구하고 빌은 미쳐가다!"라고 선언했다. 미래의 가사분담 문제에 관한 짧은 코멘트는 가십으로 이어졌다. 기자들이 (클린턴 부부가) 뉴욕주 차파쿠아에 새로 구입한 170만 달러짜리 저택이 부부의 '우선 거주지' 가 될 것이냐고 묻자 힐러리는 이렇게 대답했다. "좋은 질문이군요. 아직 남편하고 제대로 의논해 본 적이 없습니다."[540]

이들의 진실은, 타임지의 기사를 인용하자면, "클린턴 대통령 임기의 역사는 … 언제나 그들 결혼생활의 역사였다. 그것이 이번 대통령 임기에서 사적인 것과 공적인 것의 구분이 깔끔하지 않은 이유이다. 처음부터 이들의 결합은 애정뿐만 아니라 야망으로 성립된 것으로 천상에 오르려고 서두르는 두 명의 스타가 선택한 지름길이었다."[541] 클린턴 부부의 애정의 깊이에도 불구하고 그들의 결혼생활을 부활시켰던 백악관 초기생활은 빌 클린턴이 '나약함' 을 극복했다는 힐러리의 믿음과 더불어 사라져갔다.

대중의 정서를 감지하는 데 훌륭하게 연마된 직감을 가진 클린턴 대통령은 선거캠페인의 대가답게 아내의 선거운동에 일정한 거리를 두고 있었다. 어느 날 대통령은 아내를 돌아보면서 이렇게 말했다. "여자들은 왜 당신이 나와 함께 있는지 궁금한 모양인데." 함께 있던 직원들은 어색해서 아무 말도 못하고 있었는데 힐러리는 조금도 망설임 없이 "그러게요. 나도 그게 궁금하군요"라고 되받았다. "그건 당신이 찐드기이기 때문이지!"라고 빌 클린턴이 외쳤다. 사적인 생활에서 아내의 참을성에 대한 경의를 표하는 동시에 공적으로는 완벽하게 그녀의 입지를 설정하는 발언이었다. "당신이 찐드기라는 것,

사람들이 그걸 알아야 하는 거야. 당신은 당신이 관심을 갖는 것에는 들러붙잖아."[542]

클린턴 대통령은 미래의 '퍼스트 스파우즈(배우자)' 역할에 당혹스러워하는 듯이 보이려고 노력했다. 대통령은 자신이 정책을 결정하거나 탄원을 허가하는 것을 뉴요커에 대한 뇌물로 받아들이기 시작한 비판자들을 그저 웃어넘겼다. 때때로 클린턴은 오랫동안 감내해온 아내에게 실질적 보상을 할 수 있다는 사실에 안도하는 듯했다. 그러나 클린턴이 하는 말은 자신의 캠페인 때 힐러리가 했던 것보다 거칠고 불편했다. 비록(내셔널인콰이어러가 주장하듯) '내가 당신의 퍼스트레이디가 될 리가 없잖아' 라고 소리를 지른 것은 아니라고 해도 대통령의 말은 어느 정도 거리를 둔 것이었다.[543] 어느 기자회견에서는 '나는 힐러리가 출마한 것이 기쁘다' 라고 두 번이나 강조했다.[544] 그 이전에는 '나는 꽃꽂이를 꽤 잘 한다' 라고 농담을 하기도 했다. 물론 이것은 클린턴 자신이 힐러리의 당선과 무관하다는 것을 알리려는 것이었지만 동시에 자신의 역할을 좀 더 실질적인 것으로 만들기 위한 아내의 지난 7년에 걸친 노력을 비웃는 것이기도 했다.[545] 대통령은 그의 전설적 과업을 확대시키고 부부 사이의 균형에 도움을 준다는 생각에 결국 마음을 열었다.

처음에 힐러리 로댐 클린턴은 자신의 출마를 진행시키는 것과 퍼스트레이디로서의 의무를 충족시키는 두 가지 임무 사이에서 정교한 균형을 지켰다. "명백히 나는 풀타임 입후보자가 될 거고 엄청난 시간을 뉴욕에서 보내게 되겠죠"라고 그녀는 강조했다. "하지만 이곳 워싱턴에서의 의무도 확실히 수행할 거예요. 그것이 내가 관여한 정책 이슈에 뒤따르는 업무이든 혹은 공식만찬을 주최하는 것이든."[546]

그러나 결과는 정반대였다. 규정되지는 않았지만 무한한 융통성을 요구하는 임무 두 가지를 만족시킨다는 것은 궁극적으로 불가능한 일이었다. 전년도에 힐러리는 다섯 번의 해외방문을 했고 여섯 번의 공식만찬과 매달 열 건에서 열다섯 건에 이르는 백악관 행사를 주최했었다. 뿐만 아니라 힐러리는 백악관의 주요한 결정 대부분에 중요한 역할을 행사하고 있었으며 이전 4년 동안 5천만 달러가 넘는 민주당 정치자금을 모금했다. 민주당 대통령 후보 지명자인 앨 고어 부통령은 퍼스트레이디의 지원사격을 받지 못했을 뿐 아니라 수백만 달러의 민주당 정치자금이 힐러리의 선거운동에 흘러들어간 것 때문에 이중고를 겪게 되었다. 그 때문에 이미 소원해지고 있던 고어 부부와 클린턴 부부 사이의 간극은 더욱 깊어졌다.

힐러리가 '이중생활'을 시작하자 워싱턴의 기자들은 '퍼스트레이디는 어디 있는가?' 라고 물으면서 '워싱턴이 느끼는 손실은 미묘하지만 실질적인 것이 될 것이다' 라고 말했다. 예를 들어 허시혼 뮤지엄(워싱턴 D.C에 있는 현대미술관 : 역주) 개관 25주년 행사에 퍼스트레이디가 참석하자 뮤지엄 자체의 축하가 아니라 예술의 축전으로 격상되었을 뿐만 아니라 언론에 보도될 기회도 한층 높아졌다. 퍼스트레이디가 자신의 의제로 간주하는 문제(여성, 어린이, 건강)를 해결하는데 투입하는 것은 측정할 수도 없었고 물릴 수도 없었다.[547]

이론상 초당파적인 퍼스트레이디의 편안한 입지에서 벗어나 다른 길을 가다 보니 인기는 줄어들었고 업무는 복잡해졌다. 팔레스타인의 퍼스트레이디 수하 아라파트가 힐러리 앞에서 이스라엘을 비방하자 선거운동 보좌관들은 미국 퍼스트레이디의 외교적 임무는 침묵이라고 말했다. 그럼에도 불구하고 이스라엘 지지자들은 노발대발했고 민주당원들은 힐러리의 정치적 감각이 무딘 것을 우려했다. 백악관이라는 엄폐된 은신처에 있는 동안에는 보좌관들이 관객을 선별해

주었으며 힐러리 자신도 논쟁거리를 조심스럽게 선택했었다. 그렇게 7년을 보낸 후 다른 현실에 직면한 힐러리는 정치의 3차원적 속성은 위험하다는 것을 알게 되었다. 푸에르토리코 테러범의 구명운동을 지지하자 그들이 대상으로 했던 뉴욕시 경찰이 격분하였다. '성 패트릭의 날' 에 아일랜드 구교도의 퍼레이드에 참석하자 초대 받지 못한 동성애자들의 원망을 사게 되었다. 더욱이 자신만의 정체성을 만들기 위해서는 남편의 각본에서 벗어나야만 했다. 그러나 부통령은 순회유세 도중에 터득하고 퍼스트레이디는 대통령 관저의 한정된 공간 안에서 터득하듯 현대 언론의 놀라운 연금술은 온건한 주장을 파괴적인 비난으로 바꾸어버리는 법이다.

그러나 힐러리는 간단히 사임하지 않았다. 뒤로 물러섰다가 다시 전진함으로써 (그동안 정의를 내리려고 노력했지만) 여전히 명확하지 않은 현재의 역할로부터 벗어나 자신이 나아갈 길을 연습하려고 노력했다. 그럼에도 불구하고 배우자가 대통령직에 있는 한 힐러리는 퍼스트레이디라는 이름하에 부담, 의무, 외교적 의례, 권력, 기회가 혼합된 상호모순적인 혼란의 족쇄에 묶인 운명이었다.

남편과는 달리 힐러리는 순회유세에 적격자는 아니었다. 그러나 진지하고 열성적이었으며 무엇보다도 빨리 배웠다. 한 번은, 몰려든 군중 때문에 지친 힐러리가 친구 해럴드 아이크스[Harold Ickes]에게 '이런 일을 빌이 얼마나 잘 처리했는지 이제야 알겠어' 라고 말하기도 했다.[548] 남편만큼이나 극단적 반응을 불러일으켰던 힐러리는 종종 언론이 자신을 상호배타적인 두 개의 범주 중 하나로 한정지으려고 할 때면 주춤하곤 했다. 뉴스위크의 커버스토리는 힐러리가 성인(聖人)인지 죄인인지 의문이라고 했었다. 배니티페어는 그녀에게 '개혁자 혹은 위선자' 중에서 어떤 라벨을 붙일 것인지 숙고했다.[549] 힐러리

최악의 특질은 남편이 그렇듯이 모든 사람들에게 모든 것(미국인의 열망을 반영한, 냉소적이며 여론조사에 민감한 인물)이 되려고 하는 것이었다. 반면 최선의 특성은 남편이 그렇듯 충분히 기민하고, 충분히 창의적이며, 충분한 결단력으로 관습을 초월해 제3의 길을 창조하는 역량이었다. 남편이 그러했듯이 힐러리 역시 경쟁도 되지 않는 상대를 만나는 행운을 누렸다. 공화당 진영 선두주자인 루디 줄리아니 시장은 뉴욕주 북부지역을 경멸한 발언, 혼외 애정행각, 그리고 전립선암의 발병으로 인하여 스스로 파멸하고 있었다. 결국 공화당 지명자가 된 릭 라지오Rick Lazio는 너무 젊고, 너무 경험이 없고, 언론을 다루는 데 너무 어색했다. 그는 국제적인 슈퍼스타, 민주당의 아이콘이 된 힐러리에 대적하기에는 역부족이었다.

늘 변신의 준비가 되어 있던 힐러리는 자신의 명성이 스스로 명백해지도록 하였다. 뿐만 아니라 그러한 분위기를 활용해 명성에 비추어 더 겸손하고, 한층 격이 없고, 더 실용적으로 보이는 방법을 터득하고 있었다. 마이클 토머스키Michael Tomasky 기자는 힐러리가 '유권자에게 어필하는 방법, 특히 뉴욕 북부의 유권자에게 그들의 문제를 해결해 줄 진지한 해결사로 어필하는 방법' 에 감탄하였다. 그것은 '한 때는 거창했던 개혁과제를 한층 신중하며 (유권자들에게 관계가 있는 한) 한층 더 실용 가능한 의제로 바꾼 해결사의 모습' 이었다.[550] 힐러리는 강력한 존재로 남았다. 기자의 표현에 의하면 힐러리는 "자신이 믿고 있는 이상에 대한 진정한 열정을 가졌으며 게다가 총명하고 열심히 공부하고 자신을 위해 일하는 사람들을 적극적으로 배려하며 강철처럼 강인하고 집권을 향한 열망으로는 지금까지 기자가 가까이에서 지켜본 그 어느 누구보다 강한 성공의지를 가진 사람이다."[551] 퍼스트레이디에게 부과된 속박, 그리고 가끔씩 남편의 난리법석을 정당화해 주는 부담에 맞서 싸우면서 백악관 롤러코스터를 타는 동안 힐러리는 약한 마음을 숨기는 법도 배웠다. 열심히 일하고 남의 말을 경청하면서 후보자로서의 자세를 익혔다. 이에 대한 보상은 선거에서 그럭저럭 승리하는 것 이상이었다. 앨 고어와 조지 W. 부시가 대선에서 동점을 기록한 선거일에 힐러리는 대승을 거두었다. 이제는 토머스키를 포함한 일련의 사람들이 인정했던 대로 '힐러리 차례'인 것이었다.

그렇다. 이제부터 권력을 행사하고 스포트라이트를 받는 것은 '힐러리 차례' 였다. 전직 대통령이 된 남편 클린턴은 전 세계를 여행하면서 바쁘고 수지는 맞지만 궁극적으로 실망스럽고 어떤 점에서는 무의미한 강연, 책 사인회, 장례식, 가끔씩 자선행사에 참석하는 일을 반복했다. 그러는 사이 조지 W. 부시 대통령의 재임은 뉴욕주의 신참 상원의원에 불과했던 힐러리를 원로 민주당원으로 변화시켰다. 부시 대통령의 첫 임기 동안 힐러리는 상원의 성미를 건드리지 않으려고 조심했다. 현실적 태도를 보임으로써 뉴욕의 유권자를 매혹한 것처럼 세심하고 차별화된 모습을 보임으로써 자기보다 덜 유명하지만 경험은 더 많은 동료들을 끌어들였다. 존 케리 상원의원의 2004년 대선도전이 실패로 끝나고 조지 부시 대통령의 두 번째 임기가 시작되었다. 그러나 이번 임기는 이라크 분쟁, 카트리나 태풍의 대재앙, 유가 급등, 가끔씩 터져 나오는 스캔들 의혹, 인기도 폭락 등으로 수렁에 빠졌다. 그러자 힐러리 상원의원이 또 하나의 클린턴 대통령이 될 것이라는 가설이 퍼지기 시작했다.

2006년 상원의원 재선에 출마하여 선거전을 치루는 동안 힐러리는 강력한 선거운동 조직을 구성하고 수백만 달러를 모금하는 일을 완벽하게 해냈다. 뉴욕주의 공화당이 그녀에 대적할 만한 가능성 있는 후보자를 찾지 못했다는 사실은 '힐러리를 대통령으로' 붐의 빌미가 되었다. 조지타운에 있는 힐러리의 저택은 공화당에 반대하는 민주당 모임의 중심, 백악관으로 돌아갈 꿈을 꾸는 사람들의 활동무대가 되었다. 점점 더 많은 클린턴 정책 지지자들이 모여들었고 점점 더 많은 기금모금행사가 전국적으로 일어났다. 점점 더 많은 공화당 지지자들이 힐러리를 사악하게 몰아감으로써 자신들의 토대를 구축하려고 노력했으며, 점점 더 많은 기자들이 열정적 분석 기사를 썼다. 이 모든 것이 2008년 대선경주에서 민주당 선두주자로서의 힐러리의 입장을 굳건하게 하였다.

이번 선거에서 힐러리는 퍼스트레이디로서 출마했던 지난번 선거 때보다 한층 더 따뜻하고, 한층 더 자신감에 차 있으며, 한층 더 민첩한 이미지를 표방했다. 지난 수 년 동안 가차 없는 미국 언론에 노출된 경험 덕택에 한편으로는 강인해지고 한편으로는 부드러워졌다. 비판에 대해서는 덜 상처 받고 더욱 둔감해진 듯했지만 반면에 한층 더 집중적이고 솔직히 말해서 한층 더 유쾌해졌다. 그러나 전쟁을 반대하는 민주당 지지자들은 좌파 시각에서 힐러리가 이라크전쟁 지원을 지지한 것을 비판했고, 공화당 보수파들은 우파 시각에서 그녀가 궁극적으로는 큰 정부를 지향하는 진보주의자라고 비난했다. 이처럼 힐러리의 정치적 정체성은 무엇인지, 또한 선거운동 전략이나 집권 전략은 무엇인지 여전히 명료하지 않았다.

상원의원으로서 힐러리는 자신의 정치적 경력을 착착 쌓아나갔다. 그녀에게 중앙정치 입문의 통로가 되어 주었던 퍼스트레이디 신분은 여전히 불가사의한 위치였다. 미국에서 퍼스트레이디는 대통령에 이어 두 번째로 어려운 직업이다. 하루에 소화해야 하는 일의 리스트는 불가능할 정도로 길었으며 맡아야 하는 역할은 '할 일'과 '해서는 안

될 일' 의 목록으로 미루어 짐작할 수밖에 없기 때문이다. 힐러리 로댐 클린턴은 퍼스트레이디의 정치적 파워, 정책 영향력, 그리고 대중적 인기를 증명하였다. 임기가 지나는 동안 '지금까지 이런 일을 한 퍼스트레이디는 없었다' 는 표현은 영원히 사라져버렸다. 미래의 퍼스트레이디들은 이제 수백만 달러의 기금을 모금하고, 미국 경제의 7분의 1을 개혁하려 했고, 백악관 웨스트윙에 개인 사무실을 가지고, 자신의 정치적 입지를 구축하기 위하여 남편의 권위에 기대는 것을 자주 거부했으며, 임기가 끝날 때쯤 선거에 출마했던 선배를 가진 셈이다.

그러나 이 모든 전례에도 불구하고 힐러리 로댐 클린턴이 이루지 못한 것이 있다. 자신은 물론 다수의 페미니스트 동료, 이스트윙을 취재하던 많은 기자들이 원했던 것처럼 자신만의 집무실을 만들지 못한 것이다. 이미 영향력 있는 상원의원이며 잠재적 대선주자의 입지를 확보하고 있던 2003년에 쓰인 회고록에서조차 힐러리가 자신의 몫으로 주장하는 유산은 자발적인 것이 아니라 파생적인 것이었다. 남편이 이루어 놓은 평화와 번영의 유산이 바로 그녀의 유산이었다. 두 번의 임기에 걸친 클린턴 집권을 평가하면서 힐러리는 자기 몫의 공적은 하나도 언급하지 않았다. 어느 특정한 개혁, 관심, 주도, 혁신, 혹은 아이디어 하나 자신의 성과라고 강조하지 않았다. 힐러리는 '나는 그의 의제를 지지했으며 그의 비전을 재해석해 사람들의 삶을 개선하며 공동체 의식을 강화하고 국내는 물론 세계적으로 민주주의적 가치관을 심화하는 행동으로 옮겼던 것이다' 라고 밝히고 있다.[552] 그녀의 의제, 이념, 주장과 남편의 의제, 이념, 주장 사이에 조금이라도 차이가 있음을 발견한 사람은 아무도 없었다.

장기적으로 미래의 퍼스트레이디들이 힐러리가 구축해 놓은 행동주의를 기본으로 할 것이라는 점은 의심할 바 없지만 단기적으로 페미니스트 선구자인 힐러리는 결국 로라 부시에게 길을 닦아준 셈이 되었다. 로라 부시는 조용하고 효과적으로, 논란 없이, 그리고 엄청난 인기를 누리며 그 길을 따라갔다. 임기 내내 힐러리를 둘러쌌던 소용돌이에 지친 다수의 미국인은 부시 대통령 부인의 서서히 접근하는 겸손한 태도를 환영했다. 로라 부시는 제2의 팻 닉슨(인내심이 강한 전형적인 정치가의 아내로 지나치게 수동적인 태도 때문에 언론의 경멸을 받곤 했던)은 아니었다. 오히려 자신의 시어머니인 바버라 부시를 좀 더 부드럽고 즐겁게 진화시킨 버전이었다.

부시 대통령 집권이후 6개월이 지났을 때 여론조사에 응답한 미국인의 약 3분의 2는 로라 부시를 퍼스트레이디로 인정하고 있었고 단지 17%만이 부정적인 느낌을 갖고 있었다. 클린턴 대통령 집권 당시에는 약 3분의 1에 해당하는 미국인들이 이미 힐러리에 대하여 반감을 갖고 있었다. 로라 부시에게는 '괜찮다' '숙녀' 혹은 '숙녀답다' '고급스럽다' '총명하다' '조용하다' 등의 표현이 따라다니는데 여기서 그녀의 전통적인 분위기를 엿볼 수 있다. 미국인의 61%는 로라 부시가 역대 퍼스트레이디에 비하여 정책현안에 관하여 남편에게 미치는 영향력이 적다고 믿고 있었다. 그런데 이만큼의 영향력에 대해서 47%는 딱 적당하다고, 23%는 너무 적다고 대답했으며, 너무 과하다고 대답한 사람은 6%에 지나지 않았다. 이와는 대조적으로 1993년 5월 여론조사에서는 응답자의 40%가 힐러리가 너무 많은 영향력을 행사한다고 불평하고 있었다.[553]

빌 클린턴과 힐러리가 '하나 사면 두 개' 라는 캐치프레이즈를 높이 걸고 선거운동을 한지 15년이 지난 오늘날에도 미국인이 좋아하는 퍼스트레이디 상은 변하지 않았다. 여전히 로라 부시나 바버라 부시처럼 국가정책이나 자신의 입지에 그다지 열렬한 관심을 보이지 않는 퍼스트레이디에게 권력과 인기가 따라다닌다. 로라 부시가 백악관 안주인으로 있는 동안 대통령 집무실은 논란이 아니라 평온의 중심으로, 유행을 선도하는 기지가 아니라 전통을 지키는 보루로서 한층 더 효율적인 역할을 하고 있다. 여러 측면에서 백악관은 속사포처럼 진행되는 21세기 삶의 한 가운데에 자리 잡고 있는 19세기식 의례처럼 회고적인 곳이다. 그것은 수완이 뛰어난 사업가나 정치 개혁자에게 어울리는 곳이 아니라, 여왕이나 최소한 미국의 토착 귀족에게 어울리는 곳이다. 최초의 페미니스트 퍼스트레이디가 품었던 환상은 아직도 실현되지 않은 채로 남아있다. 미국의 정치제도에서 진정한 권력을 원하는 여자들은 힐러리가 오랜 시간에 걸쳐 터득한 민주주의적 교훈을 배워야 할 것이다. 즉, 결혼을 통해서 권력을 얻는 것보다는 선거를 통해서 권력을 획득하는 편이 더 낫다는 것이다. 아무리 당신의 배우자가 미국 대통령이라고 해도 말이다.

주

1. 힐러리 로댐 클린턴, 「Remarks by Senator Hillray Rodham Clinton to NYS family Planning Providers」, 2005년 1월 24일 http://clinton.senate.gov-clinton/speeches/200515A05.html.
2. 뉴욕타임스, 2005년 1월25일
3. 「보그」, 1998 12월 233, 231쪽
4. 뉴스위크, 1996년 1월
5. CBS 뉴스 원고, 「60 Minutes」, 1992년 1월26일 일요일
6. 조지 스테파노폴로스, 「All Too Human: 폴리티칼 예듀케이션」(보스톤 : 리틀, 브라운, 2000), 24, 69쪽
7. 뉴욕타임스, 2001년 11월 9일
8. 뉴욕타임스, 2001년 9월 22일
9. 마이애미 뉴타임스, 1992년 3워 18일.
10. 데이비드 마라니스, 「First in his class」(New York : Simon and Schuster, 1995), 257.
11. 힐러리 회고록, 9쪽.
12. Ibid., 2쪽, 9쪽.
13. Ibid., 3쪽.
14. Ibid., 11쪽.
15. Ibid., 20쪽.
16. Ibid., 12쪽.
17. 힐러리 로댐 클린턴 「It takes a Village」(New York : Simon and Schuster 1996), 153쪽.
18. 힐러리 회고록, 12쪽.
19. 앨런 에런홀트, 「The lost City: Discovering the Forgotten Virtues」(New York: Basic Books, 1995), 11쪽.
20. 힐러리 회고록, 21쪽.
21. 릭 펄스타인 「Before the Storm: Barry Goldwater and unmaking of the American Consensus」(New York: Hill and Wang, 2001), 473쪽, 474쪽.
22. 힐러리 회고록, 23쪽.
23. Ibid.
24. 데이비드 브록, 「the Seduction of Hillary Rodham」(New York: Free Press, 1996), 22쪽.
25. 워싱턴포스트, 1992년 3월 10일.
26. 미리암 혼, 「Rebels in White Gloves」(New York: Times Books, 1999), xi-xii.
27. 힐러리 로댐 클린턴, Welleley College, 1969 Student Commencement Speech 1969년 5월31일, http://www.wellesley.edu/PublicAffairs/Commencement/1969/053169hillary.html.
28. 힐러리 회고록, 26쪽.
29. 워싱턴포스트, 1993년 1월 12일.
30. 힐러리 회고록, 37쪽.
31. Ibid., 32쪽.
32. Ibid., 37쪽.
33. 로저 모리스, 「Partners in Power」(New York: Henry Holt, 1996), 127쪽.
34. Ibid.
35. Ibid., 133쪽.
36. 힐러리 회고록, 38쪽.
37. 혼, 「Rebels in White Gloves」, 47쪽, 46쪽.
38. 힐러리 로댐 클린턴, 'Commencement Speech' 와 힐러리 회고록 41쪽.
39. 힐러리 회고록, 40쪽 : 게일 쉬히, 「Hillary's Choice」(New York: Random House, 1999), 59쪽 : 혼, 「Rebels in White Gloves」, 47쪽.
40. 마라니스, 「First in His Class」에서 힐러리의 발언을 인용, 256~257쪽.
41. 모리스, 「Partners in Power」, 125쪽.
42. 마라나스, 「First in His Class」, 256~257쪽.
43. 존 레오, 유에스뉴스 앤 월드리포트,

1992년 8월31일~9월7일.
44. 크리스토퍼 라쉬, 'Hillary Clinton, Child Saver', 「하퍼스 매거진」, 1992년 10월, 80쪽.
45. 대니얼 와텐베르그, 'The lady Macbeth of little Rock', 「아메리칸 스펙테이터」, 1992년 8월.
46. 라이프, 1969년 6월 20일자, 31.
47. 힐러리 회고록, 52~53쪽.
48. 마라니스, 『First in His Class』, 246~7쪽.
49. Ibid., '빌 클린턴으로부터 캐롤린 엘델 스탤리까지', 342쪽.
50. 힐러리 로댐 클린턴이 「퍼레이드」 1993년 4월 11일자에서 한 말.
51. 「피플」, 1992년 2월 17일.
52. 주디스 워너, 『Hillary Clinton: The Inside Story』(New York: Signet, 1993), 75쪽.
53. 제임스 모건, 버지니아 켈리, 『Leading with My Heart』(New York: Simon and Schuster 1994), xvii.
54. 메리디스,L. 오클리, 『On the Make』 (Washington D.C : Regnery, 1994), 30쪽.
55. 빌 클린턴, 회고록 45쪽.
56. 오클리, 『On the Make』, 30쪽.
57. 마라니스, 『First in His Class』, 202쪽.
58. 「배니티페어」 1992년 5월호의 빌 클린턴의 말.
59. 힐러리 회고록, 61쪽.
60. Ibid., 69쪽.
61. 워싱턴포스트, 1993년 1월 12일자.
62. 쉬히, 『Hillary's Choice』, 124~125쪽.
63. 게리 윌스, 「New York Review of Books」, 1992년 3월 5일자.
64. 어니스트 베커, 『The Denial of Death』 (New York: Free Press,1973), 4쪽 : 마라니스, 『First in His Class』, 345쪽.
65. 워싱턴포스트, 1993년 1월 12일자
66. 쉬히, 『Hillary's Choice』, 162쪽.
67. 힐러리 회고록, 85쪽.
68. Ibid., 81쪽, 91쪽.
69. 시카고트리뷴, 1992년 1월 31일자.
70. 조이스 밀턴, 『The First Partners: Hillary Rodham Clinton』((New York: Willam Morrow, 1999), 119쪽.
71. Ibid. 118쪽.
72. 마라니스, 『First in His Class』, 394쪽.
73. 타임, 1992년 1월 27일자.
74. 모리스, 『Partners in Power』, 115쪽.
75. 피플, 1992년 2월 17일자.
76. 메리 엘렌 거이, 『Gender Power, Leaderdhip, Government』 가운데 'Hillary, Health Care, Gender Power', 조지아 듀어스트-라티, 리타 마에 켈리(Ann Arber: University of Michigan, 1995), 248쪽.
77. 켈리, 『Leading with My Heart』, 203쪽.
78. 쉬이, 『Hillary's Choice』, 171쪽.
79. 「배니티페어」, 1999년 2월호
80. 페퍼 슈워츠, 『Love between Equals: How Peer Marriage works』(New York: Free Press, 1995), 111쪽, 17쪽.
81. 마라니스, 『First in His Class』, 117쪽.
82. 피플, 1993년 1월 25일
83. 컨넬 코완, 멜빈 킨더, 『Smart Women-Foolish Choices』(New York: C.N. potter, 1985), 97쪽 : 슈워츠, 『Love between Equals』, 15쪽.
84. 뉴요커, 1994년 5월 30일, 62면.
85. 제임스 B. 스튜어드, 『blood sport』 ((New York : Simon and Schuster, 1996), 70쪽.
86. 코언, 킨더, 『Smart Women』, 105쪽, 133쪽.
87. 뉴욕타임스 매거진, 1993년 1월 17일
88. 워싱턴포스트, 1992년 7월 14일자
89. 「배니티페어」, 1992년 5월호 217쪽.
90. 뉴스위크, 1992년 2월 3일
91. 힐러리 로댐 클린턴, 『It Takes a Village』, 43쪽.
92. 아칸소 데모크래트-가제트(리틀록), 1985년 2월 28일.
93. 힐러리 회고록, 95쪽.
94. 「배니티 페어」, 1992년 5월호.
95. 뉴스위크, 1992년 12월 28일자.

96. 마라니스, 『First in His Class』, 264쪽.
97. 데이비드 브록, 『Seduction of Hillary』, 74쪽.
98. Ibid., 76쪽.
99. 빌 클린턴, 1991년 10월 3일 'Announcement Speech', 빌 클린턴과 앨 고어, 『Putting People First』(New York: Times Books, 1992) 191쪽, 187쪽.
100. 「배니티페어」, 1992년 5월.
101. 워싱턴포스트, 1992년 3월 10일.
102. 제임스. T. 패터슨, 『Restless Giant』(New York: Oxford University Press, 2005), 247쪽.
103. 조지 H. 부시, 1998 Repulican National Acceptance Speech, 1988년 8월 18일.
104. 주디스 워너, 『Hillary: The inside Story』(New York: Sygnet, 1999), 185쪽.
105. CBS, News Transcripts, 60Minutes, 1992년 1월 26일.
106. Ibid.
107. Ibid.
108. Ibid.
109. CBS News Transcripts, 60Minutes, 1992년 1월 26일.
110. 빌 클린턴 회고록, 385쪽.
111. 태미 와이네트, lyrics, 'Stand by Your Man' (Legacy/Columbia, 1968).
112. 크리스토퍼 P. 앤더슨, 『Bill and Hillary: The Marriage』(New York: William Morrow, 1999), 236쪽.
113. 수잔 팔루디, 『Backlash: The Undeclared War againt American Women』(New York: Crown Publishers, 991) ; 크리스티나 호프 소머스, 『Who Stole Feminism: How Women Have Betrayed Women』(New York: Touchstone, 1994, 1995.), 22쪽.
114. 엘리자베스 폭스-제노비즈, 'Feminism is Not My Life: How Today's Feminism Elite Has Lost Touch with the Real Concerns of Women' (New York: Doubleday, 1995), 워싱턴포스트 1995년 12월 8일.
115. EMILY's list, 'Where We Come From'. http://www.emilyslist.org/about/where-from.html.
116. 로저 모리스, 『Partners in Power』(New York: Henry, Holt, 1996), 440쪽.
117. 타임, 1992년 1월 27일.
118. 조지 스테파노폴로스, 『All Too Human』(Boston: Little, Brown, 1999), 60쪽.
119. 피터 골드만 등. 『Quest for the Presidency』, 1992(College Station: Texas A&M University Press, 1994), 630쪽.
120. Ibid., 124쪽.
121. 스테파노폴로스, 『All Too Human』, 66쪽.
122. 빌 클린턴, 1991년 10월 23일 'The New Covenant: Responsibility and Rebuilding the American Community', in Robert E. Levin, 『Bill Clinton: The Inside Story』(New York: SPI Books, 1992), 289쪽.
123. 다른 해석을 위해서는 다음을 참조할 것. Joe Conason and Gene, 『The Hunting of the President: The Ten-year Campaign to Destroy Bill and Hillary Clinton』(New York: St. Martin's Press, 2000): 'Minority View of Senators Sarbanes, Dodd, Kerr, Bryan, Boxer, Mosley-Braun, Murray and Simon', in Investigation of Whitewater Development Corporation and Related Matters: Final Report 104~280쪽, 104th Cong., 2nd sess 1996, 395~644쪽, which relies heavily on confirms the Pillsbury Madison & Sutro law firm's independent report for the Resolution Trust Corporation absolving Clintons.
124. 제임스 B. Stewart, 『Blood Sport』(New York: Simon and Shuster, 1996), 213쪽.
125. 스테파노폴로스, 『All too human』, 93쪽.
126. 워너, 『Hillary』, 185쪽.
127. 윌리엄 사파이어, 'The Hillary Problem', NYT, 1992년 3월 26일.
128. NYT, 1992년 3월 18일

129. ABC News and PBS/WGBH Boston, Nightline/Frontline, Paul Belaga, in chap.1, 'The Clinton Years'. http://www.pbs.org/wgbh/pages/frontline/shows/clinton/chapters/1.html#5.
130. 힐러리 회고록, 110쪽.
131. Peter Steinfels, 『The Neoconservatives』 (New York: Simon and Schuster, 1979), 287쪽 ; Christopher Lasch, 『The Revolt of the Elites and Betrayal of Democracy』(New York: W. W. Norton, 1995), 6쪽.
132. 타임, 1984년 1월 9일; Marissa Piesman and Marilee Hartley, 『Yuppie Handbook』(New York, 1983). 베이비붐에 대한 랠프 화이트헤드의 비평을 보려면 1985년 7월 9일 시카고트리뷴을 볼 것.
133. 조지 H. 갤럽, 'The Gallop Poll, 3 vols' (New York: Random House, 1972), 3:2196.
134. NYT, 1992년 3월 18일
135. 줄리안 말보, 로스앤젤레스타임스, 1990년 3월 22일
136. NYT, 1992년 4월 28일
137. 라이프, 1969년 6월 20일, 31.
138. 애틀란타 콘스티튜션, 1992년 1월 31일
139. 워싱턴포스트 매거진, 1992년 11월1일
140. 시애들 포스트-인텔리전트, 1992년 8월 24일
141. 「배니티페어」, 1992년 5월, 147쪽.
142. 워너, 『Hillary』, 188쪽.
143. 「배니티페어」, 1992년 5월, 147쪽.
144. Ibid., 144쪽.
145. 피플, 1992년 2월 17일: Harper's Bazaar, 1992년 7월, 91쪽.
146. 골드만 등, 『Quest for the Presidency』, 702쪽.
147. Ibid., 646쪽.
148. 보스턴글로브, 1996년 9월 14일.
149. 시애틀 포스트-인텔리전트, 1992년 8월 24일.
150. 보스턴글로브, 1996년 9월 14일.
151. 스테파노폴로스, 『All Too Human』, 95쪽.
152. 스탠 그린버그, 제임스 카빌, 프랭크 그리어가 빌 클린턴, 미키 캔터, 데이비드 윌헬름에게, 1992년 4월 27일 골드만 등, 『Quest for the Presidency』, 664쪽.
153. Ibid., 657쪽, 663쪽.
154. 시애틀포스트인텔리전트, 1992년 8월 24일.
155. Ibid.
156. 워싱턴타임스, 1992년 8월 23일.
157. 힐러리 로댐 클린턴, 『Liz Carpenter Lecture Series, University of Texzs』, Austin, 1993년 4월 7일, 2쪽.
158. 시애틀포스트인텔리전트, 1992년 8월 24일.
159. Ibid.
160. 피플에서 린다 블러드워드-토만슨, 1992년 7월 20일.
161. 스탠 그린버그가 빌 클린턴에게 1992년 7월 7일, 골드만 등, 『Quest for the Presidency』, 681쪽.
162. NYT, 1992년 6월 8일.
163. 시카고트리뷴, 1992년 7월 14일.
164. NR, 1992년 6월 22일, 42.
165. NYT, 1992년 11월 8일, 4:17.
166. 크리스찬 사이언스 모니터, 1993년 1월 15일.
167. NYT, 1992년 7월 18일.
168. 시애틀 포스트-인텔리전트, 1993년 8월 4일.
169. 워싱턴포스트 매거진, 1992년 11월 1일, 24.
170. 밥 쉬이퍼, CBS News, 1992년 7월21일, '미디어워치'에서 인용. http://secure.mediaresearch.org/news/mediawatch/1992/mw19920801p5b.html.
171. NR, 1993년 2월 15일, 6.
172. 상품화에 관해서 로버트 웨스트브룩의 『Politics as Consumption: Managing the Modern American Election』, chap. 5 in The Culture of Consump-

tion: Critical Essays in American History, 1880-1980, ed. 리처드휘트먼 폭스와 T.J. 『Jaction Lears』(New York: Pantheon Books, 1983)를 볼 것; 현대 미국의 show business discourse에 관해서는 닐 포스트만의 『Amusing Ourselves to Death: Public Discourse in the Age of Show Business』(New York: Viking, 1985)를 볼 것.
173. 조지 갤럽, 「The Gallop Poll: Public Opinion 1992」(Wilmington, Del.: Scholary Resources, 1993), 194~197쪽.
174. NYT, 1992년 10월 30일.
175. '페미니스트부터 주부까지, 변호사부터 도덕개혁가까지 힐러리 클린턴은 청중에 따라 자신의 이미지를 재단하는 것을 안다. 이제 그녀는 보그를 위해 포즈를 취하고 있다.' 아이리시타임스, 1993년 12월 4일; 시애틀포스트-인텔리전트, 1992년 8월 24일.
176. NYT, 1992년 10월 30일.
177. 주디스 워너, 『Hillary: The Inside Story』(New York:Signet,1999), 171쪽.
178. 뉴스위크, 1989년 1월 23일.
179. NYT, 1988년 11월 11일.
180. 워싱턴포스트, 1989년 1월 15일; 피플위클리, 1988년 11월 21일.
181. 주디 우드러프, 바버라 부시와의 인터뷰, PBS-NBC, Republican National Convention coverage, 1992년 8월 18일.
182. 시드니 블루멘탈, 『The Clinton Wars』(New York: Farrar, Straus and Giroux, 2003), 267쪽.
183. 바버라 부시, 'Family Values', 1992년 8월 19일, in Vital Speeches, 1992년 9월 15일, 7128.
184. Ibid.
185. 바버라 부시, 『Barbara Bush: A Memoir』(New York: Charles Scribner's ons, 1994), 275쪽.
186. 바버라 부시, 『Millie's Book』(New York: William Morrow, 1990).
187. 뉴스위크, 1992년 11월 28일.
188. Ibid.
189. 게일 쉬이, 『Hillary's Choice』(New York: ndom House, 1999). 225~226쪽.
190. 하인즈 존슨과 데이비드 S. 브로더, 『The System』 (Boston: Little, Brown, 1996), 98쪽.
191. Courier-Mail, 1993년 1월 21일.
192. 워싱턴타임스, 1993년 1월 20일, H10.
193. CNN & Company, 1993년 1월 7일, Transcript 31.
194. ABC News, Primetimes Live, 14 January 1993.
195. Ibid.
196. 피플, 1993년 5월 10일, 83.
197. 선데이타임스(런던), 1993년 6월 20일.
198. 시스터 술리야, 빌 클린턴, 빌 클린턴 회고록에서 인용, 411쪽.
199. 엘리자베스 드루, 『On the Edge』(New York: Simon and Schuster, 1994), 38쪽.
200. CNN, Crossfire, 1993년 1월 22일, 원고 752.
201. NYT, 1993년 2월 10일.
202. FAIR(Fairness and Accuracy in Reporting), Veena Cabreros-Sud, and Farah Kathwari, 'New York Times on Immigrants: Give Us Your Healthy, Wealthy and 24-Hour Nannies', 'Extra', April -May 1993. http://www. fair.org/extra/9404/nyt-immigration. html.
203. CNN, Crossfire, 1993년 1월 22일, 원고 752.
204. Atlanta Journal and Constitution, 1993년 1월 20일.
205. CNN, Crossfire, 1993년 1월 22일, 원고 752.
206. 밥 우드워드, 『The Agenda: Inside the Clinton White House』(New York: Simon and Schuster, 2005),
207. NYT, 1993년 1월 26일.
208. 존슨과 브로더, 『The system』, 98쪽, 99쪽.

209. NYT, 1993년 1월 27일.
210. 엘리노어 클리프트, 뉴스위크, 1993년 2월 1일.
211. Ladies' Home Journal, 1993년 4월, 146.
212. 샐리 퀸, 1993년 2월 15일.
213. 애틀란타 컨스티튜션, 1993년 2월 9일.
214. Ibid.
215. USNWR, 1993년 1월 25일.
216. 타임, 1993년 1월 4일.
217. NYT, 1993년 2월 8일.
218. 뉴리퍼블릭, 1993년 2월 15일. 같은 조사에서 40세 이하 남자의 43%만이 용인하는 것으로 나타났다. 애틀란타 컨스티튜션, 1993년 2월 21일.
219. 메리 호이트과 낸시 빈가먼, 'Report on the Funtions and Organization of the Office of the First Lady', 1977년 1월 6일, p.1, 대니얼 말라척 행정파일, Jimmy Carter Library, Atlanta, Ga.
220. Ibid., 26, 28.
221. Ibid., 26, 27.
222. Rosalynn's Staff, clipping, 1978년 2월 21일, Box 29를 볼 것, 휴 카터 MSS, Jimmy Carter Library.
223. Public Law, 95-570, 1978년 11월 2일, in Staff Offices Administration, Box7, 말라척 MSS.
224. 뉴스위크, 1994년 1월15일, 22. ; 뉴요커 2월 26일과 1996년 3월 4일자도 볼 것.
225. 1994년 7월20일 상원의 금융, 주택, 도시문제 위원회에서 마거릿 윌리엄스의 증언, 상원에 대한 백악관 직원들의 증언에서, 229, 103rd Cong.,2nd sess., 1994년, 5:236-237.
226. 존슨과 브로더, 『The System』, 100쪽.
227. 빌 클린턴, 'Acceptance Speech to the Democratic National Convention by Governor Bill Clinton from Arkansas', New York Times, 1992년 7월16일.
228. 빌 클린턴과 앨 고어, 『Putting the People』(New York, Times Books, 1992), 107~108쪽.
229. 존슨과 브로더, 『The System』, 82쪽.
230. 테다 스코폴, 『Boomerang』(New York: W.W. Norton, 1996), 109쪽.
231. Ibid., 108쪽.
232. 존슨과 브로더, 『The System』, 193쪽.
233. Ibid., 104쪽.
234. Ibid., 106쪽.
235. 폴 스타에서 아이라 매거지너까지, 1993년 2월 7일, Box3308, Clinton White House, Interdepartmental Working Group, William J. Clinton Presidential Library, Little Rock, Ark.
236. 조지 스테파노폴로스, 『All too Human』(New York: Little, Brown, 1999), 198쪽.
237. 데이비드, 거건, 『Eyewitness to Power』(New York: Simon and Schuster, 2000), 293~294쪽.
238. Ibid., 308쪽.
239. Ibid.
240. 애틀란타 컨스티튜션, 1993년 2월 21일.
241. 존슨과 브로더, 『The System』, 101쪽.
242. 뉴스위크, 1993년 10월 4일.
243. Association of American Physicians and Surgeons, Inc. et. v. Hillary Rodham Clinton et al, 997 F.2d 898, 902, 904(U.S.App. D.C., 1993년 6월 22일).
244. 그레고리 S. 왈든, 『On Best Behavior』(Indianpolis: Hudson Institute, 1996), 87쪽.
245. 보스턴글로브, 1993년 2월 26일.
246. American Physicians v. HRC, 813 F.Supp. 90(D.D.C. 1993).
247. American Physicians v. HRC, 997 F.2d 905, 910-911. 결국 1994년 9월 백악관은 소송을 끝내기 위해 워킹그룹으로부터 넘겨받은 230개의 상자를 개봉했다.
248. 존슨과 슈스터, 『The System』, 142쪽.
249. NYT, 1993년 2월 28일.
250. Plain Dealer(Cleveland, Ohio), 1993년 5월 2일.

251. 보스턴글로브, 1993년 3월 15일. 13.
252. 타임, 1993년 5월 10일.
253. 힐러리 클린턴이 줄리 볼드리지에게, 『블러드스포트』(New York: Simon and Shuster, 1996), 91쪽.
254. 로스앤젤레스타임스 매거진, 1993년 5월 23일.
255. 뉴스위크, 1996년 6월 24일.
256. NYT, 1993년 3월 9일.
257. PBS, 빌 모이어스: The American, 9, no.12, 1993년 7월 12일. http://www.thenewamerican.com/tna/1993/voo9no14_hillary.htm.
258. 수잔 딕슨, 『Conclusion-The Enduring Theme: Domineering Dowagers and Scheming Concubines』, in Stereotypes of Women in Power, ed. 바바라 갈릭, 수잔 딕슨, 폴린 앨런(Westport, Conn.: Greenwood Press, 1992), 222쪽.
259. 매리언 민즈, Seattle Post-Intelligencer, 1993년 5월 5일.
260. 엘레노어 클리프트, 뉴스위크 1993년 6월 21일.
261. 보스턴글로브, 1992년 4월 6일.
262. HRC, Tikkun에서 1993년 4월 6일, 1993년 5~6월, 8.
263. HRC, 'Address at the Liz Carpenter Lecture Series on Civil Society, University of Texas, Austin', 1993년 4월 7일.
264. NYT매거진, 1993년 5월 23일, 22.
265. 라이프, 1969년 6월 20일, 31. 'American values', 'American virtues', 'making values explicit' 에 대한 포트 후론의 언급을 볼 것. American Firstland: Reading in American History, ed. 중에서 'a meaning in life that is personally authentic', 'Agenda for a Generation' (New York: St. Martin's Press, 1989) 2:269~299.
266. HRC, 'University of Michigan Commencement Address', 1993년 5월 1일.
267. HRC, 'University of Pennsylvania Commencement Address', 1993년 5월 17일.
268. 매리언 민즈, Seattle Post-Intelligencer, 1993년 5월 5일.
269. 바바라 부시, 'Choices and Change', Vital Speeches of the Day 56(1990년 7월 1일): 549.
270. 퍼레이드, 1993년 4월 11일. 4.
271. 피플, 1993년 5월 10일. 타임 1985년 1월 14일자도 볼 것.
272. 뉴스위크, 1993년 4월 26일.
273. Ibid.
274. USNWR, 1994년 1월 31일.
275. 뉴스위크, 1993년 4월 26일.
276. NYT, 1993년 5월 7일.
277. NYT, 1993년 9월 29일.
278. Magaziner to HRC in Johnson and Broder, The System, 16.
279. NYT, 1993년 9월 29일.
280. Lloyd R. George in Meredith L. Oakley, 『On the make』(Washington, D.C.: Regnery Publishing, 1994), 285쪽.
281. NYT, 1993년 9월 29일.
282. 같은 자료.
283. CNN, 1993년 10월 27일, 11:24 AM, Transcript, 237-4.
284. 포스트스탠다드(Syracuse, N.Y.), 1993년 10월 17일.
285. Ibid.
286. 힐러리 회고록, 532쪽.
287. 피플, 1993년 12월 27일-1994년 1월 3일.
288. 존슨과 브로더, 『The System』, 256쪽.
289. NYT매거진, 1993년 5월 23일.
290. 보스턴 글로브, 1993년 12월 12일; NYT 1993년 10월 3일자에서 카사 폴릿. 113, 하퍼스바자르, 1994년, 1월, 39.
291. 아메리칸스펙테이터, 1994년 1월, 28, 22.
292. 데이비드 브록, 『Blinded by the Right』 (New York: Three Rivers Press, 2002), 147~174쪽.
293. 엘리자베스 드루, 『On the Edge』(New York: Simon and Schuster, 1994), 384쪽.
294. 보스턴글로브, 1993년 12월 22일.

295. 뉴욕타임스, 1993년 5월 27일,
296. 보스턴글로브, 1993년 5월 30일, 65.
297. 데이비드 거겐, 『Eyewitness to Power』(New York: Simon and Schuster, 2000), 308~309쪽.
298. 스티븐 L. 카터, 『Integrity』(New York: Basic Books, 1996), 95쪽. 토마스 E. 패터슨, 『Out of Order』(New York: Alfred A. Knopf, 1993).
299. 러시 H. 림보 3세, 『See I Told You So』(New York: Pocket Books, 1993), 143쪽.
300. 제임스 팰로우즈, 『Breaking the News』(New York: Pantheon Books, 1996), 92~93쪽.
301. 헤인즈 존슨/데이비드 S. 브로더, 『The System』(Boston: Little, Brown, 1996), 277쪽.
302. Ibid., 281; 뉴스위크 1993년 11월 15일; 뉴스위크, 1993년 11월 1일.
303. 케네스 T. 월쉬, Feeding the Beast(New York: Random House, 1996), 239. 잭 퍼렐이 이를 인용.
304. 하워드 커츠, Hot Air(New York: Crown Publishers, 1996), 4, 10.
305. 짐 존슨, 데이비드 브록의 Blinded by the Right, 177.
306. Ibid., 283.
307. 로리 D. 진즈버그, 『Women and the Work of Benevolence』(New Haven: Yale University Press, 1990), 216쪽.
308. 알린 W. 색슨하우스, 『Stereotypes of Women in Power』, ed. 바바라 갈릭, 수잔 딕슨, 폴린 앨런(Westport, Conn.: Greenwood Press, 1992), 7쪽.
309. 수잔 딕슨, 『Stereotypes of Women』(바바라 갈릭 외), 215쪽, 218쪽.
310. 메리 엘런 가이, 『Gender Power, Leadership and Governance』, ed. 조지아 뒤어스트-라티, 리타 매 켈리(Ann Arbor: University of Michgan Press, 1995), 254쪽.
311. 데이비드 브록, Blinded by the Right, 148.
312. USA투데이, 1994년 4월 26일.
313. WasPo, 1993년 6월 14일.
314. 칼 앤서니, WasPo, 1993년 1월 31일; 블랑쉬 바이젠 쿠크, 로스앤젤레스 타임스, 1993년 1월 17일.
315. 로스앤젤레스 타임스, 1993년 1월 17일.
316. WasPo, 1992년 12월 8일.
317. 레드북, 1993년 3월, 123쪽.
318. 조지 스테파노포로스, 『All Too Human』(New York: Little, Brown, 1999), 227쪽.
319. 앤 콤프턴, 월쉬의 『Feeding the Beast』, 159쪽.
320. 뉴스위크, 1994년 3월 21일.
321. 닐 에글레스턴이 회계 감사원에 한 말(1994년 4월 6일), 그레고리 S. 월든의 'Recent Disclosures Regarding the First Lady' (1996년 1월 11일)에서 'Draft Memorandum from David Watkins' 발췌, 그레고리 S. 월든 『On Best Behavior』(Indianapolis: Hudson Institute, 1996), 1쪽, 3쪽.
322. 뉴욕타임스, 1996년 2월 29일.
323. 보스턴글로브, 1994년 4월 3일, 63.
324. 'Remarks in a Town Meeting in Charlotte, North Carolina', 1994년 4월 5일, Public Papers of the Presidents, 윌리엄 J. 클린턴-1994(Washington, D.C: U.S. Government Printing Office, 1995), 1:587-588.
325. Ibid.
326. 애틀랜타 컨스티튜션, 1994년 3월 11일.
327. 조지 스테파노폴로스, 『All Too Human』, 226~228쪽.
328. 스튜어트 M. 버틀러, 'Why the Clinton Health Plan Is in Trouble', Heritage Foundation Reports, Heritage Lectures, No. 452. 1993년 6월 23일.
329. 스콕폴, 『Boomerang』(New York: W. W. Norton, 1996), ix.
330. CBS, CBS News Special Report, 9:00 pm. ET, 1993년 9월 22일.
331. 워싱턴타임스, 1993년 10월 2일.

332. 워싱턴타임스, 1993년 10월 4일.
333. 브록, Blinded by the Right, 157.
334. Rocky Mountain News, 1994년 2월 16일.
335. WasPo, 1994년 1월 31일.
336. 뉴욕타임스, 1994년 3월 29일.
337. 로스앤젤레스타임스, 1996년 1월 25일.
338. WasPo, 1993년 11월 16일.
339. WasPo, 1994년 2월 5일.
340. 힐러리, 'Speech of the First Lady at National Education Association Convention, New Orleans, La.,' 1994년 7월 3일.
341. WasPo, 1994년 2월 5일.
342. United Press International, 1994년 3월 10일.
343. Arkansas Democrat-Gazette(Little Rock), 1994년 3월 13일.
344. USA 투데이, 1994년 4월 5일.
345. 제임스 스튜어트, 『Blood Spor』t(New York: Simon and Schuster, 1996), 418쪽.
346. 뉴스위크, 1994년 3월 21일, 35.
347. 조 클레인, 'The Body Count', 뉴스위크, 1995년 8월 7일.
348. 뉴요커, 1996년 2월 26일~3월 4일, 130.
349. 애틀랜타 컨스티튜션, 1994년 3월 11일.
350. Press Conference by the First Lady, 1994년 4월 22일.
351. WasPo, 1994년 4월 23일.
352. 조지 스테파노폴로스, 『All Too Human』, 389쪽.
353. 브로더/존슨, 『The System』, 528쪽.
354. 스콕폴, 『Boomerang』, 171쪽.
355. Ibid., 10쪽 ; 로스앤젤레스 타임스, 1994년 8월 14일.
356. Washington Newswire Association Inc., PR Newswire, 1994년 10월 25일.
357. 뉴리퍼블릭, 1993년 2월 15일.
358. 딕 모리스, 『Hillary's Choice』, 게일 쉬, Vanity Fair, 1999년 2월, 172.
359. 「Esquire」, 1994년 3월, 52.
360. Baltimore Sun, 1994년 9월 26일.
361. Arkansas Democrat-Gazette(Little Rock), 1994년 6월 26일.
362. Plain Dealer(Cleveland, Ohio), 1994년 9월 2일.
363. 뉴욕 타임스, 2005년 7월 13일.
364. 데이비드 거겐, 『Eyewitness to Power』(New York: Simon and Schuster, 2000), 309쪽.
365. Commercial Appeal(Memphis), 1994년 10월 8일.
366. WasPo, 1994년 9월 30일.
367. Commercial Appeal(Memphis), 1994년 10월 8일.
368. 딕 모리스, 『Behind the Oval Office』(New York: Random House, 1997), 79~105쪽.
369. 벤J. 바텐버그, 『Values Matter Most』(New York: Free Press, 1995), 239~267쪽.
370. 뉴스위크, 1996년 2월 12일.
371. 빌 클린턴, 'State of the Union Address of the President', White House, Office of the Press Secretary, 1996년 1월 23일.
372. 돈 E. 에벌리/조지 갤럽 Jr., The Content of America's Character(Lanham, Md.:Madison Books, 1995), 6, ix.
373. USNWR, 1995년 2월 27일, 36.
374. 애틀랜타 컨스티튜션, 1995년 2월 18일.
375. 보스턴 글로브, 1995년 3월 9일.
376. 뉴요커, 1996년 2월 26일~3월 4일, 126.
377. 힐러리, 'Remarks to the United Nations Fourth World Conference on Women, Beijing, China', White House, Office of the Press Secretary, 1995년 9월 5일.
378. Good Housekeeping, 1993년 1월, 99.
379. 힐러리, 'Remarks at Pentagon Celebration of Women's History Month, Washington, D.C', White House, Office of the Press Secretary, 1995년 3월 1일.
380. 힐러리, 'Remarks by the First Lady to the Ninth Annual 'Women in Policing' Awards, New York, New York,' White House, Office of the Press Secretary, 1994년 8월 10일.

381. 힐러리, 'Remarks at the Mother of the Year Awards, New York, NY,' White House, Office of the Press Secretary, 1995년 4월 13일.
382. 뉴스위크, 1996년 7월 1일.
383. 뉴스위크, 1995년 1월 16일.
383. http://clinton3.nara.gov/WH/EOP/First_Lady/ html/issues.html
385. 힐러리, 'Remarks Via Satellite to Children Now Conference', White House, Office of Press Secretary, 1994년 3월 4일.
386. Ibid.
387. Ibid.
388. 힐러리, 'Keynote Address by the First Lady at Scripps College', White House, Office of the Press Secretary, 1994년 4월 26일.
389. 힐러리, 'Remarks by First Lady Hillary at the Greater Detroit Chamber of Commerce, Mackinac Island, MI', White House, Office of the Press Secretary, 1995년 6월 1일.
390. 힐러리, 'Remarks by First Lady Hillary at Brooklyn College Commencement, Brooklyn, NY', White House, Office of the Press Secretary, 1995년 6월 1일.
391. 힐러리, 'Remarks by First Lady Hillary at the Greater Detroit Chamber of Commerce, Mackinac Island, MI', White House, Office of the Press Secretary, 1995년 6월 1일.
392. 힐러리, 'Remarks by the First Lady at the Chicago Children's Museum, Chicago, IL', White House, Office of the Press Secretary, 1997년 2월 18일.
393. 로버트 D. 푸트남, 『Bowling Alone』(New York: Simon and Schuster, 2000).
394. 힐러리, 'Remarks at the Annual Meeting of the World Economic Forum', White House, Office of the Press Secretary, 1998년 2월 2일.
395. 힐러리, 'Remarks at the 150th Anniversary of the First Women's Rights Convention in Seneca Falls, New York', White House, Office of the Press Secretary, 1998년 7월 16일.
396. 제임스 T. 패터슨, 『Restless Giant』(New York: Oxford University Press, 2005), 67쪽.
397. 힐러리, 'Remarks by the President and First Lady on the 25th Anniversary of the Legal Services Corporation', White House, Office of the Press Secretary, 1999년 7월 27일.
398. 힐러리, 'Column on Youth and Violence in the Media', Talking It Over, 1999년 6월 2일.
399. 힐러리, 'Remarks at the National Abortion Rights Action League's Anniversary Luncheon', White House, Office of the Press Secretary, 1999년 1월 22일.
400. Ibid.
401. Glamour, 1992년 8월, 269.
402. New York Daily News, 1995년 7월 23일.
403. 뉴욕타임스, 1995년 8월 10일.
404. 힐러리, 'Remarks to the United Nations Fourth World Conference on Women, Beijing, China', White House, Office of the Press Secretary, 1995년 9월 5일.
405. 피플, 1995년 12월 25일~1996년 1월 1일.
406. 마이클 이시코프, 『Uncovering Clinton』(New York: Crown Publishers, 1999), 246쪽.
407. 케네스 W. 스타, 『The Starr Report』(New York: Pocket Books, 1998), 113쪽.
408. 조지 스테파노폴로스, 『All Too Human』(Boston: Little, Brown, 1999), 32쪽.
409. 에블린 리버맨의 증언, Starr Report, 64쪽.
410. 모니카 르윈스키의 증언, Starr Report, 49쪽.
411. 클린턴, 'National Family Week', 1995년 11월 15일.

412. 모니카 르윈스키, Starr Report, 54쪽.
413. 뉴욕타임스, 1996년 1월 8일; 뉴욕 타임스, 1996년 1월 10일.
414. 밥 우드워드, 『Shadow』(New York: Simon and Schuster, 1999), 288쪽, 309쪽, 310쪽.
415. 빌 클린턴 회고록, 335쪽.
416. 빌 클린턴 회고록, 336쪽 ; 우드워드, 『Shadow』, 317쪽.
417. 카미유 파글리아, 'The First Drag Queen', Salon.com. http://www.salon.com/06/features/paglia.html.
418. 뉴욕타임스 매거진, 1993년 5월 23일.
419. 힐러리, 『It Takes a Village』(New York: Simon and Schuster, 1996), 11쪽.
420. Ibid., 41쪽, 50쪽.
421. 수잔 딕슨, 『Conclusion-The Enduring Theme: Domineering Dowagers and Scheming Concubines』, 'Stereotypes of Women in Power' (Westport, Conn.: Greenwood Press, 1992), 216쪽.
422. Mother Jones, 1993년 11월~12월, 37.
423. 로스앤젤레스 타임스, 1996년 1월 25일.
424. 힐러리와의 인터뷰, CNN, Larry King Live, 1996년 5월 20일.
425. Ibid.
426. Ibid.
427. 타임, 1997년 12월 28일~1998년 1월 4일, 70.
428. 뉴욕타임스, 1997년 2월 4일. 14.
429. Ibid.
430. 힐러리, 'Remarks on Democracy & Women, Sydney, Australia', White House, Office of the Press Secretary, 1996년 11월 21일.
431. 모리스, 『Behind the Oval Office』, 79~105쪽.
432. 뉴스위크, 1996년 2월 12일.
433. 주디스 워너, 『Hillary Clinton: The Inside Story』(New York: Signet, 1993), 171쪽.
434. ABC, 20/20, "Barbara Walters Joint Interview with the Clintons," 1996년 9월 20일.
435. 모리스, 『Behind the Oval Office』, 230쪽.
436. 스테파노포로스, 『All Too Human』, 387쪽.
437. 모리스, 『Behind the Oval Office』, 164~165쪽, 300쪽.
438. 스테파노포로스, 『All Too Human』, 419쪽.
439. 모리스, 『Behind the Oval Office』, 300쪽.
440. 스테파노포로스, 『All Too Human』, 419쪽.
441. 모리스, 『Behind the Oval Office』, 300쪽.
442. 로저 사이먼, 『Show Time』(New York: Times Books, 1998), 283쪽.
443. Ibid., 284~285쪽.
444. Ibid., 285쪽.
445. 이시코프, 『Uncovering Clinton』, 66쪽.
446. 조 클레인, 'The Politics of Promiscuity', 뉴스위크, 1994년 5월 9일.
447. 사이먼, 『Show Time』, 285쪽.
448. 피터 골드만, 『Quest for the Presidency 1992』(College Station: Texas A&M University Press, 1994), 649쪽.
449. 사이먼, 『Show Time』, 291쪽.
450. 스테파노폴로스, 『All Too Human』, 415쪽.
451. 사이먼, 『Show Time』, 288쪽.
452. 모리스, 『Behind the Oval Office』, 333쪽.
453. Ibid., 335쪽.
454. 'Hillary Clinton and Elizabeth Dole-Separated at Birth?' WOC Alert, 1996년 8월 15일.
455. 힐러리, 'First Lady Hillary Rodham Clinton Speaks at the Democratic National Convention', Chicago, 1996년 8월 27일.
456. CNN, AllPolitics, 'Reinvented First Lady

Speaks Tonight', 1996년 8월 27일.
457. 힐러리 로댐 클린턴, 'Remarks by First Lady HRC at Brooklyn College Commencement, Brooklyn, N.Y', White House, Office of the Press Secretary, 1 June 1995.
458. 스튜어트 테일러 주니어, 'Her Case against Clinton', American Lawyer, 1996년 11월호, 57, 58쪽.
459. 이반 토머스, 마이클 이시코프, 'Clinton v. Paula Jones', Newsweek, 1997년 1월 13일자.
460. 빌 클린턴, 'Inaugural Address of President William J. Clinton', 백악관 언론담당 비서실, 1997년 1월 20일.
461. 'New Documents Show White House's Desire For Campaign Money', CNN, Allpolitics, 1997년 4월 2일. http://www.cnn.com/ALLPOLITICS/1997/04/02/ickes.documents/.
462. 빌 클린턴이 쓴 메모, 1995년 1월 5일, 존 F 해리스, The Survivor (New York: Random House, 2005), 271쪽에 있는 내용.
463. 'Transcript of Vice President Gore's News Conference on Campaign Fund-Raising', 워싱턴포스트 1997년 3월 4일자.
464. Ibid.
465. Ibid.
466. 배리 M. 골드워터와 잭 캐설리, 『Goldwater』 (New York: Doubleday, 1988), 23~24쪽.
467. 래니 J. 데이비스, 『Truth to Tell』 (New York: Free Press, 1999), 165쪽.
468. 마이클 이시코프, 『Uncovering Clinton』(New York: Crown Publishers, 1999), 167쪽, 168쪽.
469. 데이비스, 『Truth to Tell』, 12쪽.
470. 반대파의 격렬한 태도에 대해서는, 'Joe Conason and Gene Lyons', 『The Hunting of the President』(New York: St. Martin's Press, 2000) 참조.
471. 'Excerpts from the Clinton Deposition in Jones Sexual Misconduct Suit', 뉴욕타임스 보도, 1998년 3월 16일자.
472. 앨런 M. 더쇼위츠, 『Sexual McCarthyism』(New York: Basic Books, 1998), 146쪽.
473. Ibid., 20쪽.
474. 힐러리 로댐 클린턴, 회고록, 440쪽.
475. Ibid.
476. 워싱턴포스트, 1999년 3월 28일자.
477. 워싱턴포스트 1998년 10월 3일자.
478. 낸시 F. 코트, 『Public Vows』 (Cambridge, Mass.: Harvard University Press, 2000), 201쪽.
479. '시애틀 타임스' 1998년 8월 19일자. 또한 데이비스, 『Truth to Tell』, 38쪽을 참조.
480. 힐러리 로댐 클린던, 회고록, 440, 441쪽.
481. 빌 클린턴, 회고록, 800쪽.
482. 힐러리 로댐 클린턴, 회고록, 466쪽.
483. 힐러리 로댐 클린턴, 회고록 469, 439, 442쪽.
484. 시드니 블루멘탈, 『The Clinton Wars』 (New York: Farrar, Straus and Giroux, 2003), 342~343쪽.
485. 딕 모리스, 뉴욕타임스에 인용된 내용. 1999년 11월 21일자.
486. NBC '투데이 쇼', 1998년 1월 27일, AP, 'Excerpts from Mrs. Clinton Interview', 1998년 1월 17일, http://www.washingtonpost.com/wp-srv/politics/special/clinton/stories/excerpts012798.htm.
487. Ibid.
488. 제프리 토빈, A Vast Conspiracy (New York: Random House, 1999), 258쪽.
489. 빌 클린턴, '대통령 연두교서', 백악관 공보 비서실, 1998년 1월 27일.
490. 힐러리 로댐 클린턴, 회고록, 466쪽.
491. 뉴욕타임스, 1998년 8월 14일자.
492. 뉴스위크, 1998년 8월 31일자.
493. 힐러리 로댐 클린턴, 회고록, 471, 472쪽.
494. Ibid., 476쪽.

495. 클레어 쉽먼, 'Hillary's Hide and Seek', George, 1998년 9월호, 54쪽.
496. 타임, 1998년 12월 28일자-1999년 1월 4일자.
497. 배니티페어, 1999년 1월호, 39쪽.
498. CNN, All Politics, 1997년 4월 10일, http://www.cnn.com/ALLPOLITICS/1997/04/10/hillary/.
499. 바버라 켈러만, 'The Enabler', Presidential Studies Quarterly 28 (Fall 1998) : 890.
500. 배니티페어, 1999년 1월호, 39쪽.
501. 게일 쉬이, 『Hillary's Choice』(New York: Random House, 1999), 168쪽.
502. 카렌 터멀티, 낸시 깁스, 'The Better Half', 타임, 1998년 12월 28일자.
503. 배니티페어, 1999년 1월호, 39쪽.
504. 뉴스위크, 1998년 8월 31일자.
505. 뉴욕 타임스, 1998년 8월 19일자.
506. 뉴 리퍼블릭, 1998년 9월 14일자 및 21일자.
507. 뉴욕타임스, 1998년 1월 24일자.
508. 다이아나 오웬, 잭 데니스, 『Kids and the Presidency: Assessing Clinton's Legacy Leadership and Values』, 10, no. 3, 41, Roper Center for Public Opinion Research, The Public Perspective, April 1999-May 1999; 이와 상반되는 분석을 보려면 다음을 참조하라. Keating Holland/CNN, "Poll: Clinton Scandal Has Not Taught Young Americans It's OK to Lie," 17 February 1999. http://www.cnn.com/ALLPOLITICS/stories/1999/02/17/poll/.
509. 워싱턴포스트, 1999년 7월 8일자.
510. CNN Talkback Live, 1999년 7월 9일 오후 3시(ET) 방송, Transcript 99070900V14; 워싱턴 포스트 1999년 8월 8일자; USA Today 2000년 11월 16일자 참조.
511. 힐러리 로댐 클린턴, 회고록, 469, 428.
512. 빌 클린턴, '종교지도자 조찬에서의 대통령 어록', 백악관 언론담당 비서실, 1998년 9월 11일.
513. 톰 하킨 상원의원의 말을 셀비 스틸 인용, 월스트리트 저널, 1998년 9월 25일자, in Gabriel Fackre, ed., Judgement Day at the White House (Grand Rapids, Mich.: W. B. Eerdmans, 1999), 177-179.
514. 뉴스위크, 1998년 8월 31일자.
515. 앨런 M. 더쇼위츠, 『Sexual McCarthyism』(New York: Basic Books, 1998) 221쪽.
516. 라인홀드 니버, 『도덕적 인간과 비도덕적 사회』(New York: Charles Scribner's Sons, 1932), xi-22, 베티 글래드의 인용, 'Evaluating Presidential Character', Presidential Studies Quarterly 28호 (1998년 가을호): 862쪽.
517. 캐슬린 홀 제이미슨, 숀 애디, 'When Is Presidential Behavior Public and When It Is Private', Presidential Studies Quarterly 28호 (1998년 가을호): 857-858쪽.
518. 앨런 울프, 『One Nation After All』 (New York: Viking, 1998), 54쪽 ; 조지 F. 윌, 뉴스위크, 1999년 8월 30일자, 68쪽.
519. 사이콜로지 투데이, 1998년 7~8월호, 35~36, 38쪽.
520. 빌 클린턴, 회고록, 481~482쪽.
521. 뉴스위크, 1998년 7월 20일자.
522. 뉴요커, 1998년 8월 24일자, 31일자, 50.
523. 타임, 1998년 12월 28일~1999년 1월 4일자.
524. 뉴스위크 1998년 12월 14일자.
525. 게일 쉬이, 『힐러리의 선택』(뉴욕: 랜덤하우스 1999), 178쪽.
526. 보그, 1998년 12월호.
527. 뉴스위크, 1998년 10월 19일자.
528. 빌 클린턴, 회고록, 489쪽.
529. 데니스 쿠치니크, 「배니티페어」, 1999년 2월호 178쪽에 인용.

530. 뉴스위크 1999년 2월 1일자.
531. 윌리엄 H. 섀프, 『Private Lives/ Public Consequences』(Cambridge, Mass.:Harvard University Press, 2005), 362, 375쪽.
532. 로버트 W. 레이, 'Final Report of the Independent Counsel', 2001년 1월 5일; 'Text: Final Report of the Independent Counsel in Regards to the Whitewater Investigation', 워싱턴 포스트, 2002년 3월 20일자. http://www.washingtonpost.com/wp-srv/onpolitics/transcripts/whitewater_032002.html.
533. Ibid.
534. Ibid.
535. 클레어 쉽먼, 'Hillary's Hide and Seek', George, 1998년 9월호, 52쪽.
536. 힐러리 로댐 클린턴, 회고록 501쪽.
537. 마크 험버트, Associate Press report in Montreal Gazette, 1999년 7월 8일자.
538. 루신다 프랭크스, 'Interview with Hillary Clinton', Talk, 1999년 9월호, 174쪽.
539. 워싱턴포스트, 1999년 8월 3일자에서 리처드 코헨의 언급.
540. 프랭크스, 'Interview with Hillary Clinton', Talk, 173쪽.
541. 타임, 1998년 12월 28일~1999년 1월 4일자.
542. 존F. 해리스, 『The Survivor』(New York: Random House, 2005), 379쪽.
543. http://www.rense.com/politics5/reap_n_sew.htm
544. 뉴욕타임스, 1999년 12월 9일자.
545. 뉴스위크, 1999년 8월 30일자, 4쪽.
546. 워싱턴포스트, 2000년 2월 8일자.
547. Ibid.
548. 해리스, 『Survivor』, 380쪽.
549. 배니티페어, 1994년 6월호, 104쪽.
550. 마이클 토머스키, 『Hillary's Turn』, (New York: Free Press, 2001), 16쪽.
551. Ibid., 12쪽.
552. 힐러리 로댐 클린턴, 회고록, xi.
553. 'Laura and Hillary Polls Apart', Pew Research Center, 2001년 7월 24일, http://people-press.org/reports/display.php3-ReportID=6.

부록 : 참고문헌

힐러리 로댐 클린턴에 관한 문헌은 방대하지만 대부분 불충분하다. 미세스 클린턴에게는 미국과 미국 정치의 최악을 드러내게 하는 무엇인가가 있다. 슬프게도 대부분의 저자들은 이러한 '클린턴 저주'에 굴복하여 갑자기 설명보다는 감각을, 뉘앙스보다는 헤드라인을, 통찰보다는 당파주의를 택하여, 공개된 기록으로 평가하는 것 대신에 알 수 없는 개인적 비밀을 알아내려 하며 복잡한 심리학적 동기를 붙잡고 늘어진다.

힐러리의 퍼스트레이디 임기에 초점을 맞춘 이 책은 힐러리가 성취한 것은 무엇이며, 그 성과가 클린턴 정권과 미국 역사에 어떤 영향을 끼쳤는가에 관한 공개된 기록에 최대 관심을 가지고 있다. 그렇기 때문에 어느 대상으로부터라도 선정성을 끌어내는 데에 혈안이 되어 있는 전기 작가들의 광란에는 관심이 없다. 이 책의 접근방법은 또한 자신들의 우상을 성인으로 승천시키기 위하여 시종들이 써대는 성인전기도 배제한다. 그러므로 힐러리가나 그녀의 남편의 유죄를 주장하거나 무죄를 입증하는 글을 원하는 독자들은 다른 책을 찾아보기 바란다. 또한 지금은 공개된 대화와 실적에 초점을 맞춘 저작의 출판이 적절한 시점이다. 최근에 개관한 윌리엄 J. 클린턴 대통령 도서관은 자료수집 작업을 진행 중인데 2010년쯤에는 흥미진진한 아카이브를 갖출 수 있을 것이다. 그러나 이 귀중한 자료를 활용한 학술연구가 마법처럼 빈 공간을 채울 때까지 기다리기 전에, 지금까지 나온 어떤 문헌보다 덜 당파적이고 덜 심판적이며 덜 감정적인 시각으로, 페미니스트로서는 최초의 퍼스트레이디였던 힐러리를 분석할 필요가 있다. 그것이 바로 이 책의 목적이다.

이 역사적 저작은 힐러리가 남편의 대통령 집권에 끼친 충격을 평가함으로써, 또한 청교도주의, 진보주의, 포퓰리즘, 감리교 사상, 소비자중심주의, 자본주의, 페미니즘, 개인주의, 보수주의, 자유주의 등 사상과 사조의 정의와 현상이 변화하는 시대에 그녀에게 적합한 자리매김은 어디쯤인지 살펴봄으로써, 미국 무대라는 한층 광범위한 맥락에서 힐러리를 이해하고자 한다. 또한, 퍼스트레이디라는 역할(복잡하고, 헌법상 규정이 없고, 공식적으로 정의되지 않은 역할, 그럼에도 불구하고 정치적으로 유력하며 역사적으로 신성화 된 역할)이 내포한 특별한 제약 안에서 힐러리가 시행했던 도전을 이해하고자 한다.

퍼스트레이디에 대한 책들은 그들 자신의 지적인 집착으로 손상된 예가 많다. 쿠키를 곁들인 티타임의 역사를 가진 이전 세대는 레이디를 접대하고 도자기를 사들이는 일에 너무 많은 시간을 투자한 반면, 현 세대의 퍼스트레이디 연대기 작가는 모든 퍼스트레이디를 페미니스트 세력가, 혹은 초기의 엘리노어 루스벨트, 혹은 덕망 있는 공동대통령으로 만들려고 한다. 힐러리는 임기의 각각 다른 시점에서 이 세 가지 모델에 모두 들어맞았지만, 중요한 점은, 그녀로 하여금 정책 파트너 역할을 하는 것을 그토록 어렵게 만든 압박감을 이해하는 것이다. 또한 그녀가 다른 길을 택함으로써 오히려 더 큰 성공과 인기를 얻게 된 바로 그 이유를 이해하는 것이다. 퍼스트레이디는 결국 주니어 대통령도 아니고, 현재의 힐러리 상원의원처럼 자신의 임기를 가지고 선출된 여성정치인도 아닌 것이다. 퍼스트레이디와 분석가들이 이러한 차이점을 간과하는 오류를 범해서는 안 될 것이다.

최근 퍼스트레이디에 관한 역사적 관심이 높아진 데에는 이 책을 포함한 시리즈의 편집자 루이스 굴드 교수의 역할이 크다. 굴드 교수의 저작으로는 'First Ladies,' 「American Scholar」 55호 (1986): 528-535, 그리고 '역사적 관점에서 본 현대의 퍼스트레이디 Modern First Ladies in Historical Perspective,' 「Presidential Studies Quarterly」 15호 (1985): 537 등이 있으며, 백과사전적인 저서 『미국의 퍼스트레이디: 그들의 삶과 유산』American First Ladies: Their Lives and Their Legacies(뉴욕, 1996)의 편집자이기도 하다. 이러한 작업은, 그 자신의 저술인 '레이디 버드 존슨 전기'와 더불어, 학술적 논의를 상당히 촉진시켰다. 대통령 역사가로 선도적 위치에 있는 굴드 교수는 이제는 퍼스트레이디 연구를 고정관념 틀 안에 가두는 일을 멈출 때가 되었다고 제안한다. 퍼스트레이디들을 함께 연구하면서 동시에 개별적으로 연구하는 것은 현대 대통령의 지위는 물론 대통령들을 개별적으로 이해하는 데 중요한 창구가 될 것이다.

스티븐 스코우로닉Stephen Skowronek은 저서 『대통령이 만드는 정치』The Politics Presidents Make(케임브리지, 1993)에서 대통령을 연구하는 학자의 어려움은 대단히 특유한 관습으로부터 발전의 흔적을 추적해 내는 방법이라고 정의하였다. 이 어려움은, 퍼스트레이디를 연구하다 보면 한층 악화된다. 대통령은 최소한 헌법상 정의되어 있으며 매우 구체적인 임무를 가지고 있다. 그런 점에서 볼 때, 정의된 것도 아니면서 특유한 성질을 가진 백악관 이스트윙(퍼스트레이디)의 기록을 쓰는 것은 훨씬 더 어려운 작업이다.

그토록 척박한 조건에도 불구하고 다수의 전기 작가, 역사가, 그리고 저널리스트가 동일한 주제를 연구해 왔기에, 이 책도 그 혜택을 받았다. 특히, 나날이 침입의 강도를 더해가는 언론과, 힐러리, 그녀의 남편, 그리고 동료들에게 가해지는 언론접근을 (그들의 선임자들보다 더욱) 용이하게 하라는 압력의 덕을 톡톡히 보았다. 오늘날 지도자들에게 부과된 정직공개의 의무는 현재 사용가능한 한정된 자료를 보완하는 역할을 했다. 현대의 대통령과 퍼스트레이디는 셀 수 없는 언론의 심문에 응해야 한다. 우리가 다 그렇듯이 그들 역시 적절한 대답과 즐겨 말하는 이야기를 준비해 놓는다. 표현이나 단어 선택이 해가 바뀌어도, 심지어는 수십 년 세월이 바뀌어도, 변하지 않는 경우가 허다하다. 이런 종류의 인터뷰는 충분히 많을 뿐만 아니라 내가 직접 나선다 해서 이들 훈련된 전문가로부터 상투적인 틀을 벗어난 대답을 들을 가능성은 너무나 낮기 때문에, 나는 미세스 클린턴, 그녀의 남편, 그녀의 동료 중 어느 누구와도 인터뷰를 시도하지 않았다. 인터뷰를 통해 얻을 수 있는 잠재적 이득의 너무 한정되어 있었기 때문에, 인터뷰를 성사시켜 주겠다는 호의적인 중재인을 이용함으로써 어느 수준까지 나의 저작을 타협했을는지도 모를 가능성을 충분히 상쇄할 수 없었기 때문이다.

클린턴 부부는 각각 자신의 시각으로 회고록을 썼다. 힐러리 로댐 클린턴의 『살아있는 역사』Living History(뉴욕, 2003)는 좀 더 고백에 가깝고, 반면에 빌 클린턴의 『나의 삶』My Life(뉴욕, 2004)은 좀 더 백과사전적이다. 힐러리는 『It Takes a Village』(뉴욕, 1996)와 『Dear Socks, Dear Buddy』(뉴욕, 1998)도 저술하였다.

힐러리 클린턴 전기로는 다음과 같은 저서가 있다.

- Donnie Radcliffe, 「Hillary Rodham Clinton」(New York, 1993).
- Judith Warner, 「Hillary Clinton」(New York, 1993).
- David Brock, 「The Seduction of Hillary Rodham」(New York, 1996).
- Roger Morris, 「Partners in Power」(New York, 1996).
- Gail Sheehy, 「Hillary's Choice」(New York, 1999).
- Joyce Milton, 「The First Partner: Hillary Rodham Clinton」(New York, 1999).
- Christopher Andersen, 「Bill and Hillary: The Marriage」(New York, 1999).

특정 주제에 대한 연구로는 다음 두 권의 저서를 참고하라. 특히 후자는 힐러리 로댐의 대학생활에 관하여 유용한 정보를 제공한다.

- Michael Thomasky, 「Hillary's Turn: Inside Her Improbable, Victorious Senate Campaign」(New York, 2001).
- Miriam Horn, 「Rebels in White Gloves: Coming of Age with Hillary's Class-Wellesley '69」(New York, 1999).

다음 저서들도 유용하다.

- Bill Clinton and Al Gore, 「Putting People First」(New York, 1992).
- Virginia Clinton Kelly with James Morgan 「Leading with My Heart」(New York, 1994).
- George Stephanopoulos, 「All Too Human」(New York, 1999).

- Lanny J. Davis, 「Truth to Tell」(New York, 1999).
- Dick Morris, 「Behind the Oval Office」(New York, 1997).
- John F. Harris, 「The Survivor: Bill Clinton in the White House」(New York, 2005).

클린턴 정치에 대한 초기 평가는 다음 저서에서 찾아볼 수 있다.

- Michael Isikoff, 「Uncovering Clinton」(New York, 1999).
- James Stewart, 「Blood Sport」(New York, 1996).
- David Maraniss, 「First in His Class」(New York, 1995).
- Peter Goldman et al., 「Quest for the Presidency」(College Station, 1994).
- Meredith L. Oakley, 「On the Make」(Washington, 1994).
- Elizabeth Drew, 「On the Edge」(New York, 1994).

클린턴 부부가 감내해야 했던 사법적 조사기록은 역사가들에게 귀중한 1차적 자료를 제공하였다. 일반적인 경우라면 수십 년 후에야 밝혀질 만한 자료들이었다. 예를 들자면,

- Margaret A. Williams 조서, 1994년 7월 20일, 「Depositions of White House Officials in Response to S. Res. 229」 5:236-237.
- 'Testimony of Roger Altman', 1994년 8월 2일, 「Hearings Relating to Madison Guaranty S & L and the Whitewater Development Corporation-Washington DC Phase」 3:421.
- 「White House Document Production in Response to S. Res. 229」 9:1590, 1587, 1588, 1591, 1596.

위의 세 가지 문헌의 출처는 U.S. Congress, Senate, Committee on Banking, Housing and Urban Affairs, 103rd Cong., 2nd sess., 1994.

- 「The Starr Report」(New York, 1998).
- Merrill McLoughlin, 「The Impeachment and Trial of President Clinton」(New York, 1999).
- Gregory S. Walden, 「On Best Behavior」(Indianapolis, 1996).

의료제도 개혁운동 기간 중 힐러리의 자격에 관한 항소법원의 결정에 대한 자료는,

- 「Association of American Physicians and Surgeons, Inc. et al. v. Hillary Rodham Clinton et al.」 997 F.2d 898, 904 (U.S. App. D.C. 1993년 6월 22일).

독립검사의 최종 보고서에 관한 세부 내용을 보려면,

- Robert W. Ray, 'Final Report of the Independent Coounsel', 2001년 1월 5일.
- 'Text: Final Report of the Independent Counsel in Regards to the Whitewater Investigation', 워싱턴포스트, 2002년 3월 20일자. (http://www.washingtonpost.com/wp-srv/onpolitics/transcripts/whitewater_032002.html)

화이트워터 사건에 관하여, 보수주의자들의 보복 외에 다른 근거는 없다는 주장은 다음 문헌에서 찾아볼 수 있다.

- Joe Conason and Gene Lyons, 「The Hunting of the President:

The Ten-year Campaign to Destroy Bill and Hillary Clinton」(New York, 2000).

- Sidney Blumenthal, 「The Clinton Wars」(New York, 2003).
- "Minority Views of Senators Sarbanes, Dodd, Kerr, Bryan, Boxer, Mosley-Braun, Murray and Simon", in U.S. Congress, Senate, Committee on Banking, Housing and Urban Affairs, 「Investigation of Whitewater Development Corporation and Related Matters: Final Report」 Report 104~280, 104th Cong., 2nd sess., 1996, 395~664쪽.

'흰 장갑의 연단' white glove pulpit **이라는 표현의 출처는**

- Nancy Reagan, "Remarks for Associated Press Publisher's Luncheon", 1987년 5월 4일, 6쪽, F95-109, WHORM, Ronald Reagan Library, Simi Valley, California.

가족과 결혼에 관한 참고문헌은,

- John Demos, 「Past, Present, and Personal」(New York, 1986).
- David Hackett Fischer, 「Albion's Seed」(New York, 1989).
- Steven Mintz and Susan Kellogg, 「Domestic Revolutions」(New York, 1988).
- Pepper Schwartz, 「Love between Equals」(New York, 1994).
- Nancy Cott, 「Public Vows: A History of Marriage and Nation」(New York, 2002).

여성과 정치에 관한 참고문헌은,

- Paula Baker, "The Domestication of Politics: Women and American Political Society, 1780-1920", 「American Historical Review」 89호(1984), 620~647쪽.
- William Henry Chafe, 「The American Woman」(New York, 1972).
- National Republican Congressional Committee, 「Wives Manual」(Washington D.C, 1972).
- Betty Friedan, 「The Feminine Mystique」(New York, 1963).
- Linda Kerber, 「Women of the Republic」(Chapel Hill, N.C., 1980).
- Ethel Klein, 「Gender Politics」(Cambridge, Mass., 1984).
- Sheila Rothman, 「Woman's Proper Place」(New York, 1975).
- Theda Skocpol, 「Protecting Soldiers and Mothers」(Cambridge, Mass., 1992).
- Barbara Welter, "The Cult of True Womanhood, 1820~1860", 「American Quarterly」 18호(1966), 151~174쪽.

대통령직에 관한 참고문헌은,

- Barbara Kellerman, 「The Political Presidency」(New York, 1984).
- Samuel Kernell, 「Going Public」(Washington D.C., 1986).
- Theodore J. Lowi, 「The Personal President」(Ithaca, N.Y., 1985).
- Richard Neustadt, 「Presidential Power and the Modern Presidents」(New York, 1990).
- Richard Pious, 「The American Presidency」(New York, 1979).
- Stephen Skowronek, 「The Politics Presidents Make」(Cambridge, Mass., 1993).

• Howard Gardner, 「Leading Minds」(New York, 1995).
• William Chafe, 「Private Lives/Public Consequences: Personality and Politics in Modern America」(Cambridge, Mass., 2005).

도덕과 권리에 관한 참고문헌은,

• Gertrude Himmelfarb, 「The Demoralization of Society」(New York, 1995).
• George Lakoff, 「Moral Politics」(Chicago, 1996).
• Michael J. Sandel, 「Democracy's Discontent」(Cambridge, Mass., 1996).
• Ben Wattenberg, 「Values Matter Most」(New York, 1995)
• 「The American Scholar」 (1993) 19쪽.
• "Defining Deviancy Up", 「New Republic」 1993년 11월 22일자.
• Robert Putnam, 「Bowling Alone: The Collapse and Revival of American Community」(New York, 2001).
• George H. Gallup, 「The Gallup Polls」 전 3권 (New York, 1972).

'뉴클래스: 신계급' 에 관해서는,

• Peter Steinfels, 「The Neoconservatives」(New York, 1979), 287쪽.
• Christopher Lasch, 「The Revolt of the Elites and the Betrayal of Democracy」(New York, 1995), 6쪽.

'여피' 에 관해서는,

• 타임, 1984년 1월 9일자.
• Marissa Piesman and Marilee Hartley, 「Yuppie Handbook」

(New York, 1983).
(이에 대한 다른 의견은)
• Ralph Whitehead, 시카고트리뷴, 1985년 7월 9일자, C1.

여성과 권력에 관한 참고문헌은,

• Mary Ellen Guy, "Hillary, Health Care, and Gender Power", in 「Gender Power, Leadership, and Governance」, ed. Georgia Duerst-Lahti and Rita Mae Kelly (Ann Arbor, Mich., 1995).
• Barbara Garlick, Suzanne Dixon, and Pauline Allen, eds,. 「Stereotypes of Women in Power」(New York, 1992).
• Lori D. Ginzberg, 「Women and the Work of Benevolence」 (New Haven, 1990).

의료제도에 관한 참고문헌은,

• Theda Skocpol, 「Boomerang」(New York, 1996).
• Haynes Johnson and David S. Broder, 「The System」(Boston, 1996).
• James Fallows, "A Triumph of Misinformation", 「Atlantic Monthly」 1995년 1월호.

또한, 윌리엄 J. 클린턴 대통령 도서관에서 'Clinton White House: Interdepartmental Working Group' 표제 하의 태스크포스 문헌에서도 정보를 얻을 수 있다.

'의미의 정치학' Politics of Meaning 에 관해서는, 1993년 4월 6일 행한 힐러리의 연설에 대한 「Tikkun」 1993년 5/6월호 보도, 「NYT Magazine」

1993년 5월 23일자, 「Life」 1969년 6월 20일자를 참조하라. 또한, '미국적 가치관'에 관한 '포트휴런 성명서' Port Huron Statement 를 참조하라.

현대의 미디어와 균형에 관한 참고문헌은,

- Stephen L. Carter, 「Integrity」(New York, 1996).
- Rush H. Limbaugh III, 「See I Told You So」(New York, 1993).
- James Fallows, 「Breaking the News」(New York, 1996).
- Kenneth T. Walsh, 「Feeding the Beast」(New York, 1996).
- Howard Kurtz, 「Hot Air」(New York, 1996).

'트루퍼게이트'에 대해서는,

- 「American Spectator」 1994년 1월호.
- David Brock, 「Blinded by the Right: The Conscience of an Ex-Conservative」(New York, 2003).

클린턴과 가치관에 대해서는,

- Don E. Eberly, 「The Content of America's Character」(Lanham, Md., 1995).
- Gray Aldrich, 「Unlimited Access」(Washington D.C., 1996).

마지막으로, 이 저작은 1990년대의 결정적인 업적인 인터넷의 왕성한 활약으로부터 도움을 받았다. 1994년에 처음 구축된 백악관 웹사이트는 힐러리 로댐 클린턴의 활동과 세계관에 관한 방대한 기록을 제공함으로써 책의 후반부에 힐러리의 연설과 사상을 집중적으로 분석하는 것을 가능하게 하였다. 클린턴 대통령 도서관은 클린턴 웹 사이트를 다시 열었다. 이 사이트에서는 백악관 웹 사이트가 가동되던 6년간의 기록에서 다섯 장의 스냅사진을 올려놓고 있는데(http://www.clintonlibrary.gov/archivesearch.html), 가히 미디어의 유동성과 역사의 경직성 사이의 흥미로운 타협점이라 하겠다. 도서관측 설명에 의하면, 이 사진들은 이제 '더 이상 업데이트 되지도 않고, 다른 사이트로의 링크도 작동하지 않는, 시간이 정지된 역사적인 자료' 이다. 더 많은 글이 나오기 전에는 이 웹 사이트가 클린턴 대통령 임기를 들여다볼 수 있는 가장 귀중하고 광범위한 통로가 될 것이다. 퍼스트레이디 시절의 힐러리 연설문을 인용한 부분에는 주석에 해당 웹 사이트 주소를 달아놓았다. 이 책에 기록된 모든 인터넷 주소는 2006년 2월 첫째 주를 기준으로 하였음을 밝힌다.